U0085400

# 模糊的疆界

易宗唐手道創始人 洪懿祥大師傳奇

洪澤漢 著

三民書局

國家圖書館出版品預行編目資料

模糊的疆界——易宗唐手道創始人洪懿祥大師傳奇
／洪澤漢著.－－初版一刷.－－臺北市: 三民, 2016
面；　公分.－－(人文叢書.傳記類4)

ISBN 978-957-14-6145-8　(平裝)

1.洪懿祥 2.臺灣傳記

783.3886　　　　　　　　　　　　　　　　105006126

© 　模糊的疆界
　　　　——易宗唐手道創始人洪懿祥大師傳奇

| 著 作 人 | 洪澤漢 |
| 責任編輯 | 陳俞初 |
| 美術設計 | 陳智嫣 |
| 發 行 人 | 劉振強 |
| 發 行 所 | 三民書局股份有限公司 |
| | 地址　臺北市復興北路386號 |
| | 電話　(02)25006600 |
| | 郵撥帳號　0009998-5 |
| 門 市 部 | (復北店)臺北市復興北路386號 |
| | (重南店)臺北市重慶南路一段61號 |
| 出版日期 | 初版一刷　2016年4月 |
| 編 　 號 | S 782560 |

行政院新聞局登記證局版臺業字第○二○○號

有著作權・不准侵害

ISBN　978-957-14-6145-8　　(平裝)

http://www.sanmin.com.tw　三民網路書店

## 用愛和諒解撫慰歷史的傷痕

　　1940 年代，除了「二二八」和「大撤退」之外，還有一些人一些事，在這個島嶼上發生和殞落……

　　《模糊的疆界》所闡述的是一個迪化街的商賈之家如何崛起和沒落的塵封往事。作者以其父親武術大師洪懿祥一生的傳奇為時間縱軸，用接近電影腳本的筆法，探尋一個被時代遺忘的武術大師生前所曾走過的足跡遺痕，重建那個年代大稻埕區的風華盛景，並逐一召喚那些曾經在那個大時代揮灑過青春和熱情的英靈重現在我們的眼前，為那個不平凡的年代，提供另一種不同的註解。

　　這是一本揉合了報導文學的非經典武俠傳奇。是作者運用現代企業管理和危機處理的智慧，取代傳統武術的拳腳功夫，穿越時空重回現場逐一破解局中困境的心靈筆記。隱藏在每一個章節中的衝突背後所闡述的是：諒解、改變和解決方案——值得您像喝濃郁的陳年老茶一樣細品慢啜。

中華奧會主席　蔡辰威　　　　　　　2015.7.22

# 自　序

　　對家父而言，這是一本遲到了二十一年的書！

　　「為什麼不把爸爸的故事給寫下來呢！」已經二十幾年了吧！應該是在家父過世後的第二年，三民書局的劉振強董事長邀約我們家七個兄弟姊妹在漢口街的江浙餐館「復興園」餐敘，席中他語重心長地說了這句話。當時，我與劉先生隔鄰而坐，他說這話的當下，我沒敢正眼看他的眼神，為的是一個平凡的人子無力為一個不平凡的父親留下一本傳記的羞赧，而無法面對父執輩尊長的期勉。雖然劉先生表示可以調派人力來協助撰寫，但經兄弟姊妹們商議後，終究因為千頭萬緒不知從何下手而婉拒了他的美意。一晃眼，二十多個寒暑就這麼隨著庸碌的工作悄然溜逝了，過程中再也沒人敢去碰觸這個被蓄意逃脫的議題。一直到 2014 年我從日盛金控退下來，才開始有了屬於自己的時間和心境，可以認真地面對退休的生活和自己。一日在整理酒櫃時，不經意看到那一瓶奇瓦士 21 年的洋酒時，深埋心中的遺憾突然復活般地抽搐了一下。那酒是 Chris Bates 在家父過世二十週年的餐敘中刻意準備的酒，因為他遍尋整個市場只能買到窖藏 21 年的威士忌而將就買的，當時大家約定二十一週年的時候再一起喝。但那一夜我把那瓶酒給開了喝了，然後就著微醺的酒意用我手中的 SAMSUNG Note 2，開始了這為期一年多的手機寫作生涯。

　　也許真的是時候到了吧！也許是二十一年前劉先生那句殷切的叮嚀，在我無從察覺和防備的情況下，同步啟動了我內心深處的作業系統，並逕自暗地裡運作了 21 年。伴隨著歲月的淘洗和磨練，這些塵封的素材各自形成獨立的單元，在我的腦海中不間斷地醞釀、發酵和醇化。故事中所有的人物、事件、場景和啟示，幾乎都是在系統程式運作的過程中自動完成了統整和排序，最後只是單純地藉

由我的手和我的手機完成下載和輸出而已。只是為了緬懷那個已逝年代的風華，筆者忍不住加雜了一些當年少不經事的記憶和感觸，希望可以豐潤這個故事，並彌補因為逃避和拖延而應承擔的罪過。

也許只是個人的偏見吧！筆者以為，要不是置身在 1946～1993 年間，那種動盪、巨變的大時代，就無以造就出洪烏番、張峻峰、洪懿祥以及伴隨著情節的發展而陸續出現在這書中的所有人物！對我來說這些人物，不管是意圖假藉黑道的勢力而力爭上游的黑蛇、深山中的特務殺手和他神智異常的老伴、遠赴異鄉打越戰的美國大兵們、協助臺灣組訓情報人員的美國中情局官員 Robert Smith、為了牟私利而慫恿學生背叛師門的 C 先生，以及好鬥成性的西洋武痴 Kumar……通通一樣，都是各自以他們認為最好的方式共同豐潤了那個悲情、匱乏的年代，豐潤了這個故事的不同章節，更豐潤了洪家在那個年代曾經擁有過的輝煌。而今洪家這個沒落的武術家族，隨著洪懿祥的過世退出了迪化街，退出了世界武壇顯赫的光環，並且讓出了位子，讓出了所有的資源，成為單純的上班族或退休族，但身為其中的一員的我，心中卻沒有任何時不我與的怨懟或遺憾。雖然家父在臨終前，曾有過沒能繼承家業，而難掩他愧對整個家族的慨嘆和懺情，但這種心境應該也只是抒發老伴撒手西歸後內心的孤寂和傷感吧！

本書中所提及的所有人、事、物，除了部份是筆者有幸當場親眼見證之外，大部份都是得自阿公洪烏番、二伯洪懿文、三伯洪懿綿以及家父洪懿祥親口述說的雲煙往事，筆者只是憑著腦中殘存的記憶進行文字化的轉換和代工輸出而已。只是礙於自己過去從無撰寫長篇創作的經驗，實在無法完全吞吐家父一生多彩多姿的親身經歷和伴隨其一生風起雲湧的精彩人物和素材，只好斗膽將部份屬性相近的情節壓縮在質性較為接近的人物身上，讓這些人、這些事

在類同的時空環境下寄宿在一個人身上一起發生和完成。為了避免個人記憶的謬誤失真，或是我在情節壓縮過程中無心犯下的過失，而對故事中的人物和他們的後代造成不敬或不當的影響，我寧可定義這是一本以洪懿祥的一生為時間縱軸的懷舊小說，而不是一本歌功頌德的名人傳記。這就是我選用《模糊的疆界》為這本書命名，而不是以《洪懿祥傳記》為名的原始動機。

說起來也奇怪，這個書名是我在決定撰寫這本書的當下，在手機的符號欄中點開雙引號時，沒有經過任何思索的過程就直接打上的五個中文字元，在那個當下我不清楚洪懿祥的故事與這五個字元所組成的意涵究竟有什麼特殊的牽連和奧秘，只是隱約認定這個符號和這個故事終究會在某處交會連結，並且產生意義和價值！果然在這一年多的寫作過程中，逐一浮現出來的情節和氛圍，讓我更堅定相信冥冥之中有一股人類未知的力量，在暗處左右某些特定事件的發生，於是就隨緣隨性地任由整個情節左右我的思路和觸控手機的食指，一路完成這部二十幾萬字的處女作。

在筆者幾近鄉愿的眼中，世間的事，包括是非、對錯、善惡、剛柔……都只是當下情境的相對關係和主觀認定而已，沒有什麼事是絕對的對和錯。一個好的人，在對的時空所做的好事，在另一個不同的時空和價值觀下，同樣可能產生截然不同的評價和詮釋。而人一生之中所有大大小小的抉擇，不都是在有限的參數和變動的環境下，用模糊的邏輯來判斷的嗎？這種決定既不全然是理性，也不盡然是感性。因此，筆者以為凡事只要多一點寬恕和妥協的容錯空間，大家不要太汲汲營營地計較對錯得失，不要太急急忙忙地收斂結果論斷是非的話，那麼即使是再棘手無解的難題，我相信都一定可以在這無限寬闊的「模糊場域」中，找到最適切的答案和解決方案。因為模糊就是尚未定案，尚未定案就表示還有無限可能，不是

嗎?

　　身處在這個網路八卦勝過文壇鉅作、公仔玩偶取代偉人銅像、銀幕偶像強於歷史英雄豪傑……實體凋零、主流價值混亂的年代,我發現自己原所熟悉的這個世代,只是戰後那個偉大世代和網路這個新興世代間一個過場和緩衝而已,現在的新世代們所喜歡的是漫威電影裡頭所塑造出來的銀幕英雄,像鋼鐵人、綠巨人浩克、美國隊長、黑寡婦……而不是太沉重、太悲情的歷史人物!因此當我以一廂情願的熱情寫完這本書時,幾位知心好友出於對家父的關愛以及愛屋及烏的好意,都異口同聲建議我用電子出版的方式來發表,他們一致認為這樣比較契合市場和時代的走向。但不知道為什麼緣故,一向對事情不算執著的我,卻執意要以我熟悉的紙本出版為我的終極目標,當然此舉並非刻意要突顯什麼,只是單純希望以自己已經熟悉了一輩子的傳統價值觀,保留一點點實體出版的真實感受吧!

　　家父洪懿祥先生生於 1925 年,卒於 1993 年,享壽 68 歲。筆者出生於 1955 年,與家父在生時重疊了 38 年的歲月,扣除懵懂無知、求學和工作的時間,唯獨大學聯考連年失利的那幾年與家父有機會朝夕相處,早晚一起練功、教拳、到處狩獵美食和拜訪街坊老友、武術者老談天說古之外,彼此間真正相處的時間其實不算太長,以這樣有限的認知來撰寫家父精彩的一生,委實是糟蹋了這個珍貴的資材,尤其在我完成初稿後,重新回頭審視這 102 個章節時,我更確定用這幾十萬字描述洪懿祥一生的傳奇,畢竟只是浮光掠影,但礙於能力和篇幅,也只能奢望就此鬆手的同時,可以用這塊磚來引那塊玉吧!而文中部份情節採取電影劇中人「自述獨白」的方式進行,那是因為筆者為了壓縮情節,避免冗長的背景說明和無益的對話,而不得不然的權宜,如果因此造成閱讀上的阻礙,謹此連同

書中所有的謬誤向所有的讀者和所有相關人士致上最誠摯的歉意。

記得，父親入殮後不久，中華國術會會長陳守山先生和臺北市國術會會長黃善德先生率領武術界的代表們，到設置在已經停業荒廢多年的迪化街老家的靈堂致哀時，誠摯地表示：「無論如何請讓我們為懿祥兄做點什麼，好表達大家對他的敬意和感激！」但因為家父的後事，幾乎全權交由他的徒弟，以及許多曾經受惠、受恩於他的友人共同組成的治喪委員會所規劃和安排。我們兄弟姊妹一時之間實在也想不出可以用什麼方式榮耀父親的這一生，最後經與治喪委員會討論後決定：「就幫他蓋面國旗吧！」於是，在出殯當天，他的棺槨就覆蓋著中華民國青天白日滿地紅的國旗，由一百二十位「黑帶會」的中外徒弟、徒孫挽著白綾，以徒步行走的方式繞行大稻埕區一整圈，一起陪他走完他這一生最熟悉的最後一趟路，沿途還有一些無法前來參加告別式的店家和攤商各自在馬路上設桌路祭，一直冷眼看到這一刻，筆者始終壓抑隱忍的情緒才潰決⋯⋯

最後，我要再一次對劉振強董事長表達我最深的感激，要不是他 21 年前的期許與點化，我真的不篤定自己有足夠的勇氣掀開原來被蓄意忽略和迴避的往事，再一次重新面對那些往日的圖像和情境。要不是他的高義和慷慨支持，這本書未必會有付梓出版的一天！除此，我要感謝我的老婆黃碧霞女士，這幾個月來，她一邊埋怨一邊幫我逐字校稿和努力抓包，讓原本糾結難懂的文字可以勉強達到人類閱讀的最低門檻。（她說不這麼寫，以後休想再找她幫忙！）

2016.4.12

1993 年國術會為洪懿祥覆蓋國旗感謝其一生對臺灣武術界的奉獻

1994 年洪懿祥過世週年美籍徒弟白龍玉與馬克在墓前合影

1993年120位徒弟手挽白綾陪洪懿祥徒步繞行大稻埕送他最後一程

1993年120位徒弟手挽白綾陪洪懿祥徒步繞行大稻埕送他最後一程

# 模糊的疆界

———易宗唐手道創始人
洪懿祥大師傳奇

## 後記

易宗唐手道創始人　洪懿祥先生

# 故事大綱

　　這是一篇記載 1946～1993 年發生在臺北大稻埕區一個家族興衰的往事。故事的主人翁洪懿祥是筆者的父親。他的父親洪烏番老先生是新北市蘆洲地區一個貧農之子，從小父母雙亡，由叔叔撫養大。因為性格，也因為機緣使然，在那個動亂的時代輾轉成為北臺灣最大的蠟燭供應商。起先，只是為了避免地痞流氓需索無度的勒索，而僱用大陸的拳師來擔任護院鏢師。後來，在 1949 年國民政府大撤退期間，收留了大量渡海來臺的武術名家駐院授拳，無意間啟動了家裡五個小孩的武術天份，進而成為一個北臺灣顯赫的武術家族。

　　洪懿祥在家中排行老四。曾在 1970 年代，應邀到日本東京「武道館」展演中國的內家拳法，並接受各流派空手道高手的挑戰，而一戰名震東瀛。

　　他是第一位正式獲得全日本武道聯盟頒贈「國際九段範士」最高榮譽段位的外國人。

　　他是越戰時期，赴越美軍駐臺期間徒手格鬥的臺籍戰技教練。

　　他是美國駐臺情報顧問 Robert Smith 的私人武術老師。

　　他是英國 BBC 在 1980 年代所製作的 The Way of the Warrior 系列報導中，中國內家拳專輯的主角（這個系列報導在全世界播放，擁有極高的收視和好評）。

　　這本書所記錄的是他和他的兄弟在那個年代成長的故事。筆者企圖以這個家族在迪化街的興衰為縱軸，中間再穿插那個年代大稻埕區特有的風情、民俗和百工生態。

　　有元宵弄寒單、端午包粽子賽龍舟、五月十三霞海城隍爺壽辰的民俗大遊行、三重地區與臺北地區封橋大請客的往事；

　　有大稻埕、迪化街各行各業生態和潛規則的貼身側寫；

　　有臺北大橋下「勞力市場」中，臨時工的甘苦與辛酸；

有「標場」競標和黑幫地盤爭奪的黑暗內幕；

有提高產能化解危機的解決方案；

有與強勢媒體 BBC 的談判與鬥智；

有二二八衝突事件的另類解讀和不同啟示；

有大陸著名拳師在臺潦倒落難的辛酸血淚；

有軍統局特務被政府棄養而淪為職業殺手，為逃避仇家的追殺，而避居中央山脈隱姓埋名的悲歌；

有名家過手的氣度與境界；

有高手面對挑戰和壓力時的機智和瞬間蛻變；

有遠赴澳洲傳藝的甘苦與趣談；

有掌門接班的傳承與無奈；

有內家拳術最精闢直接的解析；

有大家族沒落的省思和小流氓力爭上游的無奈與控訴；

有大時代和小人物的哀與怨；

有延平北路「媽祖宮前」的傳統廟街小吃的美食介紹。

以及張峻峰、洪懿祥、洪澤漢三個世代間武術傳承的故事。

這不是一部正統的名人傳記，也不是一部那麼純粹的武俠小說，只是一個兒子企圖為已經過世 21 年的父親留下一點蛛絲馬跡，以供他的傳人、後進追蹤和憑弔。當然，這也是筆者對那個已逝的年代和風華無盡的相思和緬懷。因為這個傳記的時間跨距長達四、五十年，牽涉到的人物和事件數量相當龐大。因此，雖然故事中的每一個人物都是真的，事件也是真的，只是為了消化這麼多的人事物，筆者不得不選擇將某些人、某些事、某些物壓縮在有限的出場人物和事件上，讓它們一起發生。

我不是一個專業的作家，我真正擅長的是企業規劃管理和商務談判，處理這種長篇的傳記小說，遠遠超越我的能力。在創作期間，

我只是憑著一股人子的愚孝和愚勇，想在老爸過世後的 20 週年為
他和他所屬的年代留下一些見證。我只希望這些不得不然的壓縮和
改變沒有扭曲這些曾經存在的事實。因為也許有一天，我將會在另
一個場域與書中所有的人物再次相會，我由衷的希望我有機會帶著
這個新世代的訊息，對他們的存在和曾經有過的努力表達一些足以
讓他們感動的慰藉和肯定。

# 第一章　緣　起

歷史最初始的輪廓，泰半都是蘸著鮮血書寫的。只是在血淚交織的史頁中，外族入侵的記錄畢竟是少數，更多的是自己人打自己人的劣跡與惡行，遺憾的是：中國人抵抗外族的侵略，總是少了那股內鬥時的狠勁和義無反顧。

　　那是一個戰火連綿的世代，好不容易才熬過了「二戰」的折磨，「國共內戰」就緊接著開打。不同於「二戰」，這是一場「自己人打自己人」的戰禍，與史書上所有改朝換代的故事如出一轍。對戰的雙方不論自己潛在的動機如何齷齪卑鄙，同樣都可以用氣壯山河的悲與憤，義無反顧地指責、謾罵對方禍國殃民！而他們在戰場中相互對罵唾棄的口水和積累的仇恨，毫不遲疑地全部移轉給無辜的百姓們來買單、承受！

　　於是，造成中國近代史上最大的人口跨海南移，於是，將原本散居在中國大陸不同省份的各門派武術高手，以同樣糟糕的理由，但卻最有效率的方式驅趕、匯聚到一個陌生的南島——臺灣！於是，這些隨著國民政府流亡到異鄉的武術大師或是混跡在黑白兩道的武林中人，為了同樣卑微的理由，迫使他們必須運用他們在武術上所累積的智慧和能量，作為在異鄉換取生存下去的籌碼！於是，就在這樣殘酷的歷史背景和卑微的生存動機下，所有的不可能都變成了可能！

※※※※※※※※※※※※※※※※※※※※※※※※※※

　　洪懿祥的父親洪烏番老先生，原本是臺北府淡水廳和尚洲（今新北市蘆洲區）貧農的遺孤，由其叔父一手撫養長大。因為務實誠

信和鍥而不捨的人格特質,在日據時代,獲得日本技師的青睞,毫無保留地傳予最先進的「洋蠟燭」生產技術。在長子洪懿欽的全力協助下,一步步成為當年北臺灣最大的蠟燭和鞭炮的供應商。出於個人的興趣,也出於事業上的需要,洪烏番老先生對傳統的中國武術懷抱著高度的熱情!

民國 38 年前後,隨國民政府大撤退到臺灣來的著名武師多如過江之鯽。其中透過直接、間接關係接受迪化街洪家濟助的武師,為了回報洪老先生在他們生命中最茫然無依的時刻所伸出的援手,讓他們願意為洪家毫無保留的傾囊相授!而洪家在那個動盪不安與互信不足的年代,為了護衛商場上所積攢下來的龐大財富,不受地方黑幫勢力的剝削,原本只是單純地想藉助這些武術高手來保護他的事業和家人。沒想到卻因為這些「護院鑣師」的熱血和付出,而啟動了洪家五個小孩的武術天份,為此更促使洪老先生不惜重金網羅那些渡海來臺的武術高手到洪家駐院傳藝。就因為這一連串的機緣巧合,讓洪家得以在那個因為戰亂而致政經板塊相互擠壓碰撞、能量奔流亂竄、資源重新分配的亂世當中,將大時代的不幸轉化為一種新創的可能!如果不是以上這些時空元素的聚合,應該就不會有洪懿祥大師和「易宗唐手」這一門武術的產生了!

※※※※※※※※※※※※※※※※※※※※※※※※※※※※※※※

在航渡「黑水溝」的惡水顛簸中,一位隨著國民政府撤退的中年男子,無力地癱坐在甲板上,眼睜睜地看著船上許多飽受戰禍摧殘、身心俱疲的武術者老,因為不堪戰亂的身心折磨和波濤的顛沛……

一個接著一個,倒下,

　　一個接著一個，無辜、無奈地斷送了他們寶貴的生命。

　　一個個曾經叱吒中國武壇的名家和高手，在這偌大、陌生的海域，逐一化作僵硬的屍體被棄入海中，而他們一生所精煉的武功和修為，以及他們生前所曾經歷過的所有軌跡，也全都隨著生命的結束，被封存在那一具具冰冷的屍體之中，緩緩沉入深邃、漆黑的海底永世滅絕！

　　他低頭望著老人家臨終前託付給他的那一袋手抄拳譜，口中含糊不清地呢喃著：「爸！您連命都沒了！留下這些又有什麼意義呢！」

　　他像失了魂魄的傀儡般拎著那袋子書蹣跚地踱向船尾，逐一掏出袋中的手稿，一張一張地撕下，任它們像紙錢般從他的手中隨著海風遠颺。

# 第二章　亂與離的一瞬

只知道鑰匙是開啟鎖頭的關鍵，卻不曾想過一把因戰亂而飄零到異鄉的鑰匙，到底還能隔岸宣示著什麼？更不知道一把無鎖可開的鑰匙，留著又有什麼意義？

## 【場景】：中國青島的港灣

　　青島港內所有水陸相連的岸邊，泊滿了各式各樣的軍艦和私人船隻，正努力裝載準備逃離這古老陸塊的難民。鳥瞰離岸的近海上，滿載難民的客輪和貨輪正一艘接著一艘緩緩駛出這個擁擠的港灣。港灣之外，則停泊著無數大大小小的船隻正排隊準備進港載人、載錢。岸上發國難財的掮客們，正對著求艙若渴的難民們漫天要價。紙鈔在當下全都變成了無用的廢紙，除了金條之外，珠寶、字畫和古董因辨識困難，兜售船票的掮客們連正眼都不瞧上一眼。不耐地示意那些急於出脫手中傳家之寶好兌換為救命黃金的難民，與守在一旁伺機賤價收購的古董商們鑑估和議價，看看能不能湊足船票所要的斤兩！

※※※※※※※※※※※※※※※※※※※※※※※※※※※※※

　　「我們都老了！禁不起海上風浪的折騰，你放心去吧！」
　　「我跟你娘會一直守著，等你回來團圓！」
　　「爸！」
　　兒子涕泗縱橫無力地跪坐在地上，手中僅有的那兩張船票，載不動一家三口的命運！沒有人知道這個生離死別的場景最後將會如何收場？是兒子終究拋不下親情的羈絆，把好不容易才弄到手的船票轉讓給別的難民，留下來待在年邁雙親的身邊，一起面對未知的

命運？還是遵從老爹的意志，為了傳延家族的香火和命脈，絕然地轉身登船，航向另一個未知的命運？在那個當下，沒有誰會關心正發生在他們身邊的每一齣悲傷或感人故事！也沒有誰有足夠的心情或資格去審判──誰該留下？誰該離開？

當一個時代必須用戰爭這種大是大非或無是無非的手段來決斷輸贏的時候，從槍膛或炮管中被擊發出來的殺人武器，根本不會辨識誰是該死的壞人、誰是善人孝子，可以饒他一命！當火力大小決定一切的關頭，歷代聖哲所推崇的四維八德，更從來不會在那個當下挺身而出捍衛脆弱的人性和生命！

※※※※※※※※※※※※※※※※※※※※※※※※※※※※※※

離了岸的舢舨上，不知道是哪個大戶人家，一家六口全員到齊，在擁擠的小船上，他們蹙著深鎖的眉頭，雙手摟著唯一被船家允許帶上船的貴重行囊緊緊地擠靠在一起，儘管情勢緊張混亂，但他們心底明白在水岸的那一頭，不管自己過去的家勢如何顯赫，人脈網絡如何騰達，一旦離了岸，那一切不可移動的資產，也就全都留在原地封存不動了！那些既帶不走、賣不掉，也無法寄託給誰來代管的──就只能倚靠那一個像老管家般盡忠職守不會輕易讓步的老鎖頭，把一個家曾經擁有的一切全都閉鎖在原地，直到有那麼一天──可以事過境遷、雨過天晴，可以渡海返鄉、重登故土，可以憑著那一把鑰匙，再回來重啟家園，重建家業！只是，沒有人知道，這個老鎖頭，能否像京戲裡的王寶釧一樣，可以緊緊守住這一整個院落的相思和掛念？但，誰又知道，一旦船離了岸，國易了主，這把飄洋過海的鑰匙，又能隔著海峽宣示什麼？證明什麼？對於一個逃避戰禍的難民而言，恐怕就只有摟在懷中的這包細軟，才是他們在異

鄉面對不可知的未來，唯一可以安身立命的倚靠！

※※※※※※※※※※※※※※※※※※※※※※※※※※※※※

「唉！不是早上才換了鎖嗎？怎麼突然就敗得這麼澈底、這麼倉促啊！」忙碌的海面上，一艘艘滿載乘客的小船，正逆著潮水奮力划向外海的接駁船艦。一個滿面于思的中年男子，背著風站立在隨著浪濤擺盪的舢舨上。遠眺著岸上那些仍糾結在生離和死別的朦朧影像，他彷彿看到了自己的身影，只是他已經分不清滯留在岸上的那個影像，究竟是自己被戰爭撕裂分脫的魂魄，還是無法逃脫的肢體殘骸？唯一能提醒他存在的，就只有臉上冰冷的淚水和海水了。在擁擠的小船上，他努力擠出一個容許他跪下來的空間，雙手扶按著船板，頭朝著濡養他長大成人，功成名就的古老陸塊，拜了又拜、拜了又拜——「待戰事一了，我就回來！」

但，在他許下重誓的那一刻，偌大的海平面上，除了起錨的汽笛聲外，天跟地都沒有作聲和回應……

# 第三章　無聲笛

生命之所以困惑，就是因為現實與理想總是模糊不清、虛實難分！
而人類卻有一種潛在的本能，總想從混亂無序中理出一個條理或規
則，只是到頭來還是徒勞無功！因為混亂、模糊就是生命的本質！
我們總是在錯誤中錯置自己的情感和期待！然而，人的偉大，正是
因為有錯誤、有修正、有白髮、有訣別、有無可奈何的失落……

【場景】：臺灣海峽一艘艘逃離中國大陸，航向臺灣的難民船上

　　臺灣海峽，一艘航向臺灣的中型商船。人隨著船，船隨著浪，
一路顛簸晃盪，誰都沒能例外！一船的人，人與人之間鮮少互動和
對話，是因為離開陸地的暈浪，更也是因為對前途的一片茫然與惶
恐！用中原的核心觀點來蠡測，臺灣只是一個南方邊陲的離島。用
歷史的主流觀點來解讀，臺灣對中國歷代執政者的意義是——在內
亂時，它扮演的只是前朝餘孽苟延殘喘的避難所；在外患時，它扮
演的更只是祖國與列強間用來抵付不平等條約的籌碼而已！它曾經
被哪些亂黨餘孽盤踞過？它曾經被哪些番邦異族統治過？它又曾經
被口口聲聲說愛它，但卻又一而再、再而三出賣它的祖國割讓過幾
次？回收過幾次？不要說這一船船逃避戰亂的難民同胞們不清楚，
就連熟知中國歷史的學術者老，也未必熟悉史冊中這個冷門的章節。
但，此刻，船上定位航向的羅盤，篤定就是朝著這一個陌生的島嶼
來定義這船人的未來和命運！

　　一個在中國文明發展過程中，未曾被中國歷史正眼瞧過一眼的
孤島，不曾被血緣親情眷顧過一日的私生子，在詭譎命運的作弄下，
在這樣一個彼此互信不足卻突然間血又濃於水的關頭，是否有足夠
的胸襟，可以容得下這一船船從大海那端前來依親的兄弟姊妹？是
否有足夠的擔當，可以載得動這群象徵合法政權的萬年國代和立委

諸公？是否有足夠的厚度，可以承受得起故宮裡的千年館藏和國庫裡的萬噸黃金呢？沒有人知道！沒有人知道，當船艦靠岸艙門打開的剎那，迎接他們的——是冰冷的刀槍棍棒？還是溫暖的臂膀？這些曾經被偉大的祖國多次棄養和轉讓的島民，在這個大家走投無路的關鍵時刻，會不會因為它體內那些不曾被心甘情願認同過的基因，而左右他們的情感，而反目相對，而趁機宣洩千百年來被漠視的積怨？沒有人知道！因為，離開了陸地，就離開了象徵中國主流文明的中原核心地域，原本合法的主流政權，就一夕變成了前朝的亂黨餘孽，當祖國大陸的執政權易手，原本詮釋歷史的主導權力，就順理成章地淪入你眼中竊佔國土的那一小簇人所擁有！所以，不管你是打著反清復明，還是打倒萬惡共匪，還是解放祖國同胞的旗幟，歷史的答案卻只有一個：

「從來就沒有誰，能成功地從這裡反攻復國、收復祖國政權過！」

※※※※※※※※※※※※※※※※※※※※※※※※※※※※※

「撐住啊！老伴！」老太太攙扶著癱軟無力的老先生近乎哀求地說。

「路盡了！不能陪妳囉！」老先生說。

「……」老太太默然聽任冰冷的淚水涔涔而下。

「把這交給峻峰！」老先生從拽在懷中的行囊中掏出《游身八卦連環掌釋疑》的手抄本，遞給老太太。

「去這兒找他！」指著手抄本上的幾個用鋼筆書寫的字跡：

「臺灣　臺北　迪化街　洪萬美」

老先生用盡體內僅存的一絲真氣，深深地吸進一口海上又濕又鹹的空氣，努力睜大眼睛環顧這片陌生的大海。「好美的笛聲啊！」

語畢，一縷青氣從口中輕洩而出，人就闔眼安詳地仙逝了！

　　船尾，堆放零亂的貨架上，一位中年男子，手中一管銅笛獨自對著茫茫的汪洋吹奏著，沒有聲音！沒有旋律！

　　甲板上，沒有任何多餘的哀悼和儀式，只有一片破舊的木板乘載著老先生元神出竅後更形單薄瘦小的大體，幾個幫忙的難民合力把木板抬到船沿打斜，讓遺體緩緩滑送入大海之中。佇立在一旁的老太太跟甫滑入海中的老先生同樣是雙手合抱在胸前，兩眼無神地望著這個曾經與自己相互扶持走過將近一個世紀的老人，緩緩地、緩緩地沒入大海之中，無聲、無淚！只有她懷中的那一本《游身八卦連環掌釋疑》，在凜冽的海風中獵獵作響……

※※※※※※※※※※※※※※※※※※※※※※※※※

　　送走了摯愛的老伴，她雙眼微閉，努力斂神提振自己體內已經渙散零星的生存意識。她一手摟著老先生用一生心血所撰寫的那本武術秘笈，一手輕輕地梳攏那一頭被海風吹散吹亂的灰白髮絲，神情蕭穆、儀態端莊地緩步踱向船的尾端盡處，呆望著船尾拖曳的那一條鏈接著故鄉港灣的長長水紋；她已經分不清剛剛送老伴下海的確切方位，也不能確定故鄉此刻正在船後的哪一方了！她轉身再一次凝神環視這一船陌生難民臉上的茫然；她已經再也不留戀這個曾經活過的世界！更不在意「臺灣　臺北　迪化街　洪萬美」這幾個字所連結的任何意義和可能了！她雙手摟抱著老先生所託付的那一本珍貴遺物，安詳地往她認為是故鄉最可能的方向仰躺了下去；她彷彿回復當年與老先生相愛相戀時年輕漂亮的容顏，好美、好美……她，一個曾經蟬聯數十屆太極長劍全國總冠軍的武壇女俠，就這樣用她最淒美的殉情，隨著東北內家拳最頂尖的高手，在蒼茫、陌生

的汪洋中走了！連同他們這一生中，曾經在中國傳統武術領域中所締造的所有榮耀、傳奇和心得──無痕！無蹤！就如同她和他根本就不曾來過……

# 第四章　自己人

人們在口頭上刻意強調的東西，往往是他們心底虧欠的或不認同的！

**【場景】：臺灣　臺北　迪化街**

　　臺北市迪化街一段 177 號「洪萬美商行」，老二懿文、老三懿綿、老四懿祥、老五懿昆四個兄弟瑟縮著身子躲在鐵捲門後，從門片間的縫隙窺視街道上呼嘯而過的十輪軍用大卡車隊。每一部大卡車上都配置了好幾名手持步槍神情肅穆的士兵，車上幾十雙眼睛不斷地來回掃描著街道兩旁每一戶緊閉的門扉。車臺上堆疊著兩三層不斷蠕動的麻布袋，袋中不時傳出嗚咽啜泣聲……

　　「布袋裡真的有人耶！」懿昆說。

　　「要載去哪啊！」懿綿說。

　　「噓！小聲點！當心跟他們一樣被抓去填淡水河！」懿文說。

　　四個兄弟身後漆黑的暗處，傳來一聲嘆息：

「不是說都是自己人嗎？唉……」

　　老大懿欽說。

# 第五章　他心通

① 小事用腦，大事用心。

② 有很多事，即使是你親眼所見、親耳所聞，但你如何確信那些眼前散漫放逸的人，在前一刻沒有認真修行？在後一刻不會努力參禪？

③ 「他心通」是藉由一種類似宗教性催眠的技術，進入人類澄澈的自性，用心與心的對話和溝通，準確與否的關鍵，在施術者的生命歷練和對人性瞭解的程度。

【場景】：臺北火車站後站的一間小旅社

　　一個漆黑的夜，一根火柴棒劃亮了方桌上那節燭身垂滿蠟油的白色蠟燭，在昏黃燭光的映照下，可以看到侷促的小室中，張峻峰與洪烏番老先生隔著小木桌面對面而坐。

　　「為什麼幫我？你不知道我是外省人嗎?」張峻峰問。

　　「在這裡，我們都是外省人！只是有人先來，有人後到!」

　　「你不怕連累你的家人和你的生意?」張峻峰問。

　　「不是不怕，而是不這麼做，心就不安!」

　　張峻峰兩眼凝視著眼前這一位身形瘦小，動作溫吞說話和緩的老人。他實在無法從外表看透這個連一句中國話都不會說，卻又以收留中國武師為駐院保鑣而聞名北臺灣的生意人。他實在不知道該用什麼讀心術來透視這個南方生意人的真實心思和本性。於是，他邊說邊向洪老先生伸出兩隻因為苦練內家掌法而顯得比尋常人更厚實巨大的手掌，手心朝上地攤在方桌之上。

　　「那事件對大家都是傷害！只是一時之間沒有人說得清整個事件發生的原委和真相!」

　　洪老先生也伸出雙手各自搭在對方的手掌之上，張峻峰緊閉雙

眼凝神觀心，用玄術「他心通」全神貫注地感應對方的內心世界。

「請繼續說!」張峻峰說。

(以下為洪老先生的獨白)

「有些事，即使你就在現場，親眼看著整個事件的發生⋯⋯」

「眼睛所看到的，往往只是當下的一個片段⋯⋯」

「未必就是完整的真相⋯⋯」

「會演變成這麼大的衝突，除了事件本身的處理有問題之外，還有很多因素可以影響後續的發展，一定是前面累積了太多的磨擦和怨氣⋯⋯」

「已經有好多人犧牲了⋯⋯」

「不能再這樣鬧下去⋯⋯」

「如果兩邊都有情緒⋯⋯」

「就不會有真相⋯⋯」

「我只是一個生意人⋯⋯」

「很多事我不懂! 也不知道為什麼會演變成這樣⋯⋯」

「得盡快給大家一個清楚的交代，否則越拖只會越糟⋯⋯」

「我不知道為什麼要拒絕承認錯誤⋯⋯」

「也許是怕承認了錯誤之後，事情會越演越烈吧⋯⋯」

「看起來上面的人想的，跟大家想要的差很大⋯⋯」

「沒有誰會願意承認自己是錯的那一邊⋯⋯」

「我只是單純地認為，面對這種衝突⋯⋯」

「強的或大的那一邊，一定要懂得先低頭讓步，事情才會和緩下來⋯⋯」

「否則，仇恨會越燒越旺⋯⋯」

「一時的衝突，一旦演變成世仇，就會一代傳一代，就會沒完沒了⋯⋯」

「如果這樣下去，這個島就完了……」

「我是說，兩邊都一樣……」

「我是個孤兒，我從來不記恨傷害我的人。不是因為我沒有能力反擊，而是叔叔教我，不論自己多強，一定要懂得何時該低頭讓步。因為堅持要贏的人，到頭來一定會輸！輸在不讓！而願意低頭認輸的人，會贏！贏在無爭！」

「事情定下來之後，我希望你能幫我教教這五個小孩！」

洪老先生的話已經結束了良久，張峻峰才緩緩地收攝心神，慢慢地睜開眼睛，他住眼凝視著隔在兩人中間那一朵清亮、穩定、不動的燭芯火苗，他的額頭，早已沁滿了黃豆般大小的汗珠，兩人依然對坐，無言！

# 第六章　臺北火車頭

*物體和能量總是朝阻力最小的方向運動！勇敢不是毫無畏懼，而是*
*明知害怕卻仍勇往直前、奮力不懈！*

【場景】：臺北火車站

　　民國 36 年，那時日本人因為二戰敗戰無條件投降而剛從臺灣
本島撤離不久。街頭，從唐山或更內地過來，穿長褂、操各省不同
鄉音的大陸人，一天比一天多了！巷尾，仍然穿著和式睡衣或是圍
著肚兜在巷弄中穿梭，持續用日語對話寒暄的臺灣人還是很多很多！
語言上的隔閡，在當時是一種十分普遍的現象。雖然雙方都盡力了
解對方或努力幫助對方了解自己，但就如同被分別寄養在不同國度、
不同家庭的一對孿生雙胞胎，即使有一天重回親生父母親的懷抱，
除了重回天倫的喜悅之外，任誰也無法在短暫的時間內消弭文化隔
閡所造成的落差。在市場、在商店，常常可以聽到雞同鴨講的精彩
對話。在車站，在街頭，也同樣常常可以看到零星的衝突，或大或
小，持續不斷地發生著……

　　※※※※※※※※※※※※※※※※※※※※※※※※※※※※※

　　臺北火車頭一直以來都是南來北往的人潮和物資匯聚、轉運的
樞紐。臨近鄭州路的後站，雖然也供一般乘客進出，但主要還是作
為貨運碼頭，專供大宗物資和原料的進卸貨之用。後站的站前廣場，
面對大門的右手邊，停滿一長排候客的人力三輪車。車伕們有的獨
自蹺著光腳丫子橫躺在車斗的客座上，臉上蓋著斗笠遮陽打盹養神。
有的則是蹲踞在車旁陽光晒不到的空地上，用紅磚碎塊和馬賽克瓷
磚在地上畫圓圈玩西瓜棋，賭賭小錢打發無聊的時間。廣場的左手

邊則是停滿了一整列俗稱「拖拉庫」的大貨卡，搬貨的苦力們頭上綁著用麵粉袋裁剪而成的披肩作墊被，正揮灑著汗水不斷地從月臺邊的卸貨碼頭，把從基隆運來的石蠟原料搬運到貨卡上。

張峻峰一襲長衫，右肩上背掛著布巾包，左手拎著一把牙色拐頭大黑傘，自月臺進入後站，在木格柵圍成的入口處停下來問查票員：「請問迪化街怎麼走？」

「聽無啦！麻煩你去問踩三輪車的啦！（臺語）」老邁乾瘦的查票員聽不懂他的山東國語。

張峻峰只好似懂非懂地朝著老站員指點的方向走去。當他正信步穿越後站大廳時，一個約莫三歲大小的頑童突然從他的身後竄出來。正好與一個快步疾走的扛貨苦力迎面撞個正著，小孩個小身輕一碰旋即被彈飛了出去，幾步踉蹌後就跌摔在地面上。苦力雖傾力煞住自己的腳步，但堆疊在肩上的那兩大袋重達百斤的石蠟，還是順著力學的慣性往前滑脫了出去，直朝小孩的身子壓了過去。

「啊！慘囉！」扛貨苦力意識到即將發生的危險，忍不住驚恐地大喊出聲。

事出突然，但張峻峰心念卻快如閃電，只見他左腳向前扣步，身形順勢向右後做了一個180度的後迴擰轉，瞬間已經移形換位插身擋在小孩和苦力之間，並利用後迴轉身的離心勁以右肩將裝滿石蠟的布袋頂飛了出去。旋即又用一個右弓步「捧掌」撞開另一個滑脫下來的大麻袋。在間不容髮的瞬間，俐落地排除眼前難解的危機，直到確定兩邊都平安無事後，他才斂神收勁從容起身。先是伸手牽扶起跌坐在地面上的小孩，再回身拾起倉促中被他丟擲在地上的雨傘和布包，若無其事地朝出站的大門信步走去，留下那個尚未完全從驚懼中回神過來的苦力和一廳候車的乘客們。

# 第七章　黑　蛇

車站和碼頭不單只是送往迎來的地方，也不是父親留下背影的浪漫舞臺。大凡物流和人潮交會泛濫的灘頭，總是蘊藏著豐沛的資源和商機，更是黑白兩道覬覦的焦點。

**【場景】：臺北火車站後站廣場、鄭州路上**

　　張峻峰甫步下後站的階梯，腳才剛踩進臺北城的第一步，黑蛇即以高超的蛇行技術全速驅車從中後段竄出，攔截在原本依順位排班的車伕之前。「這個我來！你拉下一個！」黑蛇臉上雖然掛著車伕兜客時皮笑肉不笑的職業笑容，但說話的口氣卻透著這裡我說了算的霸氣！黑龜：「搶生意啊！……這樣不好吧！」張峻峰顯然無法接受這種公然簒位搶生意的野蠻行為，忍不住側眼打量這個車伕。只見這個傢伙一身長年在陽光下曝曬過度的深褐色皮膚和精瘦結實的肌肉，身著短褲背心，頭戴竹葉斗笠，脖子上掛著一條褪色的舊毛巾，腳上還踏著一雙當年勞工慣穿的日式「忍者鞋」（一種大腳指與四指分開的半高筒布鞋）。從他那雙靈活的賊眼中，還隱約透顯出一種地頭老大你奈我何的痞態和傲慢。「對啦！嗼坐伊ㄟ車啦（別坐他的車）！」從廣場的另一邊傳來黑龜充滿揶揄挑釁的聲音。

　　張峻峰雖然一時沒能聽懂那些話的意思，但憑著多年來行走各個通商口岸所累積的閱歷和經驗，他了解這種龍蛇雜處的車站和碼頭總是糾扯著各種利益和是非。從那輕蔑的語氣中，他已經約略明白這站外廣場上左右兩幫人馬間的微妙關係。為了不想在人生地不熟的異鄉徒增無謂的變數，他並沒有太多的好奇心轉頭去探視出言挑釁的人究竟是什麼模樣。只是面對這個在光天化日下強取豪奪的三輪車伕，他卻還是硬頸不打算上他的三輪車。仍然執意朝原順位第一的三輪車走去。

「無要緊！自己人啦！就坐他的就好了！」憨厚的老車伕摘下頭上已經戴好的斗笠，向他揮手示意讓賢不載了。張峻峰面對老車伕毫無抗拒的妥協，心中先是有些遲疑，而回頭又看到那個搶生意的傢伙臉上那一副「我就說嘛」的死痞子模樣，本想索性車也不搭了，但最後還是強忍住心中的不悅，悻悻然上了那輛車。

「嚇是自己人啦！仙仔！（臺語：師傅之意）要去『洪萬美』啊？」黑蛇問。

「去迪化街一段 177 號！」張峻峰說。

「好！坐好！」黑蛇說。

張峻峰才一上車，人都還沒來得及轉身坐下，黑蛇就迫不及待地使力踩動腳踏板，讓車子像箭般飛駛出站。突如其來的瞬間加速，讓猝不及防的張峻峰整個人立刻跌坐在不甚寬闊的雙人座椅上，模樣十足狼狽！

「腳勁還不錯嘛！」張峻峰強忍住氣，趕緊扶正坐好。

「我是大稻埕第一快腳！從後車頭北門口到大龍峒豬屠口，沒人比我快！」黑蛇見張峻峰一上車就中招跌坐的狼狽模樣，心頭暗自爽得不得了！

「這個就叫瞬間加速！爽吧！」黑蛇面露得意之色，刻意再加速疾馳。

「你說什麼？」張峻峰天生對速度就有無法克服的恐懼感，但礙於顏面也只能佯裝淡定，兩隻手卻緊緊抓住座椅兩旁的木製扶手絲毫不敢鬆手。

「聽無未要緊啦！爽就好啦！」黑蛇自言自語說。

「師傅！我不趕時間！你可以不用這麼賣力啊！」張峻峰說。

「這才三分力！我還可以再更快！」黑蛇說。

也不知道是沒有聽懂，還是故意整人，黑蛇一路持續不斷地蛇

行超車加速狂飆！

　　這就是那個年代，所謂的外省人和本省人互動時，一個小小的微形縮影！礙於語言上的隔閡，又礙於生活上的必須，無可避免的接觸，無可避免的碰撞和磨擦。只要，擦撞出來的零星火花不掉落到乾草堆上；只要，當事的兩造多用點善意和包容來體貼對方；只要，旁觀的第三者能熱心協助或即時站出來化解糾紛，碰撞和磨擦所產生的火花，會幫助大家看清彼此間的差異之美，會幫助大家理解彼此間相互容忍的尺寸和界線。這樣，不但不會因此而演變成難解的習題，更有助於不同文明和族群間的尊重、包容和融合。但這全都只是一種理性的期待和善意的推演而已，衝突和殺戮則是始終蟄伏在和平共存的表層之下，以一種看似「一切都是為大家好！」的迷彩為掩體，持續不斷地蓄積能量，直到有一天滿載時，就會排山倒海傾洩而出！而那一條維持平衡，避免越位衝突的界線，卻始終以一種人類無從理解和掌控的模糊，似有若無地飄移著、存在著！在地的，人多，有主場動員的優勢，有不容你過江龍強壓地頭蛇的底線！後來的，人少，卻掌控整個國家的軍事資源，有不容你太歲頭上動土的堅決！有心的人，則站在這兩股相互阻抗的力場之間，緊緊盯著動亂之後資源和權力重新分配的機會和可能，隨時守候著可以事半功倍的出手良機！

# 第八章 黑 龜

勞力是人類最原始、廉價的商品。在臺北橋下的勞力市場中，逾齡的勞工們為了一家的溫飽，還是得努力硬撐。體力不足的活，就用毅力來克服；能力不足的活，就用時間來彌補。

**【場景】：臺北火車站後站廣場、鄭州路上**

　　後站廣場上，苦力們像認命的工蟻們踩著固定的節拍不斷地來回穿梭，賣力地將堆棧在月臺上的石蠟一袋一袋地搬運到大卡車上，車臺上的苦力則忙著將接手的石蠟一層一層整齊地堆疊起來。這樣的粗活前後至少要持續忙碌一個多小時才能把一輛卡車裝滿。

　　在那個一切仰賴人力的年代，一些甫從中南部遷移到臺北討生活的人，如果沒有足夠的資金可以投資做點小生意，或是一時找不到適當的工作，只要身體健康四肢健全，大都可以在商業活動熱絡的城市裡找到一些臨時性的勞力工作。只是這些想要謀生的人不論冷熱兩晴，都得要犧牲正常的睡眠時間，每天半夜 3:00 就得摸黑起床，並趕在凌晨 5:00 前抵達臺北橋下的「勞力市場」待命，等待從工頭那邊得到一個論天計酬的臨時工，藉著出賣勞力換得一份養家餬口的收入。在這裡等待工作的勞工，泰半都是上了年紀的中老年人，他們在家鄉有的曾經是種田的農夫、有的是討海的漁民、有的是修屋頂和抓漏的泥水匠或是木匠、鐵工等等。他們分別從三重埔、和尚洲、成仔寮、五股、新莊、三角湧、樹林仔、土城、社子、磺溪、關渡、獅子頭、滬尾、八里坌、金山、萬里等臨近臺北市的鄉鎮，背著漆黑蒼穹中的皓月和繁星，一路騎著鐵馬，匯集在延平北路二段臺北橋下的「勞力市場」。

　　漆黑的橋洞下，聚集著一簇又一簇操著不同口音的垂暮之人，面對那種等候著被命運之神眷顧的眼神，很難不讓人感受到養家餬

口的重量和壓力！這些年逾半百的阿伯們能從工頭那邊得到的工作，無非就是搬運工或是清潔工之類，無需任何專業技術就可以直接上工的粗活。這個等待一直要持續到七點鐘之後才會結束，部份沒能等到工作的人，有的就失望地拖著沉重的身軀踩著鐵馬循著來時路回家去了，有的則是寧可選擇繼續留在橋洞下，和其他被挑剩不要的人下下象棋，打發掉一整天的時間，而不願回去面對家人和老婆的嘮叨！

後車站這一群由黑龜領頭的苦力們，是屬於有組織的幫會，他們靠著組織的力量，聚眾成幫霸佔這個臺北市最大交通樞紐上的肥缺。每天清晨他會派工頭到「勞力市場」點選一些聽話、耐操又同意讓他們抽成的順民，作為實際操作的搬運工人。其他的成員則大多是一些有案底的社會更生人，或是混過幫會組織的地痞流氓，這些人專責擔任護衛地盤的打手和向僱主加碼超收工資的「額外人頭」，基本上這類的幫眾是不需要也絕對不會動手去搬東西的！

「發車！」眼看大卡車的貨已經裝載完成，在一旁抽煙納涼的黑龜將手上的新樂園往汗衫的肩頭一塞，下了發車的指令後，撇頭向身旁幾個跟班的混混使了個眼色，立刻就有三個原本啥事都沒幹的傢伙跟著跳上貨車的後車臺。而真正負責來回搬貨的三個苦力，連喘息的片刻也沒有，摘下披在肩膀上的墊被，用力抖掉沾黏在布巾上的石蠟碎屑後，認命地跟著爬上了裝滿石蠟的貨車出發！

「發車囉！」黑龜彈掉手上的菸頭，用力拍打車門，催促司機上路。

「你你你，三個押車，收錢去！」黑龜指令一下，閒散的幫眾立刻就動了起來，一個個俐落地跳上貨車的後車斗。

「那愣在那兒幹嘛！上車去！」幾個才卸完貨的苦力，剛摘下罩頭墊背的布巾，清理一身的碎屑髒汗，連喝口水喘息的片刻也沒有，

就被催促上車，只好拖著疲憊不堪的身軀認命地爬上車臺，等待下一場卸貨入倉的粗活。

# 第九章　尬　車

手把青秧插滿田，低頭便見水中天，
心地清淨方為道，退步原來是向前。

梁・布袋和尚〈插秧偈〉

【場景】：鄭州路、迪化街

　　鄭州路，一路上都是一些車站旁常見的旅社、賓館、五金行、雜貨店、水車農具行等等。檜木桶老店的老師傅穿著一身白色竹紗紡製的半透明內衣褲，肚臍上還圍著日本人常用的純羊毛束腹，手牽著身穿和式睡服的小孫子，在自家店門口騎樓外的無蓋水溝旁尿尿。老師傅用手撥開小和服下擺的開叉，露出小孫子包皮尖尖的小雞雞，讓小雞雞對準著水溝後，老師傅就嘟著嘴吹口哨誘引小孫子的尿意。頑皮的小孫子一邊尿尿，一邊把玩著自己的小雞雞，讓尿尿如同噴泉水柱一般，忽遠忽近；忽高忽低；忽左忽右，逗弄得老阿公仰頭開懷地哈哈大笑……

　　當年，臺北市的水溝全都是不加蓋的陽溝。而建造水溝的主要材料則是拆除臺北城的城牆時所拆卸下來的城石。因為廢棄的舊城石數量極為龐大，如果以廢棄物處理所需的人力和費用相當可觀，再加上這些石材雖然老舊，但質地仍然堅實耐用。於是經過研商後就將這些城石轉為砌牆的建材使用。據說除了供作臺北監獄和部份公家官舍的圍牆之外，剩下的全都用來砌作水溝兩側的岸石，以防堵軟性的柏油路面溢流到水溝中。任誰都沒想到昔日原本用來劃分「城內」和「城外」行政界線，在時空轉換下竟會淪為隔離罪犯的圍牆和臭水溝的岸石。回想當年，筆者唸永樂國民小學的時候，就曾經與一群棒球校隊的同學們，大伙兒依輩份排成一路縱隊，整齊劃一地兩腳分跨在「臺北城的百年城石上」，掏出發育尚未完全成熟

的小雞雞豪氣干雲地在延平北路的陽溝上貢獻過好多泡童子尿。不幸的是，這英勇豪放的行為，卻被我心儀多年的女同學給撞了個正著，因為事出突然，在解放的舒暢關頭，既來不及也煞不住更也收不及解放的工具。於是，那一場暗戀多年的純潔戀情，就隨著那泡偉大的童子尿和來不及打上馬賽克的限制級場面，全付諸東流一去不回了！

※※※※※※※※※※※※※※※※※※※※※※※※※※※※

「怎麼還穿日本和服啊?」張峻峰忍不住莞爾地問道。

「這個啊! 嗯……放尿卡方便啦!」黑蛇不經大腦地信口胡謅。

「喔! 說得也是啊! 哈哈哈……」張峻峰一時也想不出更好的回答。

看完了小孩尿尿之後，三輪車就從鄭州路轉入商業鼎盛的迪化街，眼前的街貌立刻呈現出另一種繁華的榮景，沿街都是布莊、茶行、蔘藥行、南北貨、種子行、農具行、油漆行……各店家都是貨色齊全琳瑯滿目，部份規模較大的中大盤批發商為了進出貨方便，把大批的貨件全都堆棧到騎樓和馬路邊上……有些已經完成買辦的商人和店家，正努力在挪動胡亂停放在路邊的「犁阿卡」 註 以便裝載暫時囤放在路旁的貨品。

「這條就是迪化街啦! 全臺北最有錢的一條街! 有夠熱鬧喔!」黑蛇說。

---

註　這種迥異於載客用的三輪車，俗稱犁阿卡，是當年用來運載貨件的人力車，後來為了載運更重的貨物，除了加強車架的結構強度之外，還加上動力引擎，進階為機動的車款，稱之為鐵牛，這種車款在南部的偏鄉，偶而還是可以看得到。

「嗯！真熱鬧！」張峻峰說。

「先生，你剛剛說要拉到哪啊？」黑蛇問。

「一段177號！賣蠟燭的！」張峻峰皺著眉頭回答。

「那不就是洪萬美！」黑蛇說。

「叭！」突來的一聲驚天巨響，打斷了兩人的對話。從後車站開出的運蠟大卡車，已經追上了先出站的三輪車，緊緊貼著三輪車的車尾猛按喇叭示意要三輪車讓路。

「幹你娘咧！你是在靠爸啊！」黑蛇的三字經本能地衝口而出。

「叭！叭！叭！」大貨車仍然緊咬著三輪車的車尾，並用更急切的喇叭聲來回應他的問候。

「我幹你祖宗啦！路就這麼大條，恁爸就是不讓！看你能怎樣！」黑蛇加碼問候對方的祖先，執意不肯讓路。

雙方就在狹窄的單一車道上僵持不讓，後座的張峻峰被震耳欲聾的喇叭聲叭得耳膜受不了，急忙揮手苦勸三輪車俠讓路。「小哥，就讓他們先吧！」張峻峰說。黑蛇才悻悻地將車子往右側踩開，大貨卡立即從左側超前而來，兩車並肩而馳。「幹你娘咧！你是敗腎啊！踩那麼慢，叭你還不閃邊去！」坐在副駕駛座的混混撂了狠話後，貨卡就加足油門超前而去。黑蛇嚥不下這種腎功能被奚落的鳥氣，兩腳卯足了勁急踩風火輪，竄入騎樓下的人行通道，硬是追趕了上去。於是兩車就在迪化街狹窄擁擠的街道和騎樓間險象環生地尬了起來！三輪車上的張峻峰作夢也沒想到自己會無端被捲入這場衝突中，除了用力祈求在地的神明保佑外，也只能緊緊抓住車旁的扶手，以免被甩出車外。

「我幹幹……幹你娘咧！」黑蛇拼了老命好不容易追了上去，回了一句來不及換氣的國罵問候對方的母親，只是尾音分岔沒有底氣，似乎少了這三字箴言應有的霸氣和殺傷力！然而話都沒來得及罵完，

貨車又箭般地飆馳了過去，留下那個混混學黑蛇張口吐信上氣不接下氣的難堪模樣。「不要再追了！ 饒了他們吧！ 怕了就好！」張峻峰再也顧不了尊嚴懇求車伕。「我幹！ 伊娘咧！ 恁爸讓你先去投胎！」黑蛇慢慢恢復平靜和理智，改用第三人稱的國罵來結束這場自認沒有輸贏的戰役──大稻埕第一快腳終究還是敵不過新時代的文明，一路上，黑蛇仍是不甘心地咒罵著對方不得好死，為了氣不過、為了那微不足道的江湖尊嚴……

# 第十章　破布子

破布子是一種苦澀的樹籽，經過熬煮、醃製和發酵，就會成就出一種甘美的滋味。在以前，是早餐佐配清粥的開胃醬菜，現在則是用來蒸魚提鮮的調味聖品。

## 【場景】：迪化街洪萬美商行

　　迪化街一段 177 號，洪家三進大宅的中落天井，閩南雙斜式的紅瓦屋頂上，齊整地排放著被太陽曬得已經有些萎凋的小蘿蔔和蔭瓜，體型輕巧的女工正小心翼翼地踩在紅瓦疊片間凹陷的導水渠道上，逐一為這些曝曬中的醬瓜翻面。天井中，排滿了高矮瘦胖、造型各異的醬缸甕罈。烏番嬸坐在竹編的矮凳上，將起寬大的衣袖，露出腕上青翠中又帶有赭紅色斑的翡翠鐲子，和如同小手指頭般粗細的絞索式黃金手環。毫不遲疑地和著這些名貴的手飾，把手直接伸入醬缸黏稠的醃醬中，逐一掏出蔭瓜、豆腐乳、破布子、菜心等各式醬菜，然後用另一隻手刮除沾黏在醬菜上多餘的醬料和醬汁，像堆疊積木般裝滿了鸞蝦嬸手中的那只誇張的粗陶大碗公。

　　「這樣有夠嗎?」烏番嬸問。

　　「烏番嬸! 妳做的醬鹹最好吃了! 我頭家和黑龜最喜歡吃這破布子燉豬肉了!」鸞蝦嬸說。

　　「喜歡破布子啊! 好! 那就再多拿一些!」烏番嬸說。

　　烏番嬸又再次伸長手臂探入甕中，掏出一個比臉還要大的破布子，小心翼翼地堆疊在已經裝得不能再滿的大碗公頂端，活像「七層浮屠寶塔」一般。鸞蝦嬸忙用另一隻手扶撐住碗公中嚴重超載的醬菜，以免這些違背建築鬆脫滑落下來。

　　「真是太貪心了! 每次都要這麼多!」鸞蝦嬸直哈腰鞠躬表達內心的謝意。

「噯！不要這麼說，你們不幫忙消化一些，烏番伯肯定笑我小氣寒酸，不然就是醃得不好，才沒人要！」烏番嬸說。

「真歹勢！真多謝……」鸞蝦嬸說。

鸞蝦嬸不斷地鞠躬致謝，並往店頭方向走了出去……

# 第十一章　迪化街洪萬美

萬家燈火燃不夜，美輪美奐樂長天。

【場景】：迪化街　洪萬美商行、江成隆壽具行

　　江成隆壽具行，騎樓外側的兩根廊柱上分別斜靠著兩具尚未上漆的棺材素坯，作為原木底材的樣品專供客人比較和選購。這裡所販售的棺材只有上海棺和福州棺兩種款式，價格上的差異完全取決於客人所選用的木料。因為交易的對象全都是食物鏈中最頂層的達官顯貴，所以，店內總是囤放著大量的上好原木，常見的有：肖楠、檜木、紅檜、樟木、扁柏等，待客人確認木料後，才依照客人所指定的顏色和圖案來雕刻和上漆。

　　店裡的駝師傅正揮著利斧劈砍一支上等的楠木。整個廊道上飄溢著肖楠原木特有的精油香氣。不用任何草圖或墨線的標示，純憑直覺和手感，就能準確地劈出吻合「文公尺」上標示的吉祥尺寸。沒有人知道這位身手矯健的中年人，他的爺爺當年在東北是坐擁六家連鎖鑣局的總鑣師。而今他最疼愛、最被看好接班的孫子，卻因為不堪家族爭產的糾紛和二戰的戕害，戡破人情的澆薄和生命的無力與無奈，選擇隻身渡海來臺，寧願隱身在南島的市井中過自我放逐的生活。為了每日的生計他不得不用年輕時苦練「彈腿」和「查拳」的身手和體能，在這個棺材行裡劈棺材維生。必要時，還得幫喪家的子孫處理祖先的大體，才能換取他在異鄉生活所需的微薄薪酬。街坊鄰居對這個每天穿梭陰陽兩界的駝師傅所知不多，只知道他經常獨自一人與往生的魂魄喃喃對話，但從來就沒有人敢去探索他們對話的內容。也許是因為這樣的緣故吧！大家總認為這個人陰氣太重，而不敢跟他有深交。因此沒有人知道這個陰鬱寡歡的東北人真實的姓名和詳細的身世背景。只有每天清晨他在淡水河邊練拳

時，從他對細節一點都不能妥協的堅持中，才能隱約感受到他深藏在內心最底層的晦暗處，還殘存著那麼一絲絲不肯被現實澆滅的熱血和豪情！

棺材店的隔壁是北區最大公鹽批發商「高進鹽號」。鹽館的店門前，停靠著幾輛牛拉的四輪重型板車，上頭滿載著竹編的鹽簍子，等待著卸貨。先到的牛隻，已經卸下牛軛，在騎樓下低頭咀嚼著新鮮的牧草。有隻大黃牛還邊吃草邊嘩啦嘩啦地灑著超大泡的黃牛尿。一隻在城市中長大的小狗狗，在旁邊好奇地用舌頭舔著流瀉滿地的黃牛尿。另一隻老貓，則蹲踞在混凝土灌鑄的垃圾箱上面做壁上觀。對小狗狗而言，也許舔牛尿也算是一種成長的滋味吧！

老貓腳下的這只「垃圾箱」是當年市政府統一製作的傑作。依當時的規定，各店家必須把這個長得像「小土地公廟」的垃圾箱統一安置在騎樓左側的廊柱邊。小垃圾箱的箱頂是木板釘成的上掀式蓋板，前擋的木門片要從上方順著兩邊的溝槽插入或拉開。倒垃圾的時候，只需掀開上蓋板就可以。每天傍晚會由公家派車來回收這些垃圾，公營的垃圾回收車是一款巨大的箱型人力拖車，由一個人在車斗前用木拉桿拖曳，肩上還要加掛一條厚帆布縫製的肩帶，得連拖帶拉才能拉得動。遇到歲末年終或是大的年俗節日，垃圾量多的日子，得出動一家大小在後頭幫忙推車才行。除了拉車，他們還得逐家逐戶清除所有的垃圾，工作異常繁重。還好依當時的規矩是：會腐臭變餿的垃圾和廚餘，另有養豬戶會按期來回收餿水，一般是不會放入這種垃圾箱中的！

在抽水馬桶尚未出現的年代，還有另一種勞苦功高且一般人不願從事的行業，那就是俗稱的水肥大隊。記憶中，當年在迪化街所看到的清道夫和挑水肥的國光隊，幾乎清一色都是家境清苦的外省籍退伍軍人。這些老榮民們每天工作辛苦收入微薄，但沒有他們的

　　犧牲奉獻和忍辱負重，即使是再文雅高貴的有錢人家，日子同樣也是過不下去的！因此，每逢歲末年終店家們都會額外包個紅包，感謝他們終年的辛勞。有些店家則會把一些閒置不用，且狀況還不算太差的衣物或日常用品，清洗乾淨後送給他們。在那個物質不是很豐沛的年代，不論是給的一方，還是收的一方，全都是帶著珍惜和感恩的心境在施與受！雖然人們普遍過的都是清貧簡單的日子，但那確是一個讓人懷念的年代！每當店裡頭有人來挑水肥的時候，洪烏番老先生就會嚴格告誡洪家的小孩絕對不准搗鼻子喊臭！他說那些東西都是自己製造的，這些外省阿伯來幫忙處理善後一定要心懷感激，絕對不可以露出任何嫌惡的表情！小時候，總覺得那是一種酷刑；長大後，才懂得這是一種體貼！

　　鹽館右側的「清錦神桌號」是專賣神龕和供桌的百年老店，負責上漆的師傅正左手端著一個裝滿生漆的大碗公為八仙桌的素坯上第二道底漆。洪萬美商行就位在高進鹽號的正對面，鹽館老闆家裡最漂亮的女兒，後來成了洪家第二代老么洪懿昆的太太，洪高兩個迪化街的大戶結成了親家！

　　運石蠟過來的卡車就停在「洪萬美」的大門口，三個搬運工人依序將石蠟原料扛往中落大熔爐旁的倉庫中囤放，排行老四的洪懿祥則繞著大卡車逐一清點車臺上的石蠟數量，並不時要求苦力將石蠟卸到地秤上，隨機抽驗石蠟的重量和成色。「可以了！剩的就卸到安西街的倉庫，我三哥已經在那邊等你們！」懿祥說，苦力們依指示收起後車臺上的立板，扣上鐵鏈，紛紛爬上車等候發車。這時，張峻峰搭的三輪車也到了洪萬美的店門口，張峻峰付了車錢下車，卻見黑蛇要了車資後，又走向老四懿祥討賞錢。

　　「幫你拉來一個足厲害的拳頭仙仔，多給點賞錢吧！」黑蛇說。

　　「你怎麼知道他足厲害？」老四懿祥問。

　　黑蛇岔開雙指直指著自己一雙賊眼神秘兮兮地說：「就靠這，一瞄，我就通通知道了！」

　　老四懿祥心知是胡扯，但還是依規矩掏了一張五元紙鈔遞給黑蛇，並示意黑蛇把剛剛收的車錢遞還給張峻峰。

　　「他給得多，你的就不收囉！不錯喔！在臺灣坐三輪車不用錢！」黑蛇說完人就蛇般溜閃得無影無蹤，留下張峻峰一臉的不解與錯愕。

　　「沒事！是我爸爸立的規矩！尊敬老師的！」老四懿祥笑著招呼張峻峰進店。

　　「請問師父怎麼稱呼？」老四懿祥問。

　　「姓張！我是來買蠟燭的！」張峻峰答。

　　老四懿祥這才發現被黑蛇呼嚨了五塊錢，「這個死傢伙！」嘴邊輕輕咒罵了一句。「那就請店裡看看！」轉身禮貌地招呼張峻峰進店。

※※※※※※※※※※※※※※※※※※※※※※※※※※※※※

　　這時，黑龜騎著鐵馬也尾隨著大卡車出現在洪萬美店門口。「貨都送到了！算錢吧！」黑龜說。

　　「照規矩來，貨卸完再付！」老四懿祥說。

　　「規矩？呸！你訂的！你不給，我找你老爸要！」黑龜逕自往店內走去。

　　「烏番伯！算錢！」黑龜說。

　　「喔！總共幾位啊！」烏番伯問。

　　黑龜指著貨車上三個實際賣力搬貨的苦力，和另外三個只抽煙不幹活的混混。

　　「連我總共七個人，算你六個半好了！」黑龜說。

「動手的明明就只有三個，為什麼收加倍的錢!」老四懿祥跟了進來。

「欸! 怪了! 你沒看到我還派了三個弟兄押車嗎?」黑龜說。

「又沒偷沒搶的，押什麼車?」老四懿祥問。

「這是車頭的規矩，知道嗎?」黑龜強詞奪理。

「好了! 就六個半!」烏番伯拉開櫃檯的大抽屜，點了錢付給黑龜。

就在黑龜伸手接錢的當下，鶯蝦嬸兩手捧著裝滿醬菜的碗公從中落走出來，手腕上還掛著一袋芋頭葉包的三層肉，兩人四目相對，黑龜急忙把眼神瞥向別處，並把剛剛到手的錢往褲袋裡拽。「唉! 壞失萬德!」鶯蝦嬸搖著頭無奈地往店外走去。

一個到老東家家要免費醬菜的媽媽，一個到店頭勒索額外工資的兒子；一個懷著感恩，一個帶著威脅，母子兩人在洪萬美不期而遇，這一幕既矛盾又衝突的場景，全都看在適巧來買蠟燭的張峻峰眼中，老闆和客人兩人的眼神不期然地交會，似乎什麼都了然，又似乎什麼都沒有看進去。

# 第十二章　長大就會懂

小時候不懂的事，長大未必會懂！長大以後才懂的事，往往也未必是真相！因為人們總是只相信他們願意相信的事，所以，到頭來就算是懂了，也未必是真懂！

**【場景】：迪化街洪家晚飯的餐桌上**

「爸！為什麼要繼續忍受這些無賴?」老四懿祥憤慨不平的問。

「就幾個小錢！別計較了！就當是你媽做醬菜送人吧!」烏番伯說。

「做醬菜送人，是幫兒孫積福德！這怎麼會一樣!」烏番嬸說。

「對！這怎麼會一樣呢?」老四懿祥問。

烏番伯苦笑不作答。

「爸說一樣就一樣！少廢話！吃飯!」老大懿欽站起來大聲喝斥。

原本正在努力加餐飯的老三懿綿，被大哥突來的這一聲大喝，嚇得正往自己嘴裡送的那塊滷肉，連同手中的木筷通通跌落到桌面上。

「你是在打雷啊！嚇死人了!」老三懿綿說。

全家人被他那只顧吃不顧天下大事的貪食蠢相全都笑噴了飯。烏番伯則是微微點頭認同老大懿欽的即時介入，但也伸手拍拍老四懿祥放在桌上的手。

「做生意，講的是眉角！不是道理！以後你就會懂!」烏番伯說。

# 第十三章　破布子燉豬絞肉

*人生苦短，你必得做些事，好讓自己確認這輩子沒有白來！*

**【場景】：迪化街的後巷，臨安西街的違章建築群中**

　　昏黃的鎢絲燈泡下，同樣是用晚飯的餐桌上，一碟油炸花生米、一盤清燙地瓜葉和一缽破布子燉豬絞肉。鱟蝦嬸正忙著幫患癆病的先生餵飯，黑龜從外頭進來，斜眼偷瞄了一下她的背影，就悶聲不響地往自己漆黑的房間裡鑽。鱟蝦嬸聽聲音就知道是黑龜回來，雖然心底的氣還沒全消，但還是忍不住問道：「吃了沒？」黑龜定住腳步杵在房門口，沒有回應，也沒有回頭。「過來一起吃！」鱟蝦嬸說。黑龜回身看到桌上那碗早已幫他添好的泛黃米飯，也不敢違逆，無言地走過來坐下。鱟蝦嬸看著他連續扒了好幾口飯，卻始終不願動筷去挾桌上的菜。終究還是不忍心，便動手挾了一大塊燉肉往他的碗裡放。黑龜先是有些抗拒，但還是伸手用碗去接，只是眼尾餘光卻不由自主地瞟向屋角的菜櫥，檯面上那半塊用剩的生豬肉和裝著醬菜的大碗公，他強自忍住眼中打滾的淚水不讓它流洩出來，心底卻迴響起不久前那場與老母親的激烈爭執……

　　「把你的錢拿走！」鱟蝦嬸說。

　　「媽！妳甘願貧窮嗎？為什麼狠心不讓自己和爸過好日子？」黑龜問。

　　「你的錢不乾淨！用了，我心不安！」鱟蝦嬸說。

　　「媽！我求求妳好不好！妳看看這世界，還有什麼錢是乾淨的！」黑龜說。

　　「我聽不懂你在亂說什麼！」鱟蝦嬸說。

　　「要讓錢滾動，只有巧取和豪奪這兩種方法，其他都是騙人的！」黑龜說。

「天啊！你知道你在說什麼嗎？」鸞蝦嬸摀住自己的耳朵表示不想聽。

「媽！這是個人吃人的世界！不這樣，窮人哪有翻身的機會？」黑龜說。

「這樣的翻身！我寧願不要！」鸞蝦嬸說。

「妳真的甘心靠別人的施捨過日子？不願有尊嚴、像樣地活著嗎？」黑龜問。

「我當然想！但絕對不是靠你用這種手段弄來的錢！還有，你給我聽清楚！洪家對我們有恩，有愛，就不是施捨！」鸞蝦嬸說。

就這樣，一桌三人各有心思地吃了一頓冗長、無言的晚飯……

## 懷舊小掌故：菜櫥

在那一個沒有電冰箱的年代，「菜櫥」是一般家庭必要的設備，在都市或是家境較為寬裕的家庭，通常都是用木造的菜櫥。常見的菜櫥，有兩層的，也有三層式的，依木料和造型來劃分它的價位和等級。就一般的使用習慣而言：

「上層」放香菇、木耳、蝦米、海帶等較輕的乾貨。

「中層」因高度適中，會用來放熟食和剩菜。

「底層」放較重的大瓷盤和大碗公之類的陶、瓷器或鍋具。

有些較精緻的菜櫥在中層和底層之間，還會隔出一層當抽屜，通常是用來放鐵製的刀叉或玻璃酒杯之類的器皿。在鄉下或是經濟能力略差的家庭，則會選用較便宜的竹製菜櫥，最常見的是單層的，在竹編的櫥櫃上面會有一片木造的檯面，用來放置筷筒和其他的雜物，功能用途與木造的大同小異，只是材料和造型比較簡陋！

# 第十四章　元宵弄寒單

**凡是以神為名的宗教勸募，到最後泰半都是以人性的貪婪做收場。**

**【場景】：迪化街霞海城隍廟和洪萬美商行**

　　農曆正月十五日元宵節，依傳統年俗，大家都知道這一天是全家在一起吃湯圓、弄花燈的日子。那時候，在臺灣吃的都是沒有包餡的湯圓而不是元宵。當家的主婦不管是婆婆還是媳婦，通常在元宵暝的前兩天，會預先把長糯米放在裝滿水的鋁質水桶中浸泡一整個晚上，讓米身吸飽水份和軟化，隔天再提到專門代工磨漿的地方，用機器將米研磨成米漿。做這類代工的通常本身就是做傳統糕粿或是豆腐、豆乾的專門店或小型食品工廠。

　　在迪化街上經商的大戶人家，泰半都會有自家的傳統石磨。逢年過節時，總是全家大小一起七手八腳動手推石磨、磨米漿。磨米漿時，女生主要的任務就是配合石磨轉動的節拍，和著水將糯米一杓一杓準確地填入迴圈轉動中的進料口。而推石磨費力的粗活，則是由家中的男丁來擔任。出漿的石磨嘴通常會套上一個浸濕的麵粉袋來接漿，當米漿裝到七八分滿時就得將袋子卸下來，然後把整袋米漿放在長條板凳上，再用扁擔或一根與板凳等長的木棍壓在上頭，兩端用繩索固定和絞壓。一直到元宵節當天的早上，確認米漿中的水分完全釋放之後，再進行後續蒸麵、和麵和揉麵的工序。為了增添年節的喜氣，總會弌出一些白麵糰，用俗稱「紅胭脂膏」的食用色素染成討喜的紅色，一整鍋紅白參雜、圓滾滾、熱騰騰的湯圓在寒冷的冬夜看起來就更加美味可口。

　　對小孩來說，元宵節就是花燈節，一般來說，年紀稍大的男孩，泰半不喜歡柑仔店裡所賣的傳統花燈。那種用竹籤和彩色玻璃紙糊成的燈籠，不管是用手提的關刀燈，還是裝了輪子在地上拖著走的

戰艦燈、坦克車燈或是應景的十二生肖燈，在他們的眼中是屬於低年級小朋友的玩意兒！在那個年代國校中高年級以上的男生幾乎都懂得如何自己動手製作燈籠，然後呼朋引伴，專找一些平日不敢走的暗弄死巷或是廢棄的舊屋夜訪探險。自製的燈籠最常見的就是用進口克寧奶粉的空鐵罐子改造而成。製作的方法很簡單，先用一根大鐵釘在罐底打出 10 來個透氣孔，然後在空罐的筒身用一根較小的鐵釘打進去固定起來當插蠟燭用的柱心，再用鐵線一串作為提把，這就成了當年最克難、最亮、最不會被風吹熄的燈籠了。雖然這種花燈一點都不精緻，也沒什麼造型可言，但卻絲毫不減損童趣！如果住家附近正好有紡紗或織布的代工廠，往往可以撿到一些紗線的軸心，這種圓錐形的木質軸心，頭大尾小正好如同奧運聖火的造型，只要拿一塊破布捲成圓柱，再淋上一些煤油後往軸心一塞，火一點，就成了最拉風的聖火燈了。拿這種聖火燈的人，不用競選拉票就可以直接擔任走在最前頭的探險隊隊長了。

除此，在迪化街還有一項當晚最熱門的民藝活動叫「弄寒單」（弄：即炮攻的意思）。依民俗專家的說法，「寒單」是「瘟疫」或是「瘟神」的象徵。為了祈求風調雨順國泰民安，大家會在元宵暝「弄寒單、驅瘟神」。傳統的民俗遊行除了在迎神賽會上固定都會出現的：神明鑾轎、鼓吹八音、南管北管、七爺、八爺、千里眼、順風耳……之外，元宵暝遊行的主秀是由宮廟乩童所扮演的「寒單爺」，讓信眾用鞭炮來轟炸他，希望可以把他所象徵的瘟神趕走不讓他危害世間。記憶中，扮演「寒單爺」的乩童會在臉上彩繪如同「八家將」般猙獰的臉譜。依道教的儀式扶乩上身之後，「寒單爺」就站在竹製的軟轎上，一路光著上身，手揮蒲扇，任人用各式各樣的鞭炮來炸他。因為，有「扶乩上身」、「神功護體」和「蒲扇護身」。所以，就等於「金鐘罩」＋「鐵布衫」＝「刀槍不入」。當然，最主要

的還是要借助於一些防燙傷和防炸傷的不傳秘方了。據說，新摘的香蕉葉就具有這種消炎退癀的神奇療效。(這只是筆者道聽塗說未經證實的傳言，千萬不要輕易嘗試。)

※※※※※※※※※※※※※※※※※※※※※※※※※※※※※

　　元宵節前，約當是新春開市後的那幾天，迪化街上隨處可見各家神壇宮廟和獅館的募款小組。他們三至五人成一個任務編組，敲鑼打鼓穿梭在各店家商號間逐一勸募遊行的經費。這些向店家索討贊助經費的人，頭上綁著畫了符咒的黃色頭巾，一個在前請香爐引路，一個捧著神像緊隨在後，一路宣示著天界各種神祇駐臺總代理的合法身份，一路向店家搜刮錢財，不給錢就不走人，看你怎麼做生意。這些成天混神壇、宮廟和獅館的人，總是一口咀嚼檳榔的血盆大口和一身龍鳳鬼頭的刺青，沒有一個不是進出管訓中心如進出廚房廁所一樣頻繁的幫派分子！在當時，宮廟和獅館的陣頭幾乎就等於是幫會不良分子的溫床和收留中心。對於他們利用各種廟會活動向店家勒索斂財的行徑，大家都是敢怒不敢言！只能安慰自己：「就當真的是孝敬神明吧！不然又能怎樣，警察大人又不管！」就因為這種阿Ｑ心態的容忍和姑息，於是，他們就予取予求胃口越養越大！從安西街與涼州街交叉的路口註，一直延伸到臺北橋下的那一個行政區塊，正是當年臺北市兩個最大的流氓窟之一的「獅館巷」。

※※※※※※※※※※※※※※※※※※※※※※※※※※※※※

---

註　洪懿祥當年創館所開創的「易宗唐手武道館」就是座落在「涼州街16號」。

　　「烏番伯！你是大稻埕的頭人，應該帶頭多捐一點吧！」募款的神棍說。

　　「有有有！已經依慣例又加了一些！」烏番伯說。

　　烏番伯把備妥的紅包遞交給對方，陣頭仔掂了一下紅包的厚度和重量，不是很滿意的說：「賣香、賣蠟燭、賣鞭炮，洪萬美做生意賺的通通是神明財，烏番伯，要飲水思源啊！」陣頭仔代表眾神和菩薩表達了祂們的不滿和抗議。

　　「好！那這樣你看夠不夠？」烏番伯忍住心中的不悅，從抽屜中再抓了一疊紙鈔恭敬地遞給對方。

　　「貪財囉！記得多備些鞭炮啊！元宵暝讓大家弄個過癮！」陣頭仔一行人拿了所謂孝敬神明的錢，敲著鑼打著鼓，大搖大擺地繼續他們「以神為名」的「慈善勸募」行程。

# 第十五章　密　謀

要懂得為後面的發展定義前面的策略，免得到頭來老是要為前面的決策收拾殘局。

**【場景】：洪萬美商行**

　　洪萬美商行第二進的工廠裡，工作檯上依火力大小，整齊地排列著各種不同的鞭炮，老二懿文認真地解說各種爆竹的功能和特性，為洪家兄弟的作戰計劃做暖身。

「甩　炮」：如花生米大小，用力摔在地上就會爆炸，搭配彈弓使用威力無比，是狙擊獵物最機動、最難以防禦的武器。

「拉　炮」：管徑 0.3 公分，長約 4～5 公分，左右兩端各有一條紅色棉繩，兩條細棉繩用力往外一拉就會引爆，威力小，屬於小朋友們惡作劇的玩意兒。通常是用來綁在門把上暗算討厭的傢伙，現今婚禮上所使用的「拉炮」就是由這種爆竹改良演進而來的。

「跳舞炮」：往粗糙地面或水泥牆用力一劃，再隨便往地上一拋，就會劈哩啪啦亂跳亂響，是逗小朋友開心的玩意兒。

「老鼠炮」：比拉炮略大一號，用線香一點就爆。個頭小，聲音小、威力不大，是一般人學放鞭炮的入門款，光從命名就知道成不了大氣候。

「大龍炮」：因炮身的紙衣上印有青色龍紋而得名。直徑約 2 公分，高 5 公分，聲音大、威力強，是老鼠炮連升 10 級的進階版。如果先以空罐頭蓋住炮身，再用線香點燃露出罐外的引線，足可把空罐炸上 3～5 層樓高，是過年放鞭炮最主力的商品。

「電光炮」：「大龍炮」的大哥，聲音大，火光更強，適合夜間燃放。

「水鴛鴦」：炮身與鉛筆筆身粗細相仿，短版的約 6 公分，長版的約 10 公分，有黑色火藥的那一頭可以直接在火柴盒上劃燃，點燃後會先冒白煙不會立刻爆炸，不怕水，適合兩棲作戰之用。因為有延遲爆炸的特性，可作為水中或泥塘中的定時炸彈。

「花　筒」：直徑 6～7 公分，高 15 公分，施放時，立在地上用線香點燃後，會先噴出各種不同顏色的燦爛花火，最後炮身會爆炸，聲音很響亮。兼有照明彈的功能，與現今我們施放的煙火炮盒效果雷同，因為聲光效果俱佳，是「弄寒單」時必定要燃放的主秀。

「天地炮」：直徑 6～8 公分，高約 20 公分，引線埋在炮身中段，點燃後，下段的炮身先爆炸，利用火藥爆炸的推力，將藏在硬質炮管上半段的火藥推噴到 5～10 樓的高度後爆炸，現今的「煙火炮盒」等於是「花筒」＋「天地炮」的變形組合。

「沖天炮」：與現今所看到的「火箭炮」一樣，只是少了安全的塑膠彈頭，適合「地對空」、「地對地」、「空對地」、「空對空」作戰。

「排　炮」：形如機鎗的彈匣，是由中型鞭炮橫向排接，外層以牛皮紙固定成型。兩排炮芯相對，每排約 10～20 顆不等，將炮芯纏接在中心的主引線上，中間引線一點燃就會依序引爆，這是現今迎娶、敬神、拜天公時常會燃放的鞭炮。

※※※※※※※※※※※※※※※※※※※※※※※※※※※※※※

「要修理這些詐財的神棍，就得抓住這個難得的機會！」老二懿文說。

「對！就用沖天炮轟死他們！」老三懿綿說。

「不行！沖天炮會亂竄，萬一誤傷了看熱鬧的人群就不好！」老二懿文說。

「那就用大龍炮炸死他們！」老三懿綿說。

「那不行！大龍炮個頭太大，很容易被蒲扇給撥掉了！大而無用，根本傷不了那些神棍！」老五懿昆說。

「所以問題不在鞭炮的種類！而是要讓他們怎麼撥都撥不掉才行！」老四懿祥說。

「對！」懿文、懿綿、懿昆異口同聲的說。

「那我們就用老鼠炮！」老四懿祥說。

「笨蛋！老鼠炮那麼小，有個鳥用！」老三懿綿說。

「就是小，才厲害！我們用特黏的糯米漿糊塗在老鼠炮的尾端，用投擲的方式讓它黏在乩童的身上，這樣任他怎麼撥都撥不掉！」老四懿祥說。

「那用大龍炮黏糯米糊不是更厲害！」老三懿綿說。

「不行！大龍炮太重！太明顯！威力也太大了！反而成不了事！」老四懿祥說。

「但老鼠炮威力太小，根本就是幫他搔癢按摩！」老五懿昆說。

「只要把炮衣換成牛皮紙，再紮緊一點，爆炸的威力就會增加好幾倍！」躲在暗處的大哥懿欽忍不住出聲指點，但卻始終不願意現身。四個兄弟得到老大的暗中支持，軍心為之大振！

「對！我們分散埋伏在人群中，從四面八方同時投擲他！」

「黏得他滿身都是！」

「炸得他屁滾尿流！」

「炸得他叫不敢!」

幾個兄弟為了教訓這些陣頭的流氓,同心協力商討對策,大家越說越開心,一直到半夜三更都還不覺得疲累。

# 第十六章　叫不敢

當箭尖對準獵物的當下，獵人眼中只有獵物，沒有自己。於是，獵人自己往往也成了別人眼中的獵物！

**【場景】：洪萬美商行**

元宵節過後的第一天，烏番伯難得神情嚴肅地坐在餐桌前。

「以後不敢了！」四個兄弟異口同聲說。

「唉！花錢事小，把人炸成那副模樣！」烏番伯說。

四個闖禍的難兄難弟，全都低著頭、垂著手，站在老爸和大哥面前懺悔。

「不是說有神明護駕嗎？」老三懿綿說。

「還說！」老大懿欽大聲喝止他再說下去。

「吃完飯，到佛堂跪一炷香！懿欽你負責監督！」烏番嬸開口了結這場鬧劇。

「媽！老大他也……」心直口快的老三懿綿衝口而出想託出實情。

「好啦！吃完趕快去跪啦！」老四懿祥趕緊把他的話給攔了下來。

「吃飯！」老大懿欽狠狠瞪了老三一眼，嘴邊暗罵了聲「豬腦袋！」

五個兄弟，乖乖地坐下來用飯，沒有心機城府的懿綿胃口絲毫不受影響，照樣大口吃肉，大口喝湯，就像什麼事都沒發生過一般，烏番伯、烏番嬸、老大懿欽三人對望一眼，硬忍住差點噴口而出的飯菜。

# 第十七章　炮攻寒單

*一場戰爭無論結果如何，必然埋藏著下一場戰爭的種子。*

**【場景】：迪化街的街道上（回顧的場景）**

　　農曆正月十五日，元宵節的當天晚上，大稻埕迪化街的街道上，以洪萬美商行為中心，向左右各延伸 10 個店鋪，每一家店鋪臨路的廊柱上，已經事先架好了晚上用來攻打寒單爺的炮仗。這些炮仗全都是以建築工地用來搭建鷹架的大竹管為主桿，從竹尾桿頭向下垂掛雙絞股的鞭炮串。炮串都超過六米以上，為了避免貼地受潮，過長的炮串都特別將炮芯反折朝上，用草繩反綁在柱子上，待陣仗開打時再解下來垂放到地面燃放。

　　在電視還不普及的年代，人們除了在節慶時可以看看歌仔戲和布袋戲這類的野臺戲之外，民間最大的娛樂莫過於俗稱「看熱鬧」的年俗民藝遊行了。喜歡湊熱鬧的閒人都會提前三兩天到迪化街打探陣仗的規模，從這些預先陳列出來的鞭炮數量，就可以準確地反向推估出洪家當年的營運概況和元宵暝、弄寒單的熱鬧程度。因此，住在「大稻埕」這一帶的人，一過完了新年，不管大人還是小孩，最期待的就是到洪萬美看弄寒單了。有些喜歡跑獨家消息的報馬仔，還會客串探子馬到洪家打探軍情，好作為他們在茶桌上胡掰臭蓋的好題材！而口風不緊的老三懿綿一直以來就是他們挖掘內幕報導的深喉嚨！

　　當年在迪化街看「弄寒單」有兩個最熱門的景點，一個當然就是霞海城隍廟的廟前廣場，依宗教的規矩迎神過廟，主客雙方應有的禮數和儀式是不能免的。而迪化街的霞海城隍廟又是出巡暗訪的主廟，因此在前一年的歲末年終，就開始接受善男信女的捐款作為採購「軍火」的預算。另一個主要觀景點當然就是「洪萬美」了！

因為洪萬美經營的本業是香燭鞭炮，與宗教信仰直接有關的行業，因此總會利用這種迎神賽會的場合出錢出力，回饋廟裡的神明和街坊鄰居的照顧。所以在這裡可以看到全臺北市規模最大、最瘋狂、最激烈、最過癮、最足以宣洩豪情的炮仗。

傍晚，趕著看熱鬧的人會提前吃晚飯，或是乾脆蒸了點糕粿果腹，一家大小帶著自備的竹椅和板凳從四面八方匯集到現場，依憑往年的經驗卡位佔據最好的觀賞位置，然後以逸待勞等待好戲上演。這些來自各地的觀眾中，不乏從三重埔、三角湧和關渡獅子頭、滬尾等遠處特地搭火車趕來的。在遊行陣頭來臨前的時刻，平日難得碰面的街坊故舊、老同學或遠房親戚，全都利用這個難得的機會聊聊天閒話家常。那種由農業社會甫轉型為工商業社會時，特有的純樸對話和濃烈人情味令人懷念！

從「報馬仔」出現，到陣頭鑼鼓聲從街的那一頭響起開始，民眾的心情就隨著鑼鼓聲的節奏逐步升高、澎湃、沸騰。遊行的主秀總是被安排在陣頭的中後段，當神明的鑾轎在最大捐獻者的店門口定位妥當後，洪萬美店前的街道就被刻意淨空了出來。乩童們在隨行道士的催咒下，先是打了幾個大嗝，然後身體就開始不自主地抖動起來，道士隨即用手中帶著綠葉的樹枝，沾了持咒後的淨水甩在乩童們赤裸的上身，完成扶乩上身的法術後，乩童們儼然已經進入一種宗教性的催眠狀態，待他們逐一被扶上竹編的軟轎後，好戲就正式上演了。隨著快板的鑼鼓節拍，轎夫們開始有韻律地抖動神轎，炮仗的序場則是由店東的長子洪懿欽用三串小排炮所揭開。緊接著地上圍成方陣的幾十根花筒炮瞬間被同時引燃，金亮的火光瞬間噴射到三層樓的高度，把整個淨空的場地映照得就如同演唱會的大舞臺一樣地燦爛。

硝煙瀰漫中，洪家四個兄弟以及店裡的長工們依計劃埋伏在看

熱鬧的人群中，在老四懿祥的指揮下不斷變換攻擊的位置，不斷地
朝標靶投擲尾端沾有糯米漿糊的特製老鼠炮。軟轎上的乩童隨著神
轎激烈搖晃的韻律，已經完全進入一種無我的境界。雖然他們不斷
用蒲扇撥擋從各種方向飛來的子彈，只是這些特製的老鼠炮一黏上
就怎麼撥都撥不掉，一個個乩童全都像刺蝟般身上黏滿了老鼠炮，
隨著炮芯的長短一個緊接著一個被引爆……扶乩不深的乩童，早被
一身的鞭炮炸醒了過來，神明退駕後的乩童們，隨著爆炸的節拍扭
動身軀，努力掩飾鞭炮貼身爆炸的灼熱和劇痛。看熱鬧的觀眾沒有
人知道今年的乩童為什麼會這麼激情賣力地演出，只知道今年的弄
寒單真刺激、真好看！而且他們都由衷地相信：

「把瘟神打成這樣，這一年肯定會是個豐收的好年冬！」

就這樣，在全場一片叫好的掌聲中，乩童一個接著一個被換了
下來。震耳的鑼鼓聲和鞭炮聲持續不斷從茫茫的硝煙中穿透出來，
張峻峰混雜在看熱鬧的人群裡，開心地參與著這場與內地迥然不同
的南島廟會風情。只是不同於一般觀眾的視野，他清楚看到軟轎上
的乩童所面對的埋伏和危機，更清楚看到洪家幾個小兄弟在人群中
竄進竄出的鬼魅身影。他看到老四懿祥在混亂中，冷靜布局和臨陣
指揮的應變能力！老三懿綿在人群中，出手精準膽識過人的果敢和
勇猛！在好奇心的驅策下，張峻峰刻意移動到對街，想要摸清楚隱
藏在這個炮仗中的蹊蹺。幾次無意間的眼神交會，他確信從容端坐
在籐椅上看熱鬧的這位老先生，應該明白這些年輕人到底在搞什麼
把戲。只是他不明白的是這位溫和的老先生，除了始終面帶微笑看
著陣頭的表演，看著自己的小孩暗中所進行的復仇計之外，他心底
更同步盤算著，下一步該要怎麼面對那群神棍事後的大反撲。「唉！
這個懿欽也不攔他們一下……算了！就讓他們玩個夠吧！其他的……
到時候再說吧！」烏番伯心中就這樣一路反覆嘀咕著。

筆者與洪烏番老先生

# 第十八章　硬起來

餐桌上的美食佳餚不是來自大自然的仁慈和恩典！在弱肉強食的曠野和叢林中，沒有哪個物種可以妄用慈悲和浪漫。示弱，只是逆境保命的必要偽裝；讓步，更是癱瘓敵人的必要隱忍。沒有這些屈辱的加持、加壓，就無法蘊蓄足夠的反撲動力。因為，你必須先往下蹲，才能往上跳！

【場景】：洪萬美商行

　　店門外，圍滿著看熱鬧的人群。櫃檯前，嘩啦嘩啦被倒滿了一整桌彎曲變形、碎裂、褪色的大小蠟燭，阿不拉和幾位滿臉凶相的流氓，不斷地衝著店裡的人拍桌和咆哮。老四懿祥認真地檢查和比對這些不良品的尺寸和規格。

　　「這不是洪萬美的蠟燭！」老四懿祥說。

　　「還想賴！誰不知道臺中以北全是你們洪家供的貨！」阿不拉說。

　　「這些亂七八糟的東西，真的不是我們出的貨！」老四懿祥說。

　　「證據全在眼前！不砸店就不認帳是不是！」阿不拉說。

　　「你們敢！」老四懿祥說。

　　「有話好說！這位先生！你看該怎麼處理比較好？」烏番伯說。

　　「爸！別上他的當，我們家的機器根本不生產這種規格的蠟燭！」老四懿祥說。

　　「好了！這裡我來處理就好！」烏番伯說，

　　「先生！你說該怎麼處理呢？」

　　「蠟燭做成這副德性，貨我是不敢再要了！就折現吧！」阿不拉說。

　　「好！就給錢！」洪烏番開鐵櫃取錢，點了錢交給阿不拉。

「你開什麼玩笑！就這麼點錢！那我損失的商譽你怎麼算啊！」阿不拉說。

「商譽？你家什麼寶號啊？我們又賠你什麼商譽損失啊！」老四懿祥說。

「好好好！那這樣夠吧！」洪烏番又加了兩疊紙鈔交給阿不拉。

「這還差不多！小朋友！做生意啊──就跟你老子多學著點吧！走人！」烏番伯無言地目送這群貪婪的無賴拿了錢大搖大擺地走了出去。

「爸！得想想辦法，再這樣下去，你辛苦建立的事業就毀了！」老四懿祥說。

烏番伯沒有回應，但心底已經有了萬分堅決的念頭：

「我想我真的錯了！我根本就不應該奢望這些歹人的慈悲。再忍下去，情況只會越來越糟！唉！活到這個歲數，到今天才明白有錢無勢的富貴，只是紙糊的龍厝（燒給往生者的紙屋），留不住的！要留，就要讓這個家族硬起來！」

# 第十九章　木頭人

*知識的堆疊和分析，終究會轉化成修正和應變的能力，善用這些能力現代人就擁有了前人眼中不可能的神通和預知能力。*

**【場景】：洪萬美商行的工廠中**

　　工廠中，左右兩側幾十臺東洋蠟燭的灌模機組全都暫時停機。中間走道的空地上堆著幾個木箱子，木箱上面放著兩堆石蠟原料，一堆呈粉末狀的是硬蠟，一堆呈塊狀的是軟蠟。洪家兄弟全都聚精會神地聽著老大懿欽詳細的解說。

　　「老實說！你到底有沒有依我調的比例做？」老大懿欽問。

　　「有啊！我明明兩種都有放啊！」老三懿綿說。

　　「我是問你到底有沒有按比例放！」老大懿欽說。

　　「有啊！可是天一冷，蠟燭脫模時還是很容易裂開啊！」老三懿綿說。

　　「我不是告訴過你氣溫低於攝氏十五度時，軟蠟要多加點嗎？」老大懿欽說。

　　「可是軟蠟加多了，天氣一熱，不是容易彎曲變形嗎？」老三懿綿說。

　　「所以才要你參考氣溫來製作啊！」老大懿欽說。

　　「太麻煩了！沒有更簡單的辦法嗎？為什麼要搞得這麼複雜？」老三懿綿說。

　　「對啊！哥，難道不能找一個冬天和夏天都適用的配方嗎？」老二懿文問。

　　「很難！暫時還無法克服這個技術障礙，也許還要添加一些什麼配方吧？但這是生產的機密，只能靠自己持續不斷地摸索和改進！」老大懿欽說。

「那就拜託你，行行好！趕快把新配方弄出來吧！」老三懿綿說。

「這不是一加一除以二就可以解決的！除了比例，還有製程和溫度控制的問題，事情不像你想的那麼單純。誰不想把製程簡化，可是為了品質，你就必須加入更多的技術才行。這些複雜化的改變，都是有不得不然的考量。今天要不是我們擁有這些技術，那我們做出來的東西跟那些廉價的販仔貨有什麼差別呢？」老大懿欽說。

「煩死人了！我不想管了啦！你找別人來負責好了！」老三懿綿說。

「這麼簡單的事還嫌麻煩！做蠟燭跟做人一樣，要該軟的時候軟，該硬的時候硬！一定要不斷變通進步才行啊，拜託！」老大懿欽說。

「我才拜託你呢！我拜託你不要再拜託我好不好！」老三懿綿說。

「老四，工廠生產的事，以後通通你來負責吧！」老大懿欽說。

「哥！我負責調比例和溫度控制好了！生產還是老三比較在行！」老四懿祥說。

「你們兩個說好就好！唉！怎麼腦袋硬得跟木頭一樣呢！」老大懿欽說。

懿欽留下了一聲長長的嘆息，像隻鬥敗的公雞般轉身走了出去。這個幫助老爸撐起一片天的老大，從背影看，似乎比老爸更佝僂、蒼老。誰都不會想到，他會比他的爸爸更早離開這個家庭，這個世界……

# 第二十章　11 號水門

*一個完美的防守，不單只是避開攻擊，而是一個成功的布局。*

**【場景】：淡水河 11 號水門外，河邊露天老人茶座**

　　從 11 號水門步出這個開在堤防上的巨大水閘門洞，就是帶動古老臺北地區幾世紀繁榮的母親河「淡水河」。據說，當年的淡水河河水清澈，沒有河砂和爛泥淤淺的問題，中小型貨輪和機帆船都可以直接從淡水河口開到艋舺一帶的碼頭進行貿易。熟悉臺北歷史掌故的者老說過，整個臺北就是順著淡水河的河岸一層一層逐步向陸地發展起來的，從：環河南北路→迪化街→延平南北路→重慶南北路→承德路→中山南北路→林森北路→吉林路→松江路……以平行的方式向陸地不斷推進和開展。

　　堤外的宮廟邊，老榕樹叢的空地上，烏番伯數十年如一日每天清晨即起，在河邊練拳健身。他打的太祖拳和震鶴拳是當時臺灣民間最普遍的拳術。是早期先民渡海來臺墾荒時，為了在異地謀生必學的防身術。臺灣光復後，一般獅館、陣頭和正規的武館所教的就是這類的傳統拳術。

　　「烏番伯！這位是涂師父！」清錦伯說。

　　「涂師父！你好！」烏番伯說。

　　「你好！」涂師父說。

　　「涂師父是我查某人的遠親，他是福州人，但他練的卻是北方拳！」清錦伯說。

　　「喔！北方拳？」烏番伯問。

　　「對！是我在天津和北京時跟過幾位師父練的太極拳！」涂師父說。

　　「太極拳是一種內家拳！特點是強調以柔克剛，內可養生，外

可制敵，與洪先生剛剛所練的外家拳不太一樣，粗略地分，外家拳練的是明勁，內家拳練的是暗勁與化勁。外家拳鍛鍊的是兩點之間最短的直線距離，是靠速度和力道取勝；內家拳追求的是阻力最小最流暢的圓和弧，是借角度和巧勁決勝。這一剛一柔，可以說是中國武術的兩大主軸！」涂師父說。

「涂師父！真失禮！這個我真的聽不太懂！但……」烏番伯回頭看清錦伯並微微點頭表示肯定之意。

「涂師父！烏番伯這次聘請武術家教，當然是為了教家裡的五個小孩防身自衛，但另外還有個目的是……」清錦伯說。

「這個我了解！生意場中那些枝節瑣事就包在我身上好了！」涂師父說。

「真多謝！但我還是希望小孩真的能學一些可以保護自己的東西。至於生意場上的那些問題，只要能有嚇阻的效果就可以了！」烏番伯說。

「我懂！分寸該到哪我自會拿捏！您請放心！」涂師父說。

「那就這麼說定囉！來喝茶去！」清錦伯招呼兩位喝茶。

就當他們三人在露天老人茶棚吃麵茶和椪餅當早點的同時，在更靠近水邊的沙地上，隱約可以看到江成隆棺材行的駝師傅，正獨自操練著彈腿和查拳的俐落身影。如果再往前靠近一看，他行拳落腳的鬆軟沙地上，居然連一個凹陷的腳印都沒有，足見這個孤僻沉默的東北人在武術上的精湛造詣。

# 第二一章　別有天

每一次的衝突，都是一種宣示，一種向對方揭露底限不容再犯的堅決和警告。

**【場景】：別有天福州菜館**

　　民樂街福州菜館「別有天」的閣樓上，瀰漫著從一樓廚房所飄上來的菜香和油煙。洪家男丁們依序圍著小包廂中那張過大的圓桌而坐。這家福州菜館就坐落在三義菜市場的違章建築群中，用餐環境其實並不好，但是在那個不講究裝潢和排場的年代，只要菜館的師傅能將幾道家鄉菜燒得道地夠味，生意照樣火紅得不得了。有趣的是，要想在那個簡陋、低矮的閣樓用餐還有個規矩。不管是富商巨賈還是官府要員，都得彎腰低頭才行，因為這個閣樓是緊貼著屋頂勉強隔出來的儲物空間，天花板又斜又矮，不彎腰低頭是進不了的。就因為這樣特殊的用餐環境，有位漢文先生還特地幫它題字取了個雅號叫「低頭閣」。因為文人的加持和饕客的口耳傳播，這裡的福州菜在臺北地區早已遠近馳名，要想在這間獨立的包廂用餐，得提前兩、三個禮拜預約才行。

　　大圓桌靠矮窗的主位上，除了烏番伯外，還預留了兩個空位。餐桌上，依慣例已經先擺放著鹽炒瓜子和紅土花生，但沒有人敢動手去取用。烏番伯一反常態用堅定的語氣說：「鬥氣，爭一時；鬥志，爭一世！我不只是想改變！而是要翻轉！但，一切都要看機緣！就像是釣魚，下了竿，就只能耐心守候。表面上好像什麼都不做，但這個最難，難在要憋得住那口氣！在迪化街立足，我們每天都得應付市場的競爭和物料成本的波動。要不變，其實更難！其實，變和不變一樣，都有牽連的風險和代價要算計！比起商場上的凶險，那些人都還不算太壞！能用錢擺平的事，都不算大事！我只是隱約

從市場中嗅到一些不尋常的氣息，似乎有什麼大事要發生！直覺該先做些什麼！我一直都很相信這種預感！所以要有強化應變的能力吧！這樣我們才能在大變動中增加存活下來的機會！只是在動手改變前，要先想清楚到底該改變什麼？能不能？值不值？因為一旦動了，就像刀出鞘、箭離弦一樣！很難再回到原點！不計後果的改變，就是妄動，只會壞事！而且，還要像龍蝦褪殼一樣，在完成所有的改變之前，一定要先隱藏起來！叔公祖說過：『要讓你的對手相信你完全沒有反制的企圖和能力！才有成功的機會！』如果這些都做不到，那就一動不如一靜了！」烏番伯平靜地陳述自己如何在父母雙亡的絕境中逆境圖存，如何在弱肉強食的職場競爭中由小坐大的切身體悟。因為書讀得不多，這些話幾乎全是他用白天的血汗和暗夜的淚水一點一滴堆累出來的！

「都聽進去了嗎？」老大懿欽問。

「嗯！」其他四個兒子雖然不明白老爸為什麼突然對他們說這些話，但還是不約而同地點頭稱是。

「爸，那我們現在到底該怎麼做？」老二懿文問。

「像龍蝦一樣躲起來？」老三懿綿說。

「要改變，當然先從自己做起！自己都不變，怎麼奢望世界改變？」老大懿欽問。

「哥，光憑我們自己，怎麼變？除了做生意，我們根本什麼都不懂！就連對付那些無賴都無能為力，不是嗎！」老四懿祥說。

「沒錯！那就要加強贏的實力！沒有贏的實力，就沒有要求和平的權力！」涂師父依計畫在關鍵時刻和清錦伯推門現身。「這位是涂師父！是烏番伯特別幫幾位少爺重金聘請的武術師父！」清錦伯說。

五兄弟全都為了這個改變的決定而振奮不已。這個不尋常的舉

措，將會為洪家帶來什麼樣的改變？沒有人知道！但，洪老先生的心意卻異常地堅定，他相信：生命中所有的賽局都一樣，哪怕你已做好了周詳的計劃和萬全的準備，風險不會因此而消失！唯一明智的辦法就是當風險產生時，勇敢地迎上去，誠實的面對和即時的修正！畢竟，對洪家而言，這是立足迪化街必要且關鍵的一戰！

「阿爸！可以上菜了嗎？」老三懿綿問。

「好！上菜！邊吃邊聊！」烏番伯說。

於是，別有天福州菜館最拿手的招牌菜：酥炸紅糟海鰻、什錦砂鍋魚頭、清蒸海鱸捲、燕餃鯊魚丸湯、熱炒西施舌、炒竹蟶、糖醋溜雙脆（腰花、海蜇）等一盤接著一盤被端上桌。

# 第二二章　江山樓大酒家

你不知道你是誰，於是你需要一個虛假的身份來混充場面。而現在你所擁有的，正支撐著你的虛假身份……

一隻羊即使蒙上了老虎的皮，當牠見到肥美的水草仍然會喜悅，見到凶悍的豺狼仍然會發抖，因為老虎的皮改得了外貌，卻改不了本質……

三國曹植

**【場景】：歸綏街 181 號「江山樓」**

　　坐落在歸綏街 181 號的「江山樓」，是日據時代北臺灣最出名、最高檔的聲色場所。「登江山樓、吃臺灣菜、聽藝旦唱曲」更是當年最時髦、最奢華的社交活動。鄰近的五月花、黑美人、蓬萊閣、第一舞廳、仙樂斯舞廳、新加坡大舞廳……則全都是當年政商界交際應酬的最愛，當然這些場所同時也是利益糾結龍蛇混雜的是非之地。

　　在當時，介於寧夏路和延平北路之間的歸綏街，與現今萬華龍山寺旁的華西街同樣都是地攤密集人潮擁擠的夜市。攤販中有殺蛇賣蛇湯、打拳賣膏藥、文鳥算命、卜龜卦、套籤圈、抓頭蝨、捕蚵蟲、賣賊仔貨（二手貨）、賣假錶、賣假古董字畫、賣違禁書刊和黃色小說、打彈珠臺、賭香腸、賣潤餅、四神湯、米粉炒、蝦仁羹、鴨肉羹、麻糬、洋菜凍、油粿肉丸、肉粽、大腸煎和豬血糕等等，舉凡在夜市裡可以看到的攤販，在這條全長五百公尺不到的街道上每天都像廟會一樣應有盡有地上映著。在這熱鬧的歸綏夜市中，與它垂直交接的暗巷裡，低矮的民宅中混雜著幾十間眾所皆知的私娼寮，為了避免外來的尋芳客誤闖騷擾到正常人家，這些妓女戶都會用紅色或綠色的玻璃紙裹住屋裡屋外的照明，一方面藉以識別，另一方面在這有色的燈光下所產生的朦朧視覺，對尋芳客應該更有催情的作用吧！

　　江山樓二樓用餐的大廳，一桌六七個混後車站的小弟兒正圍拱
著黑龜飲酒扯屁。

（以下是黑龜酒後的獨白）

　　「幹！這哪是一個公平的世界！」

　　「有錢人用錢滾錢！越滾越大！」

　　「窮人做到死，也撈不了幾個小錢！」

　　「我老爸一輩子安分守己在洪萬美做長工、做奴才，一做十幾
年，得了什麼？做到人都得了肺癆還不是翻不了身！」

　　「天公不疼憨人，疼有錢人啦！」

　　「有錢人拜天公，殺豬又宰羊，窮人拜天公兩手空空只有三炷
清香。天公伯若換你做，你會保祐誰？」

　　「攏免拜了啦！真有效，哪來那麼多窮人啊？」

　　「我痛恨有錢人，可是我更瞧不起窮人！」

　　「因為人窮就笨！妄想靠天，卻越靠越窮！」

　　「窮啊，根本就是一種世代遺傳的絕症！越窮的就越笨，越笨
的就越窮，一直循環下去，沒完沒了！」

　　「要翻身，就要把這些利益和秩序都弄亂！」

　　「因為順著現在的狀況和遊戲規則繼續走下去，窮人永遠都甭
想翻身！」

　　「弄亂了，重新分配！窮人才有出頭天！」

　　「這是個人吃人的世界！有錢人拿你當菜盤裡的肉配飯吃！」

　　「要看清真相！所有的仁義道德，全都是他媽的騙人的謊話！」

　　「勸善堂裡講古的，宮廟裡講經的，講的全都是催眠的咒語，
全都是瞎編的蠢話！你相信臥冰求鯉嗎？你相信輪迴報應嗎？」

　　「你知道你前輩子是誰嗎？你認識那個人嗎？」

　　「幹！你都不認識他媽的那個人，哪來那麼多莫名其妙的義務

扛他前輩子造的孽呢?」

「全都是編的、騙的! 豬頭才信!」

「只有《三國演義》才是真的! 曹操、劉備趁亂打天下,靠的不是嘴裡講的仁義道德,靠的是沒說出口的皮厚和心黑!」

「要像曹操一樣,白得比白還白! 黑得比黑還黑! 知道嗎!」

「不管是英雄也好,梟雄也好! 對我們來說,有錢有好日子過就好!」

「我說的話你可以不信,繼續相信你原來相信的! 但就別奢望有好酒好肉吃!」

「總歸一句話,沒錢沒力沒學問的人,就會一直窮下去!」

「生意人買低賣高,用騙的! 賺的是奸巧錢! 沒有一個是好人!」

「我們爛命一條! 要翻身,沒別條路! 要賣乖,就當乞丐! 不當乞丐,就當流氓! 躲在中間的全都是等死的笨蛋!」

「不拿命來押注賭氣魄,別想過好日子!」

「我們現在跟迪化街那些做生意的,拿的都是零頭小錢!」

「人多了,得機會,我還想搞更大的!」

「真正的大錢全都藏在舞廳和酒店裡頭!」

「要吃這塊肥肉,得靠人頭! 不是靠拳頭!」

「人多就勇!」

「人要夠多,鬼都怕你! 知道嗎!」

「要人多,就得講組織、講義氣!」

「不講義氣,講利害! 就是贏了也不久長,早晚被出賣背叛! 知道嗎?」

「大仔! 你喝多了! 我們跟你,不為吃飯喝酒,全衝著你說的義氣兩個字,對不對!」一個輩份較高的嘍囉被黑龜這席激勵人心的

慷慨陳詞感動到義憤填膺。「對!」那群跟吃跟喝的跟屁蟲各自舉杯
自乾努力響應。「幹你娘咧! 不管真話、假話還是屁話,這話聽了就
爽! 幹! 喝吧!」

在幾杯黃湯的催情下,黑龜努力釋放他對社會的憤懣和江湖哲
學。一個曾經是老師眼中品學兼優的好學生,因為家境清寒被迫中
輟學業而淪入黑道當流氓的人,雖然混跡在社會晦暗的角落,心中
卻依然還殘存著一絲絲有踏浪而起的雄心壯志。可惜的是圍繞在他
身旁的幫眾們畢竟文化水平落差太大,盡是些混吃騙喝無法成事的
酒囊飯袋。那種無法溝通、無法翻脫的酸楚和苦悶,讓濃烈的竹葉
青和五加皮喝起來就更加嗆辣難以入喉了。黑龜直仰著脖子讓酒一
杯一杯直往自己的胃裡倒。只要酒精量累積足夠了,人就茫了,掛
了,忘了! 只要忘了,就好了! 哪怕就那麼一陣子,也夠了!

酒店門外,五、六輛三輪車就在馬路中央大剌剌地停了下來,
車上陸續下來了十幾位頂著山本小平頭身穿花襯衫的土流氓,明眼
人一看就知道全是混四坎仔、大龍峒的角頭。原本等在對街的另一
票人,在牛埔仔幫老大土匪仔的帶領下過街來會合。

「看住那個賣香腸的,別讓他通風報信!」土匪仔一過街,就下
令讓人制住酒店外把風的眼線。

「人都在裡面! 喝得應該差不多了!」獐頭鼠目的探風小嘍囉即
刻貼身過來低聲向土匪仔回報軍情。

「待會兒怎麼弄? 都聽你的!」四坎仔幫的帶頭大哥說。

「好! 裡面人不多,傢俬應該用不上,先攔在外頭,需要時再
操!」土匪仔說。

「動手前,我把話先說清楚! 地盤拿下來後,未來的利頭不分
大小三黨平分!」

「好! 一言為定!」四坎仔幫的帶頭大哥說。

「為了不增添麻煩，今天只對人，不砸場！免得管區那邊不好交代！」土匪仔說。

「了解！」大伙依指示將扁鑽、西瓜刀、武士刀、開山刀、鐵手環、棒球棍、掃刀……當年械鬥常見的各種武器全都掏了出來，擱在酒家門口招呼客人的小櫃檯邊，較長的武器就大剌剌地靠著牆邊擱著。

「你們幾個顧大門！」土匪仔說。「你們幾個繞到巷子尾堵住後門，別讓那隻龜孫子給溜了！」

「好！」幾個混混應聲快步跑開。

「其他的就通通都跟我進去！走！」土匪仔說。

一進門，就有預先埋伏在裡頭接應的斥候，用眼神向土匪仔示意黑龜的位置。土匪仔一確認方位即揮手率領眾人朝目標的四周包抄了過去。「哪個是黑龜仔！」土匪仔問。

「恁爸就是！你們想幹嘛？」黑龜說。

「是你就好！我是牛埔土匪仔，今天的事就只針對他一人！其他要命的都給我閃邊去！」土匪仔說。

不是才剛講了江湖和義氣嗎？只是，這時留在弟兄的腦袋瓜子裡的卻只有「人多就勇」那幾個字！一看對方來了那麼多人，這幾個酒肉朋友心早冷了半截。彼此互瞟一眼後，全都像龜孫子一樣往旁邊鼠竄而去，只剩兩位已經喝得醉茫茫的「換帖兄弟」一左一右搖搖晃晃地硬撐在黑龜身邊，只是沒有人清楚這兩個眼神渙散意識模糊的傢伙，到底真是兄弟情義使然？還是酒喝太多了腿軟跑不動？黑龜：「幹！帶種的話！就你跟我釘孤支，人帶這麼多，算什麼好漢！」只是，話都沒說完，土匪仔一個手勢，人就全圍了上去。黑龜雖然靈活剽悍，但猛虎畢竟難敵猴群，沒多久就被壓倒在地打得眼青鼻腫。

「幹你娘咧！都已經什麼年代了！誰還跟你玩釘孤支啊！憑你這種豬頭也配霸佔整個後車頭！」

「你！你！你！還有你們全給我聽清楚！從今天開始後車頭、圓環邊、迪化街、延平北路、大橋頭、四坎仔到牛埔……所有店家、酒家、茶室、查某間和夜市、菜市的攤販規費全歸我！還有你這隻不成龜樣的鱉，以後再也別讓我看到你在這帶混！再被我撞上就當眾砍斷你的腳筋！滾！」土匪仔放聲對著店家和所有在場飲宴的賓客們宣示他的領地和主權。

※※※※※※※※※※※※※※※※※※※※※※※※※※※※※

酒店裡最隱密、最大包廂的門自始至終都是敞開著，金源隆行的金老闆嘴邊叼著煙斗，邊冷眼監看著這一幕自己親手導演的戲碼在眼前展開。

「這樣處理合你的意吧！金老闆？」土匪仔問。

「把場子拿下來就好！用什麼手段我不在乎！這些人全是烏合之眾，把頭頭拔掉就散了！我真正在乎的，不是這個！」金老闆輕描淡寫地回應著。

「這些豬頭，長期霸佔這個油水最多的大碼頭，卻只會用它來賺些鼻屎大的零星小錢。不拿下來，真的就糟蹋了這個聚寶盆！」土匪仔說。

「除了貨運抽頭外，我要的是整個迪化街盤商進出貨的總量和源頭。我要在產地和盤商之間開個口，安上一個調節閥，只要掐住供給和需求的兩端，就可以在這個水閥上控制流量和物價！像黃豆、麵粉和食用油這類大宗物質每天市場的流量那麼大，只要隨便加上一個個位數乘上去，就是一筆可觀的財富！這才是我真正想要的！」

金老闆說。

「那這些人怎麼辦?」土匪仔問。

「太精明的人都是不可靠! 除了黑龜之外! 其他的嘍囉你們要留就留,橫豎他們也沒人可投靠了!」金老闆說。

「好! 這些瑣事我來處理!」土匪仔說。

「車頭的管區和派出所那邊有我的人脈,我來打點就可以了! 今晚大家都辛苦了! 來喝酒! 上菜!」金老闆一聲號令,當年酒家特有的招牌菜色: 魷魚螺肉蒜、車輪鮑切丁、清炒烏魚膘、鹽烤透抽和清酒烤烏魚子……就一道接著一道被端上了桌。機靈的「那卡西」的領班眼看場內的氣氛一暖起來立刻手勢一下,手風琴聲、吉他聲和鼓聲,就普天同慶般地淹沒了整個包廂。一群號稱全臺北最美、最頂級的酒家小姐,一身剪裁合身的織錦旗袍,搖擺著千嬌百媚的婀娜身軀,魚貫般地湧進這個揮金如土的包廂。參與這場地盤爭奪的弟兄們,不管有沒有動手出力,全都為了這場實力懸殊的勝仗和未來的好日子而忘情地開懷暢飲。左擁右抱的金老闆,仰頭一口喝掉美女奉上的威士忌,帶著三分酒意和七分的豪情說:

「下一步! 就該是洪萬美了!」

# 第二三章　三義菜市仔

*要證明老天爺的存在很難，但要證明老天爺的不存在更難！所以，*
*不管是什麼事都一樣，最後通通是你和祂之間的事，其他的全都是*
*無辜被牽連的第三者……*

**【場景】：三義菜市仔**

「三義菜市仔」是位於安西街、民樂街和歸綏街三條街所共同框格出來的一塊公園預定地。在尚未改建成「大稻埕公園」和地下停車場之前，在這約當 1,200～1,500 坪的土地上，早在日據時代就已經櫛比鱗次地蓋了近百間大小不一的違章建築。這些破舊簡陋的房舍全都是那種屋頂覆蓋黑色波浪屋瓦的日式平房。在這不大的區塊之中，簇擁著幾百戶來自各個不同省份和文化背景的人家，其中又以福州人為最多。臨路的房舍泰半出租作為店鋪使用，營業的品項脫不開日常生活的必需，有：剃頭修面的、包飯的、賣福州乾麵和魚丸湯的、賣魷魚羹冬粉湯的、賣燉羊腳麵線的、賣紅燒鰻魚湯的、總鋪辦桌的、出租碗盤桌椅的、賣水果和果汁的、賣中藥材的、賣罐頭的、訂製旗袍的、做裁縫改衣服的、打棉被的、乾洗店的、裁紙的、做紙箱的、印刷的、刻印章裱字畫的、賣文具和參考書的、打金飾的、修牙齒的、製齒模的、修鐘錶的、修腳踏車的、換玻璃的、賣電木板的、擺夜市賣仿古董和假端硯的、賣釣具的、開冰庫兼賣冰塊的……應有盡有，幾乎是迪化街、延平北路和後車站商業模式的微型縮影。

在民樂街上，有一家全臺北市規模最大的牛角梳製造廠。工廠的主人是個福州人，他同時也是一個製作精緻牛角梳的名匠。工廠的外頭經常堆放著大量從國外進口而來的大水牛角，未經處理的水牛角總有一股濃烈的腥臭味。路過那裡，經常可以看到福州老師傅

會把巨大的黑色水牛角送進一臺比人還要高的電鋸車床，鋸成一截一截高約 6～8 公分不等的牛角圈。然後再把牛角圈立起來，從縱向再補一刀把封閉的牛角圈開了個破口，然後就將這些裁切成大小適中的牛角圈丟進被電動鼓風機催得火星四濺的爐火中燒烤。待整個牛角圈被烈焰烤得通紅，再用鐵鉗取出，趁著高溫軟化的短暫時間將牛角圈掰成片狀，然後再放進另一臺巨大的機器中壓平。三五分鐘後，再丟進冷水中降溫定型。定型後的牛角片，會先依成品所需的造型和大小用線鋸鋸出雛型，然後就是一連串純手工的加工製程，包括：削薄、開齒、刨磨、拋光……繁複專業的工序。高檔的角梳還會在手把處鑲嵌貝殼磨成的飾片，裝飾成花鳥的吉祥圖案。

常見的牛角梳一般為黑水牛角所製，另有一種白水牛角梳，因為稀有，價格就更高了些。但不論是黑的還是白的角梳質地同樣堅韌耐用，而且梳理頭髮時不會產生靜電，對頭髮和頭皮的保養都好。一把好的牛角梳通常可以用上好幾十年，比起一般的黃楊木梳或是電木板梳要耐摔、耐用好幾十倍。只是，這個傳統的手藝隨著三義菜市仔違建的拆除和老一代製梳工匠的凋零，恐怕早已失傳囉！在那個時代，沒有機器化的大量生產，一般的日常用品和工具大都是仰賴手工製作。因此一些手工的技藝和獨門的絕活全都散落在民間隨處可見，老百姓只要一技在身就可以藉以謀生圖得一家的溫飽和未來。不像今天這些謀生的商機幾乎被大型企業和財團沒收了，留給小老百姓餬口謀生的空間越來越少，人們只能在機器和電腦做不到或是不想做的夾縫中撿食碎屑殘渣勉強苟活！

除了讓人緬懷的昔日風情和百工生態之外，隱藏在三義菜市仔這個違章建物群中，還有一個當年大稻埕區最大的四色牌賭窟和速賜康毒品交易中心。速賜康是一種類同於安非他命的廉價毒品，毒性高，對人體的傷害大，在這裡販賣毒品的毒頭，自己就因為過度

注射這種毒品而截肢。吸毒和注射毒品的人，當家產耗盡後，為了滿足自己的癮頭，到頭來都變成了販賣毒品的毒蟲，為虎作倀繼續毒害其他的人！不明內情的外地人，怎麼都看不出這個貌不驚人的破落區塊，是這麼一個龍蛇雜處、不法利益流通量大到讓人咋舌的是非之地。平時白天進出這個區域的人，無非就是那些上門採購的客人或是供貨的協力廠商和代工搬運的苦力。入了暗夜之後，同一個舞臺，上演的則是另一齣截然不同的戲碼，粉墨登場的是另一批挾帶著不同人性欲求的生旦淨末丑，在毒和賭的闇黑世界裡，盡情釋放自己心底的欲望。

夾雜在陰暗潮濕的陋巷矮屋中，一扇刻意用墨綠色軍毯遮擋，避免屋內光線外洩的窗牖裡，昏黃的鎢絲燈泡下，瀰漫著各種不同品牌香菸所混雜而成的煙霧，以及口鼻換氣時所洩漏出來的各種氣味和訊息。燈下的賭桌前，簇擁著殺豬的屠夫、發海參魚皮的師傅、接生的產婆、布莊店的老闆、茶行的老掌櫃、外科診所的醫生娘、蔘藥行的老國醫、派出所巡佐的太座、神壇收驚的先生娘、市政府教育局裡的督學和才剛從仙樂斯舞廳下了班的舞小姐……在暗夜的庇護與召喚下，一個個掀開白天的偽裝，露出赤裸裸的本性。這裡的賭客不分職別身份的貴賤高低，只要手中握有可以下注的籌碼，大家全都一樣平等平權。在這闇黑的國度裡，輸贏之外的事少有人在乎！在四色牌的賭桌前，大家用的是另一種道德尺度來滿足自己內心最原始的渴望，測度著老天爺對自己眷顧的厚度。

雖然千百年來「賭」這檔事飽受衛道人士的指責和非議，然而它卻像是被鑲嵌在人類基因中的病毒一樣，與人類共存，永遠無法被消滅。它原是人類在面對前景不明、資訊不足、禍福難辨的時刻，為了某種特定的需求而被迫必須以手中有限情報或經驗做判斷的一種能力。這種綜合判斷的能力，在實驗室中它可以是文明向上提升

的推力，但在賭場中它卻是人性向下沉淪的巨大拉力。而這種判讀未知的決策需求，每一天都會在日常生活和工作場景中，以各種不同的樣貌出現，並要求我們在 0 跟 1 之間作出明確的選擇。不論在評量的過程有多少不得不然或是理所當然的考量，現實總是用最後的輸贏來決定這個判斷的對錯。

在這裡，世界運轉的規則，不是因為「你是對的，所以你會贏」的因果論，而是因為「你贏了，所以你是對的」的結果論。完全顛覆常人所熟悉和遵循的價值觀。當然，有人在乎的是初衷，有人在乎的是過程，有人在乎的是結果。甚至有人用比例的原則來度量對錯是非。這是仁者見仁，智者見智的問題。然而，儘管這種預測和判斷未知的能力，難以用常態的知識、道德、法律和宗教的基準來釐清它的定位和價值，但如果把這種人類與生俱來的判斷力轉化為賭桌上搏輸贏的工具或專業，並從中衍生各種貪婪、邪惡的勾當和惡行的話，那麼這種轉換和濫用，就成了無法被寬恕和容忍的邪惡罪行了！

鱟蝦嬤的家，就深處在這龍蛇雜居的陋巷之中。她正用跌打損傷專用的藥洗為全身是傷的黑龜推拿身上的瘀青。

「唉！該收了！像正常人一樣，認份找個正當的工作做吧！」鱟蝦嬤說。

「……」黑龜忍痛不作聲。

「前幾天，我跟烏番嬤參詳過！請她幫你在蠟燭工廠安插一個工作！」鱟蝦嬤說。

「阿母，妳跟阿爸在洪家當了十幾年的牛，拖磨得還不夠嗎？我不想一家人全當別人家的奴才！」黑龜說。

「你不想當奴才！很好！有骨氣！但就像這樣嗎？誰不想出人頭地？人大了，就得要認命、認份！」鱟蝦嬤說。

「妳跟阿爸就是太認份了！我們才一輩子過這種苦日子。你們是窮慣了！麻痺了！我可是窮怕了！我還年輕，我不想再過這種連自己都瞧不起自己的日子！」黑龜說。

「誰不想翻身過好日子！但憑什麼啊？不就是靠老老實實地認真幹活嗎？」鱟蝦嬸說。

「媽！你們不就是這麼幹了一輩子嗎？可是得了什麼？改變了什麼？說到認真，唸書時，我還不夠認真、不夠優秀嗎？可是光認真有什麼用！到頭來，到頭來……」黑龜畢竟不忍心把後面的話給說完。

「不能讓你唸下去，算是我們虧欠你的！欠你的我們下輩子還，行不行？」鱟蝦嬸說。

「媽！我不怪妳和阿爸，這是我跟天公伯的事！我只是讓妳知道，有很多事，光認份和努力是沒有用的！」黑龜說。

「那也不可以跟天公伯嘔氣，故意走歹路啊！萬一出了什麼差錯，我們兩個老的怎麼辦？」鱟蝦嬸說。

「媽，小西園的布袋戲裡不是說：馬無險草不肥，人無橫財不富嗎？相信我！安份和認命的結局就只有死路一條，那些事業發達的大老闆，骨子裡哪個不是吃人不吐骨頭的禽獸！白道和黑道都一樣啦！還不都是為錢！」黑龜說。

「你不要黑白亂講！」鱟蝦嬸說。

「不！我絕對沒亂講！這世界就是這樣，白天是人的，黑夜是鬼的！既然白道沒有我們窮人的座位，轉到黑道就有！如果不是天公伯白目不保祐，誰會甘願當流氓！既然祂不給，我就自己來！只要夠大尾，自然就有好日子過！」黑龜說。

「唉！做流氓，是讓人見笑的代誌！」鱟蝦嬸說。

「媽！沒錢才會讓人見笑！做大尾流氓他們怕你跟怕鬼一樣，

誰敢瞧不起你!」黑龜說。

　　「唉!你說的都是失志的歪理!人家烏番伯從小就無父無母,情況比我們還糟!可是人家不也是走正路靠打拼和努力,才有今天的事業!」鶯蝦嬸說。

　　「我才不相信那些有錢人成功後瞎編的鬼話!我們是住三義菜市仔的違章戶!我們是躲在黑暗的鬼,要出頭,只能做流氓!做大尾的流氓!」黑龜說。

　　「唉!只怕你人還沒出頭,人頭就先沒了!」鶯蝦嬸說。

　　「啊!」鶯蝦嬸用力推按黑龜額頭上的瘀青,讓他痛得叫出聲來。

# 第二四章　杭州茶室

茶館不是雲淡風輕喝茶品茗的好地方；茶館是資訊匯流情報交換的是非之地，每個貌似閒淡之人都是帶著意圖而來，像野蜂一樣來這裡採擷花蜜，也來這裡散播花粉。

**【場景】：淡水河畔的杭州茶室**

　　淡水河，堤外的空地上，一艘棄置在河岸上的木造機帆船，歪斜著龐大的身軀，癱泊在滿佈細碎石礫和長滿鬼針草的河濱空地之上。甲板上原有的設施和配件，包括張帆的桅桿、駕駛艙的臺座和控制航向的扶輪，早已不見蹤影。就連經常會黏附在船底的寄生貝類，如藤壺、海鋼盔之類的殘骸，也早被那些頑童掏空盡淨。只剩下一個什麼都沒有的臃腫船身堅持不散架地撐持在陸地上。從船身上早已斑剝褪色的油墨遺痕依稀還可以辨識出「成功號」的船名。雖然它勉強硬挺著當年曾經在黑水溝上乘風破浪的餘勇，不想讓自己一生經歷的滄桑被時間的洪流淹沒遺忘。但從來就沒有人在乎這艘巨大的船隻來自何處？何故？何時？被何人棄置在這個它最不應該停泊的陸地之上？也不知道是從什麼時候開始，更不知道是誰的創意主張，在傾斜的船艙裡，竟然別有洞天地開了一間叫「杭州茶室」的老人茶館。

　　在黃昏之前，這裡是貨真價實的「純喫茶」。不管是陳年鐵觀音、凍頂烏龍還是自備的茶葉，一律以壺計價，一壺酌收 5 元錢，茶水可以無限續沖。如果是茶湯白了，茶味淡了，老闆娘還會主動免費幫熟客添加茶葉。木造的檯櫃上，擺滿了玻璃製的罈罈罐罐，各自裝著：鹽炒瓜子、紅土花生、龜殼煎餅、梅仔餅、鹹糕潤、鳳眼糕、冬瓜糖和各式各樣的甜品蜜餞。茶點每盤要價 1.5 元。店家用來燒水沖茶的大茶壺，就跟當年賣「麵茶糊」的是同一種款式，水燒開時，蒸騰的水氣會從壺蓋的出氣口竄出，並發出口哨般清脆

的鳴聲。燒茶的燃料則是採用當時最常見的「蓮炭」，那是一種用焦煤碎渣壓製而成的煤球，一顆足可撐上 12 個小時，非常耐燒！唯一的缺點是不環保，對地球和人的肺都不友善！在這裡，每逢週一、三、五、日，老闆娘都會安排漢文仙仔到船艙的茶館裡「講古」，開講的鐘點費聽說都是以茶資來抵付的。這裡所講的故事總脫不開：「目蓮救母」、「清官海瑞」、「封神榜」、「七俠五義」、「義賊廖添丁」、「黃巢試寶劍」等等，教忠教孝寓教於樂的稗官野史和鄉野奇譚。偶爾遇到政治意識比較鮮明的漢文仙仔，經常故事說著說著就會有意無意地往當下的時政傾斜。這種脫稿演出的行為，雖然有時會誘發臺上臺下唇槍舌劍的論戰，但也都僅止於鬥機智耍嘴皮而已，無傷大雅。茶室的老闆娘是一位見過大風大浪的資深美女，據說是「市刑大」某位高階警官的紅粉知己。她對這種不時會上演的戲碼，總是睜一隻眼閉一隻眼，很少加以干預。但如果接到臨檢的內線通報時，為了保障客人和店裡的營運不受影響，她就會站出來喊一聲，只要她站出來，沒有人敢不買這位土地婆的帳！

　　入了夜，這間堤外的老人茶室就會自動變色為俗稱摸摸茶的「阿公店」，走的是兒童不宜的情色路線。雖然是屬於破壞善良風俗的違法行為，但豔旗高掛經營多年，從不見有任何地痞流氓或是白目的警察來伸手要保護費，可見隱身在這茶室的暗處，確有警政高人在後頭撐著！約莫下午五點鐘，太陽早已偏斜到淡水河對岸三重埔後的山稜線上。黃澄澄的夕陽，照耀著河水退潮時的細碎波紋，金鱗閃爍好不奪目。從逆光的剪影中，可以看到洪家五兄弟跟著涂師父在河畔一起演練「楊式太極」。涂師父的演示鬆、柔、慢、勻、行雲流水，應和著河畔黃昏柔美的天光水色，簡直就是林懷民「水月」的戶外版本，只是跟在後頭的那幾個傢伙完全沒能脫離南少林的僵硬框架，一路跟下來，與前頭演示的師父形成強烈的反差。但在那

個威權的世代，對師父所傳的東西，做徒弟的根本就沒有逆向討論的迴旋空間，反正師父教什麼就練什麼。只是，躲藏在五個兄弟內心裡的疑惑，就像是吹肥皂泡泡一樣，一個接著一個爭先恐後地湧入他們的冥想世界……

「喂！前面那個阿伯，你是樹懶還是蝸牛啊？開快點啊！後面有人要超車囉！」老三懿綿說。

「爸真的是老了！怎麼會要我們練這慢吞吞的玩意兒！」老大懿欽說。

「靠！這東西軟趴趴的，真的可以用來打人嗎？」老二懿文說。

「哇！救命啊！這種速度快讓人抓狂了！」老三懿綿說。

「我的媽啊！要到民國幾年才打得完這套拳啊？」老五懿昆說。

「為什麼要練慢用快？不是應該要怎麼用、就該怎麼練嗎？」老四懿祥說。

「觀自在菩薩，行深般若波羅蜜多時，照見五蘊皆空，度一切苦厄。舍利子，色不異空，空不異色，色即是空，空即是色。受想行識，亦復如是……我管你到底是？還是不是！拜託你趕快結束下課就是啦！」老大懿欽想。

「老闆！我要滷肉飯大碗和金針肉羹湯，金針多一點，肉羹也多一點……」老三懿綿想。

「明天要考《本草綱目》和《湯頭歌訣》，我現在卻……」老二懿文想。

「得找個理由蹺課才行，我寧可躲到房間看我的電子學！」老五懿昆想。

「嗯！明天得想辦法把她約出來看場電影……」老四懿祥想。

五個兄弟有志一同，努力用冥想來救贖當下的百般無奈，就是沒有一個能夠把這奧妙的軟功夫給練進去。

# 第二五章　稻江會館

一個白天擺放靈柩供人瞻仰的告別式場，到了晚上，也可以是脫衣舞孃大跳豔舞的婚宴舞臺。在那個匱乏的年代，人就是萬物的尺度！所有規則和禁忌都是人定義出來的。

**【場景】：保安街上的稻江會館**

位於保安街警察主管宿舍和鐵路局員工宿舍正對面的「稻江會館」，是專門用來租借給社區里民辦理婚宴，或是告別式的社區大禮堂，延平區內所有的紅白事全都無禁無忌地在同一個場地舉行。因為一般餐廳和大飯店的規模，常常不足以應付當年風俗民情的需要。部份學校也經常應家長會的需求，將校區內的大禮堂釋放出來，以極低廉的象徵性租金或清潔費，外租給該校畢業的校友和社區的里民，作為婚宴外燴辦桌的場地。因此，經常可以看到國小的學生在上體育課時，一不小心就會把球丟進禮堂外臨時搭設的外燴廚房中。過去的人注重排場，婚宴慶生動輒席開百桌以上，甚為壯觀。尤其是地方上的頭人，家裡若有喜事，主家與客人彼此之間都怕失了禮數，有些帖子不發是不行的！雖然收到帖子的人，難免會為傷了荷包而嘮叨幾句，但真要沒收到帖子，則肯定都會覺得顏面無光，甚至會埋怨主家瞧不起人！

至於那種席開三五百桌的大場面，也是時有所聞。碰上這樣的鋪張，除了學校的大禮堂之外，就連露天的操場也得全部打桌鋪筵才勉強夠用。有時為了增加餐飲的品質，當宴客的桌數超過一定程度的時候，一場宴席可能還會同時發包給兩個辦外燴的總鋪師，這就是俗稱的「拼桌」。這種拼桌除了因為現場餐飲規模和服務品質的考量之外，在那個講究人情世故的年代，主家還是得關照到做生意要雨露均霑的原則，以免厚此薄彼得罪了沒拿到生意的那一方人馬。

　　這些搞外燴的人，因為長年累月在各個城鎮鄉里東奔西跑，商業運作的模式就跟跑江湖沒兩樣。如果沒有一點江湖背景和人脈的話，幫辦桌宴的錢也不是每一次都是銀貨兩訖那麼好收的。尤其是像這種超大規模的宴客場面，要不是背後的主家是帶有黑道背景的角頭老大，利用這種場合來回收和檢視人情冷暖厚薄的話，一般來說，縱使是商界大老也不敢這般招搖鋪張。就因為這種特殊的生態，遇有地方或全國性的選舉，需要有人出面來綁樁買票時，候選人背後的金主和一些負責配票、買票的大樁腳，都會透過這些半生不熟的外地人出面來處理，這樣就可以避掉很多情面上的不堪和尷尬了！這應該算是當時特殊的選舉文化無意中衍生出來的另類商機吧！

　　一旦確定是兩廚拼桌時，就會在辦桌的大操場上或是廟埕的空地上，用紅龍立柱在場中隔出一個大走道作為送菜的通道和分場的界線，兩邊的筵席，除了刻意使用不同顏色的桌巾做區隔外，所上的菜色也各自不同。為了口碑、面子和人情，兩班搞外燴辦桌的人馬都會卯足全勁火力全開，各自施展看家的「手路菜」讓赴宴的賓客來品評和公斷，到底哪家的菜色比較「澎湃」。在那個時代，對辦外燴的餐飲業者而言，用餐人的口碑就是招攬生意最好的宣傳和保證！遇上這種在餐桌上比高下見真章的場面，應邀的大廚幾乎沒有禮讓或迴避的選擇權。一旦卯上了，不但不能丟主家頭人的顏面，更不能在眾目睽睽之下砸了自己的招牌。遇上這種搏輸贏的場面，應戰的兩造就會暫時放掉食材、工資、毛利三三三的成本控制原則，從接單的那一刻起，就啟動所有的備戰機制。首先在食材用料上，一定會嚴格要求上游供貨的廠商選用現流現撈的特級好料。因為臺菜辦桌主要是以海鮮為桌菜的挑梁要角，如果在食材的鮮度上輸了，就輸了！再好的廚藝和桌邊服務也挽救不了必敗的命運！

　　除了食材的鮮度之外，比的就是師承的手藝、臨場的經驗和突

發狀況的應變能力了。一般來說，外燴的現場通常是由二廚來掌杓，大廚除了依照東家所給的價錢和菜色的需求開列菜單控制整體的表現和成本之外，辦桌的當天，大廚總是聚精會神把守在會場與廚房間的出菜口，視現場的狀況控管出菜的速度、溫度和節奏。所有前置的準備和努力，最後都必得收斂在這用餐的兩個鐘頭內，用最佳的狀態呈現出來。臺灣人習慣「趁熱吃，才好吃」，這是因為新鮮的海味經過蒸煮炒炸後，最佳的賞味期限就在短短的 15 分鐘之內，再好的食材和手藝都難以抵擋時間對美味的摧殘。因此如何掌握這個節奏，就成了決定菜餚是否美味的最重要關鍵了。尤其是臺灣的婚宴，過程中還參雜著新人進場、證婚儀式、敬酒……所以必須極力避免上菜時點的失當而功虧一簣。就某種程度而言，這根本就是一場戰爭！一場廚師與廚師、廚師與賓客、廚師與食材、廚師與時間的戰爭！

除此，外燴辦桌和在飯店請客還有一個最大的不同處，就是外燴辦桌上菜的份量一定要夠多，而且要多到吃不完才行！因為赴宴的賓客，在自己飽餐佳餚美食之餘，總是會想要打包一些好吃的菜餚帶回去給無法同來的家人分享，這是當時大家心照不宣的共同渴望。因此，這種拼桌的場面，每上一道菜都會附送 12 個塑膠袋，讓客人把捨不得吃或吃不下的菜打包帶回家！剩下來沒吃完、沒被客人帶走的剩菜殘羹，就成了主家在宴後分食給宴會幫辦和街坊鄰居的「菜尾」了！在當年分食菜尾給街坊好友，甚至邀請好友來吃「菜尾」也不是一件不禮貌的事！只是這種愛物惜福互信互知的體貼，在現今這個社會已經少見了！也許是因為物資豐饒了吧！人們似乎已經慢慢淡忘了分享的情誼和喜悅了！

當時，最常見的喜宴桌菜，除了固定的全家福六色大拼盤之外，臺式佛跳牆、油淋脆皮雞、海參燴時蔬、炸斑節蝦／金錢蝦、酥炸

龍鳳腿、紅蟳米糕、枸杞燉白鰻、煙燻大白鯧、五柳枝、倒扣豬肝模、清燉豬四寶（豬髓、豬肚、豬腸、赤肉）、八寶芋泥……總是好料盡出應有盡有。然而，這次在「稻江會館」舉辦的不是喜筵，而是日本大商社的競標！會館在前一天晚上就被佈置成競標會場的格局，會館大禮堂的大門入口處張貼著偌大的海報，上面用毛筆字寫著：「日本東京都大停電，照明用蠟燭競標會場」。

因為訂單的數量大、金額高，幾乎北臺灣較具規模的蠟燭廠都興致勃勃地趕來參與這次難得的競標。由土匪仔領頭合併了許多小角頭後所組成的黑道聯盟，在奪下後車站的肥沃地盤後，持續依計劃逐步擴張他們染指的勢力範疇。他們把守在進入投標會場必經通道的轉角前，由小嘍囉們逐一攔下前來參與投標的廠商代表，並將那些驚恐不安的廠商一個個帶到土匪仔面前。

「標單嘞？」土匪仔問。

「在這兒！」廠商乖乖的遞給土匪仔。

「你要單，不要命了！是不是？用這種低價來搶標，只要原料漲個5%、10%，你標這種價格不死才怪！」土匪仔逕自就把標單給撕了。

「不會吧！又沒什麼天災地變，原料為什麼會突然漲價？」廠商說。

「恁娘咧！貨源全在我手上，你說漲不漲價，是不是我說了算！」土匪仔甩頭示意旁邊的小弟遞出預先準備好的假標單。「等一下就用這張，搞鬼，就抄你全家！」

「這種價格怎麼可能！」廠商說。

「怎樣？沒抬過轎子啊？少不了你的好處！」土匪仔說。

無力反抗的廠商代表們，在這些圍標歹人的威脅下，拿著那張灌了水的標單有氣無力地走向標場。幾個既不想淌渾水，也不夠格

淌渾水的小廠商們，乾脆就放棄競標的念頭，轉身朝出口的方向走去。在會館外適巧碰上幾位前來投標的同業向他們揮手打招呼，原想跟他們說些什麼，卻看到小嘍囉們走近，就把已經到了喉頭的話給硬吞了回去，噤聲無言地走開。

※※※※※※※※※※※※※※※※※※※※※※※※※※※※

「董仔，還在搞合標拆單的把戲啊！不好吧！你們這樣投機取巧，對其他善良的廠商不公平吧！」土匪仔說。

「又沒規定不可以這樣，有錢大家賺嘛！」王董說。

「大家賺當然可以！可是要我來分配才行！」土匪仔說。

「你分配？憑什麼？」林董說。

「幹！恁爸說話還需要憑什麼嗎？」土匪仔說。

「那……怎麼分？」許董問。

「扣掉成本，淨利我拿七！剩下的大家分！」土匪仔說。

「你一口氣拿走那麼多，剩下的還有什麼好分的！」蕭董說。

「幹恁娘咧！你們什麼都不必做，花錢買你走路工你還嫌少啊！」土匪仔說。

「走路工你留著自己用，不必了！」許董說。

土匪仔見對方仗恃人多喬不攏，隨手一揮，只見走道上那票黑衣人，在同一時間刻意讓預藏在衣袖的西瓜刀和扁鑽滑到手中示警。

「你們敢！」許董說。

「帶種，就試試，看我到底敢不敢！」土匪仔說。

「算了！這麼大的單，就不相信他們吞得下去！走吧！」

旁邊幾個膽小的合夥人趕緊拉住許董，避免讓口頭上的磨擦激化成濺血的衝突。就這樣，一票專搞合標拆單志在必得的標場老手，

在黑幫亮刀的威脅下不得不選擇低頭放棄!

「這麼快就走啊! 不等開完標啊?」一直藏身幕後操控的金老闆,刻意選在即將截止投標的時刻現身,正好迎面碰上這一群放棄投標的標場老手。

「等我拿了標,還是得麻煩各位幫忙代工啊! 萬事拜託了!」話是講得夠客氣,但沒有一個人願意回頭領受他那張齷齪的嘴臉。因為這些老江湖心知肚明,到時候從他手上分出來的,還不是一些食之無味棄之可惜的微利代工。金源隆仗恃著雄厚的資金和豢養黑幫的勢力,在商界迅速竄起。他選擇從原物料供應的源頭切入壟斷貨源、操控物價。食髓知味後,更進一步運用各種鯨食鯨吞、巧取豪奪的手段越界侵蝕這些原屬於下游生產廠商的標案,讓這些握有生產設備的廠商生存空間日益縮小。直到有一天撐不下去了,再以極低的價格吃下他們的中古設備和既有的客源,好完成一條龍垂直整合的陰謀和霸業。

# 第二六章　圍標之一二

芝加哥黑幫老大艾爾卡彭（Al Capone）：好言相勸，再加上一把好槍相對，雙效合一，威力無比。

**【場景】：** 保安街上的稻江會館

　　稻江會館，競標的會場中，投標廠商席上，出席的廠商代表經土匪仔的場外操作後，人明顯地少了一大半，偌大的會場顯得有些冷清！只有零零落落的人將被動過手腳的標單投入加了封條的木箱中，金源隆坐在廠商席第一排正中央的位子上，不時地回頭環顧審視會場的每一個角落，確認他心頭唯一的競爭對手洪家是否真如他的算計不會前來投標。隨著結標時間不斷地逼近，他的臉上已經開始提前上映著手到擒來的喜悅！耳中回盪著土匪仔前一天晚上向他回報的戰情：「根據臥底的回報，洪萬美現有的設備中，可以用來生產這種規格的機組應該不超過 50 臺。依規模和速度來推算，肯定沒有能力吃下這張大單！」只是心念沒來得及轉完，就看到洪家的老四懿祥在最後一刻提著咖啡色的公事包進入會場，匆匆完成投標資格審查後，在結標的前一刻，投進了當天最後的一張標單。

　　「時間到！各位參與投標的老闆，大家好！感謝大家熱烈的參與，本人依規定再一次重申這次招標的相關的規定。本商社這次招標的標的物是：長 20 公分、直徑 2 公分的白色蠟燭，每支重量不得低於 50 克。招標的總量是 10,000 箱，共計 10,000,000 支，每盒 10 支用紙盒包裝，每箱 100 盒用木製外殼裝箱以避免運送過程中蠟燭斷裂。凡產品有彎曲變形、褪色、龜裂或重量不足，均視為不良品，不良率不得超過 0.5%，不合規格者，依合約的罰則來處理。如有逾期無法交貨的情形，依合約規定每超過一天罰總價金的 1%，慢幾天就罰幾天！如有毀約者，除押標金全額沒收外，得照總價的 3 倍

來賠付買方！以上規定均已詳載在雙方的買賣契約中，在這裡要特別聲明的是：這次招標主要是為了應付東京都供電不足的急需！因此決標的第一優先條件是交貨時間不得超過 90 天，其次才是價格的高低，我們希望這批貨必須在合約生效後 90 天內，分三批次完成交貨。好！現在我們就開始進行開標！惠通行放棄！三協進 120 天每箱 500 元，交期不合。」

坐在金源隆座位後面的土匪仔趨身把嘴巴湊近金源隆的耳邊：「單子拿下來後，拆單生產的事我會搞定！」

「罰則很重！不能有任何差錯！」金源隆說。

「放一百二十個心！現在該操心的是那個傢伙！」土匪仔說。

「洪萬美的產能我已經仔細推算過，如果老頭子還是堅持不拆單的話，至少要 5、6 個月才做得出來。這次決標的關鍵是時間，所以即使他的價格再漂亮也沒用！」

# 第二七章　速度決定一切

要能提出對的問題，才能找到對的答案。愛因斯坦：提出問題比解決問題更重要！因為必須用新的角度才能看到舊的問題。

**【場景】：洪萬美第二進的蠟燭工廠內**

　　洪萬美蠟燭工廠內，烏番伯親自主持這一次非比尋常的緊急會議。「符合規格的機臺一次可出 50 支燭，50 臺同時運作一次可得 2,500 支。問題是熱漿灌模後，需要 30 分鐘冷卻才能退模取燭。如果暫先不扣除不良品的比例，1 小時約可得 5,000 支。如果 1 天維持 12 小時不停趕工生產，最多可日產 60,000 支。以這個速度概估，10,000,000 支至少要 167 天才做得出來。也就是說，在都不出狀況的情況下，少說也要 5 個半月才做得完！更何況機臺如果超時運作，管模隨時會爆裂，那影響就更難以估算了！」烏番伯說。

　　「這些難題如果解不開，問題恐怕就大了！」老大懿欽說。

　　「那就趕快通知他們我們不接了！」老三懿綿說。

　　「不行！這樣押標金會全部被沒收！」老二懿文說。

　　「你這個只管接單不顧生產的笨蛋！你不會算算術嗎？你想害死大家啊？」老三懿綿罵。

　　「哥！不是我貪功！內銷市場早已經飽和了，如果不及早另闢戰場或轉型，這傳統產業一定會慢慢萎縮。如果能藉這個機會打進日本市場，就是一條新的出路！但要打進日本市場就得讓人家看到我們的品質和效率，這是難得的機會，錯過了真的可惜！」老四懿祥說。

　　「這話說得沒錯！做生意如果只打安全球，就只能坐以待斃了！」烏番伯說。

　　「我相信一定有更聰明的方法，可以解決這個問題！論單一規

模，我們家的產量全臺第一，如果我們接不下來，我相信同樣沒有人吃得下！」老四懿祥說。

「你管人家接不接得下！反正我們家沒五六個月就是做不出來啦！你要搞清楚啊！」老三懿綿說。

「除非拆單，找外頭的小廠幫忙代工！」老五懿昆說。

「風險和代價太大了！一來小廠容易偷工減料品質控管不易，二來如果把我們的製程和配方給他們，不等於洩露我們的生產技術嗎？」老二懿文說。

「讓他自己一個人想辦法解決好了！他捅的問題，活該他自己收拾！」老三懿綿說。

「別盡講洩氣話！大家一起動腦筋，看看是不是可以把產能再放大！」烏番伯說。

「要放大產量，最快的方法就是增加生產的機臺！」老五懿昆說。

「可是新機臺得向日本訂購，從下訂、輸運、通關、安裝、測試到正式上線生產，至少也得要兩三個月！況且，起碼也要增加好幾十臺才夠用，如果只為了消化這張訂單就貿然擴廠值得嗎？」老二懿文問。

「對！而且要應付這張訂單，我們押到蠟原料的進貨資金也十分龐大，我看我們肯定是挪不出多餘的資金來添購新機臺了。這條路不可行！」老大懿欽說。

「既然增加生產設備這條路不行，那能不能從生產的速度下手呢？」老四懿祥說。

「你是頭殼壞去嗎？剛剛已經說過光冷卻至少要花掉 30 分鐘，而且那還是在冬天，現在是夏天，至少也得要 40 分鐘以上，否則根本就無法脫模！你們真的是在浪費時間，我看鐵定是沒救了！」老三

懿綿說。

「懿綿！」烏番伯制止他繼續講洩氣的話。

「嗯！那關鍵應該就在冷卻的速度了！哥！有沒有解套的法子？」老四懿祥問。

「嗯！你倒是點出了關鍵！排除其他的問題，只要能加快冷卻的速度，就等於是提高生產的速度！」老大懿欽說。眾人的眼光全都集中在老大懿欽的身上，懿欽拿起桌上的筆在厚厚的牛皮紙堆上邊畫邊說：「這是我們工廠裡的機臺，當熱的蠟漿灌入燭模之後，目前是以人工將冷水逐一灌注到燭模外圍的冷卻水箱之中，靠這些水來降溫。但灌進去的水經過熱交換之後，自己的溫度也變高了。水溫一升高，冷卻的效果自然就會變差！」

「所以，要用流動的活水！」老四懿祥說。

「嗯！」老大懿欽用肯定的眼神看著懿祥。

「可是，如果要不斷換水，不僅費工，水的用量也會增加很多！太浪費了！」老二懿文說。

「對！不能浪費水！也不能浪費工！」老五懿昆說。

「所以，我們必須在廠房內比機臺略高的地方，裝設一條環廠的供水管。我們用馬達把水井中的地下水打到屋頂的儲水塔中，然後再把環廠的水管直接連通到水塔，每一個機臺只要扭開水龍頭，就可以把水引進冷卻水箱，這樣就可以用老四講的活水來降溫。」老大懿欽繼續低頭用圖解的方式幫助大家了解他心中的藍圖。

「活水就是把原本封閉的冷卻水箱改成開放式的水箱，讓冰涼的地下水從這一頭灌進來降溫。然後在水箱另一頭的下方開個口，讓完成熱交換的溫水排放到水溝中，這些溫水會順著水溝的洩水坡度回流到水井中降溫，這樣，水不但可以不斷地循環再利用，冷卻的效率就又可以加快好幾倍，對不對？」老四懿祥拿起桌上的鉛筆，

在老大懿欽手繪的機臺兩端各畫了一個進水口和出水口，並用筆尖示意進水出水的動態流向。

「嗯！沒錯！」老大懿欽說。

「冷卻的速度加快了！產量倍增應該就不成問題了！太棒了！」老四懿祥說。

「好！有解了！就這麼辦！」烏番伯說。

於是，全臺灣第一套水循環冷卻系統，在無師自通的情況下於焉誕生！

# 第二八章　闇黑的伏流

在律法和道德關照不到的隙縫處，宗教就是人類最終的救贖和精神慰藉。

**【場景】：洪家的蠟燭工廠**

　　洪家的蠟燭工廠，依計劃完成了「水循環冷卻系統」的改裝工程。並將生產線的機臺做了動線的調整，把所有符合訂單規格的機臺全部調整到比較靠近熔爐的附近。而原本熔煉紅色蠟漿的大熔爐，也將裡面的漿料全部都清理出來，改投白色的原料！在電動鼓風機的賣力鼓譟下，炙熱的烈焰催迫著熔爐中滾燙的蠟漿不斷地翻騰沸滾。黑龜光著上身在熔爐前的高腳椅上，一板一眼頂真地量測蠟漿的溫度和軟硬蠟的比例，而他腳下所站的高腳椅正是他父親生前賣力工作的崗位。黑龜的父親十幾年來在高溫熔爐邊所累積的經驗，慶幸可以在他辭世的最後一刻，傳承給決心改邪歸正的獨子，讓他可以站在這個基礎上，得到一個可以安身立命養家活口的憑依。

　　「黑龜，讚喔！有你老爸的真傳喔！」一些老員工看到黑龜在大熔爐邊指揮若定的認真模樣，大有他老爸當年的神韻與風采，忍不住地給這個年輕人最直接的肯定和喝采。被爐火的高溫烘得渾身通紅的黑龜，背上的刺青還沒完全消腫，看起來格外立體鮮明。那是一個少見的紋身圖騰，刺的是玄天上帝一腳踩龜、一腳踩蛇的神話傳說。傳說中的龜與蛇，是玄天上帝當年在河中掏腸洗胃決心向佛時，遺留在人間的臟腑器官。這些器官因為吸取日月菁華後成了為害鄉民的妖孽。後來玄天上帝奉了玉皇大帝的欽命下凡收妖，把蛇精與龜精收伏為祂的座騎和靈獸，一起協助祂造福鄉里。這原本只是流傳在宮廟中神棍與信徒間的神話，一個經不起合理辯證的荒誕傳說，如今卻成了黑龜在頓失謀生地盤，又遭逢父喪噩運的雙重打

擊下，不得不低頭的精神寄託。因為就在頭七那天的晚上，半夢半醒之間，他看到老人家回來了，他佝僂著被癆病折磨後的瘦小身軀，挽著他的手舉步維艱地帶領他到洪家工廠的大熔爐邊，要他依著老人家生前的指示，一次又一次地操作和演練。這也許只是潛意識所投射出來的一種幻覺和假象！但他終究不忍讓病死的老爸，死後對他還有那麼多的牽罣！夢醒後，他無視於戴孝不得進廟參拜的民俗禁忌，虔誠地長跪在延平北路二段媽祖宮主殿的神像前向眾神懺悔。從鱟蝦嬤為他所求的籤詩：「漂泊浪蕩不歸路，執迷不悔前途烏，龜蛇靈獸逢正主，棄暗投明莫自誤。」中，他選擇相信，相信他過去嗤之以鼻的無稽之談。相信在律法和道德關照不到的隙縫處，宗教信仰才是人類最終的救贖和精神寄託。

　　一簍一簍的生煤燃料，由一群渾身炭屑煤渣，黑得分不清膚色人種的搬運工人，不停地挑運到燃料槽中囤放備用。依標單規格特製的包裝紙盒，也在安西街的裁紙廠和印刷廠加緊趕工中。有俗稱「材仔寮」的錦州街，幾家專門製造外箱的木料行，也正瀰漫著鋸木的粉塵和釘製木箱的鋸木聲和敲打聲。廚房中，烏番嬤所領軍的「廚娘大軍」洗菜的洗菜、切菜的切菜、打魚鱗的打魚鱗、熬湯的熬湯……沒有誰是閒著的。空氣中瀰漫著一種可以預期的獎賞和幸福感。一張大的訂單，以及在它後頭所連動的外貿商機，除了意味著一個家族事業版圖的擴張，更也直間接地帶動了周邊產業的商機和參與家庭的收入與未來。

　　一個成功的商人，可以很奸詐，也可以很慈悲，也可以又奸詐又慈悲！而最後決定他是什麼的關鍵，有時候是他的本性，有時候是他的機緣，有時候則什麼都是，也什麼都不是！對當事人而言，不管在旁人的眼中，那是偉大？還是卑鄙？都不重要！因為所有的折騰和恩怨，回歸到最原始的起點，也許只是一個平凡人，圖一口

溫飽的卑微需求而已！不是嗎？於是，有時候，可以利人利己時，就利人利己！有時候，魚與熊掌無法兼顧時，就順其自然聽天由命！於是，有人因此而得利，有人因此而失利！但，生意場上的得與失，有人看得開，有人則輸不起！於是，既輸不起，又放不下的人，最後總是尋求江湖的手段來解決！於是，生意場中的成敗得失，就直接等於江湖上的恩怨情仇了！洪家在標場上競標成功的這一著險棋，雖然贏得了一個新事業版圖的契機，卻打翻了金源隆和土匪仔這一幫人馬的如意算盤。隱藏在這歡慶氛圍的底層，一股闇黑的報復能量與齷齪的破壞計劃，正如伏流般在地底之下快速匯集、膨脹、擴大……

# 第二九章　出　手

都市叢林也好，蠻荒叢林也好，都不是修行慈悲和善念的道場！真
正的和平來自雙方的勢均力敵，而非天道或人性使然！

【場景】：臺北火車站的後站廣場上

　　地方的角頭老大土匪仔和搞地下錢莊的金源隆完成黑金掛鉤
後，依計劃逐步進行橫向和縱向的整合。只要是觸手可及的利益，
就想盡辦法運用黑白兩道的關係和勢力，將之納入自己的版圖。在
他們合力拿下後車站和大稻埕一帶的地盤後，舉凡菸酒走私、包娼、
包賭、包毒等等非法的暴利行業，無不順利成為他們的生財工具。

　　有了這些非法所得之後，他們就利用這些黑錢來收買黑官人脈，
再利用這些黑官人脈來挖掘更多的錢脈。就這樣，以錢滾人，以人
滾錢的模式，越滾越大。因此凡是在軍公教等單位掌握買辦和採購
決策權的人，只要輕洩心中非份的意圖，自然就會有「中人」來串
連勾搭，把他們的決策權限轉換成實質的利得。

　　而這些身居要津的黑官，自然也樂得有界外的白手套，來跟他
們裡應外合套現自肥了。傳說，金源隆有一次透過一個退休調查局
幹員的引介，私下登門造訪一位負責軍需採購的將官。在訪談的過
程中，那位將官有意無意洩漏出對金源隆隨身那只純金懷錶的覬覦，
金源隆二話不說，當場解下懷錶贈予那位將官。從此，金源隆就成
了該區軍糧採購的最大供應商了。在那個人治更勝於法治的年代，
一個大商的崛起，最便捷的通道就是官與商的勾結。而居中斡旋串
連的中人，往往就是握有調查權的退休或在職的幹員。一旦順利搭
上軍警政調的人脈關係，這些商人自然就有辦法，把它轉換成可以
兌換成現金的交易行為。因為人盡其才貨暢其流又互蒙其惠，所以
就更加無往不利無所不能了！

　　只是，他作夢沒想到，在標場上竟然會馬失前蹄，眼睜睜地看著洪萬美橫刀奪走這筆巨額的標單和標單背後所連動的商機。在懊惱悔恨之餘，立刻著手盤點所有可以用來報復的人脈資源。他們原本計劃從上游的原料供應商下手，意圖運用龐大的資金，切斷供料源頭，迫使洪家斷料停工，吐出那張價值不斐的訂單。但長年以來，洪萬美與各個上游供應商所建立的互信和深厚情誼，根本不是他們可以輕易壟斷的！

　　於是，他們決定修正對策，改從運輸這個環節下手。金老闆下令封鎖後站所有貨運系統，嚴禁他所管轄的貨運車隊幫助洪家運送石蠟原料。每天更派遣幫會弟兄把守在進站的入口處，不許站外空車進站載貨。並且嚴格監督所有運貨進站的外車，在卸完貨之後，不得利用回頭空車協助洪萬美運貨出站，澈底切斷洪萬美的生路。他們的目的已經不只是要逼迫洪家認賠吐出那張訂單，更要藉此澈底摧毀洪萬美在業界所累積的商譽！

　　炙熱的艷陽下，站前廣場上，懿文、懿綿、懿祥三兄弟與土匪仔及其幫眾們全都僵著臉迎面對峙著，場面肅殺，似乎隨時都會引爆激烈的流血衝突。站內的駐警和站外巡邏的員警，憑著多年的經驗，已經明顯嗅到那股一觸即發的濃烈火藥味，一個個識趣地藉故離開他們的崗位。因為對峙的雙方，一邊是長期提供管區派出所抽頭分紅的黑幫，另一邊則是迪化街的商界頭人，逢年過節警民聯歡時，總是出錢出力不落人後的大商賈。夾在兩造的中間，怎麼做都難以圓滿周全。上上之策，不如假巡邏之名遁離現場，眼不見為淨了！

　　「生意場上的輸贏，你用這種手段來報復，太卑鄙了！」老二懿文說。

　　「你們以大欺小，就不卑鄙？」土匪仔說。

「標場競標憑的是本事，哪來以大欺小！」老二懿文說。

「你愛這麼說也行！搶標是你們家的本事，那拒運也是我們的本事，大家各憑本事各自努力，有什麼不對！」土匪仔說。

「光明正大、公平競爭才算本事！你搞拒運，這是抽後腿的暗招，算什麼本事！」老二懿文說。

「暗招也是招！有效就是好招，就是本事！」土匪仔說。

「你不載也行，就讓外車來載！憑什麼佔著茅坑不拉屎，不放外車進來！」老三懿綿說。

「外車進站只能卸貨，不能載貨，這是碼頭的規矩，又不是我訂的！你問我，我問誰啊！站內的司機大哥每天頂著大太陽辛苦排班，一天才拉個三兩趟貨，要是開放給外車進來搶生意，他們不就沒飯吃了？」土匪仔說。

「要談規矩也行！請問是什麼規矩讓你拒載？是我們不付錢？還是錢付得不夠多？你真要保障站內的司機大哥有飯吃，就不該禁止他們載我們的貨！要不是你們躲在後頭操弄，我們何必找外車來載，你滿口說的，全是自相矛盾的謊話！」老二懿文思路清晰口才便給，駁得這個土流氓一時語塞，根本不知道如何回應。

「任你說死也不會變啦！你們家的貨不准運就是不准運，誰來都一樣！這裡是後車頭，不是你家！沒有義務聽你們使喚！我們有錢不賺，犯了法了嗎？」土匪仔說。

「你這個無賴，看我不把你的卵蛋摘下來，塞進你的嘴巴才怪！」老三懿綿說。

「老三！」懿文一手抓住懿綿說。

「唉呦喂啊！那可會疼死人的！好膽就來啊！」土匪仔身旁一個身型魁梧卻一臉猥褻的壯漢，眼看老三懿綿已經快要按捺不住，故意用話刺激他。

「我再問你一次，到底要怎樣，你們才肯出車運貨?」老二懿文問。

「好! 那我也明白再告訴你一次，好讓你們死了這條心，你們現在能做的就是——回去等死吧!」土匪仔說。

兩邊的對話到這裡確定已是既沒有善意也沒有交集了，這個僵局平和解決的可能已經徹底絕望!

※※※※※※※※※※※※※※※※※※※※※※※※※※※

「老四，除了太極之外，還持續在摔柔道嗎?」老大懿欽問。

「嗯! 太極對我來說，太抽象、太難以捉摸了! 還是柔道的速度和殺傷力比較可靠!」老四懿祥說。

「練的狀況如何?」老大懿欽問。

「還可以! 跟黃滄浪和陳眉壽打個平手應該沒問題註!」老四懿祥說。

「用在街頭呢?」老大懿欽問。

「那要看對手和狀況! 普通人的話，三兩個應該還可以!」老四懿祥說。

「不，只對付一個就夠了!」老大懿欽說。

「你是想動手?」老四懿祥問。

「嗯! 貨都卡在車站裡出不來，恐怕得冒險一搏了!」老大懿欽說。

「了解!」老四懿祥說。

「當然還是得先談，真說不動，才出手!」老大懿欽說。

---

**註** 黃滄浪和陳眉壽兩人是當時臺灣柔道界的頂尖好手，後來都成了一派宗師。

「哥！這事已經不只是標場的恩怨了，那不過是個藉口而已。」
老四懿祥說。

「我知道！躲在後頭操控的藏鏡人就是金源隆，他們是要藉此
染指整個迪化街的盤商交易。」老大懿欽說。

「那談不也是白談?」老四懿祥問。

「不，情理上這程序還是不能免！我想明天就讓老二主談，你
緊貼在旁邊見機行事。能用錢擺平最好，真要不行，就出手！要當
機立斷!」老大懿欽說。

「好！我知道！只是要做到什麼程度?」老四懿祥問。

「能出貨就好!」老大懿欽說。

「所以要擒王!」老四懿祥說。

「對！要制住頭人!」老大懿欽說。

「了解!」老四懿祥說。

「還有……」老大懿欽說:「要突襲！我知道你和老三都能打，
但這次不能逞強，必須一招制敵，讓他們猝不及防，這樣才有嚇阻
作用!」

「我懂！但爸呢?他會同意嗎?」老四懿祥問。

「這關是生死關！搏不過我們洪萬美在商場上的信用就毀了，
我相信他會諒解的。」老大懿欽說。

「喔!」老四懿祥說。

「還有，先不讓老二和老三知道，以免影響談的效果。」老大懿
欽說。

「我知道，老三的嘴巴……」老四懿祥說。

老四懿祥耳際縈繞著大哥懿欽前一個晚上私下對他的叮嚀。眼
看當下的僵局，他確定老大的推測是對的！心念一定，就毫無預警
地從老二懿文的身後竄出，以迅雷不及掩耳的速度出手。一手擒住

土匪仔的右臂，旋即潛身下插竄入他的腋下，身形步伐一到位，立即擰身彈腰用他最擅長的過肩摔，將土匪仔巨大的身軀瞬間重摔在柏油地面上。一得手，立馬朝對方的下顎再結結實實地補了一腳，當場踹昏這個凶惡的無賴。因為前面蓄積的怒氣已深，再加上這個奇襲來得又猛又快，兩邊的人馬全愣在現場，一時不知道該如何回應。待稍稍回神後，土匪仔身旁的弟兄們才意識到戰事已經無可避免地展開了，一幫人立刻蜂湧般圍堵了過來。老三懿綿一覷帶頭衝撞過來的巨漢來勢洶洶，他本能地急步趨前擋在老四懿祥的前面，一個右沖拳虛招佯攻對方的面門，待對方起手招架，右拳即刻下翻為掌，一把抓住巨漢的卵蛋。一招得手，立即使勁往上抓提，那魁梧的巨漢無法抵擋下身傳來的劇痛，顧不得顏面大聲地當眾哀嚎求饒。目睹自家的頭領在一瞬間就被人給輕易制伏，一個仰躺在地上昏迷不醒人事，一個則是蛋蛋在人家的手上不停哭爹叫娘，這難堪的局面，頓時讓這幫烏合之眾喪失了鬥毆的狠勁和目的，完全不知道後面的架到底該怎麼打下去才好，一個個自動停煞住腳步，不敢再輕舉妄動，深怕一個處置不當，會愧對老大傳宗接代的工具。

「叫他們退一邊去！」老三懿綿持續對手上的卵蛋施加壓力

「退！聽他的！快！唉唷喂啊！快啦！阿娘喂！」巨漢痛得冷汗眼淚直噴。

「黑蛇，把車開進來！」老四懿祥向站外大聲吆喝。

瞬間，原本暗中佈署在站外的幾十輛人力三輪車，一聽到號令，立刻如飛箭般自站外飛射而入，不到幾秒鐘就將整個後站廣場塞滿。只見每輛三輪車上都配置了兩位隨車的搬運工人，沒等車輛停妥，就一個個飛身躍下車來。

「黑龜，交給你囉！」黑蛇說。

「走！進站！搬貨去！」黑龜一聲令下，隨即熟門熟路地帶領那

數十名搬運工湧入車站。

「靠！怎麼會有這一齣啊！」老三懿綿說。

「大哥昨晚有交代，貨今天一定要進廠！」老四懿祥說。

「了解！跟這款人講道理，根本是浪費生命！」老二懿文說。

「要動手，早說！差點沒憋死我！」老三懿綿徒手抓蛋的勁道可絲毫沒有鬆懈，避處在站旁的小嘍囉們瞅著老大的臉，一個個臉上的表情比當事人還要痛苦。

站裡站外，苦力們快速地來回穿梭，賣力地將囤積在月臺多日的原料搬運到車上，每個人的臉上都難掩奇襲成功一吐積鬱的喜悅——石蠟原料一袋接著一袋，從車站裡被搬運出來——三輪車一輛接著一輛，從後站飛馳了出去……

# 第三十章　大哥的隕歿

生命的習題之所以奧秘難懂，在於它的無可預測。善有善報惡有惡報，不過是老百姓們面對生命的無常，最無奈的囈語和妄想！

**【場景】：洪萬美商行**

　　10,000,000 支蠟燭，在洪家父子同心協力下，突破重重技術關卡和人為阻礙，在指定的期限之前，提前通過嚴格的檢驗順利出貨。同時也因為交貨的品質獲得肯定，如期地取得日本商社的長期訂單。黑龜與黑蛇兩位失去地盤的難兄難弟，也在老四懿祥的真心溝通下，擺脫過去的荒唐行徑，洗心革面進入洪家重新做人。較晚加入的黑蛇，順隨他機靈巧變的天性，在洪家擔任物料補給和貨品配送的工作。而黑龜則繼承他父親所傳授給他的珍貴經驗，在生產線上，負責品質管控和監工的職位。進入洪家後兩人的感情變好，手上的工作職掌經常相互輪調互換，儼然成為洪家最重要的幹部和左右手。只是，誰都沒想到，當所有的事情都朝著最和諧美好的方向發展的時刻，這個家族最聰明、最有可能繼承家業的老大懿欽卻不敵病魔的糾纏，撒手人寰孤單地走了！身為老大的他一直都是父母親身邊最好的幫手。不論是在家裡或是在事業上，他任勞任怨無怨無悔，為家族奉獻出所有的心力。在家族事業草創的過程中，所有父母親無法關照到的細節和重任，全都由他一個人義無反顧地一肩扛起。比起從小就無父無母的老爸，他這個做大哥的在兄弟姊妹的眼中，經常是比老爸還要更像老爸！

　　對照於老二懿文在繪畫和醫學上的天份，老三懿綿膽大不知死活的天性，老四懿祥能一眼洞穿關鍵，直指問題核心的稟賦和老五懿昆在電子科技上的專業，他這個老大所擁有的，是一種整合性的領導智慧和解決問題的能力！但他卻在這一刻蒙天寵召走了。留下

他那無師自通的天才創作「水循環冷卻系統」走了！這個偉大、傑出的發明，讓日本的同業和商社特地組團專程來臺參觀和拜訪。因為在日本，沒有人相信，光靠 50 臺傳統的製燭機臺，在短短 90 天內，可以完成 10,000,000 支大型蠟燭的量產。老大懿欽的過世，讓這個龐大的家族好長的一段期間都無法走出哀慟的陰霾，家裡的人只要一想起這個領航的大哥，沒有一次不是哭腫了眼睛。而素來內斂寡言、喜怒不形於色的烏番伯，面對這個白髮人送黑髮人的巨大傷慟，雖然如常地硬挺著脊梁，撐持著不讓自己崩潰，可是一到了夜深人靜的時刻，卻總是仰躺著身子，一整夜兩眼直盯著紅木眠床的頂棚，讓盈眶的淚水順著眼尾的魚紋一顆接著一顆流淌而下，一路到天明。

# 第三一章　人肉砧板

人肉砧板和切菜砧板最大的不同是：切菜砧板只是一再地承受，而一個稱職又聰明的人肉砧板，卻可以將所承受的一切打擊，轉化為珍貴的經驗和資產。

**【場景】：淡水河畔**

　　杭州茶室旁的空地上，傍晚的夕陽，把整個河岸的景物和高聳的堤防全都渲染成了橙黃，就連那艘斑剝的木船殘骸也披上了一身的璀璨。臨水河岸旁，鄰鄰波光前映現著幾個來回穿梭的黑色剪影，依稀可以辨識出是涂師父正指導洪家四兄弟做實戰對練。老三懿綿掄動雙拳，全力向老四懿祥發動神風特攻隊般只攻不守的猛烈攻擊。老四懿祥卻步法伶俐游刃有餘，總是可以在拳腳的隙縫處，巧妙運用吞吐擰轉和挪移的技巧，精準地從對方的攻勢中溜閃而過。老三懿綿雖然招招落空，卻愈挫愈勇，不斷嘗試用各種不同的手法和角度，快手快腳不斷出招，絲絲沒有減緩他的攻擊火力。

　　「老三，不要再使蠻力亂打了啦！」老五懿昆說。

　　「抓他的落腳點，咬死他吞縮的距離！」老二懿文說。

　　「甭亂了啦！我的拳我自己打！我就不信打不到你這隻土虱！」老三懿綿說。

　　「不是速度的問題！你的慣性被老四抓死了，不改，再快都沒用！」涂師父說。

　　「我把他逼累了！看他怎麼逃！」老三懿綿說。

　　「憨頭！他累你就不累嗎！」老二懿文說。

　　「你才憨頭！」老三懿綿罵。

　　老三懿綿越打火氣越大，火氣越大就越無章法。他始終篤信天下武功唯快不破的箴言，抵死不願聽從兄弟們的場邊指導，一味加

快攻擊的速度，執意要把懿祥逼到累垮為止。可是看起來老四懿祥不但沒有被累垮，反而抓住懿綿左右換手的一個間隙突然變守為攻，右腳先朝後吞退半步，身形順勢向右後轉 45 度，巧妙消化了來拳。同其時，右手內旋勾提，纏住老三的右腕，一搭手一勾提，旋即潛身而入，以左手從老三的右脅下穿揚而上，一記「左斜飛式」夾帶著吸身反轉的擰勁瞬間彈炸，將老三震飛了五六步才勉強穩住腳步。

「這不是輸了吧！」老五懿昆忍不住調侃死硬不聽勸告的老三。

「老四耍詐，只躲不攻，不上道！」老三懿綿說。

「打拳不用腦，要贏很難啦！」老二懿文說。

「其實，老三一路快打也未必是錯！太極以慢制快，如果不能從容應付對手的快攻，那也是白練！而老四一路被動，防而不攻，雖然後來是贏了，但那也未必是太極的本色！一定要記住，攻防一旦成了慣性，同樣都是很危險的！」涂師父說。

「我是在等出手的機會！」老四懿祥說。

「那也不能光等而不作為！有橋順橋，無橋就要主動造橋！縱使是太極，但也不主張全然被動！一定要多一點主動性和侵略性，這樣你才能看見太極拳的另一個面向和威力！」涂師父說。

「主動性和侵略性？」老四懿祥問。

「對！你自己得試試看！」涂師父說。

「好！」老四懿祥說。

「老三，你的拳是夠快，但動作總是沒有做到底就急著換招，欠缺尾勁和速度，難怪會被輕鬆逃脫！」涂師父說。

「要記住，前勁只是把拳送到目的地，要有尾勁才有殺傷力！如果能再加上長短勁的交叉運用，輸的人未必是你！知道嗎？」涂師父說。

「我是故意讓他的啦！他是我弟弟，我怎麼捨得打他啊！」老三

懿綿為了面子硬拗。

「胡說！我也是你弟弟，打得到的時候，你還不是照打！」老五懿昆說。

「那是你欠打！你再亂講！下次我就打你的嘴！」老三懿綿說。

「有人輸不起，變臉囉！大家快看！」老五懿昆說。

「好好好！你給我記住！這筆帳待會再一起算！」老三懿綿說。

「還有，快固然好，但拳再快還是有極限！角度才是內家拳致勝的關鍵！你弟弟就是用身體吞吐時彼此間所產生的角度變化，來破解你的速度。所以，真正的高手要懂得用變速來控制節奏，用時間差和眼睛看不到的角度來吃對手！只要抓住轉速和角度變化的訣竅，慢的也能快，快的也能慢！」涂師父說。

「師父，太複雜了！有沒有簡單一點的辦法啊！」老三懿綿說。

「哈哈哈！對手千奇百怪，招式千變萬化，怎麼簡單得了？練武的過程免不了是從化簡為繁再到化繁為簡，路是遠了點，但走了總是會到的！要多點耐心啊！」涂師父說。

「我就知道，這個世界就是沒有我想要的東西！」老三懿綿說。

「老師說得沒錯！老三就是憨牛！只管打自己的，從來就不在乎對手怎麼樣。」老五懿昆說。

「你亂講！才不是你想的那樣！你以為我沒有戰術啊？我是故意把傷人的力道擺在前頭，只要前段不中，我就立刻換招，這樣我才能讓對方一直忙著招架根本沒有時間反擊！」老三懿綿說。

「不錯！但你入拳的深度還得再加深一點！只要步法再逼近一點，前勁才有威力，知道嗎？還有一個更聰明的方法，如果你可以把敵人引過來，讓他自己送上來和你的拳頭對撞，這樣效果不是更好嗎？」涂師父說。

「我知道啦！其實，說真的，我是故意讓他的啦！」老三懿綿

說。

「這我就不認同了！試手如同真打，可以讓力，不可以讓手！一讓手，他就會有錯覺，誤以為自己是安全的，這樣反而會害了他，知道嗎?」涂師父說。

「好吧！老四你既然贏了就繼續！來！用雙推試試，看能不能用你的柔道摔我!」涂師父說。

於是，師徒兩人四手雙搭，開始有來有往地進行「活步雙推」的對練。老四懿祥看起來仍然還是不改其重守不貪功的本性，只是明顯多了一點主動和企圖。順隨涂師父的導引，他不斷嘗試用将帶擠靠的手法，試著破壞對方的重心好製造攻擊的機會。偶爾還會配搭一些假的動作和表情，希望可以增強欺敵的效果！只是涂師父不時會將眼睛閉上，全憑雙手的觸覺來感應對方所傳導過來的訊息，有幾次老四試著身形下插，希望竄入涂師父的內側脅下，卻始終無法得逞。

「用手來聽勁要定心定神，這樣才能準確偵測身體所傳導過來的微弱訊息!」涂師父說。

「了解!」老四懿祥說。

但聽勁要聽到能懂勁，需要更多的練習和接觸，涂師父抓住老四一個佯攻後的空隙，雙手移化將老四的重心往右後拽帶，老四應勢中招身不由己地往前跌仆，涂師父旋即以一個反箍的手法逆勢鎖住老四的頸咽，讓他無法逃脫，同時也藉勢止住他的身子，沒讓他跌飛出去。就這樣，老三和老四在他們兄弟一起習武的過程中，總是扮演著涂師父的「人肉砧板」，讓涂師父可以盡情地展示每一個招式的用法和細節。

從表面上看，當師父的人肉砧板肯定不是一件討好的差事。除了經常要挨揍外，遇上不懂得體恤徒弟顏面的師父，很容易會讓徒

弟自己覺得自尊心受到侮辱。可是，也並不是所有耐打的人都可以扮演這個人肉砧板的角色，要當師父的拳靶子得要特別機靈，而且是那種不顯山露水的真聰明。因為在拆解拳法的過程中，一定要能瞬間掌握師父當下拳路的走法，還要算準師父的力道和節拍。才能在彰顯師父真功夫的同時，不露痕跡地護衛自己的身體和尊嚴。因此，一個稱職的人肉砧板往往能得到師父最多的真傳。因為在被師父揉圓搓扁的過程中，可以藉由手把手的實體接觸和拳拳到肉的肢體碰撞中，準確掌握到每一個招式在虛實轉換間對方肢體上微妙的蠕動和變化。而這些隱約的手法和細微的變化，如果不是經由實體的接觸，就算是讓你在現場認真地觀察，同樣無法看得出其中奧妙！所以要練就真功夫絕對不能惜皮怕痛，否則即使是練了一輩子，也只能在淺層游離而已，永遠難以深入拳術的秘境一窺究竟！

1988 年洪懿祥示範橫拳

# 第三二章　勸善堂與匪諜

戰爭的可怕，不只及於戰事本身的殺戮，而是因為猜疑和恐懼所羅織的白色恐怖和無限上綱……

**【場景】：涼州街勸善堂**

　　勸善堂是一家位於涼州街的私人宮廟，廟址就在迪化街商業區和涼州街文教區的交會處附近，從宮廟裡被香火燻黑的神像和木構樑柱，就可以看出它的歷史。但畢竟是私人宮廟，為了增加收入，廟公在宮廟的騎樓下還附設了一間老人茶室。茶室就位在永樂國小南門口的斜對面，鄰近轉角是轄管該區治安的迪化派出所，再加上宮廟裡有駐守的神明在冥冥之中監督，所以，這裡可是一間貨真價實的老人茶館，而不像其他的茶店仔一樣，以賣茶為掩體，以賣春為主要的收入來源。

　　在那一個世代，不像今天一樣咖啡專賣店到處林立。老人茶室是大家聊天、聽古、談生意、喬事情的場所。因此在茶室裡除了做生意的人之外，茶桌上經常可以看到圍事的角頭老大、喬利益糾紛的民意代表、拿廠商回扣的政府採購官員、向店家伸手要錢的稅捐稽徵處人員和幫忙出版商推銷學校參考書的教育局督學……當時社會的民風習俗和商業運作的樣貌，從這個縮影就可見一斑了。進出老人茶室的人，未必全是老人和閒人，人們來這裡的目的，也未必是為了品茗喝茶。老人茶室是各種商情資訊快速流通的訊息交換中心！

　　在國共關係最惡劣的時期，所謂的「匪諜」就經常混跡在這種場所，主要的考量，應該就是訊息取得和散播的方便性吧！聽說，調查局的幹員就曾在駐地員警和里長的陪同下，當著茶室裡喝茶的客人和眾神的面前公然押走一個匪諜。諷刺的是，那個所謂的匪諜，

不過是一位蝸居在三義菜市仔的貧戶小孩，這個年輕人平時除了到處打零工之外，經常守在這茶室裡幫忙打雜跑腿賺些零星小錢。那一天，他只是以極微薄的代價，幫一個給他錢的陌生人發發幾張傳單而已！對既目不識丁，又有輕度弱智的他，怎麼會知道討生活的代價會是如此的凶險嚴峻！

若干年後，當街坊鄰居再看到他時，他腳瘸了、背駝了，牙齒也幾乎全都「掉」光了，整個人完全走了樣，就像是突然間老了 20 歲一樣，成了一個無家可歸的街民！更讓人鼻酸的是，在他被羈押的期間，急功近利的探員為了績效，不斷無限上綱地到他家搜索、臨檢和勒索。兩個年邁無依的雙親，經受不起這些噬血酷吏的荼毒和世情冷暖的折磨，選擇在一個難熬的寒夜一起上吊自殺了！

這就是那個白色恐怖年代，不時會發生在身邊的街頭小故事。只是當時的輿論完全處在極權政府的箝制之下，在事發的當時，沒有誰敢站出來探究這些入獄的罪犯，到底是罪有應得？還是含冤莫白？事過境遷之後，更不會有誰需要為這些迫害與錯殺的惡行負一丁點的責任！而宮廟之中，受享信眾香火供奉的諸佛和眾神，似乎對政治性的議題也總是維持一貫的噤聲不語，從來就不曾為世間的不仁不公不義顯過靈、發過威，讓信眾們見識那些狗官酷吏，真正為他們所構陷的冤獄、冤死而遭到天譴和現世的報應。只能說，在那個威權統治的年代，當官的比神大，錯了就錯了！不然你又能怎樣？因此，就更助長那些為求仕途順遂，而不擇手段的壞人，更加隻手遮天，更加肆無忌憚。他們清楚知道，這是一個冷漠、怯懦又善忘的社會，只要後臺夠硬，只要關係夠好，再加上堅持不要臉、不後悔、不承認這兩要三不原則，連神都拿你沒辦法的，不是嗎？

而老人茶室就是這麼一個時代寫實劇的大舞臺，每天在茶桌前上映著各種不同的戲碼。每一個到這兒嗑牙喝茶的客人，其實也都

是帶著彩妝粉墨登場的角兒。他們聽戲、看戲也票戲，只是大家總以為自己置身事外，少有人意識到臺上臺下都是戲，看戲的其實也是戲，而且還影響著戲的發展。有些茶室的老主顧不但會每天按時報到，還習慣坐固定的座位，甚至連每天使用的茶具和茶葉，都是自家帶來寄放在茶室的。當然，這些老主顧不會因為茶葉是自己的，就要求老闆減降茶資，這就是我們今日社會所日益欠缺的人情味和買賣雙方相互的體貼。人與人之間，往往只需要一個微不足道的小小體貼，就可以帶出濃濃的溫情和回應。所以，茶客們只要一沒俗事纏身就會往那兒跑，而且一泡就是一整個上午或下午，甚至連農曆過年也都不例外。忘了是哪位文豪曾在他家的門上留下一段經典的名言給拜訪他的訪客：「我在咖啡館，不然就是在往咖啡館的路上！」這句話，套用在那個年代的那些人身上，雖然咖啡和茶湯濃淡有別，但意境相同！有時候，即使是遇到老茶友缺席，獨自一個人泡在茶室裡頭，只要豎起耳朵聆聽鄰桌大聲閒扯的高談闊論，也是挺精彩有趣的！

# 第三三章　吃麵、喝茶、話功夫

傳統的路邊小吃，有歲月和生命淬煉的滋味和厚度，最能代表一個地方飲食文化的菁華。

## 【場景】：賣麵炎仔和勸善堂

端午節前，一個飄著細雨的週日午後，工廠和店面都公休一天。迪化街專賣乾貨的店家正熱銷著包粽子用的粽葉、淡菜、金鉤蝦、干貝、香菇、土豆仁、乾栗、菜脯米、鹹鴨蛋黃和油蔥酥等等各種年俗應景的食材。粽葉因為體積蓬鬆，流通的數量又大，店家們為了進出貨方便，總是把成綑成綑的粽葉堆棧到騎樓上，甚至滿溢到馬路上。採購的人潮絲毫不受天候的影響，街道上瀰漫著過節前的歡愉氛圍。

從迪化派出所左轉就是通往淡水河的水門和堤防，右轉就是通往延平北路的涼州街，涼州街上有一家名聞遐邇的「賣麵炎仔」切仔麵，賣的是臺灣道地的麵食。他們的扁食湯和乾麵是在地人每到必點的招牌菜，其他如：紅燒肉、白斬雞、三層肉、鯊魚煙、粉肝、生腸和豬心等，除了紅燒肉是先以紅麴醃製後再油炸之外，其他的肉類和海鮮全都只是浸在高湯中燜煮到熟，雖然調理手法簡單，但火候拿捏得恰到好處，真的好吃得不得了。這些切盤的配菜，除了食材新鮮之外，迷人的關鍵就在於熟度的拿捏。店家憑著在爐灶邊所累積了數十年的經驗，在過與不及的間隙中找到最完美的平衡點。因此，每樣配菜只需沾點簡單的醬料，就著嫩薑絲和芫荽一起吃，就可以在舌尖綻放蘊藏在食材中的鮮美滋味。一位五星級大飯店的大老闆兼美食家，在品嚐過這家麵店的湯頭之後，曾感慨地說：「傳統的路邊小吃，才是代表一個地方飲食文化的菁華！」那種每天都在街頭打硬仗而存活下來的絕活，和傳承好幾代的湯頭老滷，有歲月

和生命淬煉過的滋味和厚度，不是任何星級餐廳主廚們依照 SOP 手冊操作的制式廚藝可以比擬的！

而一家傳統的切仔麵攤是否能夠征服饕客的味蕾，真正搏輸贏的關鍵，就在湯頭。根據賣麵炎仔的第二代傳人葉振芳曾親口透露，他們家熬製的湯頭，除了採用一般麵攤常用的豬大骨之外，他們還選用取下豬頭皮後的豬頭骨和敲碎的大骨一起放到清水中慢熬一整個晚上，一直要熬到躲藏在骨頭裡的骨髓和頭骨上一些無法名狀的菁華全都溶解、釋放到湯中為止。但這還只是湯底的部份，在取出熬湯的骨頭後，再以這個湯底用慢火來燜煮土雞、豬舌、豬肝、豬心、生腸和花枝等等黑白切的配菜，所以這個湯頭等於是匯集了各種新鮮食材菁華的嘉年華盛宴。

每天開店營業時，老闆總是一臉嚴肅地埋頭切肉，很少抬頭和客人打招呼。在那個年代，麵攤並不提供客人點菜專用的菜單，客人上門通常會先在擺肉的玻璃菜櫥前點菜，老闆不用寫筆記，客人點的菜全都記在大腦裡頭，例如：周老闆要紅燒肉大份的，三人吃，要肥瘦參半！豬肝要小份的，不要太生！鯊魚煙大份的，要魚喉的部位，不要放香菜！鴨血乾的兩份，油蔥酥多點！乾麵兩碗！白飯淋蔥油一碗！外加扁食湯三碗等等，這麼多菜連客人都未必能一口氣點完，但老闆卻能一股腦全都 copy 在腦中，很少出差錯！遇到熟客上門根本連點菜的程序都省了，裝在老闆腦袋瓜子裡的微型電腦，一看到人就立馬把檔案點開，把畫面叫出來，再依著過去存檔的歷史資料切菜裝盤，準確得不得了！

創店的老老闆和第二代的老闆，在他們切肉的原木大砧板旁邊，總擺放著一碗豬頭碎肉。這碗豬頭碎肉原來只是店家熬燉湯頭時的副產品，其中部份是從豬大骨上取下來的骨邊肉和筋膜韌帶之類的東西，另一部份則是從豬頭骨的嘴巴、眼窩和頭腔縫隙中掏出來的

肉片和不知名的組織。因為這些東西在湯中已經熬煮了十多個小時，就連軟骨組織也已經煮成了果凍般的口感，這些看起來亂七八糟的東西在饕客眼中卻是珍品美味。因為費時耗工而且數量有限，就成了老闆專為熟客所留的「私房菜」。在賣麵炎仔的麵攤裡，那一碗豬頭碎肉，在中午十一點前絕對不開放給一般客人點用，因為那是兩代老闆專為老四懿祥所保留的，除非過了十一點他沒來，才會轉賣給其他的饕客，這就是那個年代，老闆和客人之間建立在金錢交易之外的一種情誼。從交易的金額來看，可能沒值幾個小錢，但那種濃濃的人情味，在今天這種追求獲利和效率的市場中，恐怕再也看不到囉！

那天，涂師父與老四懿祥先在賣麵炎仔吃了豐盛的早餐後，照例閒逛到「勸善堂」附設的老人茶室喝早茶解膩。他們如常選坐在騎樓下的茶桌，品嚐前些日子出差時特地買回來孝敬師父的老山鐵觀音。因為是重度發酵的陳年老茶，果然茶湯深赭，茶味暗沉濃郁，不是一般淺嚐的茶客所能承受，涂師父是老茶客卻甘之如飴。老四懿祥熟練地將第一泡茶全都注入茶海後，涂師父一手取過就自斟自酌起來。老四懿祥靜待水溫略降後，才以較低的角度沖茶，因為降低了高溫和高度的強力沖刷，茶湯的顏色果然淡了些，但茶味卻仍然厚重強勁，一飲入喉，先前麵湯的油膩感頓時消解。三兩杯濃茶過後，話題就拉開了。在當時，練武的人很少不喝老人茶，喝老人茶的武者，很少光喝茶而不聊功夫，師徒間閒聊的話題，總離不開涂師父年輕時在中國大陸拜師求藝的經歷，以及當年所聽聞到的一些武林軼事。後來老故事說盡了，話題慢慢就變成了師徒倆對各門派武術的探索和釋疑了。

「師父，有什麼方法可以快速癱瘓敵人，讓敵人瞬間失去戰鬥的能力？」老四懿祥問。

「那得先看你要的是什麼?」涂師父反問。

「像柔道的過肩摔和大車輪拋摔,這種招式動作大、殺傷力強,只要一招得手,就可以瞬間重創對手,同時也可以達到嚇阻其他敵人的效果!」老四懿祥說。

「這種招式應該各派武術都有!但關鍵應該不在招式本身,而是用招的時機和熟練度。如果不能出其不意,一旦露了形,再殺的招式,也沒用!」涂師父說。

「太極拳也有這種殺手招嗎?」老四懿祥問。

「太極拳雖然看似柔軟溫和,但可別忘了,即使是不長角的公牛,同樣也是具有強大的殺傷力!像一些分筋挫骨的手法,為了安全起見,通常我只用三分勁。如果全釋放出來,一推一拗就能立刻挫斷敵人的筋骨,威力可不容小覷!」涂師父說。

「但那些手法,不都是要先制住對方之後才施展得開嗎?對體型瘦弱的人,應該不是那麼好用吧!」老四懿祥問。

「那倒未必!不是死抓著不放才叫控制。像『靠』的用法,你可以一邊用手截住對方手腕的內側,同時發擠身勁用自己的身體朝對方的肘關節外側靠撞。兩個反方向的作用力同時發勁,就能產生強大的截斷力,根本不需要用力死抓!」涂師父牽著老四懿祥的手邊說邊作示範和拆解。

「只要在發勁的瞬間控制住就行?」老四懿祥問。

「對!」涂師父說。

「那要怎麼強化瞬間發勁的威力?」老四懿祥又問。

「發勁是一種瞬間整合和釋放全身能量的技術,關鍵在於爆發時點的拿捏,得抓準對手失衡散勁的瞬間,將身體的能量及時釋放出來,才能產生最大的殺傷力。因此有時候必須被迫在不更換動作的情況下,直接利用身體的吞吐和內氣的轉換就地發勁。」涂師父

說。

「這樣發出來的力道夠嗎?」老四懿祥問。

「那要看狀況!內家拳制敵用的是巧勁,所謂巧勁,就是在對的時間點,用對的方法和適當的力量,來達到克敵制勝的目的。但有些師傅刻意渲染發勁的威力,而避談巧勁,我覺得是走偏了!其實發勁在乎的是相對而非絕對的力道,要知道格鬥的輸贏不是用力量大小來決定的!」涂師父說。

「那相對有力和絕對有力的差別在哪?」老四懿祥問。

「舉重選手比輸贏,多一斤就贏,少一斤就輸,這就是用絕對值比輸贏。武術的輸贏,在戰略、經驗和技巧,力量是加分的選項,只要比對手相對略強就夠了!況且,再強的發勁,可以強過一拳幾百磅的西洋拳手嗎?所以千萬別再有這種發勁的迷思!」涂師父說。

「了解!」老四懿祥。

「要以巧制勝,就得潛心苦練!一個平凡的招式若能認真磨個上萬次以上,威力自然就不一樣!馬步蹲足了,火候夠了,自然就會水到渠成!」涂師父說。

「就像師父常說的,一套拳打一百趟的人和打一萬趟的人,他們練的已經不是同樣的東西!是不是?」老四懿祥說。

「對!這就是量變與質變的道理,不錯不錯!你有把話擱在心上!」涂師父說。

「那到底有沒有專門練這種瞬間癱瘓敵人的武術嘛?」老四懿祥問。

「我曾聽說在中國西南邊陲秘境有一種叫『制牛術』的秘術,就是專研這種瞬間癱瘓敵人的功法。但因為這種武術手法太過毒辣,容易被壞人所利用,所以傳了幾代之後就突然消聲匿跡了。有人說是被仇家下毒滅了門,斷脈失傳了,也有人說是遁入地下改為秘傳

不再公開傳授了！流傳的說法很多，但就是沒有人知道真正的原因是什麼！」

「唉！又是一門見光死的武功！好像全世界所有的絕世武功都受了詛咒一樣，全都是一見光就死！從來就不讓活人見證真假！」老四懿祥說。

「這我倒有不同的看法，我認為有很多假的東西，其實大都反映著一種潛在的渴望和需求。真正有心的人，就會不計一切代價朝著這個方向前仆後繼地去研究，直到有一天累積的知識和經驗足夠了，假的也可以變成是真的！」涂師父說。

「這麼說，現在沒能看到的東西，不見得就是不存在囉？」老四懿祥問。

「嗯！真跟假之間其實沒那麼絕對！中間的那條界線很模糊，很不穩定，隨時都可能變動。在不同的時間和空間裡，假的可以變成真的，真的同樣也可以變成假的！有時候，本質可以改變數量，有時數量會影響本質。這就如同魂跟魄的關係一樣，共存時，會相互牽引相互制衡，既影響對方也影響自己！」涂師父說。

「這些話我得多花一點時間來琢磨才能理解！」老四懿祥說。

「你太頂真了！喝茶磨牙的事，未必可以當真，聽聽就算了！其實我也是嘴上說說，未必真懂！也許是個性上的關係吧！我覺得對傳說中高深莫測的秘技，保留一點模糊、浪漫的憧憬，其實也沒有什麼不好！這樣世界不是有趣多了嗎？哈哈哈！」涂師父說。

# 第三四章　過　招

你只要衝著別人拔槍，就同時要有被人射殺的心理準備！跨門派過招就像對弈的棋局一樣，既然動手，就一定會有輸贏！而場中的輸贏，往往就是場外的恩怨，加上旁觀者的鼓譟和催化，很容易就會演變成難解的習題。

**【場景】：堤外，天水宮附近**

　　午後，河堤外，「天水宮」左側的榕樹密林中，靜謐的林間空地空無一人，只有涂師父與張峻峰兩人迎面對立，兩人都是白色細肩背心、白色寬鬆西裝褲，腰上繫著黑色的皮腰帶。在當年，這是臺灣武術家尋常練武的典型裝扮。

　　「峻峰兄，我受洪家老先生的央託代覓北方拳的名師，感謝你百忙中撥冗賜教！」涂師父說。

　　「涂兄，我是做青果貿易的商人，不是專業的武術行家。只是從小就嚮往武林俠客的瀟灑風采，經常假經商之便，到處尋訪名師和避世的高手，希望從中增廣見聞廣結善緣，所以今天並不是專為應徵教職而來。」張峻峰說。

　　「喔！既然是這樣，教席一事我們就不提了！只是你我既是武術同好，而峻峰兄練的又是我們臺灣少見的迷蹤八卦掌，不知道有沒有這個榮幸，用我的太極拳與你的八卦掌切磋切磋，好增長一點見識？」涂師父說。

　　「如果涂兄不嫌棄我這個非專業的玩家，願意浪費寶貴的時間陪我玩玩，那真的是求之不得啊！」張峻峰說。

　　「好！就不以教職為前提，不以輸贏為目的！純切磋！」涂師父說。

　　「行！既然你是以太極拳賜教，那我就用八卦掌應戰，除此，

我還有個建議,咱們今天的比試只限用本門單一拳種做全接觸對打,不混雜其他門派的招式,同時不得刻意讓手! 可以嗎?」張峻峰說。

「有意思! 這樣應該更可以看出不同武術系統間的差異和奧妙了! 還有,雖然是跨門派過招,但這只關你我間的切磋,無關乎門派間的輸贏榮辱!」涂師父說。

「行! 過了這道堤防,這事壓根就沒發生!」張峻峰說。

「涂康木,楊式太極,師承河北楊澄甫。請!」涂師父說。

「張峻峰,程派八卦,師承河北高義盛。請!」張峻峰說。

「等一下!」涂師父突然喊停。

「啥?」張峻峰問。

「還有一個規則!」涂師父說。

「請直說!」張峻峰說。

「咱們過招時,不得傷到地上爬的這些小兄弟!」涂師父說。

「這是啥?」張峻峰這才發現兩人的腳下,不知道什麼時候已經爬滿了橫行霸道的小螃蟹。

「招潮蟹! 這兒原是牠們討生活的地盤,今天我倆借用人家的地頭試手,對這些土地公可不能不尊重啊!」涂師父說。

「說得也是! 誰要踩到了,就請客喝茶!」張峻峰說。

「行! 請了!」涂師父說。

一場在南島臺灣前所未見的北方拳法比試,就在這河堤外的密林中悄悄展開。一個是臺灣在地的專業武師,一個是來自山東的武術玩家,各自以他們所擅專的拳術,在這被隔離於塵囂之外的淡水河邊相約以武會友。雙方約定不為勝負、不圖名利,既沒有觀眾也沒有裁判。只有幾隻被棄養的臺灣原生種黑土狗,慵懶地在樹蔭下打盹。還有潮水退去後,河岸邊裸露出來的爛泥地上,一些滯留在臺灣而不願北歸寒冷極地的綠頭野鴨,和一些叫不出名字的北方禽

鳥，在泥沼地上自顧自地低頭覓食。

拳來腳往的比試，依照雙方事前合議的君子協定展開。涂師父用的是楊式太極，張峻峰使的是南方少見的游身連環八卦掌。兩種武術在中國北方都是淵源流長的名門大派，在河北、山西、天津、北京、南京等地都各自擁有為數眾多的傳人，但在三〇年代的離島臺灣，這兩種拳術卻仍十分罕見。當時臺灣最常見的武術，除了殖民時期，日本人傳留下來的柔道和劍道之外，就以中國南少林系的外家拳為主。而傳授這種武藝的源頭，則以附屬於宮廟的獅館、獅陣或是兼營跌打損傷的拳頭館為主。只有少數渡海遠赴北地經商或唸書的人，才有機會接觸到這種內蘊深涵迴異於外家拳的格鬥戰技。

洪烏番老先生因為大兒子肺癆過世後，對於家族原來練習的外家拳術，在情感上產生了一種莫名的抗拒心態。因此就在涂師父因舉家要遷移中南部而請辭的當下，特別央託涂師父代覓內家拳的名師。而張峻峰則陰錯陽差地被邀請參與了這次的甄選。兩位當代的武術名家，就在滿地招潮蟹橫行的河灘沙地上，尋著蟹行的縫隙展開你來我往的攻防之戰。一個從容柔美，一個龍翻蛇滾；一個順勢而為，一個逆轉先天；一個大氣磅礡，一個盈氣迴旋。兩人持續鏖戰數十回合，足足打了將近 20 分鐘。雖然事前言明是友誼性的切磋，但行家過招除了缺少逞凶鬥狠的戾氣之外，其他的什麼都不缺，拳來腳往之間全都是貨真價實拳拳到肉。還好兩人都是有內氣護身的高手，一路打下來，除了淋漓大汗之外，全都只是皮肉間的淺層輕傷，並無大礙！

「拳逢對手啊，真是過癮！」張峻峰說。

「還是峻峰兄高明，穿梭在蟹行縫隙間，步法身形仍然從容優雅游刃有餘啊！」涂師父說。

「那是拜祖師爺之賜，設計了這套貼地滑行的蹬泥步法，才讓

我僥倖在這沙地上勉強自保。要不是涂兄慈悲為懷，幾次在關鍵時刻拉我一把，恐怕我這雙笨腳早已造孽囉！所以這茶啊，我是非請不可啊！」張峻峰說。

「您太謙虛了，要不是你暗中讓手，我可早就鼻青眼腫囉！真心佩服啊！」涂師父說。

這場別開生面的比試，就因為這些蟹將軍的存在，而意外增添了許多妙趣、驚險和難度。

# 第三五章　千斤頭，萬斤肚

防守，不是消極被動的不作為。一個成功的防守，往往蟄伏著一個有效反制。

**【場景】：天水宮左側的榕樹密林中**

「過去曾聽說八卦掌手法詭譎刁鑽，今天一見果然名不虛傳！像峻峰兄這樣深藏不露的好手，洪家要是錯過了，那真的是可惜啊！」涂師父說。

「你過獎了！涂兄的太極棉裡藏針莫測高深！沒想到臺灣竟暗藏著這樣的好手啊！」張峻峰說。

「說了不怕你笑話，要不是我佔地利之便，耍了一點小詭計，藉著地上這些蟹將軍分散你的注意力，恐怕早成了你的手下敗將囉！」涂師父說。

「兵者，詭道嘛！涂兄多算勝，贏也是理所當然！我畢竟是有勇無謀啊！哈哈哈……」張峻峰笑道。

「峻峰兄，若不見外，請容許我再次誠懇建言，教席一事是否再做斟酌？」涂師父見張峻峰沒有排斥這個話題，就繼續說下去。「洪家老先生雖然在商界起家，但為人敦厚重義，不同於一般唯利是圖的生意人，尤其對我們武術界的同好更是仗義紓困從不手軟。更重要的是，洪家幾位少爺個個都是難得的練武奇才，如果能得到像峻峰兄這樣的名師帶路點化，必可為北地拳法在南島留下最佳的種苗，相信八卦掌的祖師爺在天之靈也會樂見其成啊！」

「北拳南傳，在臺灣留下形意八卦的種苗？嗯！這倒是我過去從未有的念頭啊！這事請容許我再仔細斟酌！」張峻峰說。

「好！只要不排斥就好辦了！臺灣在地的拳術發展，因為過度陣頭化和街頭表演化的關係，許多原本實戰的技術，已經被過多舞

臺化的華麗動作所掩蓋。而我所練的太極拳又過於馴化，原本在格鬥中應有的戰力，也已經逐漸喪失了原貌和野性，看起來終究還是免不了會往『體操化』傾斜的命運囉！」涂師父說。

「涂兄這番話我也深有同感！其實在中國情況也是好不到哪去。傳統武術早已敵不過時代化的趨勢，路是越走越窄了！除了勉強維持尚可運動強身的殘餘價值之外，恐怕再沒有太多浪漫的未來可以期待囉！」張峻峰說。

「這些傳承了千百年的技藝，不應該聽任它在我們這一代手上黯然退場，一定得想辦法傳下去！」涂師父說。

「我雖然熱愛武術，但畢竟本業從商，大半的心思都是放在買賣營利上頭。涂兄剛剛所言，說真的我過去確實沒看得這麼遠！想得這麼深！」張峻峰說。

「所以一定要把種苗播散出去，只要傳下去，就有機會存活下來！只要有一兩位足以帶動風潮的奇才接手，就不愁無以為繼了！」涂師父說。

「涂兄，我明白你的用心！請放心！我會把這事擱在心上，給我一點時間！」張峻峰說。

「好！除此小弟還有一個請求！」涂師父說。

「客氣了！請說！」張峻峰說。

「在臺灣武界，曾口耳流傳一種千斤頭、萬斤肚的武功絕學。聽說峻峰兄丹田內氣名震東北，不知是否有此榮幸見識！」涂師父說。

「那是本門獨有的練氣功法，經過吳孟俠師兄的點化後，雖然潛心修煉仍尚不成氣候！但涂兄既然不嫌棄，峻峰願為涂兄獻醜就是！」於是，兩人各退一步，各自調息運氣。

「行了！涂兄！發勁時，但請務必留心你的腕關節！」張峻峰箭

步挺肚雙手撐腰，已經做好萬斤肚的準備。

「好! 峻峰兄，你也請小心!」語畢，涂師父即斂神整勁將全身的能量全灌注於雙腳，腳下鬆軟的沙地瞬間應勢下陷了寸許，待全身勁氣鼓盪到頂點時，旋即蹭步前趨以右衝拳朝張峻峰的下腹丹田處打了過去。面對涂師父傾盡全力的一擊，定步應戰中的張峻峰不但沒有把注意力放在自己的身體上，反而把更多的心神專注在對方發拳的速度和距離之上，同時以極精準的節拍呼應著對方的攻擊動作。他先是身形吞縮反弓如蝦，旋即將全身真氣全部灌注在丹田的受力點上。待對方的來拳進逼到兩個拳頭的距離時，他突然鎖氣鼓腹挺身躍前半步，以反守為攻的方式提前與涂師父的右衝拳反向對撞。張峻峰這個不退反進的逆勢反攻，完全違反常態的攻守原則，以致涂師父在出手前，原所預設好的有效攻擊距離突然被縮短了。迫使他的拳在攻擊動作尚未達到最高頂點的時候，就提前接觸到目標。這個看似微不足道的小改變，卻在關鍵的時刻產生了極大的破壞作用。於是，一拳一肚相互對撞的瞬間攻守異位，原本攻擊的主體反而成了被攻擊的標靶，所有移動中的動態能量全數往弱的那一方反向灌壓回去，而兩股力量的交會點，正是張峻峰特別提醒的腕關節。因為事發突然根本來不及煞車和變換招式，涂師父的腕關節韌帶應聲爆裂，關節也因為強力的擠壓而嚴重扭曲變形，劇痛瞬間傳遍全身，涂師父整個人像洩盡了元氣一般全垮了下來! 但他仍然強忍著徹骨的痛楚說道:

「原來如此! 值得，值得!」

# 第三六章　河堤上的太極推手

不是四兩撥千斤，也不是以寡擊眾！而是避開正面的對決，創造一個相對的環境，讓絕對的多數分散為無數的少數，讓絕對的少數集中為相對的多數。然後，再以相對的多數擊敗相對的少數。所以，說到底還是以多勝少！日本幕府時代，武士在面對「以一敵眾」的劣勢時，真正能逆轉勝的戰術，就只有一個字「逃」！然而，這個逃，不是逃命的逃！而是故意逃給敵人追！因為每個人追殺的速度和強度都不同，這個差異自然就會把對方人多的優勢拆散成幾個單一的個體，這樣武士就有機會可以從容地一邊逃、一邊伺機轉身過來以「一對一」的方式，逐一地解決他的敵人！

**【場景】：河堤上**

「四兩真的可以撥動千斤嗎?」老四懿祥問。

「這跟以寡擊眾的道理是一樣的！」涂師父說。

「聽老師這麼說，直覺應該沒那麼簡單！」老四懿祥說。

「也沒那麼複雜！只是這些技術或戰術都不是單獨存在，還要有其他的前提和條件配合才行！」涂師父說。

「什麼條件?」老四懿祥問。

「力量是有方向性的！打出去的拳，除了目標方向外，其他的面向都很脆弱！」涂師父說。

「就跟暴衝的腳踏車一樣，從正面去擋它很危險，但如果移到側面，輕輕一推，車子就倒了！」老四懿祥說

「嗯！這個例子不錯！四兩撥千斤的關鍵，就在避實擊虛！」涂師父說。

「所以並不是直接拿四兩和千斤硬碰硬！而是要從千斤的側面或弱點下手?」老四懿祥問。

「沒錯！太極拳之所以能夠以柔克剛，主要的技巧就是要順勢導引，將對方的力量引開，使它偏離原定的軌道，讓它落空，失去平衡！再趁隙從側翼出手。」涂師父說。

「這種洩引的方法就叫化勁？」老四懿祥說。

「嗯！但也不是把對方的來力全都化掉！」涂師父說。

「那該怎麼做？」老四懿祥問。

「如果沒能把握機會趁勢逆襲，這樣一攻一防相互抵銷後，結果還不是又回到對峙的原點？應該要善用對方的力量，讓他自食其果！」涂師父說。

「怎麼做？」老四懿祥問。

「可以先用假動作引出對方的真力，再用洩引的手法破壞他的平衡，解除他的防禦能力，然後再順勢推他一把或勾他一腳，完全借用他自己使出的力量來傷害他自己。」涂師父說。

「所以，一定要抓住對方落空的剎那出手？」老四懿祥問。

「對！這個時間點出手效果最好，這就是四兩破千斤的訣竅。這個手法對練過鐵布衫硬氣功的對手，同樣有效！」涂師父說。

「也可以破硬氣功？」老四懿祥問。

「嗯！因為人一失衡，腦筋就一片空白，一心只想趕快找回重心。在那片刻，原本護身的真氣和反應能力，都會暫時失去作用。這時候不管你練什麼都一樣了！」涂師父說。

「這我會牢牢記著！」老四懿祥說。

「還有，在攻防之間，也不能曲解以靜制動的本意，只守不攻一路被動是不對的！防守的積極目的是要反擊才對！只有適時有效的反擊，才是終結戰鬥的最好辦法！」涂師父說。

「好！這個缺點我會用心修正！」老四懿祥說。

「通常我們可以推衍出許多的反制對策，來回應對手的攻擊。

但關鍵在於，你一定要懂得用結果來反推，想要怎樣反擊，就得做怎樣的布局！」涂師父說。

「要在化解對方攻擊的同時，做反攻的布局?」老四懿祥問。

「對！套路設計，就是依循這樣的邏輯，模擬出各種可能的狀況！透過重複不斷的練習，把這些假設的可能性，植入反射中樞，讓它成為一種本能反應，一種在危機出現時，不經大腦判斷，就可以自動回應的反射！」涂師父說。

「透過不斷重複的訓練，把攻擊和防守變成一種本能反應?」老四懿祥問。

「不只如此，還要把攻擊和防守連結在一起，做到消打併用的效果。真實的打鬥，不會順著套路的情境，有秩序的發生！絕對不能固執在某幾個自認拿手的招式上面！」涂師父說。

「師父，您指的是順橋和造橋嗎?」老四懿祥問。

「沒錯！有橋順橋，無橋造橋！不能抱著一個主觀應戰到底，要讓當下的直覺來主宰，才不會受到框架的限制。」涂師父說。

「我覺得推手就是一種打破框架回歸實境的訓練。從表面看，推手似乎只是循著一個固定的模式在運作，但實際在推的人，從手中所感應到的訊息，卻是瞬息萬變，而且在當下你必須即時回應對方的試探和攻擊，根本連想的時間都沒有！」老四懿祥說。

「對！傳聞中，還有一種叫作『散手』的秘傳手法。對練的形態更自由，可沾黏、可離手，可定式，可活步，千變萬化、變幻莫測！」涂師父說。

「我們會練到這種功夫嗎?」老四懿祥問。

「我也只是聽說而已。可惜一直都還沒有機會親眼目睹。」涂師父說。

「希望有機會可以見識見識！」老四懿祥說。

　　「對了！前幾天，我受令尊的託付，幫你們物色更高明的老師。一連面試了好幾位之後，有幸與一位從內地來這裡做生意的高手碰面過招。試手時，雖然對方並未使出全力，但我很清楚這個人的功夫遠遠在我之上。這個人練的是內家拳中另兩種主流的北方拳法叫形意拳和八卦掌。」涂師父說。

　　「跟太極拳有什麼不同？」老四懿祥問。

　　「形意、八卦、太極是中國內家武術的三大主軸。內家拳練的是明、暗、化三種內勁。太極拳講究鬆柔慢勻，練的是化勁。八卦掌手法詭譎多變，練的是暗勁。形意拳則是以簡馭繁，練的是一拳必殺的明勁。明暗化三勁，雖各自獨立，卻相輔相成互補不足。若想盡得中國內家拳法的菁華，我認為應該從形意拳的明勁入手，再練八卦掌的暗勁，最後再學太極拳的化勁。如果能依循這個程序埋頭苦練，應該不難進入內家武術的最高境界！」涂師父說。

　　涂師父與老四懿祥兩人就站在堤高 9 米，寬約 0.6 米的河堤之上，做定步推手的攻防練習。在這樣的高度上活動，任何一個疏忽都可能造成嚴重的後果。而這個特殊的練習方式，是涂師父為了克服老四懿祥懼高的天性所想出來的辦法。他們師徒兩人總是用這種最嚴峻的方式，強迫自己面對自己的弱點。強迫自己在無可閃躲退縮的壓力下，強化身體最本能最直覺的應變能力。他們邊推邊聊互有攻防，一直到周遭的天光水色，在他們猶如鐘擺般來回擺盪的攻防動作中，由清澈無雲的藍天，變換為紅霞滿天的璀璨繽紛，一直到寧靜的夜色覆蓋了整個蒼穹，一直到繁星閃爍皓月高懸，他們師徒倆來回互動無止無休的身影依然清晰可見。

1976年洪懿祥在香港剛柔流空手道總部傳授近身搏擊

1986年洪懿祥為來訪的空手道高手示範沾黏的控制手法

# 第三七章　激　將

在特定的狀況，多數要服從少數！一個木桶可以裝多少水，不是由大多數的木板決定的，而是由最短的那塊木板決定的！

【場景】：大稻埕的貴德街

　　大稻埕的貴德街，雖然只是一條寬僅四米的狹窄街道，但這裡卻隱藏著一連幾十幢荷蘭式建築。住在附近的人都知道，論建築主體的精雕細琢和內部裝潢的富麗堂皇，這裡的庭園豪宅遠遠勝過迪化街的那些商場豪宅好幾十倍。論財富實力，隱身在這裡的豪宅主人，手中掌控的是整個大臺北地區地下金融借貸的行情和命脈，而這些豪門巨賈檯面上的本業則是以布莊、茶行和洋行為主。

　　蔡家茶行的前廳是談生意的場所，後院則是種滿各種花草的庭園。屹立在貴德街的洋樓群中也是屬於器宇恢宏的大宅院。少東蔡萬成與兩位同門練太極的師兄弟羅英健和洪萬美商行的四少爺洪懿祥三人，正悠閒地坐在二樓的露天陽臺泡茶聊天。只見羅英健一反過去樂天自信的模樣，臭著一副苦瓜臉，一連喝了好幾杯的悶茶。

　　「喂！這茶葉好貴耶，你這樣牛飲，金山銀山都給你喝垮了！」懿祥說。

　　「對啊！是不是老婆跟人跑了？」萬成也跟著揶揄打趣。

　　「練這無用啦！我們練的根本不是正宗的太極！根本不是人家的對手！」英健說。

　　「你在胡說些什麼？」懿祥問。

　　「怎麼了？在外頭逞強踢到鐵板啦？對方是什麼來路的？」萬成問。

　　「山西來的，姓汪，人家玩的才是正宗的太極，我們的什麼都不是！」英健說。

「正不正宗不是用你一個人的輸贏來決定！你沒那麼偉大！」懿祥說。

「對！我認同懿祥的說法！」萬成說。

「可是結果還不是一樣，我們練的就是打不過人家！」英健說。

「那是你自己技不如人！不足以代表一個門派的好壞！你只代表你自己，知道嗎？」懿祥說。

「沒錯！你這種說法不合情理！對涂師父也不公平！」萬成說。

「可是在場看熱鬧的人看的是結果，拳頭輸人家，說再多也沒有用！」英健說。

「你這個混蛋！一個人招搖惹的麻煩，卻讓整個師門來承擔！」懿祥說。

「那我還能怎麼做？」英健問。

「真要有心，自己丟的臉，就應該自己再苦練，把面子贏回來！」懿祥說。

「如果還是練一樣的東西，那肯定是要不回來的啦！」英健說。

「你……那你當初出手的時候，怎麼沒想到這些後果呢？」懿祥說。

「懿祥，你的意思我懂！但不贏回來，真的會對不起涂師父！可是要贏，憑他這塊料，我看算了吧！」萬成說。

「謝謝你啊！這麼看得起我！」英健苦笑。

「虧你還笑得出來！」懿祥說。

「我現在可是哭跟笑都同樣惹人厭了！」英健說。

「你啊！活該！」萬成說。

「既然這樣，為了不帶衰大家，我退出好了！」英健說。

「輸了就退出，把爛攤子留給別人收拾，那贏了呢？退不退隨你！你只要對得起自己的良心就好！」懿祥說。

「懿祥，他這樣大庭廣眾丟師父的顏面，不討回來，我們這一門日後怎麼見人！」萬成說。

「要不是他自己逞能，誰能逼他當眾丟人現眼？敢下場，就得擔輸贏！輸了就怨天尤人，還埋怨師父教得不正宗，這才是真的丟人！」懿祥說。

「輸贏是常事，只要能跨得過去就會有大進步！」萬成說。

「這道理我懂，但我實在沒辦法說服自己，再花時間去練那種明明打不過人家的東西！」英健說。

「好！那你告訴我，那天你的臉是怎麼丟的，我用同樣的東西證明給你看，是你自己的問題，不是老師教得有問題！」懿祥的好勝心看起來已經被挑起。

「那傢伙的下盤特別穩，聽說在中國還蟬聯好幾屆太極推手的冠軍，他最拿手的就是落地生根和連根拔起這兩個組合動作，跟他過招的人，沒人可以躲過這一招！」英健站起身子繪形繪影地模擬當天對方打敗他的招式。

「好！找一天，我去會會他，不為輸贏，我只是不相信真有那種破不了的招式！」懿祥說。

一聽到他表達願意應戰的決心，羅、蔡兩人忍不住狡計得逞的喜悅，彼此會心地對看一眼，臉上卻仍然是一副義憤填膺的堅決。「太好了！總算有人肯出頭來討公道了！明天我們就一起去！」英健說。

「明天？明天你自己去！」懿祥說。

「幹嘛？反悔了？」英健問。

「不！兵法說『先求贏，再求戰』，已經輸了一回，況且對方又是內地的推手冠軍。既然事關師門榮辱，我不想這樣貿然出手，必須做足準備，一定要找出破解之道再出手！」懿祥說。

「對！明天就開始準備！就以樓下的庭院作為秘密訓練基地，我負責打理所有的設備和吃的喝的！」蔡萬成為了洪懿祥願意站出來為同門出氣，興奮得就如同是自己要出征一樣。

「那我就負責兜一些好手來餵招！」英健說。

「最重要的是，不能讓涂師父知道！」懿祥說。

於是，一場太極推手的挑戰，就在蔡萬成和羅英健兩位死黨的共謀下，用「激將法」把老四懿祥推向未知的戰場……

# 第三八章　慶端午

街頭就是最好的道場！沒有規則、沒有裁判，沒有中場休息，更沒有公平正義和犯規要詐的問題！街頭鬥毆只有一個簡單的規則：先躺下去的人，就是輸家！凡是不能在突發的衝突中，充分保護自己，並且克敵制勝的武術，縱使累累在擂臺上奪冠稱雄，也同樣是一文不值！

【場景】：貴德街　蔡家的庭院

　　「農曆五月五，家家戶戶慶端午。」依照前人留傳下來的習俗，在端午節當天孩子們都會配戴家人巧手縫製的香包。當家的婆婆媽媽們則會在門楣上懸掛菖蒲和香茅來驅蟲避邪，一直要到傍晚時分，才會將這些香草取下，放到爐灶上的大鍋中熬煮洗澡水。據說用這種有香茅味的熱水來洗澡就可以防止蚊蟲的叮咬。蔡家二樓的陽臺上，女眷和佣人們分成兩組各自忙著包鹹粽和鹼粽（一種用來沾細糖粉吃的甜粽）。廚房裡，老奶奶仍然掌握著蔡家商務以外的管理大權。依憑著幾十年來從媳婦熬成婆所累積下來的經驗，指揮著女眷們把蒸熟的圓糯米倒進灶上的大鐵鍋中。鍋中的湯汁是先用麻油、紅蔥頭、老薑爆出香氣之後，再陸續將金鉤蝦、香菇和切成條狀的三層肉和進去拌炒，最後再加上自家釀造的豆油燴拌而成的。當白皙飽滿的糯米飯被倒進香氣濃郁的湯汁中，立刻就染滿了一身漂亮的金黃，廚娘們用拌炒油飯專用的木柄大鍋鏟，賣力翻動鍋中的糯米飯，盡可能地讓它們在湯汁中鬆散開來，好讓每一粒米飯都能吸飽湯汁。一個圓形檜木蒸斗，一次約當可以蒸熟五、六串粽子所需的米飯。像蔡家和洪家這種人丁比較多的大家族，一個端午節至少也得蒸上 5 斗，包個 30 串以上才夠家人和送人之用。

　　在那一個世代，街坊鄰居和親朋好友間互換家裡自製的粽子，交換一下口味和烹製的心得，是一種很常見、很有人情味的習俗。

尤其是在端午節前後的那一個禮拜，在學校裡上全天課的中高年級學生，中午所帶的便當，幾乎清一色都是粽子，一到了中午用飯的時間，同學們總是會相互交換著吃，好品嚐各種不同的口味，因此在地的學生偶爾也會有機會吃到同學們帶來的南部粽，第一次接觸南部粽時，通常都不太習慣那種全然不同的口感。因為北部粽是用調過味的熟糯米飯來包餡料。裡面所包的餡料最常見的是：五花肉、鹹鴨蛋黃、栗子、淡菜、菜脯米、芋頭、白果等等。包好後，再將粽子放到蒸籠中蒸熱即可！而南部粽則是直接將淘洗過的生糯米和入調味的醬汁和土豆仁來增添風味和口感。包入各種不同的餡料後，再將整串粽子直接放進滾水中燜煮到米飯熟透。這種作法的特色就是會讓粽子裡的生糯米在熟化膨脹的過程中，因為空間的限制讓米粒與米粒之間相互黏合成粿狀，而不像北部粽那樣粒粒分明。所以北部人吃熱的南部粽時，總覺得米粒好像糊了一點！而南部來的同學吃北部粽時，同樣也不太能接受，只覺得北部粽好像只是把油飯包在粽葉裡頭而已，米飯、粽葉和餡料根本沒有融合成一體。不能算是真正的粽子呢！客觀來說，北部粽適合趁熱吃，而南部粽若能先放涼了再吃，則更能吃出它外層粿狀米飯的 Q 勁和風味！也不知道是習慣影響主觀，還是主觀決定習慣。文明總是在差異的碰撞中，創造出新的趣味與價值。慶幸的是飲食文化的差異不在對與錯、是與非之爭，所以創造出來的結果遠遠勝過好壞和輸贏！

　　臺灣粽「北蒸南煮」作法巧妙各有不同，但一般來說，不管選用的是圓糯米還是長糯米，熟諳廚藝的當家通常都會用舊米來包粽子。所謂的舊米是泛指囤放超過一年以上的米，因為剛收成的新米含水量較多，蒸起來往往會過於糊爛，不像舊米因收過水氣，米質和口感會比較 Q 彈！另根據饕客的說法，評斷一顆肉粽好不好吃，關鍵不在餡料是否高檔名貴，而是在米飯本身的口感和餡料與米飯

之間的平衡感。像北部濱海十八王公廟旁風靡遐邇的劉家肉粽，店裡所賣的各種產品中，最好吃的，不是餡料最豐盛、價格最昂貴的，反而是最陽春、最便宜的粽子。原因無他，就是要回歸初衷，粽子的好不好吃應該在於粽葉、米飯和餡料三而為一的整體感。過多的添加除了徒增銅臭之外，那些額外添加進來的山珍海味，其實對這項傳統米食並沒有挹注任何加分的效益！

蔡家後院的空地上，一群參與這次秘密計劃的年輕人，就因為「秘密」這兩個字的激勵，大家都顯得格外的亢奮。他們依據羅英健所描述的動作，用心揣摩「落地生根」和「連根拔起」這兩個招式的動作和用法，並努力研擬各種可能的戰況變化和反制對策。他們一個接著一個輪番上陣與老四懿祥推手過招，無不想盡辦法要讓這個眾望所託的戰將可以一舉推倒那個所向無敵的老師傅，把失掉的面子給要回來。卻壓根沒有人用心思考過這件事、這麼做的意義到底何在？就這樣一直練到中午時分，老奶奶親自送來今年頭一爐熱騰騰的肉粽時，大家才歇息放飯。餡料豐富的豪門肉粽佐著香濃的碧螺春好茶，大伙兒全都吃得眉開眼笑。對這群無需為生計奔波的富少爺而言，為了一個共同的理想，大家不計辛勞齊心協力朝目標苦練前進，姑不論最後的戰果如何，能為青春塗抹上一些鮮麗浪漫的色彩，確實是一件讓人振奮昂揚的美事。

「懿祥兄！吃完肉粽先休息一下，傍晚我已經約了幾位曾經跟山西汪交手過的同好來幫你餵招！」萬成說。

「好！」懿祥說。

「花了這麼多的心思苦練，這一戰非贏不可！」英健說。

「奇怪耶！大家這麼熱心助練，照說我應該心生感激才對，可是為什麼我反而有一種被你們利用和設計陷害的感覺呢?」懿祥說。

「哈哈哈！果然還是瞞不了你！不這樣，你會出手嗎?」萬成露

出詭計被揭穿的尷尬笑容。

「對啊！不跨出去試試身手，怎麼知道自己斤兩有多少啊?」英健說。

「各練各的，有什麼好比較的！況且你不是已經試過了嗎?」懿祥說。

「我是義務當你的馬前卒，幫你探路試水溫！」英健說。

「誰會相信你說的鬼話！」懿祥說。

「懿祥，要是能贏回來，也算是榮耀師門，總是要有人站上檯面嘛！這樣我們這個門派才有江湖地位！」萬成說。

「你武俠小說看太多了！這是現實社會，哪來的江湖啊?」懿祥說。

「不不！這你就不懂了！人心就是江湖！江湖無所不在，而且處處風險！你只是身在其中不自知罷了！」萬成說。

「好吧！就繼續作你的江湖夢吧！」懿祥說。

「其實這一戰，還有一層實質的意義大家都忽略了。你們想想，如果真能藉此打出一個名號來，往後還有哪個不長眼的渾球敢來迪化街撒野和勒索！」英健說。「嗯！這倒也是！」懿祥說。

「我們跟著洪家一起練武，不就是為了這個目的嗎?」萬成說。

「好吧！練歸練，到時候再看狀況吧！去動人家的場子，我心底總覺得很不妥當！」懿祥說。

「你想太多了！敢在外頭公然開山立派開館授徒，哪個不是身經百戰的好手，該擔心的應該是你自己，不是對方！」英健說。

「這都是心態的問題！只要沒有惡念，就當是善意請教吧！你就別想那麼多了！」萬成說。

「也只能這麼想了！」懿祥說。「對了！這幾天練下來，我推斷汪師傅的戰術一定是先破壞對手的重心，然後再從下往上把對手掀

翻，所以關鍵應該在底盤重心的轉換。這恐怕得找幾個底盤穩一點的或是重一點的對手來陪練，至少要用噸位來彌補這個差距才行!」

「這個你放心! 我找來的都是學過柔道和相撲的好手，不會讓你失望的!」萬成說。

「那就好!」懿祥說。

「唉! 你們都太在乎技術和理論了! 俗話不是說『一膽二力三本事』嗎? 整個大稻埕誰不知道你跟老三都是天生神力，幹嘛放著自己的天份不用呢! 我認為最簡單的方法，應該好好利用你的力量來對付他才對!」英健說。

「閉嘴吃你的粽子! 你自己就是想太少才輸得那麼難看，還怪別人想太多!」萬成說。

「我不想靠蠻力贏人! 這是功夫比試，不是街頭打架! 況且過度依賴力氣，萬一遇上力氣比你大的那又該怎麼辦!」懿祥說。

「少爺，這雖然不是街頭打架! 但也不是擂臺的正式比賽! 這種比試沒有規則，沒有公證人，倒下去的，就輸! 沒人會在乎你用的是技巧還是蠻力! 再說用得好的蠻力不就是技巧嗎?」英健說。

「懿祥，他說的不是沒有道理! 這種街頭比試很黑! 不能太浪漫! 不能不防對方使暗招! 況且，使勁硬吃，也是戰術的一種，甚至連犯規使詐都是比賽的一部分，還有什麼好顧忌的! 要是對方化解不了，那是他學藝不精，怨不得人!」萬成說。

「我知道，到時候我自有分寸，我會看對方的狀況來回應，我只是不想搞得好像為了輸贏，就可以不擇手段!」懿祥說。

「不! 輸贏才是關鍵! 不要忘了我們最原始的目的! 不就是要把面子贏回來嗎?」萬成說。

「我就是不喜歡這樣!」懿祥說。「好了! 喝茶啦! 我就不相信上了戰場，你還顧得了那麼多四維八德和五權憲法的!」英建說。

# 第三九章　助　練

孫子：勝兵先勝，而後求戰；敗兵先戰，而後求勝。

**【場景】：淡水河畔**

　　傍晚時分，淡水河上，用浮球區隔出來的競賽水道中，龍舟賽刻正進入各組冠亞軍總決賽的賽程。經過層層晉級淘汰，能夠存活下來的隊伍幾乎都是實力伯仲的精英。只是經過一整天的過關斬將，這些操槳划水的選手到了這個關頭，體能的消耗幾乎都已經超過了極限。面對最後的總決賽，真正能決定勝負的關鍵，往往就是整個團隊求勝意志力的強弱。而這些求勝意志的源頭，則往往是他們在競賽水道中纏鬥多年所累積下來的恩怨。從過往的戰績來看，這些擠進總決賽的隊伍，幾乎都是彼此相互熟悉的宿敵。多年來他們在水道上的輸贏，已經在他們的鄉里中形成了一種莫名的傳統，而這個傳統就是支持他們、鞭策他們年復一年苦練下去的原始動力。因為贏的一方，總以守住得來不易的勝利為傳統，絕不肯輕易讓出手中的榮耀分享給另一方。而輸的一方，則對自己功敗垂成的遺憾耿耿於懷，並矢志從宿敵手中奪回錦標，好光宗耀祖榮耀鄉里。客觀來說，他們彼此間的爭奪，往往只是為了單純的輸贏，不為技術的提升，更不在乎何謂運動家精神。然而卻在他們齜牙咧嘴的鬥爭中，技術提升了，設備改良了，就連贏的策略也跟著發展出來了！也許吧，文明原本就是在這樣無心插柳柳成蔭的意外中被衍化出來的。

　　在那個年代，不管是在水道上賣力操舵划槳努力爭輸贏的選手們，還是在岸邊敲鑼打鼓幫忙加油打氣的觀眾們，端午節這一天對他們來說，除了划龍舟吃粽子之外，對於這些年俗傳統的由來，常常是只知其然而不知其所以然。除了熟悉中國歷史掌故的文化耆老或是漢文仙仔略知其一二外，對於一般市井小民而言，屈原是誰？

三閭大夫又是什麼？他為什麼要跳河自盡？他到底用自己的死突顯什麼？死後又改變了什麼？為什麼我們在這一天要包粽子？又為什麼我們要在這一條與汨羅江曠隔十萬八千里外的淡水河划龍舟比輸贏呢？這些連結著歷史典故的線索，多少年來就一直這麼垂掛在虛無飄渺的空中懸盪著，鮮少有人關心過問。就連在茶館裡和宮廟中說書的老師，或是在空地上搭戲棚演布袋戲的小西園，也少有人述說這個封塵已久的歷史往事。也許是因為這種悲情的故事不夠激昂壯闊，不足以激勵人心士氣吧！也許是在中國幾千年的歷史長河中，這種以身殉國的悲劇英雄太過充斥泛濫了吧！更也許是在冗長的外族佔領、殖民期間，那一條文化傳輸的臍帶，因為長期乏人照料而乾瘪脫落了吧！

在那個大和民族和大日本帝國軍事強權統治的年代，學校裡的日文教科書中，不可能保留闡述中國歷史文化的章節篇幅。這些民間代代相傳相承的習俗，在外來殖民文化進入之前，就已經是以依樣畫葫蘆不求甚解的方式，勉強維持住年俗傳統的餘緒和外貌而已。就因為這種種可能的因素使然，在民間普遍的認知上，人們對於《白蛇傳》中那兩個痴情美麗的妖精和不知世間情為何物的頑固老僧，還有那個窩囊沒主見的小白臉的認知，恐怕要比屈先生忠君愛國的認識還要多一些吧！

有人說過：「天下最痛、最難以挽回的兩件事：莫過於英雄末路和美人遲暮！」一個孤傲的忠臣，一旦失去天子的寵信或尊重時，最明智、瀟灑的選擇，莫過於掛冠求去，寄情詩賦山野，常伴粉黛紅妝！不再過問天下興亡孰起孰落的紅塵俗事！只是，放眼中國幾千年的官場歷史和權力世界，真能看透權力、真能瀟灑走一回、真能不帶走一朵雲彩的忠臣良相又有幾許？歷史明鑑血淚斑斑，凡是書讀得越多的知識份子，就越固執要進京求功名、上朝展長才，好報

效既崇高偉大又昏瞶無道的君主和權力系統。人啊！一固執起來就容易犯傻！一個曾經在朝為官並且擠入權力中樞的達官顯要，不論是因為什麼原因從官場中被鬥爭下來，一旦發現自己失去了權與勢的憑仗，就會感覺自己好像全身赤裸沒穿衣服一樣沒有安全感！於是為了彌補這種被棄養、被漠視的失落感，就會用盡一切可能的辦法要重返權力核心！人一旦決定不惜一切代價和後果去幹一件事時，當達到目的的動機大於一切時，就會失去理性，就會無所不用其極！於是，寫黑函造謠栽贓、用珠寶珍稀賄賂後宮、用美妓色誘權貴……這些下三濫的人玩的下三濫手段，就會理所當然地被權宜變通成合理化的手段了！於是，從過往的歷史，乃至於還來不及上演的未來，所有的奸臣和壞人，全都是由一些末路的英雄或是失勢的忠臣良相，因為一心要報效那個荒淫無道的昏君，而心甘情願地從「天地良心」到「不得不然」到「不擇手段」到「變本加厲」到「無所不用其極」逐步蛻變成奸佞邪惡的壞人！不是嗎？也許是因為無知，也許是因為不堪，更也許是因為不以為然吧！有些悲壯的史詩就這樣在時間的洪流中被稀釋、被淡忘、被轉化、被簡化成包粽子和賽龍舟的民俗了！總之，此刻在河中的龍舟競賽，船上的選手和在岸邊加油的鄉親，心底惦掛的只有一件事，就是把宿敵的船隻遠遠地甩在後頭，把光燦的優勝獎盃給抬回家，只有這樣才可以讓鄉親父老們揚眉吐氣風光一整年！所以在岸邊為自己隊友敲鑼打鼓加油打氣的鄉親們，比起龍舟上操槳和掌舵的人還要更賣力、還要更在乎輸贏！

淡水河畔，「天水宮」左側榕樹叢的空地上，為了另一場決戰的輸贏也正緊鑼密鼓地進行著秘密的賽前訓練。樹蔭下，可以清楚看到六位虎背熊膀的壯漢，各自在樹影遮蔽的陰涼處暖身。他們有的是省運會柔道代表隊的現役成員，也有的是曾經被學校送到日本受過正規訓練的相撲好手，這些各有來頭的實戰好手，全是蔡萬成用

重金禮聘邀請前來餵招助練的。

「各位前輩，這位是洪家的老四懿祥兄，七天後，他將於圓山挑戰太極拳推手大師山西汪，為了能挑戰成功，請各位務必盡全力而為，千萬不要有任何保留。希望七天後我們可以成功打破山西汪百戰不敗的神話。」英健說。

「英健兄誇張了！大家千萬不要當真！我只是因為好奇，才會想上圓山跟前輩討教。涂師父常說『有法，必有破』！我希望大家可以一起切磋，看看能不能找出更好的辦法來破解這個必殺的絕招！」懿祥說。

「懿祥兄！請放心！輸贏對我們來說沒有那麼重要，能不能找到破解的招式也不重要！反正大家有相同的興趣，能一起切磋就已經是一件快樂的事！」

「太好了！那就大家一起用力切磋囉！」萬成說。

河道中的龍舟決賽，陸續傳出奪標隊伍報捷的鞭炮聲，關渡龍舟隊果然眾望所歸，又再次蟬聯社會組的總冠軍。榕樹林中的推手訓練，一輪又一輪地展開。時不時就會看到一個個彪形大漢中招跌坐在地上……時不時就會看到有人從陣仗中飛跌出去……時不時就會看到有人瞬間失衡在地上打滾了好幾圈……卻始終沒有人因此而打退堂鼓……武術的魅力對局外之人是難以理解的！如果不是為了獎金，為了錦標榮耀，為了歷史的定位，真不知道為什麼要心甘情願地忍受酸痛、瘀青、流血，甚至筋骨挫斷的傷痛，而無怨無悔地追求這種也許終其一生都未必能用上一次的技藝呢？誰知道！

# 第四十章　挑戰大師

*有備而來不如隨機應變！事前所有的準備，都只是為了增強臨陣應變的能力。嚴流島的對決，二刀流的宮本武藏用一支木槳擊敗了劍聖佐佐木小次郎，而不是他原所擅專的雙刀。一個劍客如果過度拘泥於贏的對策，而不知隨機應變，反而會錯失所有的先機。*

**【場景】：圓山**

　　從兩人搭手的那一瞬間開始，老四懿祥就立刻感受到一股無法定向的內勁，從對方的雙掌源源不絕的壓過來。這股力量有時像水中的伏流般，挾帶著強勁的渦漩直襲心魄裏捲而來；有時又像大氣中快速沉降的亂流，把所有的阻抗和反向的作用力全都在瞬間吞噬得無影無蹤。名震全臺的推手大師山西汪，果然一出手就讓人有一股喘不過氣來的強大氣場和魄力。兩人先是用柔和的方式互推，相互暖身，並試著從各種可能和不可能的角度，拋出虛實難分的「問手」試探對方的回應和慣性，希望從這些微弱零亂的訊息中，快速收斂出一個具體的輪廓和頭緒，好避開所有的誤導和陷阱。而山西汪從對方「應手」的肢體訊息中，也隱約偵測出對手的深沉內斂和難以捉摸。他意識到眼前這個年輕人明顯與過去來這裡挑戰的人不太一樣。這個人並不貪攻，同時也似乎無意主導這個戰局。反而更像是一個已有多年默契的搭檔和夥伴一樣，讓人只想就這樣一直維持下去，捨不得用可以立決輸贏的狠招來破壞這個祥和的氛圍。雖然理智和實戰的經驗不斷地提醒他：「這是海妖的魅歌，這是致命的陷阱。」但這種棋逢對手、酒逢知己的感覺，讓山西汪決定繼續陪這個年輕人玩下去。當然他更相信自己有足夠的定力，可以在關鍵的那一刻即時煞住腳步，並發動致命的一擊。於是，他就放手主導兩人間開闔起落的節奏。有那麼一段短暫的時間裡，兩個競爭的對手

似乎都忘了輸贏，忘了所有敵對的意圖和目的，忘情地融入在一種天人合一的和諧中，讓那種知音相逢共譜樂章的喜悅充盈著整個山丘。

就任由這樣的氛圍維持了一段時間後，兩人間你來我往的節拍似乎又進入另一個波瀾壯闊的章節，時而像巨浪拍岸般澎湃激昂，時而像雷電霹靂般光影亂竄方位難料。山西汪不斷用各種不同的速度和手法，從各種不同的角度發動一連串的佯攻，目的是要快速收斂先前試探虛實後的結論。突然之間，山西汪彷彿變成一個龐大的「不倒翁」一樣，忽而前推後將，忽而左引右拽，忽而上挑下拎，不斷用各種主動的攻勢，誘引對方出手還擊。在旁邊觀戰的雙方人馬一看到這些前導動作，就知道是推手大師即將使出必殺絕技「連根拔起」的前兆。果然，山西汪的身形隨著千變萬化、撩人耳目的手法不斷向下潛降，原本就已經穩若泰山的底盤，此刻更像是在腳底之下長滿了數以千計的樹根，每一根都刁鑽地潛入地面的縫隙，牢牢地抓住地底的岩磐，根本無法從地表之上撼動它的根基。然而老四懿祥在這個剎那間心中已經有了不同的盤算，他臨時決定修改劇本，不想依照原本就已經擬好的對策來應戰。因為他寧願相信自己當下的直覺，他寧願冒險選擇當下與推手大師搭手互動中所領悟到的新知，來替代原來的應戰策略。對照於山西汪的「落地生根」，他完全放棄跟推手大師比沉比穩的想法。因為此刻他心底比誰都明白，那種積累幾十年的實戰功力，絕對不是他光憑著幾天的秘密訓練就可以妄想超越的。只有讓自己像船行大海一樣，持續在變動的波濤之中維持住動態的平衡，才能讓「連根拔起」的必勝絕技根本就無根可拔！

一個是以一招連根拔起撼動全臺所向披靡的太極名家，一個則是憑靠絕頂的智慧在最短的時間內崛起的武術天才！兩個世代的頂

尖高手，因為這樣一個風雲際會的機緣，企圖用自己所認同的方法和技術來說服對方。「起!」山西汪果然如羅英健先前所模擬的動作一樣，利用身體下沉的同時，以落地生根的招式來統整全身的內勁。只見他原本綿柔無力的雙掌突然暗施內勁，由上往下扣引老四懿祥的兩腕，意圖迫使對方重心失衡向前傾仆，擬待對方使勁反向往上回拉的瞬間，突然鬆開自己的雙手，讓對方因為突然失去阻抗，而順著施力的慣性向上翻揚時，緊緊抓住這個短暫的破綻，雙掌順著對方施力的方向以翻江倒海的氣勢由下往上翻掀，讓對方的身體像是大樹被人連根拔起般往後仰飛出去。這一種順勢借力使力的巧勁，一方面是借用對方自己由下往上抬舉的力量，另一方面則是利用自己向前進步的動作順勢由下往上捧送，這樣就可以事半功倍地將對方一舉掀地而起，讓中招的人應聲飛跌出去！這就是讓無數武術好手飲恨折腰的絕招「連根拔起」。

　　武術中，向有「露形，打不成!」的禁忌。說的就是，即使是再高明的招式也應該要避免一用再用，把招用爛了的忌諱。因為招式一露白，就很容易被對方破解和反制！老四懿祥因為採取的是動態平衡的戰術，再加上對連根拔起這個必殺絕招已經掌握箇中的奧妙和技巧，因此當他意識到山西汪身形下潛時，他就已經準確預知緊跟在後頭的動作。他雙手假意使勁往上回抗，誘引對方誤信他已經中招，暗地裡卻刻意保留七分的實力蓄勁布局，待山西汪全勁使出絕招時，突發的靈感讓他絕然放棄原來所設計的反制動作，決定以其人之道還治其人之身。他仿效山西汪借力使力的手法，瞬間將被捧起的雙臂向外繞圓而下，用同樣的招式「連根拔起」來對付山西汪原本的「連根拔起」。這突如其來的變化，完全出乎山西汪的意料，因為在強大的自信下全力使出的力量，一時找不到可以寄託的著力點。再加上對方又順著自己發力的方向加碼往上捧舉，原本緊

緊抓住地底岩磐上的樹根全部瞬間斷裂鬆脫，整個人彷彿是被一股陸地龍捲般的強大氣流所裹捲，差一點就要被連根拔起一般！但人的本性就在這個致勝的瞬間產生關鍵性的作用。就在這個勝負即將揭曉的緊要關頭，老四懿祥的心念一轉，突然收斂原已蓄勢待發的力量，沒讓已經擁有的優勢兌現為現實的勝利，反而引勁回拉，穩住對方的身子，以免老師傅當著所有學生的面出醜。這個突如其來的轉變，讓已經處在危險關頭的山西汪，有了回穩和喘息的機會，並在這一放一收的頃刻間，感受到兩股矛盾的暗勁在他的身上竄流，雖然他不明白這之間隱藏著什麼樣的動機，讓對方放棄到手的勝利，但經驗告訴他處在這種局勢模糊的劣勢中，絕對不可貿然趁勢回擊。於是他就順著對方的導引，讓雙方的互動和攻防慢慢和緩了下來，以一種外人難察覺的方式，平和地結束兩個世代高手間的過招！

# 第四一章　名師的氣度和導引

「爭取勝利」和「留住勝利」同樣不簡單！但「爭取勝利」終究是會苦盡甘來，而「留住勝利」卻是苦盡還會更苦！

**【場景】：臺北北門城樓**

　　凌晨時分，城廓高牆早已經被拆除的承恩門（北門）古城樓，雖然仍硬挺著孤傲的身軀屹立在時間的洪流中，意圖以它僅存的最後一口氣息，向後代繼起的世人宣示它曾經擁有過的輝煌與斑斕，只是一身褪色斑駁的滄桑，已經無力摶得世人對它回眸一瞥的施捨。它就像是一個已經被卸除盔甲喪失作戰能力的佝僂老兵般，被南來北往的車流圈圈在馬路的圓環中央，持續認真的護守著它所象徵的歷史意涵，以及連它自己都茫然不知所措的懷古樣板。也許吧！世間所有的存在意義和價值，全都只是一種自以為是的主觀和一廂情願的浪漫，如果沒有當朝權貴的加持或是特定意圖的偽飾和再利用，這些古老的遺跡終究是改變不了被遺忘、被拆解的宿命。除非它能得天之助創造出一種新的普世價值，並得到主流文化的認同，否則這座已經殘缺不全的古老軀幹，不論它的過往曾經如何護國衛民，在時代巨輪的催迫之下，最後還是都得謙卑地退出舞臺，讓出它的位子和身子，被取代、被分解為塵土和新生世代茁壯所需的養份。

　　自從那一次在圓山的推手過招後，山西汪和老四懿祥出人意料地成了忘年的莫逆之交。兩人經常相約一起喝茶吃飯，並藉著茶餘飯後的餘興，漫談武林中各種傳聞軼事和荒誕怪異的絕世武功。雖然這些話題多的是天馬行空無法辨識真偽的囈語和幻想，但如果不是這些囈語謬論所編織出來的浪漫和無所不能的想像空間，怎麼能吸引那麼多帶著夢想的人才投入研究和創新？中國武術怎麼能蓬勃發展成今天我們所看到的這個樣貌呢？誰又能確定即使是今天看起

來貨真價實的真功夫，當初被創造出來的過程，不是摻雜著許多弄假成真的意外呢？然而縱使是從一個意外或幻想出發，經過千百萬次的實戰淬煉和修正後，終究還是讓它逐步進化、蛻變成一個可以傳承千年百代的攻防技術，並且在世界各地開枝散葉結實累累。而這兩位嗜武如痴的好友，就是帶著這種狂熱，經常尋覓人跡罕至的深山翠谷一起練功切磋武藝，並嘗試依照丹道養生術探索人體內宇宙循環的各種奧妙和可能。他們的練功秘境中，又以這個幾乎被人遺忘的北門古城樓為最愛。或許是因為在這種古老的戰場遺跡中練功，更能感染那種悠悠千古浩氣長存的凜然正氣！也或許是因為這個古老的城樓已經老到沒有人會正眼看它一眼吧！

「消息是我自己放出去的！」山西汪說。

「為什麼要這麼做？」懿祥問。

「當然是為了保護我自己！」山西汪說。

「怎麼會呢？」懿祥問。

「人言可畏啊！與其聽任別人蜚短流長，不如自己如實托出！」山西汪說。

「前輩！你也在乎這些流言蜚語？」懿祥說。

「誰不怕？總之，自己一次說清楚，別人就沒得說了！」山西汪說。

「我真的沒想到會是這樣的結果！」懿祥說。

「別為這個自責！輸輸贏贏是很正常的事，要動手就得擔輸贏！再說那個位子我已經佔太久了！夠了！說真的，在那個當下我還真擔心會輸得更難看，還是要謝謝你手下留情，我才能用這種不丟老臉的方式下臺！」山西汪說。

「除了抱歉之外，我真的不知道該說什麼才好！」懿祥說。

「什麼抱歉的話都不用說！其實放遠來看，就更應該讓你趁年

輕時接受更多的挑戰才對，這樣才能逼迫你從不同的挑戰中快速成長！」山西汪說。

「我還差遠了！老實說，那根本不能算是一場公平的比賽！」懿祥說。

「不！武術本來就是有意打無意、快手打慢手。不管是臨時起意，還是有備而來，既然是用拳腳來決斷輸贏，那麼場上的輸贏，就是結論！」山西汪說。

「……」懿祥。

「其實我這麼做也是為自己好！利用這個機會下來，面子有了，高度也有了！還混了個提攜後進的虛名！唉！我啊！玩了一輩子太極推手，就這把推得最得意啊！哈哈哈！」山西汪。

「前輩！我只是僥倖得逞！扛不起這個擔子啊！」懿祥說。

「不是我客氣，就算是再推一次，我同樣沒有再贏回來的信心了！」山西汪說。

「其實我同樣有這種感覺！」懿祥說。

「對你來說，你需要這個壓力才能持續快速成長！對我來說，現在最想要的就是重新找回這種單純的快樂！」山西汪說。

「……」懿祥無語。

「不能輸，是一個沉重的包袱！它讓我已經好久沒能像這樣輕鬆地享受推手了！」山西汪說。

「既然這樣，為什麼還接受挑戰呢？」懿祥說。

「有些事不是我們可以左右的！一旦站上那個位子，就是一種責任！一種被別人當活靶的責任，躲不了的！就像下棋一樣，沒有輸贏，還能成局嗎？」山西汪說。

「嗯！」懿祥說。

「從無極的混沌中分出陰陽之後，勝負的糾纏就已經注定是無

可避免了！雖然明知有贏就有輸，只是有一天當你成了別人口中的大師時，你的徒弟，你的家人，他們對你的尊重和期待會讓你根本就下不來！」山西汪說。

「對我來說，這些似乎都太遙遠、太抽象了！」懿祥說。

「不！相信我，你離那一步不會太遠！回想過去，還沒當大師前，每一次與高手過招，贏了固然很開心！但是，我卻更能享受在輸了拳之後，那種埋頭苦練努力尋找出路的感覺，那種可以為一個明確的目標全力以赴的暢快！」山西汪說。

「我們先前在作秘密訓練的時候，就是這種感覺！」懿祥說。

「即使到了這個年齡，我還是很喜歡那種可以為一個目標努力苦練，全力達成的快感！我的經驗告訴我，每一次的挫敗，就是生命強迫你該轉型和晉級的訊息！一個人如果持續停留在一個點上太久，很容易會鈍化！幾十年來，我仗著別人無法撼動的落地生根，發展出連根拔起的戰術後，因為不敗，就讓我更加僵固在這個戰術上，誤以為只要好好守在這個已經做對的點上就足夠應付一切！誰知道你那個移動式的平衡，卻讓我一下子完全不知道該如何是好！」山西汪說。

「我是投機取巧，盜用了您的招式！」懿祥說。

「不！用計，就是智取！智取才是武術最終的目的！當兩強相遇實力伯仲難分軒輊的時候，心思靈動的人就一定會勝出！武術練到最後，比的還是臨場的智慧！不是拳腳的功夫！」山西汪說。

「謝謝您願意告訴我這麼多！」懿祥說。

「我也要謝謝你送我這麼名貴的野山老蔘酒，來！我們一起喝一杯吧！」山西汪說。

「乾！」懿祥說。

「最後，我跟你分享一個用我一生換來的心得！那就是千萬不

要太早成為人人口中的大師！說真的，很不好玩！」山西汪說。

「我知道！這樣才能保留犯錯的權利，並且享受武術帶給我們的快樂和無限可能！」懿祥說。

「嗯！無限可能！我喜歡這種充滿希望的說法！來，乾杯！」山西汪說。

因為時間還很早，大馬路上的車輛和行人仍然稀稀落落。沒有了城廓高牆的區隔，以博愛路和重慶南路為主的城中區和以迪化街、延平北路為主的大稻埕區，早已融合成一個機能互補、相互共生的區塊。而橫梗在博愛路和延平北路之間的這個平交道，有時為了讓南來北往的蒸氣式老火車可以順利地進出臨近的臺北總站，平交道上的柵欄經常一放下來就是長達半個小時以上，完全無視於平面道路上回堵數百公尺長的人流和車龍。然而這個讓人一想起來就恨得咬牙切齒的平交道，除了確保每一班火車可以順利依照時刻表運行之外，似乎也扮演著新世代對城裡和城外另一種新的分界線吧！如今鐵路電氣化和地下化之後，除了免除當年交通上的最大夢魘之外，連這條殘存的有形界線也一併給抹除掉了，形成戰後嬰兒潮們記憶拼圖中一個難以重新定位的模糊疆界。

# 第四二章　二二八的衝突

*每一件事都不是單獨的存在！每一個偶然都有必然的元素！哪怕是你親眼目睹的事，也只是一個特定時空的斷面，未必就是真相的全貌。*

【場景】：大稻埕

　　民國 36 年 2 月 27 日，專賣局緝私專員葉德根、傅學通率領六名員警在「天馬茶室」附近取締私菸販林江邁販售非法洋菸時，為了沒收賣菸老婦人的菸攤和現金而發生爭執。在衝突中，糾察隊員開槍打傷了女菸販林江邁，並意外擊斃一名圍觀的路人陳文溪而引起眾怒。當時在場圍觀的民眾便群起追打專賣局的糾察隊員，並齊聚在警察局與憲兵總部要求政府當局給一個公道。2 月 28 日當天，臺北市民為了這個事件舉行群眾遊行，卻遭到長官公署毫無理由的槍擊鎮壓而造成慘重的死傷，自此引爆民間蓄積已久的不滿情緒與暴力衝突。

　　街頭，人多的一方追打著人少的一方。剛開始，可能只是因為糾紛沒能被即時公平妥善地處理，有人義憤填膺地站出來，在街頭宣洩積怨與不滿！巷尾，人少的一方得到人力的奧援後，回頭追打原來人多的一方。剛開始，可能只是回應一種被無故牽連追打的情緒反彈。到後來，因為有人在追打的衝突中受了傷害之後，整個事件就慢慢演變成為一種任誰都理不清孰對孰錯的切身仇恨！更糟糕的是，原本應該負責仲裁是非對錯和維護公平正義的權責單位，卻沒能在這歷史最關鍵的時刻，用謙卑誠懇的態度和能夠讓群眾信服、慰藉的方法來處理這個難題，反而用手中的政權和槍桿子對群眾進行粗暴的鎮壓和一連串的血腥屠殺！於是，整個孤島，陷入了無盡的恐懼和對立之中……

　　一個沒有月亮的暗夜，一陣急促的敲門聲，緊接著就看到兩個年輕人雙手被銬在一起，從打鐵仔街的矮房中被押解出來，後面緊跟著的是他們年邁的雙親。原本持槍在門口守衛的軍人，在長官的喝令下，遲疑、不熟練地將麻布袋從頭套進兩個年輕人的身上。一個穿中山裝的傢伙，一手搶走軍人手中的步槍，用槍托把那兩個已經被套了麻布袋的人重重地打倒在地上。

　　「捆起來！」「抬上車！」

　　就這樣……一整夜，用一樣僵硬無情的手段，執行著一紙又一紙沾滿血腥的上級指令，拆散一個又一個溫馨圓滿的家庭。一路，用裝載雜糧的大麻布袋，一袋又一袋捆綁著一個又一個臺籍菁英，粗暴地堆疊在一車又一車的軍用大卡車上。留下了一家又一家哀嚎無助的家人，和無數從門縫中，窺視整個悲劇發生的鄰人。就這樣……在暗夜中，用雙眼見證的悲劇。在白天裡，用他們可能集結的人力和工具，在街頭巷弄中尋找可能和可以洩憤的對象，來宣洩他們在黑夜中所累積的憤怒和恐懼，而不管「這些人」與「那些人」實際上到底有多少的關聯。於是，原本晚上出任務的人，慢慢地也變得更有理由和動機來執行自己原來並不認同的任務了。於是，白天的反撲與黑夜的惡行，成了一種互為因果永無休止的輪迴。一盞昏黃的檯燈下，一紙用小楷書寫的公文，一方象徵主宰生死的關防大印，帶著鮮血的腥紅，重重地蓋了上去。橫跨在淡水河上的臺北大橋，在鋼構橋身的最中央處是臺北市與三重埔的界址，同時也是整條河中最冷、最深的水域，橋上停了好幾部滿載麻布袋的軍用大卡。一麻袋一麻袋地被粗暴地踹了下來，一麻袋一麻袋地被往河裡扔了下去，在漆黑之中，只有受害人的嗚咽和歷史的嘆息。

　　「為什麼殺這些孩子啊？」幾個負責將麻布袋往河裡扔的阿兵哥，他和他的伙伴終於在良心的譴責下，癱軟無力地跪了下去。但，

歷史還給他們的不是慈悲的慰藉。而是，從他們長官槍盒子中噴射出來的子彈，腥紅的血印一只接一只地蓋下去；麻布袋一袋接一袋地往河裡拐下去；槍盒子裡的子彈一顆接一顆地被擊發出去；印章、麻布袋，全都變成了殺人的工具。只是躲在公署裡用印章殺人，似乎比在現場執行屠殺任務的阿兵哥們，更忠貞、更果敢、更有效率、更義無反顧。親身經歷這場歷史悲劇的無辜百姓，沒有人知道主宰這世間是非善惡和輪迴報應的天地鬼神，為什麼可以容忍一個政權，用這種滅絕人性的手段，來荼毒這些善良的子民？在那個當下即便是最虔誠的教徒，恐怕都已經不敢再奢望這些下指令的人，到最後真的會得到天公伯的懲罰，真的會得到他們應有的報應了！

# 第四三章　便當壽司

*你若是雨，就該下在缺水的地方！*

**【場景】：雙連火車站**

　　一個下過陣雨的午後，地上還濕漉漉地，萬全街雙連火車站附近，一家製作仙草凍的工廠，老闆正用粗大的橡膠管，把熬煮了好幾個鐘頭的燒仙草汁逐一注入擺滿一地的方形鐵皮桶中。另一邊，幾位幫傭的歐巴桑，正忙著把已經冷卻凝結成凍的仙草從鐵桶中倒出來，並且依標準的規格尺寸做分割。賣仙草凍、涼粉條和米苔目這些夏日涼品的流動攤販，一到夏季，每天都會在固定的時間到這裡來補充貨源。他們通常會將分割好的仙草凍放入裝滿清水的桶中，讓整個仙草凍浸泡在放了碎冰的冷水中，這樣一方面可以讓仙草凍在低溫中保持清涼的口感，另一方面可以把過多的草鹼味稀釋掉，這樣吃起來就會更加爽口宜人。仙草工廠的對面有幾家賣飯菜的小館子，過了正午用餐的高峰時間，菜架上的菜餚已經零零落落，在店裡吃飯的客人更是寥寥無幾，全都是一些附近的菜販和攤商。這些擺路邊攤的人為了多做一點生意，每天幾乎都是要過了一般人正常用餐時間之後，才能收攤放心地吃他們的中飯。

　　「老闆！我要兩碗地瓜粥和這個、這個菜！」一個身穿藏青色短袖旗袍的媽媽，手上牽著一個小男孩，背上還背著一個襁褓中的幼兒，站在店前用北京話齟齬地點菜。

　　「好！」老闆拿著陶碗轉身舀粥，「這個店不賣外省人！」一個清瘦的中年男子出現在店前阻止老闆做這檔生意，雖然這個人外表看起來並不像是一般的地痞流氓，但他的眼神和口氣卻冰冷銳利得像是可以殺人似的。

　　「別這樣嘛……」老闆面露為難的顏色。

「臺灣人要有骨氣，不要什麼錢都賺！」中年男子說。

「那……就不要了！老闆！對不起！」那個媽媽極力迴避對方的眼神，怯生生地向老闆點頭致歉。

「媽！我餓……」小男孩說。

「乖！我們回去再吃……」媽媽趕緊把小孩拉離那個菜館子。她一路低頭快走根本不敢抬眼看人，希望能盡快離開那個現場，沒想到才拐進錦州街，前方的路就被一雙大腳給擋住了。

「來！這個給妳，別讓小孩餓著！」老四懿祥甫從臺中收了貨款搭火車回臺北，他在雙連站下車，目睹了剛剛那一幕情境，礙於當時整個社會的氛圍，他不方便在那個當下出面，待婦人離開現場後，才快步趕上來把火車上買的「木盒便當壽司」送給婦人。「謝謝！」婦人說。「他不是壞人！他……也是一個受害人！」

在那樣的年代，那樣的情境，面對那樣的迫害，沒有人知道這些惡行背後究竟是隱藏著什麼樣的深仇大恨，或是遭受了什麼巨大恐懼的蠱惑，讓這些惡魔可以躲藏在權力和槍桿子的後頭指使別人，用別人的雙手來遂行血腥的任務。只是，除了少數敢站出來用肉體迎戰子彈和麻布袋的人之外，面對這個巨大的國家機器，任誰都一樣，能做的真的不多，能說的就更少更少了。

# 第四四章　打鐵仔街

生命就是無盡修煉的丹爐和道場！

**【場景】：打鐵仔街**

「就這裡，請靠邊停一下！」老四懿祥讓三輪車伕將車子在錦西街路邊停了下來，自己步行過街朝在地人俗稱「雙連打鐵仔街」的赤峰街巷弄走去。從赤峰街起到萬全街為止，這個區塊全都是做機械生產、維修和車床加工的聚落。在狹窄的巷弄中，觸目所及幾乎所有的景物全都被紅色的鐵鏽所覆蓋。路邊到處堆放著各式各樣一身紅鏽的鐵器和重型機具。走在這裡頭，耳中所聽到的也盡是沖床所發出來的巨大撞擊聲和車床所傳出來的尖銳刺耳聲。就在這鐵器相互交擊一聲比一聲急切，一聲比一聲猙獰的怒吼聲中，隱約還夾雜著微弱的道士誦經聲，從聲波的縫隙中滲漏出來。當他一路走到巷弄的盡處，就看到屋外臨時以建築用的竹管、鐵架和塑膠帆布搭蓋了一個簡易的靈堂，白色的喪幛中供著兩張以炭筆素描繪製的黑白遺照。

「阿好嬸！我來跟雙胞胎上個香！」懿祥說。

「勞力了！……」看到老東家的兒子專程來致意，原本在靈堂裡邊摺紙錢邊隨著道士誦經助唸的阿好嬸，趕緊起身幫忙點了蠟燭和線香後，用雙手遞給老四懿祥。

「風水和日子都定了嗎?」懿祥問。

「嗯！懿祥，我們兩個老的，一生都奉公守法安份守己，跟他們無冤無仇，怎麼會對這麼乖的小孩下得了手呢?」阿好嬸問。

「唉！沒有人知道為什麼會變成這樣！」懿祥說。

「這兩個小孩從小就乖巧聽話，還說一出社會，就不會再讓我們過苦日子。誰知道才一個晚上，就統統給抓去填淡水河！我慟啊！

你知道嗎？他們一個學醫，一個唸法律，都是那麼優秀，就這樣一夜間全沒了！」阿好嬸說。

「阿好嬸！您要節哀啊！這個時候您得堅強，日子還是得過下去啊！這是我爸爸交代的！」懿祥把厚厚的奠儀壓放在白色蠟燭的燭臺下。

「唉！少年的都沒去了啦！還能指望什麼呢！」阿好嬸說。

「……那一天，我會讓黑龜和黑蛇過來幫忙！請寬心！」懿祥說。

依照本地傳統的習俗，到喪家弔祭致意時，客人離開是不能和喪家辭行的。老四懿祥紅著眼眶默默地從靈堂走了出來，他原本期望自己可以多說一些安慰喪家的話，只是幾次話到喉頭就給鯁住了。他知道這些話只會引發更多的淚水，對喪家一點幫助也沒有，當下比較重要的是，如何讓自己家族在這個衝突的事件中不受牽連波及，讓自己可以維持足夠的財務實力。只有這樣才能在別人需要幫忙的時候，可以多盡一點心力！

阿好伯是一個鐵器燒焊的專家，一直以來都是幫洪家的工廠做設備的定期保養和維護。雖然彼此間沒有正式的約聘關係，但一個星期他至少有 3～4 天都是待在洪家的工廠裡頭，處理機臺爆管漏蠟的問題。旺季時，為了趕製訂單，他就會全天候 24 小時守在現場隨時待命救急。在人手不足的時候，也會主動補位幫忙搞生產趕進度，經常一日三餐都是和大夥混在一起吃的。私底下，他與洪家老大懿欽特別投緣，因為兩個人都是搞機械改良和製程改造的專家。尤其是他結褵多年的老伴，原本也是在三義菜市仔長大的，因為曾在洪家打工，經老大懿欽的牽線才認識結婚的，因此夫妻兩人跟洪家就特別的親。後來，雖然老大懿欽英年早逝，但洪家從來就不曾把他當外人看待，只是對他們家所遭遇的不幸，也是愛莫能助。因

為當下所面對的是一個握有國家公器，又述說著不同語言的政權，處在那種有理也講不通的時局，別說是一般的市井小民，就連財力雄厚的富商巨賈也都是噤若寒蟬，沒有人敢跟這樣的對手正面硬幹！以至於隱藏在心靈暗處的反動情緒持續不斷的蓄積、升高⋯⋯

# 第四五章　一九四九

*當異鄉變成家鄉時，你就不能老是人在這裡，心卻在那裡！*

## 【場景】：基隆港碼頭

　　西元 1949 年，基隆港碼頭，港灣內泊滿各式各樣的船艦，隨國民政府自中國大陸撤退而來的逃難人潮，魚罐頭似地從一艘一艘的船艦中被倒了出來。這不是一個巨大的港灣，卻得吞下所有歷史賦予的龐大包袱，包括：千年的故宮館藏、萬噸的國庫黃金以及從各陌生省份匯集而來的難民。這是一個改朝換代的巨變與遽變！因為，事情太大！太突然！除了茫然地面對和承受外，沒有人知道下一步該怎麼走？會遇上什麼？

　　在地的人，隔著遙遠的距離靜靜看著這歷史洪流所帶來的巨大人潮，心中嘀咕著，不是才送走那些戰敗的日本人，怎麼又迎來這群逃難的中國人呢？外地的人，踩著小心翼翼的步伐走下船板，從一個陌生進入到另一個陌生。心底還來不及思考自己和家人在這個南方的離島會面對什麼樣的衝擊和變化。雖然，歷史和血緣告訴雙方，大家都是炎黃的子孫。但他們彼此之間的認識和交集，比不上曾在這島上殖民過的日本人和荷蘭人。在未來的歲月當中，彼此將會如何相互對待，在這個時刻似乎都言之過早。因為，從船上下來的人，就連下一步該怎麼走心中都還是一片茫然！除了牽在手中的家小，和拽在懷中的學歷、身份證明和維持生計的細軟之外，大家同樣都是一無所知、一無所有，就連回程的船票也沒有！而站在岸邊觀望的人，心中惦掛的是：這一波巨大的逃難人潮，將會對原來平靜的生活帶來什麼樣的影響和衝擊？

　　碼頭上，張峻峰在擁擠的人潮中不斷地來回穿梭努力尋找，希望能從這些陌生的面孔中，找到自己企盼的親人或是故鄉的舊識。

雖然他早已聽說他的家人根本就沒能跟上國民政府的大撤退，但他還是寧可抱著一絲絲的希望，每一天都守候在碼頭，希望在這異鄉的港灣可以有驚喜和奇蹟發生。只是所有的奇蹟都一樣是冷漠的、無情的，對人類的苦難從不予以撫恤和憐憫！眼看著船一艘又一艘地開了進來，人潮一波又一波的散去。他絕望的淚水，終於止不住地從他那連日不睡的紅眼中掉了下來。

從那一刻開始，他的命運與他的過去就斷了鏈！

從那一刻開始，他就必須認命地在這一塊陌生的土地上重新學習如何生活！

從那一刻開始，自己就再也不是一個來去自如的過客，他必須盡速適應這裡的一切，接受這裡的一切，同時也得讓這裡的人接受他的一切……

# 第四六章　拜訪名師

小事由人，大事由天。在動盪混亂的時局中，沒有人知道意外和明天哪個會先到！

**【場景】：臺北火車站、鄭州路**

　　由鄭州路、承德路、南京西路、重慶北路這四條道路所圈圍而成的區塊，就是大家俗稱的後車站商圈。這裡聚集著許多專營成衣、農具、五金材料和化工原料的批發商。而貫穿承德路和重慶北路的華陰街，在狹窄的巷弄中也同樣夾雜著許多大小不一的商店，經營著各式日用百貨，這裡算得上是整個臺北市生活機能最完備的區塊，幾乎所有日常所需的東西都可以在這裡一次購足。

　　位在太原路與華陰街交叉路口附近的「金龍大旅社」，是一間勉強隔出七、八間出租客房的老舊小旅社。在二樓狹小的客房走道間，旅社老闆才逐一收了房客的租金，小心翼翼地步下又狹窄又陡峭的木板樓梯。在梯間的平臺上正好與涂師父和老四懿祥相遇，旅社老闆一眼就認出是洪家的四少爺，立刻露出親切的笑容朝他們打招呼，但看到老四懿祥雙手各自拎著裝滿日常用品的大袋子，就識趣地側身讓步，讓兩位訪客先上樓去。

　　「峻峰兄！方便介紹一位小老弟和你認識嗎？」涂師父問。

　　「歡迎歡迎！請裡面坐！」張峻峰說。

　　簡陋狹小的客房內，只有一張桌面傷痕累累的小木桌和一張椅面已經被頑劣房客用刀片開膛剖肚棉絮外露的軟墊靠椅，緊緊抵著鋪著陳舊被褥的小床。桌上除了一個玻璃內膽的熱水瓶和一只外層琺瑯已經斑剝的鐵杯之外，就什麼都沒有了。涂師父為了不讓張峻峰為難，就拉著他一起往床沿坐。

　　「懿祥，你就坐那兒！」示意要老四懿祥坐那張僅有的小椅子。

「都好吧！峻峰兄！」涂師父問。

「都好！只是需要再花一些時間理一下頭緒！原本也沒做長住的打算，沒想到世局突然變成這樣！」張峻峰說。

「那邊的家人都好嗎?」涂師父問。

「聽說局勢還是很亂，但誰又知道真正的狀況呢！」張峻峰說。

「唉！小事由人，大事由天，急也沒用！當下最重要的，是你自己要先安頓下來才行。這位是迪化街洪萬美的四公子懿祥，他們家幾個兄弟跟我練了一點太極！今天特別帶來跟你認識一下！」涂師父說。

「張師父，您好！請多多指教！」老四懿祥說。

「洪先生，您好！幸會了！」張峻峰說。

「峻峰兄，這幾天你先張羅張羅，如果有什麼可以幫得上忙的，就請招呼一下懿祥就可以了。」涂師父說。

「涂兄，勞您費心了！只是一時真的也說不上來！」張峻峰說。

「沒關係！不急！希望可以幫得上忙！」老四懿祥說。

「峻峰兄！今天我是來跟你辭行的。因為內人在梨山的雙親執意要我們搬過去同住，幫忙打理果園的農事，我想你隻身一人，語言又不通，所以就特別介紹你們見面認識，往後好有個照應！」涂師父說。

「涂兄！多謝你的關懷！倒是你自己也要保重！」張峻峰說。

「承蒙洪家老先生不棄嫌，讓他們家小孩跟著我練了幾年功夫，如果峻峰兄定下來後，可以勻出一點時間的話，倒想央託你指點他們一下！」涂師父說。

「不敢不敢！雖然我曾跟高義盛師父練了幾年功，但畢竟只是自己玩玩，從來就沒有當真過，更甭談教人了！涂兄，這事我真的是不敢承擔，實在抱歉之至！」張峻峰說。

「不！沒關係！這只是一個臨別的建議，峻峰兄，你可千萬別在意！」涂師父說。

突來的世局巨變，沒有誰知道該如何面對未來的日子。只是，口袋裡僅剩的一點盤纏，在只出不進的情況下，日子將會一天比一天更加嚴峻難過。這種現實生活的壓力，很容易讓人陷入不知如何是好的窘境，就算是面對真心想要幫助你的人，也一時說不出自己到底需要什麼樣的協助。

# 第四七章　決　定

盧山煙雨浙江潮，未到千般恨不消；
及至到來無一事，盧山煙雨浙江潮。　　　　　　蘇軾〈觀潮〉

【場景】：三張犁

　　一九五〇年代，臺北的東區到三張犁一帶，仍舊是一片人煙稀少雜草叢生的荒地，只有幾間用廢棄建材和石棉浪板勉強拼組而成的違建小屋，稀稀落落地矗立在那片荒蕪之中。這裡是張峻峰與幾位同是因為戰亂而淪落在異地的老鄉暫時蝸居的住所。為了撙節開銷，就在這八坪不到的狹窄空間裡，硬是擠進五六位山東大漢在這裡過生活度日子。簡陋的屋子裡除了睡覺的床鋪之外，就只剩下一條狹窄的小通道。每個人的家當就全堆放在臥鋪上面，到了晚上睡覺的時候，還得把這些家當堆堆疊疊勉強勻出一個可以躺下來的空間。至於燒飯、洗澡、洗衣的工作，則全都在屋外的雨披下進行。然而，住在這種偏僻的荒郊野地，最痛苦的不單是生活起居和對外交通連絡的不便，而是一入夜之後，草地上所有會吸血的昆蟲蚊蠅就會全體總動員，聚集到這些民宅狩獵人類、吸血覓食。魁梧的張峻峰睡的是下鋪，一到了晚上常常會被躲藏在床板溝槽和縫隙中的臭蟲跳蚤叮咬到徹夜難眠。有時為了躲避這些吸血惡魔的騷擾，只好藉著月色在屋前的空地上練功對打，一直操練到筋疲力盡才能讓自己在昏睡中任由這些惡魔的肆虐和摧殘。

　　那一夜，張峻峰把手邊僅存的一點紙鈔和銅板鎳幣全都攤在床板上仔細盤點。他在一張日曆紙的背面先寫下自己的名字，再依親疏遠近的關係，逐一寫下自己在臺灣所有可以連結並產生意義和助益的人名和單位，然後再用直線去連結，希望從這些人名中可以編織出一個網絡，一個可承載生活並通向未來的網絡來。有好幾次他

試著把線連結到洪懿祥的名字上，只是連他自己都不知道是為了什麼緣故，那一條線總是劃到半路就劃不下去了，一直到深更半夜，他還是始終無法完成那一條可以決定自己一生的線。

最後，為了避免坐吃山空，張峻峰在幾位同鄉好友的協助下，在圓山的後山覓了一塊沒人使用的緩坡空地，大家合力剷除坡地上樹頭和裸露在地面上的盤根，勉強闢出一塊可以運動練功的黃土場子，並在場邊立了一個小木牌，開始試著招生教一些早覺會的老人家，練練養生術、長壽功和簡單易學的推手，希望可以慢慢擺脫洪家的周濟。而迪化街洪家這邊，雖然在張峻峰最無助的時候伸出援手，但自從央託涂師父邀請他到洪家駐院任教被委婉拒絕後，為了不為難張峻峰做他自己不願意做的事，就再也沒有提出任何要求了！

於是，日子就這樣慢慢安定了下來，張峻峰除了教教老人家運動健身之外，下了課，當學生全數下山散去之後，他幾乎整天都留在山上作自我訓練。他把以前追隨高義盛師傅所學的程派高式八卦掌，以及從吳孟俠師兄那邊所學的形意拳，逐一一趟又一趟認真地操練，一式又一式嚴格地自我檢視，因為經過那一夜的徹夜盤點，讓他認清了一件事：「斷了家裡的資源，下半輩子的事，得靠自己的雙手認真張羅！」

一個富家子弟終於在現實生活的催迫下，認清自己當下的處境，務實地調整自己面對生活的態度和角色。而在那個當下唯一可以依靠的，看起來就只有當初純粹為了興趣而學習的八卦掌了！雖然他作夢也沒想到自己的下半輩子會在他鄉異地靠教拳為生，但換個心境想，可以整天做自己最喜歡的事，未嘗不是老天爺最好的安排！當然，如果不是身陷這樣的絕境，相信再怎麼浪漫也下不了這樣的決定！於是，他告訴自己：「就先這樣幹吧！以後的事……碰上了再說吧！」

# 第四八章　潦倒的大師

不能用吃饅頭和麵疙瘩的北方腦袋，在吃白米飯和地瓜籤的南島討生活！

**【場景】**：三張犁

　　一場連續下了一個多月的豪雨，把大家的生活和生計全都給打亂了，尤其是對那些一整天都必須在戶外幹活謀生的人而言，更是一場災難和折磨！圓山上，才開闢沒幾個月的黃土場子，因為可以防止土壤流失的表土層和固磐的樹頭、樹根全都被剷除了，根本經不起那一場脫序大雨的蹂躪，一下子就讓大雨給沖塌了。露天的場子沒了，沒有練習就沒有收入。更糟糕的是，又緊接而來另一場風狂雨驟的強烈颱風。豐沛的雨量和狂飆的颶風，讓北臺灣又再一次陷入另一場天災的洗禮。因為先前那場長達一個多月的豪雨，早已使環繞在臺北盆地四周的山脈嚴重超越土壤涵水的極限。颱風所帶來的強降雨，從各山徑水路所匯流的黃濁山水，從小而大而無可攔阻，一路奪徑狂飆如水庫洩洪般傾瀉而下，全部灌流到臺北盆地的大小河川之中，瞬間暴漲的水位立刻從堤防的閘門和各個排水的渠道，反向倒灌強行侵入堤防內的市區。一夜之間，整個臺北盆地全都浸泡在濃濁汙穢的惡水之中，只見大水之上飄散著各種意想不到的東西，到處可以看到被淹死而膨脹的動物屍體和鍋碗瓢盆，觸目所及慘不忍睹。

　　在這場天災中，張峻峰蝸居在三張犁的住所當然也無法倖免。屋頂上用來遮陽避雨的石棉浪板，原本只是用幾個磚頭壓在上頭做簡單的固定。立面的牆板和門片也是撿用各種建築廢料勉強拼湊而成的，密閉效果本來就不是很好，根本無法阻斷這種橫行無阻的強風。當那片單薄的門板放棄最後的堅持而被風吹離崗位的剎那，整個屋頂也一下子就被從四面八方強灌進來的颱風給掀飛了！強風夾

纏著豪雨以無可抵擋的威力，在漆黑無助的暗夜裡向大地宣示它的主權，用那種不對稱的強勢，輕易地摧毀這個盆地上所有瑟縮臣服的建物，最後就連牆面的夾板和鐵皮也全都被老天爺給沒收了，只剩下幾張簡陋的木床宛如孤島般浸泡在及腰的黃水之中。在已經完全鏤空的「透天厝」中，五個身懷武功的山東大漢在風雨中全都像穿山甲般蜷縮在一張雙層木床的上鋪。他們一手將隨身的細軟緊緊拽在懷中，另一手則使力抓住那一張僅存的塑膠布裹身，希望可以撐過這場無情風雨的上下夾攻和身心蹂躪。

「這是什麼鬼天氣啊！我再也不要住這鬼地方了！」

「全毀了！就連鍋碗瓢盆也全沒了！往後日子怎麼過啊？」

「別管那些鍋碗瓢盆了！回去吧！這裡不適合我們！」

「還回得去嗎！當心被當匪諜給斃了！」

「可是留在這兒，不也是死路一條？」

「我寧願死在老家，也不要活在這裡！」

「唉！這個當頭，說這些幹嘛！」張峻峰說。

「可是你看看這裡，看看自己，都一無所有了，不走還能怎樣？」

「難道你都不惦記家裡的人嗎？」

「惦記！所以更不能洩氣！」張峻峰說。

「可是……」

「別再可是不可是了！相信我，總有一天，會讓我們等到的！」張峻峰說。

「唉！這關都過不了了，還能奢望什麼……」

「千萬不能洩氣！只是在那一天來臨前，我們得做些改變才行！」張峻峰說。

「改變？」

「對！改變！這裡跟我們那裡（山東）不一樣，我們不能用吃饅頭和麵疙瘩的腦袋，硬套用在吃米飯和地瓜籤的地方討生活！一定要改！」張峻峰說。

「改？改什麼……？」

「態度！」張峻峰說。

「……」

「再大的風雨都會過去！可是如果態度不改，不試著學習在這裡過活，日子只會一天比一天難過！」張峻峰說。

「……」

「等雨停了，水退了，就一起走出去，融進去，跟著這裡的人一起過活，一起學習。他們會的，我們沒有道理不會。最重要的是——我們不能人在這裡，心卻在那裡！」張峻峰說。

在那片空曠沒遮沒攔的荒地上，不知道有多少被大風給吹垮、被大水給沖毀的民房和違建，更不知道有多少因為戰亂而流落異鄉的遊子，在風雨中，在木床上，在瀕臨絕望的關頭，用對家鄉和對親情的思念，來堅強自己存活下去的意志！要不是大家在這個時刻選擇相信這些空洞的慰藉終能實現，只要心念一轉、兩手一放，轉瞬就會變成泛濫大水中載沉載浮的浮屍隨波而去……

只是，在老天爺的眼底，在人類還沒有學會真正的謙卑，在還沒有放棄所有自以為是的論斷和嘲諷，在還沒有心口如一地放下尊嚴，卑微地跪下去親吻這片爛泥地，並且心悅誠服的接受這個鬼地方的好和不好之前，這些宣誓只是宣誓，不管是在風狂雨驟的夜裡，還是日麗風和的白天全都一樣！沒有任何人或神會在乎你在這場風雨的考驗中有多少感慨和憬悟，要死要活悉聽尊便，要振作向上還是向下沉淪悉聽尊便，包括要信還是不信也同樣悉聽尊便，反正祂就是扮演這種大公無私到這麼無情、無感、無作為也無所謂的神聖就是了！

# 第四九章　講——形意

形意拳：源自古代的長槍術。放掉長槍，槍法就是拳法。所以練拳時，雖然手中無槍，心中還是要有一把無形的長槍，使槍時，雙手連動，前手造橋，後手順橋。

**【場景】：張峻峰新居**

　　風雨過後，人們以驚人的復原能力重整家園，很快地，一切又恢復原有的生趣和秩序。甚至還因為這場災難而衍生出許多新的商機。禍福相倚的真諦每天都在我們的真實生活中，用不同的版本和情節真實又低調地上演著。雖然在過程中難免有人會經不起折磨和考驗而倒下去，但總是會有人重新又站了起來，並且用一種更難以摧毀的韌性，整合所有破碎的資源繼續迎上前去。就像是亞馬遜雨林中的樹叢生態一樣，只要有樹因為老病或是無可逃脫的天災地變而倒了下去，它所讓出來的位子和陽光，很快就會有其他的物種上前來卡位遞補，包括那個已經被生命棄離的軀幹，也很快地會被一整個合作無間的生物鏈分解成其他生物存活和成長的養分。如果懂得用這種理性、釋懷的態度來看待世間的起落，也許就可以理解萬能的神為什麼總是選擇不插手、不干預、不作為的真正原因吧！因為祂知道祂所創造出來的生命，就算是面臨滅絕的危機，也懂得自己找出存活下去的方法。至於那些不堪折磨而倒下去的，也只是整個布局中的拐點，只有透過這個看似無情、殘酷的機制，才能把有效的資源移轉給有實力整合和運用發揮的人！不是嗎？

　　經過那場毀天滅地的風雨洗禮後，張峻峰選擇相信短時間回不了老家的事實，並試著用另一種心態把這個原本只是路過的驛站，當成一個必須安身立命的家。在這個炎熱潮濕的南方島嶼重新學習與颱風和地震和諧共存的方法。當心念有了這樣的轉變之後，終於

讓他願意放棄自尊，坦然地接受洪家為他所張羅的新住處。那一天，張峻峰憑著腦中對家鄉菜的記憶，和鄰近菜市場中可以勉強湊齊的食材及佐料，花了一整個上午的時間，弄了一桌道地的山東家鄉菜。為了忠於原味，他堅持自己一個人動手料理，雖然老四懿祥早在中午十二點鐘前就提前到位要幫忙處理，但在山東大廚的堅持下只能袖手旁觀。就這樣，一直等到下午一點半左右那一桌看起來不怎麼到位的家鄉菜才大功告成。這一切全是他為了回報洪家的急難救助，唯一能表達心意的傾力巨作。於是，兩個人就在這個新家開懷地享用這嚴重逾時的午餐，一腔山東國語對著一腔臺灣國語，再借助蔘茸酒酒精的催化和翻譯，兩個嗜武男人話匣子一打開，滿腔的豪情就一湧而出。

（以下為張峻峰的獨白）

「以最粗略的方式來分類，中國武術可以分為外家拳和內家拳這兩種拳系！」

「一般來說，外家拳是以南北少林為主體，當然實際上還可以細分為很多不同的流派！」

「內家拳則是以形意拳、八卦掌和太極拳為一線貫連的三大主軸！」

「在過去，門派的觀念和界限比較深，練武的人很少有跨派學習的情形！」

「在當時，那是一種欺師背祖，背叛師門的罪行！」

「但後來開明了，禁忌也沒了，混著學就變成再自然不過的事了！」

「就我的觀點來看，這肯定是一件好事！」

「因為有這樣的刺激和比較，才會有更新、更好的東西被創造出來！」

「就以洪家的蠟燭為例吧！中國傳統的蠟燭是用燈芯草和曬乾的麥桿捲成一個燭芯後，再用手工浸泡的方式將滾燙的蠟油一層一層地浸裹上去。雖然用這種手藝做出來的蠟燭比較耐燃，但製作耗時費工，無法快速大量生產。在過去，因為沒有比較和刺激，就把這種舊的手藝當作是一種神聖不可以改變的傳統一直傳承下來，沒有人有勇氣和智慧敢去挑戰這些老祖宗傳承下來的東西。我曾經參觀過你們家的生產設備，據我所知，那是採用日本人所改良的灌模生產技術，生產速度是傳統老方法的好幾十倍。雖然它的缺點就是用棉繩作燈芯，因為柱心是軟的，天氣一熱，蠟燭很容易就彎曲變形。但我聽令尊說過，為了克服這個新技術所衍生出來的缺陷，你大哥就用硬蠟和軟蠟來實驗和改良，終於調配出幾種不同比例的配方，來克服蠟燭在不同溫度下所產生的問題。一般來說，突破傳統限制而新創出來的東西，剛開始肯定會有些缺陷，只要能夠率先想出解決辦法，往往就是最後的贏家！我想這應該就是你們洪家可以獨攬臺灣市場的原因！」

「學武術也是一樣的道理，跨界學習同樣也會有矛盾撞牆的時候，只要能跨得過去，理得出頭緒，就可以出類拔萃！」

「練武是一條長遠的路，要順著人體和心智的發育，有計劃性的學習。青少年人學武術應該從外家的南北少林入門，先培養出強壯的肌肉和筋骨，把天生的原力盡可能地放大、定型，三五年後，再轉入內家改練形意拳！」

「形意拳練的是明勁，是一種把外家練的原力內化的一種技術！」

「形意拳以金水木火土五個主要元素，演化為劈鑽崩炮橫五個母拳。這原本是一種在戰場上搏生死的戰技，為了方便傳授和操練，就把千變萬化的攻防動作，收斂成五種最有效的動作原型，簡單的

說就是——

　　由上而下的『劈』（金）

　　由下而上的『鑽』（水）

　　由裡而外的『崩』（木）

　　對角斜切的『炮』（火）

　　左右橫移的『橫』（土）

以及直線、橫線、曲角線、圓弧線、螺旋，這五種發力的方式和變化，內含起落、開闔、伸縮、鬆緊、穿扣這五種相生相剋相對應的元素，強調以簡馭繁、拳不離中和一拳必殺的明勁及霸氣！」

　　「根據吳孟俠師兄的說法，形意拳的原型是由古代長槍術演變而來的！放掉長槍，槍術就是徒手的拳法。所以練拳時，心中手中都要有一把無形的長槍！練勁發勁時，更需要借助長槍來輔助！功力才能快速長進！」

　　「槍法輕靈，主攻不主守，重在穿刺，不在格架。專找小角度的縫隙直穿直刺，盡可能避開與敵人做大角度的接觸，為求一擊中的，扎刺途中如與對手的兵器交擊碰撞，則以螺旋鑽進的滾勁，將敵人的兵器彈開，就像五行拳中的鑽拳和崩拳，就是最典型的用法。即使是橫拳所使用的力量和角度，也同樣都是以小於 45 度角的方式發勁。」

　　「形意五行母拳不是一種表演性的漂亮套路，是一種實用性強的單練招式，方便左右邊重複操練，直到把招式練成一種本能的反射！」

　　「五行母拳雖然都是單操的招式，但它們彼此間有相生相剋的關係，可以臨陣無序排列組合成各種即時即興的應戰對策，這就像中國的童玩『七巧板』一樣，可以透過七片形狀、大小不同的小板子，拼組成萬物的圖像，是一種很特別的內家武術！」

「除了五個原型的母拳之外，後來的傳人又根據它的原始概念，衍生出五行連環拳、八勢拳、五禽七獸的十二形拳、雜式捶、十二洪捶、安身炮等等套路。但最關鍵、最核心的技術就通通涵括在那簡單的五個動作之中，其他的都是補遺的招式！」

「在我正式接觸形意拳之前，就已經練了七年的八卦掌，可是在實際過招時，卻打不過一個練螳螂拳的好友，後來師兄指點我再回頭補練形意拳，綜合了這兩種武術之後，那個打螳螂拳的就再也不是我的對手！」

「當然這只是我個人對形意拳的看法！沒有八卦掌的瀟灑華麗和巧妙多變，形意拳是一種樸實有效、消打並用的戰技。剖析它的慣行手法，是以前手造橋布局，再以後手直取的武術，它的戰術是：『前手』以扣、採、撥、壓、拍的手法，先破壞對方的防禦和平衡，並引動對方的身體向前顛跌過來。『後手』則是以劈、鑽、崩、炮、橫五種手法作為主力攻擊。為了達到一拳必殺的目的，形意拳發勁打人時，是把『打點』設定在敵人的後背，讓打出去的力量貫穿肌群組織和筋骨的保護，直接侵入到內部的臟腑器官，這樣才能一舉摧毀敵人再戰的能力！是一種最直接、最有效的能量戰，實用得不得了！」

「如果有心學習內家拳，形意拳肯定是入門必練的第一課！」

1988 年洪懿祥示範形意拳之鑽拳

1995 年洪澤漢示範形意拳之炮拳

# 第五十章　論──八卦

八卦掌：是一把帶鉤的長戟。頭刺是佯攻，一搭手就回勾帶拉，先引動對手破壞平衡，再發動攻擊。因此中招的人總是方向錯亂，氣血逆流。

**【場景】：張峻峰新居**

（以下為張峻峰的獨白）

「不同於其他的內家拳，八卦掌走的是以動制靜的路子，是一種極具主動性和侵略性的武術！」

「它也是三種內家拳術中，起步最晚的拳種。中國拳術不論門派大小，源起時，總難免帶有濃厚的神秘色彩，只是那些穿鑿附會的傳說，對武術的發展沒有真正的助益，我認為聽聽就好。」

「起步較晚的拳種，缺點往往在於完整性會比較不足。但它的優點就是技巧性會比較高，因為它畢竟是架構在既有的技術水平上所創造出來的，可以參考的拳術模型和理論基礎比較多的緣故。」

「八卦掌是一種以掌法和移動為主的內家拳術！」

「練習時，把敵人模擬在圓的中心點上，自己則以扣、擺兩種步法，在敵人的外圍繞圓走圈，並在扣步換掌時發動攻擊。」

「目的是利用不斷的移動和變化來擾亂敵人，使敵人無法順利聚焦發動攻擊，並且訓練自己在移形換步時尋隙出手，因為主攻，所以特別強調有意打無意和快手打慢手！」

「這種迴圈不斷的練法，據說是啟蒙於道士繞香爐轉天尊的養生功法！它最大的優點就是可以在有限的空間裡，做無限的練習！」

「練八卦掌第一個要面對的當然就是繞圓走圈，因為繞圓圈不是人類的慣性動作！」

「尤其是在繞圓轉圈時，眼睛還要固守在一個定點上，很容易

就會讓人暈頭轉向！」

「要繞圓，就得依圓的大小，用扣擺步來修正角度！」

「所以，內腳要擺，外腳要扣！當然也有逆轉外迴的反向練法。」

「初練時，圓圈的直徑不要小於三米，上手後，就可以隨意調整圓圈的大小！圓圈越小，扣擺的角度就會越大！身形擰轉的角度也得要配合！」

「扣擺步會了之後，再來就要練蹚泥步！」

「蹚泥步就像是小心翼翼在爛泥地上行走一樣！為了避免滑跤，必須將身體的重心寄放在後腳，先用前腳貼地探步，再將重心移往前腳，然後再換後腳重複做貼地探步！」

「蹚泥步是一種內練精氣神的動態氣功，不是用來對戰的招式！」

「蹚泥步要求後腳乘載全身重量的沉勁和前腳虛步前探的提勁，最終極的目的是要能束身整勁、腳趾抓地、腳掌涵空、意從湧泉上引、提肛縮陰、讓先天真氣通背而上貫穿任督兩脈達到養生壯體的效果！」

「一般人不求甚解，在繞圓走圈時，不管內腳、外腳整個腳板全都壓在圓圈的弧線上，這樣的練法，儘管你繞了一輩子的圓圈，也等同於是白練了！」

「因為那種練法，扣擺的角度全都被圓圈給稀釋掉了，擰勁根本出不來！正確的練法應該是：當內腳外擺時，要把前踵踩進圈內，讓後踵壓在圈上。而外腳內扣時，則是用前踵壓在圈上，讓後踵留在圈外，這樣練才可以練到扣擺步的真髓！」

「除了扣擺步和蹚泥步之外，八卦掌最大的特點是用掌多於用拳，其中又以穿掌為最主要的掌法，穿掌起手時，要以螺旋勁像鋼

銼一樣鑽出，壓迫對方搭手接招。待一搭手就立即以反向螺旋使勁扣腕拉回，而且手指頭要像帶刺的鋼鉤一樣鉤住對方的手腕往下拖拉，目的是破壞對方的平衡，讓他失去防禦的能力。」

「八卦掌最原始的掌法是單、雙、順、背、抱、轉、磨、翻這八大掌，這八招都是左右單練的招式，全都是把敵人引到圈上來打！而不是直接向圓心進攻。」

「而我練的這個系統，是師祖程廷華和師父高義盛兩位大師以八大掌為基礎，用畢生的心血將原來的掌法推演為：蛇形順勢掌、龍形穿手掌、回身打虎掌、燕翻蓋手掌、轉身反背掌、擰身探馬掌、搖身插背掌、停身搬扣掌等八個先天掌法，並定名為『游身連環八卦掌』！」

「同時將先賢所傳的散打招式，依用法和特性重新分類整編為『後天八卦六十四掌』，後天掌完全是為了強化作戰的實力而設計的，有手法、有肘法、有身法、有摔法、有腿法、也有關節控制的技巧。為了方便學習和運用，全都是左右單練的招式。」

「另外為了增強發勁的威力，本門還有一套強筋壯骨的功力操叫『十大天干』，這是從先、後天掌中萃取出搬、砍、刁、撞、扣、崩、抓、掖、挫、鬆，這十個常用的動作，特別加強身體中軸龍柱以及四肢連接身軀主幹的大筋大絡的操練，只要耐心按著要訣來操練就可以達到逆轉先天脫胎換骨的神奇功效。這是一個固本開源的功法，但真正的關鍵就在『勤』字，所謂『天道酬勤』，人要是不能日日勤練，就算是學會了絕世的武功，也是無法展現出它的威力和價值！」

「大體而言，形意拳練的是直線和曲線，對敵時，是以七星步法來造橋和布局，一旦決定出手了，就採取直進直取的方式，是用強大的勁氣和能量來對決！八卦掌練的是弧線和迴圈，但絕對不是

要你把敵人鎖在圓心裡面，然後再朝著他窮繞圈子，這種誤解只會
有兩種結果：一種是你的敵人會被你笑到死；另一種是你會被敵人
打到死！」

「八卦掌的作戰策略，是以敵人的進退為基準點，向前後延伸
為一條中軸線，然後鎖定這條線，在它的左右來回穿梭，不斷用穿
扣掌擾敵和誘敵，待時機成熟時，再從側翼切入，用兩手吃一手的
優勢進攻。《拳術經》說：『捨直取橫進，得橫變正沖，前腳奪後踵，
後足從前印，放手便成功。』說的就是這個道理。在戰略上，八卦掌
採取的是走偏鋒側翼的打法，一旦扣住對方，就使勁把對方拉橫，
然後再用正沖的方式，朝他的側面發動攻擊，終極來說，搶的也是
『中』，一種動態的『中』，光用聽的，也許會覺得比較抽象，但練
了慢慢就會懂！」

「不同於形意拳明取直攻的打法，八卦掌選擇的是更迂迴間接、
更立體的打法！它會先利用扣、採、引、領、抽、挫的手法，破壞
敵人的平衡，先朝一個假的方向導引讓對方誤判，當他使勁反向回
拉時，再逆勢出手！讓對手瞬間方向錯亂氣血逆流！」

「即使是練過鐵布衫硬氣功的人，如果處在氣血逆流的狀況下，
就會立刻洩氣散勁，完全沒有氣障可以保護體腔內部的臟腑器官。
所以根本不需要很強的打力就可以造成極大的傷害！」

「這種惑敵錯導的戰術，不是單純的正反和反正的方向而已，
是用左右左、左右右、左右下、左右前……這樣亂數組合的方法不
斷出招，讓人根本不知道如何防禦！」

「當然這種打法，需要身形、手法和步法密切配合，是一種比
較複雜、上乘的打法！如果自己的根基和實戰經驗不足，用這麼複
雜的戰術應敵反而是很危險的事！」

「過去我就曾犯了這個錯！才老打不贏人家！」

「如果能夠把八卦掌和形意拳混搭運用，就可以達到相輔相成的效果。當情況允許的時候，就用形意拳的明勁直取，當情況不明朗的時候，就用八卦掌的迂迴戰術從側翼切入！兩拳互補妙用無窮！」

練武的人說拳論武時，很少只用嘴巴說說而已！兩人說到興起時，就在那不甚寬敞的客廳裡，拳來腳往繪聲繪影地比劃了起來！老四懿祥在張峻峰的熱心導引下，終於正式踏入內家拳的領域，一窺中國武術傳承千百年來所累積的智慧和奧妙。

1995 年洪澤漢示範後天八卦六十四掌之挑掌

1995年洪澤漢示範先天八卦掌之單換掌

# 第五一章　說──太極

①太極拳：不單只是一個套路，而是一種運作的模式和載體。任何
　動作被放入這個載體中運作就會被轉化為太極。

②用手去抓水，當你的手指頭開始合攏時，水就會從指縫間溜走。
　這不是出於水本身的力量，而是水利用你的力量溜走了！

【場景】：張峻峰新居

（以下為張峻峰的獨白）

　　「道家修的是陰陽，太極拳練的是剛柔！」

　　「陰陽也好，剛柔也好，其實都只是兩個極端的狀況！這是一
種二元對立的觀念！這樣的觀念在以前是很先進的論述！」

　　「但經過幾百年來持續的探索和長進，我們發現──在陰陽、
生死、黑白、明暗、對錯的兩極之間，還存在著一個交越重疊混沌
模糊的龐大空間沒有被定義！」

　　「在傳統的觀念中，陰陽已經涵蓋了一切，包括這個還沒有被
定義的模糊空間，這一切都是在兩極之中運行，並且在運行的過程
中創造出意義和價值。」

　　「就拿生跟死來作比方吧！出生是一個瞬間，死亡也是一個瞬
間，在兩個極端之間，還存在一個由弱轉強和由強轉弱的時空過程。
哪怕是最短命的昆蟲在生跟死之間，同樣存在著這麼一個轉換的過
程。」

　　「用同樣的道理來推衍，在剛跟柔之間，同樣存在一個既模糊
又龐大的能量和可能性！」

　　「在談太極拳之前，如果沒有這樣的認知，就很容易迷失在剛
跟柔的迷思裡面，永遠找不到出路！」

　　「一般人談內家拳總是講剛柔相濟，但這種說法還是脫不開剛

和柔這兩種元素的對立和限制。大家都忽略了把這兩種元素混和之後，會產生什麼新的變化和新的元素。」

「我認為內家拳最終探索的就是這種特殊的內勁！過去我一直不知道用什麼形容這種狀態，後來，我才發現原來有一種東西很適合來形容它的狀態！」

「對！就像有筋性的麵糰一樣，是一種活性的狀態！你一壓它，它就凹陷下去！一鬆手，它又會彈回來！你一拉它，它就變長，一鬆手，它就會縮回去！」

「這種狀態比水更貼近太極拳的勁道！」

「在臺灣你們是怎麼形容這種有彈力和韌性的狀態？」

「Q？好！就是 Q！就是 Q 勁！」

「所以，練太極一定要先弄懂剛、柔、Q 這三種原力才行！」

「太極拳不是一種套路！而是一種運作的模式！這種模式可以是各種攻防動作的載具！」

「任何的招式和套路，不管是少林拳、形意拳還是八卦掌，只要導入到這個載具，依它的模式來運作，就會被消化為太極拳了！」

「反過來做亦然！我們也可以把太極拳的招式用少林拳的方式來呈現！這就會變成少林拳，或是強化太極吧！」

「反正拳的名稱都是人取的！界限也是人自己劃的！對我來說，只要能克敵制勝，能強身健體就好！」

「知道我為什麼先強調克敵制勝嗎？因為可以強身健體的東西未必是武術！」

「武術最原始的目的，就是克敵制勝！強身健體只是它的附屬功能！可是很多人就是不了解這個本末輕重的邏輯！於是，太極拳就變成了太極操了！」

「拳術和體操都是好東西！但練習的動機不同，最後獲取的成

果當然也不一樣!」

「如果是練拳,就得講究形、意、法、明、暗、化! 操練時,腦中的意念要專注模擬每一個招式對敵時的用法! 透過千次萬次的重複練習,把這些用法牢牢植入腦中,變成一種直覺反射,這才是武術正規的練法。」

「而太極操專注的是吐納導引和養生,目的大不相同!」

「把太極拳當體操來練並沒有不好! 但那就是太極操! 不是太極拳! 不能混為一談!」

「太極拳講化勁,但必須與明勁和暗勁混搭使用,才能產生更好的戰果!」

「化勁是一種順勢導引的技術!」

「就像是對高速行駛中的汽車,從它的側面,只須一點點小角度的順向推力,就足以讓整部車子偏離車道撞得車毀人亡!」

「當然前提是,你要把對方的力量先引出來,才能作導引!」

「如果懂得順勢導引,又懂得逆向反擊的話,那就是太極與八卦混搭,就會產生意想不到的威力!」

「一般認為太極拳是一種比較祥和、被動的武術! 這只是見皮不見骨的淺見! 《金函口訣》中有提到:『武本無善作,含形誰知情。』在格鬥時一切都必須以克敵制勝為終極的目標。因此在過程中,要毒辣? 還是仁慈? 要主動? 還是被動? 全都取決於致勝的必要! 絕不是單從肢體動作上籠統區分的。」

「我認為當事情已經確定無法用和平的手段解決時,就一定要掌握主動、主攻和主控權,這才是制勝的關鍵!」

「我認為沒有制勝的實力,就沒有要求和平的權力! 也許我說的道理並不一定對,但這就是我的戰略! 所以我始終認為太極拳絕對不是表面上看起來那麼被動那麼平和!」

　　兩個人就這樣一直講，一直比，直到炭火都熄滅了，整鍋東北酸菜鍋都變涼了，兩個人還是停不下來，繼續聊，繼續比劃……沒有人知道，到底要聊到什麼時候才會停息下來……

1982 年洪懿祥演練太極單鞭式

# 第五二章　台始易宗

現實就如同一頭吞噬理想的巨獸，一時的權宜，往往一眨眼，一疏忽就成了一生一世不得不然的妥協！這個道理，之於一個街頭畫家和一個駐院的拳師皆然。

【場景】：大龍峒的畫室

　　在軟片相機還不是很普及的年代，對一般人而言，相片的沖洗、放大和翻拍就已經算是很先進、時髦的專業技術。出外的異鄉遊子為了紓解對家鄉和親人的思念之情，在離鄉時總不忘在隨身的皮夾中放一張全家福的黑白小照片。時間一久，皮夾中的相片會慢慢變黃、褪色和模糊，為了留住這些影像和影像背後所有的情愫，就會請專門代客畫肖像的專業畫師，把小相片中的人物以仿真的工筆畫法複製到圖紙上面。功力好的畫師不但可以鬼斧神工地在畫紙上用炭筆重現家人的容顏，還可以依照客人的需要，為相片裡的人變胖、變瘦、添加皺紋或更換華服，這種時空轉換的手藝，也算是電腦修圖的先驅吧！畫師們通常會把相片固定在畫架上，再用一種可以固定在畫架上的放大鏡來檢視所有可能被突顯的特徵和細節，然後在相片上和畫紙上依比例的大小打出小方格子，把相片中人像的輪廓線條和陰影用小格子分割成許多細小單純的單位，然後再小心翼翼地將相片方格中的線條，依所需要的比例用手工一筆一劃地複製到畫紙上的方格中。因為被切割後的圖像都會變成單純的元素和線條，所以只要能夠準確把握住線條出現在方格中的角度，用炭筆把線條描繪到畫紙上面，這些被分割的小方格子就會神奇地把原本的圖像再重新組合回來。即使是被放大了好幾倍，照樣可以模仿得維妙維肖。再加上人們對影像和容顏的記憶，總是會隨著時間的遞延而變得矇矓模糊，因此只要畫像的神韻和感覺不太離譜的話，對求畫像

的客人而言，就已經足夠了！

　　畫師們在街頭討生活謀生工具很簡單，只需要：一個畫架、一只放大鏡、一個夾燈、幾張畫紙、幾支炭筆和幾張大人物的畫像，或是自己比較得意的作品當招牌，就可以在 3～5 坪不到的小店鋪或騎樓的廊柱邊招攬生意了！這是過去農業社會所遺留下來的謀生手藝，後來相機普及了，這個代客畫肖像的行業敵不過寫真科技的競爭，就逐漸式微了！今天在西門町或是淡水老街的街頭畫家，他們做的生意都已經變成以遊客的人像速寫為主，捕捉的是旅遊心境的記趣，與過去那種用黑色的炭墨勾勒對家鄉和親人的懷念，基本上是截然不同的情感訴求！在那個年代，畫人像和畫電影看板的畫師或畫匠們，常常都是一些沒能當成畫家的美術系正科班畢業生。也許一開始只是為一日三餐而不得不低頭謀生的暫時權宜，然而在嚴峻的現實壓力下，短暫的權宜往往一眨眼就變成了一生一世不得不然的妥協和唯一的出路！

　　這一天，張峻峰從皮箱中翻找出兩張泛黃的小相片，一張是師祖程廷華；一張是師父高義盛，這兩張珍貴的照片一直以來都是分別夾在《金函口訣》和《周天術》這兩本手抄拳譜的扉頁中。他想既然決定在臺灣正式開山立派收徒傳藝，一切就得要依照傳統的規矩來張羅。那一天，他和老四懿祥專程搭三輪車到大龍峒，拜訪一位已經退休的知名畫師。老畫師家境清寒孤身蝸居陋巷，卻依然撐持著藝術家的硬氣，堅持已退休不願為重金作畫。經冗長的懇談後，才點頭同意為兩位程派高式八卦掌的大師畫像。他要求張峻峰盡可能詳細描述兩位大師的生平故事和人格特質，因為對這位視力已經嚴重退化的老畫師而言，如果沒有這些人物背景資料的支撐，最後畫出來的圖像終究只是一張沒有生命力入駐的畫紙，這種圖像掛在廳頭看看還可以，但沒有資格上神靈的供桌接受人們的膜拜和禮敬。

也正是因為這樣的堅持和理念，讓老四懿祥願意用比一般畫酬高出好幾倍的代價，誠心誠意地央請這位退休的畫師為兩位八卦掌的大師畫像了。雙方約定了中途驗畫和最後取畫的時間後，兩人就轉往位在迪化街霞海城隍廟附近的「林五湖命相館」請林大相師幫忙擇選黃道吉日為張峻峰的「台始易宗」做開館前的前置準備作業。

1953 年張峻峰創立台始易宗與武術界人士合影

1953 年台始易宗初創，張峻峰與洪懿祥合影

# 第五三章　拜　師

自然界中所有的界線都是模糊的，為了存活，人類經常直接取法自然無師自通。但有了傳承的機制之後，人們就不再用自己的血肉之軀去重複別人已經創造過的知識和經驗，可以站在前人的肩膀上享用整個世界。用心的人，即使過生活也可以長知識；聰明的人，可以把知識轉化為經驗和智慧；更聰明的人，懂得善用這些別人所創造的經驗和智慧。

【場景】：洪萬美商行

　　洪萬美商行為了這個特殊的日子，特別提前三天貼出公告通知當天暫停營業。烏番伯為了不失禮數，特別請教熟諳民俗的耆老，參酌兩地的傳統禮俗將店裡佈置成一個莊嚴盛大的拜師會場。店門外，臨路的廊柱上堆滿了商界友人和國術界送來的大型慶賀花圈。店門口的門楣上張掛著巨幅立體刺繡的八仙綵喜幛，上頭繡著「台始易宗開山立派拜師大典」，綵幛上的字遒勁有力、龍飛鳳舞，一看就知道是洪家老二懿文親筆所書寫的楷書，綵幛則是委託迪化街頭專營龍鳳綵、八仙綵和立體刺繡的名店首席，花了將近一個月的時間精心繡製而成的。

　　店裡頭，原有的商品陳列櫃和結帳的大櫃臺則全部用紅帳圍遮，正堂擺著一組上等楠木所精雕而成的高腳長型供桌和方形八仙桌。高腳供桌上所供奉的是達摩祖師的雕像，這是老四懿祥特別敦請延平北路佛具名店「廬山軒」的首席雕刻師傅，以上好黑檀慢工精雕而成的，因為達摩祖師是從印度渡海東來弘法，印度人膚色較深，用黑檀木來雕刻祖師爺的神像取的就是渾然天成不假顏色。練武的人奉拜達摩為祖師爺，主要是敬佩他「打掉牙齒和血吞，咬緊牙關再苦練」那種潛心苦修和堅忍不拔的精神。

　　高腳供桌前，高度較低的八仙桌上，供著一個可以兩面對摺的紅木立式相框，相框裡供的當然就是那位大龍峒退休畫師所精心繪製的炭筆畫作。兩張黑白肖像果然神韻威武、氣場逼人，很難想像一個幾近半盲的老邁畫師，居然能夠從那一紙褪色、破損的相片以及零散的口頭敘述，揣摩出如此逼真的人物畫像來。一個一生落魄在街頭討生活的無名畫師，原來還是可以從他的畫作中，透析他內心世界裡那股還沒有被現實擊垮、還沒有完全被歲月澆熄的藝術家靈魂和堅持。

　　桌前的小香爐中，燃著上好的「老山烏沉」，空氣中瀰漫著一種宗教性的肅穆和莊嚴。八仙桌的兩側，一邊坐的是經過刻意盛裝打扮、氣宇軒昂的張峻峰，一邊坐的則是高齡九十五歲的地方耆老。靠張峻峰這邊的觀禮席上，齊聚著當時所有隨政府撤退到臺灣的國術界名人和大師級的人物，為了擺平這些不同門派間的座位排序，張峻峰已經費心調整過好幾十次，可是與會當天的現場還是無可避免地出現一些齟齬和不快。人們對尊卑排序的虛榮，即使到了都已經流落他鄉異地的窘境，還是如此在乎死不相讓，還好這些小插曲一下子就全被笑臉迎人的主招待黑蛇給化解了。

　　靠地方耆老這一邊的座上嘉賓，幾乎囊括了大稻埕商界所有叫得出名號的大老闆，場面的佈置、賓客的邀請和座位的安排看得出烏番伯在這個拜師大典上，擘劃的慎重和用心。除了由衷表達洪家對武術界的尊重之外，也巧妙地為張峻峰墊高日後在臺灣武術界發展的地位，這是一個商界和武術界人脈網絡的跨界整合，是臺灣本島第一次以商界的財務實力贊助中國武術的先河。這個舉措在當年算是從未有過破天荒的第一遭！當然透過這個盛會所傳送出去的訊息，對於「洪萬美」在迪化街乃至北臺灣的商界所營造出來的氣勢和魄力，應該也是烏番伯精心擘劃後的動機之一！

儀式完全遵從武術界拜師的古禮來進行，洪家少爺們依循司儀的口令，逐一向祖師爺們和張峻峰大師行奉茶和跪拜的大禮。從那一刻起，張峻峰由一個來臺經商的商人，正式變成洪家四位少爺的武術師父，同時也是「台始易宗」開山立派的第一代宗師。正當拜師的儀式接近尾聲，在店門外觀禮的人群中，硬竄出幾位身材魁梧滿臉橫肉的彪形大漢，緊跟在後頭露臉的正是當年在蠟燭標場中狡計沒有得逞的金源隆。

「洪老先生，您可真是愛臺灣啊！在地的拳頭師您一個都看不上，卻偏偏撿了一個連半句臺灣話都不會的阿山仔，你是故意羞辱臺灣人啊！」金源隆說。

「你……」老三懿綿見金源隆故意在這個場合尋釁，立刻就挺身而起要當眾教訓這些恣意鬧事的傢伙，卻被老四懿祥一手抓住要他定下來靜觀其變。

「場面搞這麼大這麼招搖，來頭應該不小吧！何不趁這個機會露兩手，讓大家見識見識北方的內家拳到底有多厲害！」金源隆說。

「金老闆，今天是拜師禮，不方便吧！真有興趣，改天再邀請您來參觀！」老二懿文說。

「欸！改期不如撞期！況且看熱鬧的人都來了這麼多，就今天吧！大家說是不是?」金源隆刻意慫恿群眾起鬨。

民眾的好奇心再加上幫眾們的蓄意起鬨，場面一下子就下不來了，烏番伯心底明白對方的詭計，不想順著對方佈的局走下去，正想開口攔阻時，卻見張峻峰已經站起來朝對方走了過去。「雖然我不會講臺灣話，但你說的我通通聽得懂！既然這位朋友對內家拳有興趣，那就來吧！」張峻峰說。

「爽快！為了不讓人說我們欺侮外地人，我這幾位兄弟就任你挑吧！」金源隆說。

「很好！不過這裡是做生意的地方！不適合在這裡動手！如果真要比試，你派誰都可以，不用師父出面，我來就行！還有，你既然要見識內家拳，那給我三個月的時間，到時候我用內家拳應戰！」老四懿祥了解老爸的心思，出手破解對方有意打無意的詭計！

「真是個好徒弟啊！才剛拜了師，就迫不及待幫師父出面啊！」金源隆原本只是打算鬧鬧場，殺殺洪家高調辦拜師大典的囂張氣焰，沒想到洪家老四卻自己送上門來，他按捺住心中的竊喜，表面上鼓掌叫好，臉上卻故意擺出一副勉為其難的表情。

「好！就依你的意思！三個月後在成功壢杭州茶室前比高下！到時候歡迎大家蒞臨指導啊！哈哈哈……」金源隆語畢即帶著輕狂的笑聲揚長而去！

「懿祥！你何必……」張峻峰說。

「沒事！師父您是外省人，不宜在這個節骨眼徒增無謂的困擾！請放心！」老四懿祥說。

所幸這個意外的插曲，並沒有影響到整個拜師禮的進行，烏番伯強掩心中的不悅和掛慮，如常地招呼幾個小孩把慶祝拜師而特別向十字軒糕餅店訂製的紅麵龜，並發送給賓客和圍觀的人群。禮成後，就在迪化街的後街封街設宴，席開20多桌流水席宴請所有與會的賓客。席中，烏番伯藉著一點酒意和難得的豪情，當眾宣佈歡迎所有的街坊鄰居和武術同好一起來練拳強身，學習期間所有的費用和器材全部由洪萬美全額吸收和負擔！就因為這些事前的部署和過程中意外的插曲，一開始就為「台始易宗」在開山立派的當下打響了名氣和聲勢。尤其是三個月後淡水河畔的比武，更成了所有好事者引頸企盼的精彩好戲。

看起來，商場上的恩怨並未因為時間或單方面的寬容而銷聲匿跡。它會隨著有心人的操弄，躲藏在暗處選擇用各種不同的偽裝和

詭計伺機出手。用武力解決商場的積怨當然不是最好的選項，只是在法律和道德關照不到的暗處，為了自保和存活，適時的反擊，卻是不得不然的選擇！

# 第五四章　種　源

一顆種子，可以是一棵大樹，可以是一片樹林，也可以只是一顆種子。但只要還是一顆種子，它就可以在地底或是冰天雪地中蟄伏百代千年，並保留著所有存在的可能。

**【場景】：洪萬美商店**

「練內家拳沒有速成的捷徑！三個月太短了！懿祥！你冒的風險太大了！」張峻峰說。

「他們有備而來，如果當下師父親自下場應戰，那風險更大！」老四懿祥說。

「這我知道！只是你壓根不清楚對方的底細，接下這個挑戰真的是衝動了！」張峻峰說。

「總得先把場面穩下來再想辦法解決，反正還有時間準備，您放心好了！」老四懿祥說。

「從武術界打聽到的消息，那天跟在旁邊的那幫人馬，應該都是流竄大陸的土匪和通緝要犯！這幫人混雜在大撤退的人潮中，圖謀在臺灣與在地的地痞掛鉤，發展他們的勢力！」張峻峰說。

「只要不動鎗，應該有辦法可以對付吧！」老三懿綿說。

「這幫人不是正統武術家，心黑得很，誰知道他們會使什麼骯髒的手段！」張峻峰說。

「師父！您低估老四了！即使不用內家拳，那些人也未必是他的對手。在臺灣柔道界，除了好手黃滄浪和陳眉壽之外，沒幾個人過得了他這關！不久前，他光憑短期的速成就成功挑戰過太極推手的大師，還打成了平手！」老三懿綿說。

「這事我也有耳聞！但那只能算是戰術成功！不能算是真功夫！這次的對手畢竟是混黑幫的歹徒，和真正的武術名家手段大不相

同！」張峻峰說。

「師父！您放心讓我試試！只是既然已經承諾用內家拳應戰，還是要請師父幫忙！」老四懿祥說。

「要短期速成，只能借助形意拳化繁為簡的招式苦練了！還有，既然你是柔道的好手，我就挑幾個八卦掌的摔技搭配運用吧！」張峻峰說。

「八卦掌也有摔技啊？太好了！」老三懿綿說。

「八卦後天掌有許多招式是取自蒙古的摔角，比日本的柔道更扎實好用！」張峻峰說。

「好！就用這樣的策略，場外那些人如果真敢耍骯髒的手段！就由老二和老三負責把關！場內的事我自己會小心，我不會讓他們有機會耍陰的！」老四懿祥說。

「放心！那些傢伙就包在我身上！」老三懿綿說。

「我看這場打鬥，恐怕已經不只是比輸贏，而是決生死！要牢牢記住，跟這種亡命之徒動手，心裡頭不能有慈悲和善念！倒下去的人，恐怕不只是輸而已，事關生死不能不小心！」張峻峰說。

「我知道！這是一場沒有時間和規則限制的生死鬥！賽場中只有成王敗寇，沒有黑白對錯！不能保護自己的，就是輸！」老四懿祥說。

於是，張峻峰所初創的「台始易宗」就以這樣的序曲在臺灣開場、扎根和育苗。每天上午洪家四兄弟懿文、懿綿、懿祥、懿昆以及一些在迪化街經商的富二代，同樣為了強身健體和保護家業的動機呼朋引伴紛紛加入，跟著張峻峰從形意拳的入門課程開始學習，每天從清晨開始，一直要練到中午才下課。到了下午，就是張峻峰與老四懿祥一對一的格鬥訓練了。為了這一戰，張峻峰就以如同親自應戰一樣的心情來訓練老四懿祥。這之間的情愫，包含著自己孤

身一人在最潦倒落魄時被即時援助的感恩；包含著在拜師禮中洪家出錢出力盡心為自己張羅的盛情；包含著地痞鬧場時肯為自己出面阻擋掉省籍衝突的體貼；包含著這一戰對自己未來在臺灣武壇定位的高度和影響。

當然，更重要的是：這個年輕人對中國武術無怨無悔的熱情和他那與生俱來的膽識及天份。因此，他除了自己毫不保留地傳授老四懿祥一些實用的散打技術之外，同時也找來許多位擅長徒手技擊的武術同好來協助培訓和餵招。這些歷經戰亂洗禮飽嘗流離之苦的武術名家，後來都陸續在洪家擔任「駐院武師」。除了協助培訓之外，也各依所長投入工廠的生產行列，甚至擔任貨運配送和帳款催收的工作。這些人除了領有固定的教練津貼之外，只要是在職場上有參與幫傭的部份，全都額外加計工資。這些費心的安排除了人盡其才的考量外，也算是烏番伯對這些異鄉遊子的一份體貼和慈悲！這個資助通常會一直維持到當事人得到政府單位的安排，或是同鄉好友的協助後才會終止。

這些武術前輩後來大都被輔導單位安排上中央山脈，去開山墾荒、闢建果園，或是參與中部橫貫公路的闢建工程，為了能夠在杳無人跡的偏遠山區彼此相互照應、相互慰藉思鄉之情，他們就在荒山野地裡就地取材，並靠著簡單的工具胼手胝足地建立起一個又一個家族般的聚落，只是到最後他們是否有將一生所學的武術傳承下來，就不得而知了。從一個叱吒武林的拳術名家，轉變成一個歸隱山林與世無爭的墾荒者或果農，這個轉換過程，肯定不像切換電器的開關一樣，從「開」到「關」只要輕按一下就輕鬆完成，其間肯定是揉雜著許多血淚交織的感人故事。只是那些大時代的悲歌，恐怕就隨著他們不得不向命運低頭的英魂，永遠被掩埋在異鄉荒煙浩緲的崇山峻嶺之中了！

　　因此，每當有駐院武師向洪家辭別，在臨行前，洪老先生除了
熱心叮嚀山林野地謀生的瑣事之外，更會體貼地奉上一疊厚厚的「謝
師禮金」，以資助他們單飛之後短期的生活所需。而這些原以武術為
終生職業的武術家們，不論他們在洪家駐留期間的長短，為了報答
洪家不求回報的仁心濟助和尊重，也同樣都是以「絕不留一手」的
心態，將自己一生的真本事無私地傳授給洪家的四兄弟，並且清楚
地交代這些功夫的流派淵源和師承由來。因為這也是在那個當下，
這群一無所有的異鄉人對洪家唯一的回報了。

　　除了報恩的考量之外，在他們的心中已清楚地意識到，這次的
分手似乎比當年辭別故土渡海東來的心境，又多了一分與世訣別的
淒悵之感。因為在那個交通、通訊、醫療和急難救助都不發達的世
代，一旦進入中央山脈這個人煙罕至的崇山峻嶺之中，無異於是被
社會和國家所棄養放逐，無異於是要他們在那與世隔絕的荒山野地
中自生自滅一般。恐怕在有生之年，再回到平地，再回到老家，再
回到武術天地裡揮灑豪情的機會應該是微乎其微了。為了避免自己
幾十年來苦練的武術心得就此斷絕，眼前洪家的這四個兄弟應該就
是老天爺特別為他們遴選出來繼承絕學的「種源」了！不是嗎！

1995 年洪澤漢示範後天八卦六十四掌之撞掌

1995 年洪澤漢示範八卦掌之雙抱掌

# 第五五章　拼地盤

地盤是什麼？地盤不過就是畜牲尿尿的地方！獅子和老虎一看到樹
就忍不住會抬起後腿撒泡尿，宣示自己在領地中免費吃到飽的主權。
但在弱肉強食的曠野，如果只會到處灑尿，而沒有護衛領土的實力，
再多的尿液也只是一種無能的自慰。

【場景】：五月花大酒家

「洪家老四只是個富家少爺，算不上真正的武術玩家！」金源隆
說。

「我想也是，在臺灣這種鼻屎大的小地方，應該也孵不出什麼
像樣的角色吧！」土匪甲說。

「可是觀禮席上那些武師，在內地可都響噹噹的角色！我擔心
這些人會插手壞事！」金源隆說。

「這你就放心好了！中國人呐！真要懂團結，歷史就不會是這
個模樣囉！那些武師啊！心中都各有盤算！他們可沒那麼大的度量，
樂見姓張的在臺灣捷足先登一派獨大！」土匪甲說。

「是嗎？」

「那些來露臉的爺兒們，心底圖的無非是自己在臺灣武術界的
地位和影響力，你沒看當天光喬個座位就已經爭得面紅耳赤嗎？不
用擔心這些人會拔刀相助！」

土匪乙說。「對！那些蠢豬要真懂得合力抗敵，那我們這些吃肉
的老虎，不就得改吃青菜豆腐了嗎？哈哈哈……」土匪甲說。

「好好好！只是這個老四，總是不按牌理出牌！我在標場吃過
他的悶虧，還是當心點好！」金源隆說。

「金老闆！我們兄弟渡海來臺，是為了扎根求發展，不是過客！
你在標場吃的虧，動手那天會幫你加倍討回來！」土匪乙說。

「對！這一仗對我們兄弟而言，不是面子的問題，是肚皮的問題！放心好了！」土匪甲說。

「好吧！既然你這麼在意這個人，為了讓你放心！明天開始，勞煩金老闆幫我們弟兄安排幾個人肉靶子好練練身手。晚上就依你的計劃，從南京西路和中山北路的酒家和舞廳開始，就挑幾家大的開始砸，先殺雞儆猴嚇嚇他們！」土匪乙說。

「好好好！白天練，晚上也練！我保證你們天天做足賽前訓練啊！哈哈哈！」金源隆說。

事業不分貴賤正邪，只要是大利之所在，就總有人躲藏在暗處努力鑽營擘劃伺機而動。不論是白道也好，黑道也好，總是有人慧眼獨具，可以一眼看見隱藏在黑白兩界間灰色模糊地帶所蘊藏的龐大利益。在一般老百姓眼中，這種介於合法和非法地帶的灰色商機，風險太大不敢貿然介入，但殊不知，湍急的激流中，必都蘊藏著龐大的能量和資源。在普通人不敢涉足探索的危險地帶，同樣也總蘊藏著龐大的潛在商機，因此，黑跟金總是在政跟警的庇護下，肆無忌憚的採擷這些資源。於是在創利的過程中，總有一些傷天害理的事端，被有意、無意地製造出來。這時扮演司法正義的白道就會適時介入努力護航，成為一個無堅不摧無往不利的共犯結構。於是再大的惡行也都可以逢凶化吉，一路平安暢行無阻。也許這些人的初衷，原本只是單純地想為一家老小圖個溫飽而已，只是到後來胃口變大了，溫飽的定義也被無限放大了，於是就與原來的初衷漸行漸遠了！有太多的事實讓他們相信，只要能順利攫取權力和財富，所有的罪行都可以用權力來擺平、用金錢來收買和用故事來漂白，不是嗎？

因為連脫罪解套的心理建設和救贖的出路都有了，犯罪的誘因也同時被放大了，於是整個社會的菁英也就理所當然地競相朝這些

灰色地帶傾斜，這個不能說、不可說的秘密，從未因為時代的更迭或科技的進步而稍有改變或不同！逐利的世界，猶如蠻荒的叢林一般，只要有人倒了下來，就立刻會有人圍攏上來分解、分食他的資源。然後再繼續奮力向前邁進，繼續重複一樣的情節，一而再，再而三地重演和輪迴，代代相傳，生生不息。

# 第五六章　萬里龜吼

有法，必有破！天底下的事，沒有什麼是絕對的！龜吼，其實原本只是一個海龜上岸下蛋的地方，臺語就叫「龜空」或「龜孔」。後來為了什麼原因又把「龜孔」改成了「龜吼」呢？這個千古迷思，就連當地的老人家也只知其然，而不知其所以然了！

**【場景】：萬里龜吼鄉**

金山再往北走的萬里，有一個專供當地漁船進出的小港灣叫「龜吼」。龜吼村，其實原來叫做「龜空」，因為以前這附近的沙灘上有個大石洞，經常有許多海龜上岸到洞裡產卵，因此當地人就稱這裡為「龜空」，就是海龜洞的意思。後來有人認為「龜孔」應該更明白易懂，於是就約定俗成地把原名給改了。又後來，就不知道是為了什麼緣故莫名其妙又被改成「龜吼」。也許是海龜在這個孔洞中產卵時，會邊產卵邊發出哮吼聲吧！誰知道！只是「龜吼」這個新名字，在臺語的讀音上有「龜哭」的意思，並不是那麼吉祥討喜，所以就打死也沒有人願意站出來承認是他幹的好事。又後來，那個海龜下蛋的石洞，因為莫名的原因消失了，從此就再也沒有人願意花時間去改它的名字，當然也更不會有那個閒情逸致，去追究和關心那些海龜到底都跑哪兒下蛋去了！

龜吼漁港一直以來就是一個漁獲不多、產值不大、不引人注意的小地方。然而，就是因為地處偏遠不受注意的特點，完全符合走私和偷渡的需要，反而讓這不起眼的小漁港成了闇黑勢力集結的重鎮。駐紮在當地的海防部隊和在地的治安單位，雖然不分晝夜地執行海岸巡防，杜絕偷渡走私或對岸諜報人員的滲透。在兩岸對峙關係最緊張的時刻，常常會有對岸的統戰文宣物，透過空投和海飄的方式對臺灣進行無聲的戰爭，目的無非是要吸收那些對時政不滿的

偏激份子棄暗投明成為中共的臥底。而在地的政府當局為了反制，當然也編列龐大的國防預算，透過各種政戰文宣的管道和手段，鼓勵敵對陣營的戰士來臺投誠，並且依照統戰宣傳的價值訂定不同的獎金。當時最高的獎勵應該就是鼓勵中國空軍的飛行員駕駛米格戰鬥機來投誠，只要能夠拼死飛越海峽中線，那些棄家叛國的飛官就立刻可以獲得黃金萬兩的獎賞，並成為反共抗俄的全民英雄。這些今日看似荒誕不經的獎勵措施，卻是當時堂而皇之的反共國策，讓人永遠都無法參透這個世界的荒謬和無稽！試問要用什麼樣的標準，才能清楚辨識那些所謂的反共義士，哪個是真正為了理念和信仰而冒死投誠？哪個又是受了現實利益的蠱惑而選擇拋家棄國的叛逃和豪賭呢？因此海岸的巡防作業雖然每天都夜以繼日地執行著，但在暴利的驅策下，不該發生的事卻依然每天天知地知你知我知努力地進行著。

　　而原住在龜吼這一帶的在地人，雖然大都是以近海捕撈為本業，但一年之中，總有好幾個月因為季風的影響無法出海捕魚，在休漁期間只能靠海邊那些營養不良的沙質農地種點農作物來補貼家用。然而濱海的農地鹽分太高風沙過大，田裡能種出來的作物遠遠彌補不了無法出海打魚的經濟缺口。因此除了農漁的本業之外，遇到海流不對、魚群不來、老天爺不賞飯吃的時候，總得靠兼點副業來支撐全家的生計。於是，這些必得為生計挺而走險的漁家，就與駐防的軍警形成一個共生的鏈體，為這些法外的特種行業提供了輸運接泊的工具和必要的庇護。就因為有這樣的時空背景和現實考量，為所有非法勾當提供充足的養分和誘因，於是就在某些專業人士的整合下，這些分散的動機和散兵遊勇逐漸匯聚轉換成為一個龐大的共犯結構。這條生物鏈包括海防、治安、兩岸間的協調通訊、海陸輸運、銷贓、打點賄賂、利益分配和突發狀況的危機處理——這是一

個既龐大又複雜的機制，如果不是有神通更廣大、權位更高的厲害角色隱身在幕後操控，勾串編織這張複雜的網絡和關係，這種動輒以《動員戡亂時期臨時條款》伺候的非法勾當，豈是一般公職人員和地方基層治安單位可以玩得起的陣仗！就跟過往的歷史如出一轍，執法者本身往往同時也是扮演著架構這個犯罪組織的元凶和主謀，換句話說，抓人的和被抓的，對真正躲藏在幕後主使的高層而言，只是左手和右手的差別而已，再大的風險，也不過就是既得利益的重組和分配而已。在利益重組和轉換的過程中，真正會因此承擔風險的人，當然就是那些失去利用價值又白目不知進退的代罪羔羊了！

　　當然，搞這些非法勾當也不是全然沒有禁忌，在當時凡是連結到「兩岸政治」的敏感問題，即使是專門在法律邊緣遊走的頂尖高手也是避之唯恐不及！因為在兩蔣主政的時代，那是任誰都不能碰觸的馬蜂窩。只是這個禁忌，到後來卻演變成為權貴派系之間剷除政敵、相互構陷栽贓的利器，人類的智慧在這些壞蛋的手中，真的是人盡其才、地盡其利、物盡其用地發揮到無所不能的地步，這正驗證了閩南的俗諺：「有法，必有破！」天底下的事，沒有什麼是絕對的！不是嗎！

※※※※※※※※※※※※※※※※※※※※※※※※※※※※※

　　一個不見星月的暗夜，漆黑的海平面上果然出現「三長兩短」閃爍的燈號，黑影幢幢的岸邊隨即以「兩短三長」的燈號回應。隔沒多久，就看到一艘機動舢舨從黯黑的大海向沙灘貼近過來，幾個曾在拜師禮中露臉的傢伙，迅速衝下淺灘迎接從舢舨上下來的人。

　　「大哥！一路辛苦了！」土匪甲說。

　　「你們也辛苦了！都好吧！」巴三說。

「謝謝大哥！兄弟們都好！全都依您的規劃做好佈署！」土匪乙說。

「這位是……?」巴三問。

「巴三大哥！我姓金，歡迎您來臺灣！」金源隆說。

「謝謝啊！還勞煩您親自前來啊！」巴三說。

「不不！應該的！」金源隆說。

「好！希望在您的協助下，我們弟兄可以在臺灣大展鴻圖啊！哈哈！」巴三說。

「巴三」渾號「疤面老三」，是流竄在華南地區的黑幫份子，是黑幫中少見具有真功夫的狠角色，此人生性陰狠狡猾，雖然身上背負多條的命案，然而他卻神通廣大，每次都可以在治安單位的圍捕中僥倖免脫，持續活躍在華南沿海地區從事各種不法的勾當！他臉上的疤痕，是他在黑幫篡位的鬥爭中，被曾經一手將他帶大的老大所劃傷的，當然那位大哥可就沒他這麼幸運了！這一回，他從廈門摸黑渡海而來，主要是因為原本在大陸與他勾結的官僚系統，全都隨著國民政府撤退到臺灣，原來主導全局的權力結構失去了手中的政權，創利的結構和機制也垮塌了！所有的既得利益全都化為烏有，如果繼續留在大陸，不但無以為繼，一旦被起底清算恐怕連命都沒了。於是就派他的弟兄先行偷渡前來探路，看看能否串連臺灣在地的闇黑勢力，複製原來的獲利模式，在南島重起爐灶！看起來洪家與金源隆相約在「成功壔杭州茶室」的比武，恐怕已經不是商場上的恩怨而已！其中所混雜的變數，已經不是尋常生意人所可能臆想的了。

# 第五七章　一拳必殺

*有很多事，沒有前提，就沒有答案！只是一旦有了前提，就永遠不會有真相了！*

**【場景】：淡水河　杭州茶室外的空地上**

　　淡水河畔成功墩的「杭州茶室」，原本設置在舊船艙中的營運設備，包括：炭爐、燒水的尖嘴大茶壺、茶具杯組、各種茶點糕餅和桌椅板凳……為了這次的比武盛會，全都搬到艙外的空地上來營業。有生意頭腦的老闆娘還刻意增租了許多桌椅，將原本空曠的場地用桌椅圍成了一個方形的比武場，一般只有在節日或迎神賽會時，才跟著「戲班子」全省到處流動的攤販，包括：米粉炒、花枝羹、潤餅、四神湯、烤香腸、烤地瓜、烤放屁豆、太鼓餅、煮椪餅、捏麵人、吹糖葫蘆、灌糖塔、套藤圈的……不管是賣吃的、還是賣玩的，也不知道是從哪弄來的消息，全都提前一天就在現場各自佔據最好的營業據點，希望可以從中分食這些人潮帶來的商機！整個河邊廣場，就如同假日市集或是迎神賽會一樣熱鬧！許多好事的閒人，吃過午飯後，就三五好友相約拎著板凳提前來卡位，並就事前所打聽來的消息相互交換戰情，預測可能的輸贏！在看比賽的人眼中，場中的輸贏往往比是非對錯、黑白正邪更重要！

　　傍晚五點時分，天色還是很亮，但明顯涼爽了許多，除了看比賽的人潮和做生意的攤商之外，兩邊的人馬都已經到位，並依先來後到自行選定了場邊的位置。平時鮮少到河堤外巡查的員警也荷槍帶棍全副武裝在場邊監控來回巡視，人群中當然還混雜了許多便衣刑警和調查局的幹員，比較特別的是，連情報局也派員開軍用吉普車帶一位外國人到場觀戰，這位外國人是美國中情局派來協助臺灣建立敵後情報網絡和訓練情報人員的情報官——Robert Smith 上

校。

在那個戒嚴的時代，一場民間比武可不是件小事，要不是高層另有所圖，就常情判斷，應該是不會容許這種事這樣高調地舉行。只是當事的兩造和看熱鬧的老百姓們，永遠不會知道這個舉動暗地裡到底引發多少治安單位的關注,啟動多少不為人知的專案和動員。

「這次比試經雙方同意，沒有規則！只有兩個限制，一個就是徒手，一個就是只要有一方倒下或認輸，就必須立刻終止比賽！同意嗎!」裁判說。

「行!」過山虎說。「好!」老四懿祥說。

這次的裁判是請當時北部聞名的巨人張英武擔任，此人身高2米多，身形魁梧骨架奇大，往人前一站，所有的陽光就全都被他擋掉了。雖然他的動作不是很靈活，也從來沒有練過一天的功夫，但他卻天生神力，找他來擔任裁判，主要是為了避免雙方打紅了眼，不肯依規定歇手時，只要這尊天神往中間一站，鐵定兩邊就很難繼續再打下去了！

金源隆這邊派出來應戰的打仔叫過山虎，此人年約三十出頭，身高一米八，全身肌肉精實沒有一絲贅肉，這就是臺語俗稱的「鐵骨仔身」。據說，過山虎年輕時，曾練過幾年外家的硬功夫，但因為生性凶殘又歇斯底里，即使是與同門過招，也常常把人打得皮破血流渾身是傷還不歇手。為此再也沒人願意跟他過招，後來他索性就不練了，從此他就認定拳術是沒有用的東西！於是他就轉往街頭尋找目標和刺激，從街頭鬥毆中，累積了豐富的實戰經驗。十多年來，過山虎在華南一帶聚眾成幫，以游擊流竄的方式劫掠華南沿海各省市鄉鎮的賭場酒館和妓院,幾乎是無日不在刀槍棍棒中舔血過日子！後來因罪身陷囹圄後，不知道為了什麼緣故就輾轉成為巴三手上的悍將，這次他代表金源隆出場，應該意味著中臺兩股闇黑勢力已經

成功開啟雙方精誠合作的全新里程!

　　人類謀生的方式,從最基本的供需出發,因為環境條件和物種特性,衍生出一個既相互依存又相互抗斥的食物鏈。有人每天任勞任怨耕織漁牧,藉以換取微薄的收入勉強維持一家溫飽;有人廉價收購這些勞力和產品,再把它包裝轉換成可販售的商品從中牟取更大的利益;有人則設計一些可以蠱惑人性的遊戲或騙局來攫取更多的暴利;當然也有人什麼都不做,就只專心把別人手上的資源佔為己有!而金源隆和巴三這一類的幫眾,就如同食物鏈頂端的猛獸,仗恃著利爪巨喙和強大的咬合力,幹的盡是「取食於敵」的勾當。

　　然而,就如同自然界中,植物從陽光土壤中擷取養分而成長茁壯,草食動物以這些植物果腹維生,然後肉食動物緊跟在後獵殺這些草食動物,最後這些動物相繼死亡後,又被昆蟲和細菌分解成土壤的養分和氮氣,就這樣形成一個完整的食物鏈環環相扣循環不已。而位於食物鏈頂端的物種,為了生存和繁衍,似乎都無可避免地形成欺騙、掠奪和殺戮。如果籠統地用物競天擇適者生存的觀點來詮釋這一切的行為,似乎只要是為了這兩個目的,不管用什麼手段,都可以被諒解和合理化。只是隨著文明的蛻變,人們對生存的定義也不斷演繹出各種玄奇的詮釋。直到是非善惡間的簡單界線模糊到沒有人可以辨識。於是有人就說:「世間事,沒有前提,就沒有答案!」問題是真要有了前提,就永遠不會有真相和真理了!不是嗎?所以壞人好人壞事好事的分野,永遠只是主觀的相對關係,不是絕對的!因為就像好人偶爾也會犯傻幹壞事,壞人也同樣會發慈悲心做善事一樣,只能從獨立個案和特定的時空定位來辨識吧!

　　老四懿祥和過山虎互相抱拳示禮,即分左右擺開架式備戰。「開始!」擔任裁判的張英武以巨人特有的嗓音宣示開打。過山虎沒等開始的聲音結束,就搶在第一時間振步揮拳迎面撲擊而來。從攻擊的

勢頭來看，果然是一副街頭幹架的凶狠模樣，老四懿祥似乎一下子就被對方的狠勁和威勢所震懾，身子不自主地向後撤，才勉強避過過山虎斗大的鐵拳，拳勁所至連額頭的髮絲都飄飛了起來。就這樣，過山虎踩著凌厲的步法左右掄拳，拳打肘擊膝頂肩撞，舉凡身上可用來傷人的部位，全都順著他的攻勢轉化為極具殺傷力的攻擊動作，確實是一種簡單、有效率的打法！他的一輪猛攻，直逼得老四懿祥只能左閃右躲一路招架，完全沒有餘力在被動的防守中布局反攻！

頃刻間，過山虎已經連續揮出了三十多拳，雖然沒能讓對手立刻中拳倒地，但這一輪猛烈的攻勢，就已經讓他從場邊的驚呼聲和鼓噪聲打出了志在必得的勝算！面對這種毫無還手能力的對手，他更能享受到眾目睽睽下慢慢凌遲對手的快感！因為賽局提前出現壓倒性的勝算，觀戰席上的金老闆和巴三則開心地舉茶互敬，隨時準備點收勝戰的成果和歡呼！而吉普車上的 Smith 似乎為這一面倒的賽局感到失望，不斷地搖頭嘆氣！

看到老四懿祥從一開戰就落入下風，而且看起來似乎再無逆轉勝的可能，張峻峰眉頭緊鎖，暗自懊悔不該讓這個年輕人頂替自己出面抵擋這麼大的風險。只是，當他帶著愧疚的歉意回頭探視烏番伯的反應時，卻意外從老人家的眼神中看到正月十五弄寒單時，那種「什麼事都成算在心」的自信！看到這個詭異的眼神，他本能地急忙轉頭回視賽場中的戰事，因為直覺告訴他：「事情要發生了！」果然……

「啊！」賽場中突地暴出一聲淒厲的哀嚎，過山虎整個人就直挺挺地倒地不起了！由於事發突然，直到人都倒了下去之後，整個過程的視覺影像才來得及清楚地映現在現場所有觀眾的腦中螢幕。只見老四懿祥左腳後撤半步，差堪避開過山虎的左直拳的同時，他突然出左手反掌扣採過山虎的左腕，並順隨左撐的身形向左後下方帶

引。因為這一引洩動作出手突然，過山虎本能地察覺狀況有異立刻抽身回拉，沒想到當他使盡全力向後拉回左手時，卻意外發現對方全無阻抗，以至於自己因為用勁過猛，而瞬間失衡向後仰跌。就當他急於穩住重心的同時，只見對手以右劈掌撲面蓋擊而來，緊接著只知道世界一陣劇烈的震動，人就在眼前一片漆黑中半暈眩了過去，他依稀記得自己有本能地伸右手去阻擋這個劈面掌，但緊接著就從自己左肘傳來一陣撕裂的巨痛，然後，然後就不醒人事了……

　　一場原本看似實力懸殊的比賽，沒想到在整個賽程進行不到三分鐘後，居然發生如此巨大的逆轉，瞬間讓所有在場的觀眾、攤商、員警、調查局、情報局人員一片啞然！「這不是意外！這是可怕的戰術！真的有一拳必殺的絕技！」Smith 衝口而出。整個賽事，就在驚訝聲中，結束了。賽程不過三分鐘，然而這短短三分鐘，所引發的後續討論、吹噓和渲染，將遠遠超過賽程的千倍萬倍……人潮隨著比賽結束而紛紛散去後，張峻峰獨自一人留在河岸邊，對著逐漸轉變為橙紅的夕陽，心中湧起無限的感觸，這一戰，算是打出了他的雄心壯志。有這樣的徒弟，他開始相信「台始易宗」將不再只是為了謀生，而不得不然的暫時權宜！此時此刻他心中湧現久久未見的自信和豪情，他真心希望可以善用中國北方拳在臺灣安身立命、開枝展葉。

　　「歡迎長官歸隊！」吉普車上的情報官突然跳下車，對輕身躍上吉普車後座的巴三畢恭畢敬的打招呼。

　　「唉！真是作夢都不敢奢望還可以看到你啊！哈哈哈！上車，邊走邊聊！」巴三說。

　　「是，長官！」情報官隨即上車調轉方向往士林陽明山的方向駛去。

　　「嗯！能脫身真好，只是真的不知道自己是不是白得回來！」巴

三說。

「政治作戰本來就不是一件黑白分明的工作！只要是為國家做的事，不管是做什麼事，都不算是壞事！」Smith 說。

「唉！就算不是壞事，也是一手洗刷不掉的血腥啊！我倒希望可以在臺灣重新開始，過一般人的正常生活！」巴三說。

「要我們這種人過正常人生活，我看不是一件簡單的事！」Smith 說。

「是嗎？你覺得剛剛那個姓洪的年輕人怎樣？」巴三問。

「肯定不是一個簡單的角色！聽說他練內家拳才不過三個月！」Smith 說。

「這種沒有規則的決鬥，輸贏的關鍵不在技術！這個人贏在他的膽識和他的腦袋！」巴三說。

「我聽說你有『天眼通』的特異功能，請問，你覺得這個人未來可能成為一個中國武術的大師嗎？」Smith 問。

「別太相信檔案資料上那些胡說！這不過是一場輸贏而已，決定不了什麼！還得再持續觀察追蹤。如果是的話，那我這制牛術就不怕沒有傳人了！」巴三說。

「什麼是制牛術？」Smith 問。

「制牛術是……」

一個半輩子窩身在黑幫當臥底的探員，在國民政府撤退到臺灣後，深恐續留在大陸沒有人可以還他清白，只好藉由黑幫和情報單位的安排，以偷渡的方式到達臺灣，只是迎接他的單位，已經不是他原來所屬的單位，而是情報局，這會是一個新生活、新生命的開始嗎？沒有人知道！而他的重生，似乎也正呼應著一個武壇巨星從剛剛那一場精彩的賽事中誕生……

洪懿祥指導 Smith 形意拳用法①

洪懿祥指導 Smith 形意拳用法②

1995 年洪澤漢示範後天八卦六十四掌之蛇形砍掌

# 第五八章　泡茶聊天留一手

留一手並非真的留而不傳，而是設定一個篩選的門檻！只是道理就在那裡，真要有心用心去求，前人攝得到的地方，你自己來同樣也行！就像萬有引力的發現，只能說在蘋果樹下發現定律的牛頓先生運氣比那個在榴槤樹下徘徊的傢伙幸運罷了！

【場景】：勸善堂老人茶室

（以下為洪懿祥的獨白）

「內家拳在中國發展了那麼多年，派系多如牛毛，誰跟你說張師父教的不是正統？」

「不是練的人多就是正統，那樣比一點意義都沒有！」

「用滿清王朝的觀點來看當年的革命黨，那些人都是顛覆正統政權的亂黨！」

「反過來用民國的觀點來看滿清，那個王朝就是讓中國飽嘗列強荼毒的禍害！」

「誰是亂黨？誰是禍害？都不重要！老百姓在乎的是日子好不好過！」

「況且，哪個正統的王權不是從原來的亂黨奪權或是異邦入侵成功後蛻變過來的？」

「只要奪權成功了，就翻身變成主流和正統！失敗了，就只能當一輩子的亂黨！」

「所以正不正統？那只是成王敗寇的偏見！」

「練武該在乎的是能不能讓自己更強，不要用那些無聊的界線來庸人自擾！」

「有很多東西發展到了極限，新的思維就像燒滾的熱水一樣，蒸騰的水氣就會衝頂而出。同樣的道理，武術練到了頂點，傳統的

那條界線自然就會被突破！形意、八卦、太極這些拳法也不是從盤古開天時就有，只要有一個可以串連過去現在和未來的核心概念，即使是新創出來的同樣也可以延續傳統的價值！」

「我一點都不排斥正統和傳統！我只是不想被那個圈圈困住，而錯過許多明明可以更好的東西而已！」

「張師父所傳的『程派高式八卦掌』就是在這樣的邏輯下產生的，本來就跟其他派別的八卦掌不一樣。入門學藝就像是參加一場接力賽，在接了傳承的棒子之後，還是得繼續賣力往前快跑才行，不能光杵在跑道上守住那根棒子一動也不動！每一代、每一棒都得往這系統裡頭挹注一些養分或添加一點新意才能持續茁壯！」

「師父和師傅本來就不一樣！師傅是對一般擁有專業技藝者的尊稱。師父是我們親手奉過茶，行過跪拜大禮的親人！師父是幫助我們變得更強的人！如果你要的只是一位可以打倒你的人，那麼你需要的是一個對手，不是一位師父！」

「拳王師父未必教得出拳王徒弟，反過來說，有很多拳王的師父都只是默默無聞的拳師而已，但這一點都不會減損一位師父造就了一位拳王的事實和價值！有些人自己可以成為好的拳手，有些人可以幫助別人成為好的拳手，也有些人自己既是好的拳手，又懂得幫助別人成為好的拳手，你會選擇跟哪個學呢？」

「留一手？留幾手都無所謂！關鍵是自己有沒有練進去！沒練進骨髓裡，就是練遍了十八般武藝又怎樣！做徒弟的根本犯不著去圖那一手！」

「你說怎麼老打不過人家啊？」

「那就繼續再修正、再苦練啊！誰說練了就一定打得贏啊！有時候少輸就是贏！」

「打輸了！那就表示對方更強！不是嗎？影響輸贏的因素太多

了，不能籠統地用最後的結果來否定前面努力的價值！」

「沒有人喜歡輸！但有時候輸了卻會贏得更多！因為贏了，通常只會得到掌聲！但輸了，卻會讓你認真看清自己的不足和需要！我認為面對輸贏的心態，可以決定輸贏的意義和價值！」

「你當然可以放棄不練，但這樣就等於沒有輸嗎？不然是什麼？」

「想找更厲害的老師傅學？」

「這沒有不好！只是你這麼做，會讓人覺得你只是把你的輸全歸咎給教你的人而已！」

「還有你說的老師傅是什麼意思？你這是什麼邏輯啊？你不知道老師傅除了證明他的老之外，還能證明什麼！就像酒甕裡的酒一樣，如果裝進去的是米酒，儘管時間藏得再久也不會變成高粱！時間累積的價值要以裝進裡頭的東西來決定的，不是嗎？」

對話是人和人之間意識和能量的較勁和相互影響。在那個年代練功夫的人泰半都喜歡泡茶聊天，雖然彼此交換的訊息總離不開拳法和一些細瑣的閒話，而且這些話題還經常會一再重複，但生命閱歷豐富的師傅總是能夠從這些散漫沒有定焦的閒聊中，透析一個人的思考邏輯和內在的心性，並從這些細微的感應決定功夫傳承的面向和深淺。雖然世上沒有什麼知識可以用「留一手」的手段所完全掩蓋，但每個師父的心底總都有一把尺在，那把尺所丈量的就是揭開偽裝後赤裸裸的人性。師父往往會依據這些長期追蹤觀察的結果來遴選自己的衣缽傳人！對武術師傅而言，拳法的傳承更只是一種心念和道統的延續！在傳遞的過程中，還有許多金錢以外、以上的考量。

而受藝的人，雖然千百年來沒有一日不受尊師重道傳統觀念的制約，但同儕之間，私下還是會對師父所傳授的拳法品頭論足做反

向的質疑和辯證。他們在意的，無非是師父所傳的拳法到底正不正宗？屬不屬害？還有師父到底有沒有留一手？那一手到底是什麼？有多屬害？這些主觀認定上的議題，基本上是無法透過辯證的手段達到說服的目的。因為人類猜疑的本性與生俱來根深蒂固，不是光靠三言兩語就可以輕易移除的！尤其是武術上的質疑，只能用武術的手段來處理才有說服力！而一般求藝者的通病總是貪多求快，冀望師父可以教他那種全世界都沒人可以破解的絕世武功，而不願意相信武功是練出來的，不是教出來的事實！殊不知縱有最具權威的系統認證，和最好的師父教你世上最強的武功，如果不能摒除雜念潛心苦練努力精進的話，那也是枉然！

　　一個人一旦選擇了一項技藝作為自己終生追求的目標，如果能夠投注至少 10,000 個小時心無旁騖聚焦苦練，要練不出真功夫來，那還真不太容易！如果一年 365 天全年無休，每天以三個小時計算，差不多也要十年才能達到這個鐘點數，這也許就是十年磨一劍的由來吧！在這漫長的苦練過程中，難免會遇到一些技術上的瓶頸或是身心上的挫折，只要能夠堅忍勇敢地面對那些關卡的煎熬，一定可以破繭而出進入另一個不同的境界。

　　在衝關晉階的過程中，常常會伴隨著一些終生難忘的生命體驗。那種體驗就如同穿越時空的蟲洞，與這些拳法的原創者作跨時空的連線和對話。在那個當下，只有當事人自己明白到底是怎麼一回事。而且也會知道為什麼起心動念上的些微差異，對修練到最後的結果會有這麼巨大的影響。同時也會深刻領悟到為什麼「佛說不可說」的道理何在了！因為如果不是站在相同的高度上對話，有很多道理就是說了也等於是白說！所以最終的真相往往不是師父到底有沒有留一手的問題，而是師父教過的東西你自己到底有沒有聽懂？到底有沒有落實 10,000 小時用心苦練的問題！不是嗎？

# 第五九章　心念的速度

心念不受萬有引力的制約，肢體的速度永遠追不上心念的速度。一個無名的劍客曾說：「要出奇制勝，就要放掉常態的慣性思維。與高手過招時，我總是先砍劍，再砍人。」對準武士刀離劍尖 2/3 的刀側用力砍擊，就可以利用刀體自身的長度和震波震斷刀身。

## 【場景】：桃園大溪張英義的家

　　張英義在大陸原是一個家傳數代的鑄劍名師。他鑄打的每一把劍，劍身樸實雋秀輕重合宜，平衡感和手感極佳。然而這位大師鑄劍有個任誰都不能改變的原則，就是他不賣現成的劍，因為他堅持自己所鍛鑄的每一把劍，只認一個主子。一定要依照用劍人的身高、手長和用劍的習性量身訂作。不依他的規矩，錢給得再多，他也一概不收不作，是一個原則性和自律性格極高的名家！從大陸剛撤退到臺灣時，他曾經在洪家駐留任教將近一年多的時間。後來因為同鄉的資助遷移到桃園大溪定居，並在那裡與一位大溪美女結婚成家。因為年齡與老四懿祥相仿，所以雖曾在洪家駐教期間傳授過老四懿祥幾套祖傳的劍法，卻堅持彼此以兄弟相稱。張英義除了鑄劍練劍的家傳本事外，還擅長臺灣少見的拳術「醉八仙」。

　　自從張英義遷居到大溪後，老四懿祥經常利用商務之便，只要路過桃竹苗地區一定會帶著各地的名產「順道」造訪。練武的人重情義又好客，兩人每次會面，張英義總是想盡辦法讓老四懿祥在家裡留宿一夜。兩人幾碟滷菜、一壺老酒，就可以天南地北暢聊個通宵達旦。興起時，張英義就會帶著幾分酒意和豪情就地展演他的「醉八仙」。醉八仙是參照神話傳說中八位仙人的特點，發展出八種不同的拳術，其中最具特色的就是「醉顛步」，這是模擬人在酒醉身心恍惚時的狀態，利用看似「失衡」即將跌倒的顛步，轉化為拳術的攻

防動作，身形如顛似醉，避實擊虛，展現：吞、閃、顛、跌、翻、
撞、靠、壓、撩……等等，都是暗藏殺機的狠招，像：

「漢鍾離」的跌步抱提窩心頂

「曹國舅」的仙人敬酒鎖喉扣

「張果老」的醉酒拋杯踢連環

「李鐵拐」的旋爭膝撞醉還真

「韓湘子」的扣腕擎胸醉吹簫

「呂洞賓」的醉酒提壺力千斤

「藍采和」的單提敬酒攔腰破

「何仙姑」的彈腰獻酒醉蕩步

　　這門特殊武術，練的是一種心念和肢體控制的技術，即使在不
喝酒時，也同樣可以模擬出醉意和發力的方法。


※※※※※※※※※※※※※※※※※※※※※※※※※※※※


　　「撇開拳術不說，我認為速度、角度和慣性是應敵制勝，最重
要的三個要素！」張英義說。

　　「對！但我認為還有個要素不能忽視！」懿祥說。

　　「什麼？」張英義問。

　　「預測能力！」懿祥說。

　　「你是說未卜先知啊！唉！真是的！才幾天不見，你這不練成
半仙了嗎？哈哈哈！」張英義說。

　　「老哥，這麼說，誇張了！」懿祥說。

　　「那你怎麼把武術給說成了奇門遁甲，不會是醉了吧？」張英義
說。

　　「我有我的道理！但我想先聽聽你的看法！」懿祥說。

「行！武術不分內外家，不都要求有意打無意，快手打慢手？你難道沒聽過天下武功唯快不破的道理嗎？」張英義說。

「當然有！但我認為速度是一種動態的相對關係，比對手略快個半拍就夠了，要適可而止！一味求快畢竟不是王道。況且肢體的速度，脫離不了地心引力的影響，再快，還是有一定的極限！超過那個極限，速度很難再往上飆了！」懿祥說。

「話是沒錯！但到底還是快的佔便宜啊！」張英義說。

「不！真要這麼說的話，我倒認為心念的快比肢體的快更重要！」懿祥說。

「這倒也是！地心引力再強，畢竟管不了心念的運轉啊！」張英義說。

「不只是這樣！時速 100 公里夠快了吧！可是如果讓你每天面對 150 公里的球速練習，再回頭來面對 100 公里時，自然就不覺得快了，對不對？所以速度只是一種相對的關係，一旦你的心念適應了，那個相對的優勢就消失了！」懿祥說。

「這說法我認同！我家的公主啊！得了媽媽的遺傳，心算快，速度比打算盤還要快！」張英義說。

「哇！想不到你有個這麼聰明伶俐的女兒啊！來，為你的女兒和福氣乾一杯！」懿祥說。

「唉！女孩嘛！嫁了人，終究是別人的！」張英義說。

「時代不一樣囉！現在啊！女兒比較貼心，兒子結了婚不照樣也是別人的！」懿祥說。

「哈哈哈！反正到最後，就只剩老夫老妻兩人相依為命，對不對？」張英義說。

「對對對！」懿祥說。

「說到心念的運轉，下圍棋的棋士，更厲害！旁觀的人只看到

他們對坐文風不動，其實他們的內心可忙著呢！」張英義說。

「對！心算只是數字的運算，有單一固定的答案！下棋則是雙向互動的攻防，每一手棋都不是單獨存在。棋盤中，每一個些微的改變，都會帶動整個棋局的連鎖反應。因此棋士手上的每只棋，在離手之前，都是經過全方位反覆推敲後才確定的，都是帶有布局、修正、惑敵和反制的多重目的，這是一種極高速、複雜的心念訓練！」懿祥說。

「其實，在武術中，使劍的人，同樣具有這種快速運算的能力。因為劍身單薄不堪重擊，對敵時，必須從各種可能中，找出一條可以避免與重兵器正面交鋒的途徑。真避不開時，也只能從側面撥化對方的攻擊。」張英義說。

「一般只知道劍走輕靈，沒想到裡頭還藏著這樣的玄機！真有意思！」懿祥說。

「不只如此，整把劍只有劍尖處開鋒具有殺傷力，因此用劍最主要的攻擊是刺擊。刺擊打的是單點，不像刀法一樣走的是一整條弧線，在刀劃過的弧線上，每個接觸點都具有足夠的殺傷力。因為這種先天上的限制，使劍的人必須善用它輕靈的特質，採取快速主動的攻勢。而且還要更先一步準確預測對方的招式和兵器的落點，才不會被對方一刀砍斷劍身。因此使劍的人，心念的速度和眼力要比使刀的人更快才行，才能在刀來劍往的混亂中，透視出一個可以一劍穿心的縫隙！」張英義說。

「拳法如果也可以練到像劍法這樣犀利，才算進入高層次的境界！只是多數練武的人，只懂得在肉體上和技術上苦練。如果不在心念上下功夫，到了一個點之後，肯定就再也上不去了！難怪內家拳對心念的要求會那麼重視！精彩啊！英義兄，光聽這席話，就值回票價了！」懿祥說。

「哈哈哈! 你啊! 梅子酒喝多了! 嘴巴這麼甜!」張英義說。

「那是大嫂好手藝, 酒釀得好啊!」懿祥說。

「喜歡就帶一罈回去, 自己慢慢喝個痛快!」張英義說。

「好! 那我就卻之不恭囉!」懿祥說。

「你對速度的看法, 我可以接受。只是你別忘了, 肢體速度的極限, 還是可以用技術來突破的!」張英義說。

「這我了解! 像形意拳的起鑽落翻和八卦掌扣腕回拉的手法, 就是意在牽引對方, 讓對方迎面對撞過來。」懿祥說。

「對! 距離縮短等於速度倍增! 同時還可以藉此破壞對方的平衡, 殺傷力更強!」張英義說。

「這當然是聰明的辦法, 但所有的情境模擬, 都不能忽略對方的反制和變化!」懿祥說。

「所以, 如果能再佔一個安全、有效的角度, 勝算不就更大了嗎?」張英義說。

「對! 可是遇上太極的化勁, 一個吞吐就可以把你佔的角度優勢給吃了。」懿祥說。

「不不不! 這我不同意! 就算是用化勁, 也逃不開我說的慣性! 只要掌握對方肢體吞吐的慣性, 再加上速度和角度的配合, 一定可以讓對方棄子投降的!」張英義說。

「好吧! 你說的有道理! 可是我還是有不同的看法, 我們先喝一杯, 潤潤喉再說!」懿祥說。

「你自己喝吧! 我就當你是認輸賠罪了!」張英義說。

「哈哈哈! 戰爭還沒結束呢!」懿祥說。

「我就不信你還有什麼法子!」張英義說。

「好! 要談慣性, 那我就拿貓做例子, 因為貓是一種最擅長單打獨鬥的動物!」懿祥說。

「嗯！這我有同感！」張英義說。

「貓的體型雖然不大，但牠能夠把肢體的可能性運用到極限！常見的貓狗大戰，剛開始時，貓總是會先瑟縮在牆角束身拱背整勁備戰！這樣既可縮小被攻擊的面積，又可以瞬間發動攻勢！」懿祥說。

「對！貓通常會用前腳先做試探性的攻擊！一次、兩次、三次，一直到探悉狗的慣性反應後，就會突然傾全力發動既快速又連續的有效攻擊！雖然最後貓未必會贏，但牠的戰術和戰技完全契合武術的特質！所以我才會把慣性列入三大要素之一。」張英義說。

「對！貓的打法完全契合『敵不動，我不動；敵微動，我先動』的原則。在發動攻擊前，會先冷靜觀察和試探，通過虛實的判斷之後，再選擇最適當的時機和方法出手！所以，真正的高手，總是可以從敵人不經意的動作中看出端倪，預測對方可能出手的時間點、角度、招式以及攻擊的戰術，然後再進行必要的反制！」懿祥說。

「這不就是我說的慣性嗎？」張英義說。

「不！還是有所不同！慣性只是觀察的統計和累積。但預測則是一種綜合判斷的能力，就像當我們看到螞蟻大搬家時，就知道可能會做大水一樣！這是一種知識和經驗的累積再加上不斷的驗證和修正而成的能力。」懿祥說。

「只是說法上的不同吧！本質上，我還是覺得我們說的應該是同一件事！」張英義說。

「不！還是不一樣！高手過招就是一種心智的鬥爭！高明的對手，一定懂得善用奇正相生的戰術，反過來利用慣性來誤導對手，所以除了慣性的把握之外，你還是需要更多的參數來作判斷，這才是我說的預測。」懿祥說。

「你說的還是很抽象難懂耶！」張英義說。

「好！那我問你，你看棒球轉播嗎？」懿祥說。

「那當然！事關國家榮辱，哪次半夜的轉播我錯過了！」張英義說。

「好！在球隊裡，一個好的捕手除了蹲著接球之外，還有個更重要的任務，就是要熟記每一位打擊手的慣性，包括揮棒的速度、擅長的打擊角度和最喜歡的球路等等，然後再依當下的狀況，把配球的建議提供給投手作選擇。只是，你再仔細想想，難道對方的打擊手就不會以同樣的方法來分析投手嗎？」懿祥說。

「你是說有了這些還不夠，還不能決定誰輸誰贏嗎？」張英義問。

「對！依照你的理論，速度、角度和慣性不都關照到了嗎？」懿祥反問。

「等一下！讓我仔細想想！到底問題出在哪？」張英義說。

「好！你一邊想，一邊聽我說。聽說美國職棒的投手，當他投快速球時，球一離手，幾乎不到一秒鐘，就進了捕手的手套。也就是說，快速球的速度，遠比我們大腦判斷的速度還要更快，如果再加上扭腰揮棒所需的時間，那就差得更遠了！」懿祥說。

「你的意思是打擊手必須跟投手同時出手，才打得到球？」張英義問。

「對！」懿祥說。

「是嗎？你可別為了騙我的一罈酒就胡謅，隨便唬弄我啊！」張英義說。

「詳細的數據我記不得了，但確實如此！」懿祥說。

「所以，之於打擊手而言，根本不是看到是什麼球之後，才決定要怎麼打囉！」張英義說。

「對！但預測當然有對有錯，所以還是要不斷修正才行！」懿祥

說。

「真有意思！沒想到用科學觀點來探索傳統武術，還真的別有洞天啊！」張英義

「這些都是長期觀察累積下來的經驗，透過解析和分類後，從中找出共通的脈絡和軌跡，然後依據推演出來的結果，發展成一種預測和判斷的能力！預判準度的高低，與個人的閱歷修為和天賦秉性有很大的關係！如果判斷的人心性不夠澄澈，主觀又過強，就會影響判斷的準度！」懿祥說。

「你怎麼會知道這麼多啊？」張英義問。

「我小孩是棒球選手，多少從他那邊知道一些！」懿祥說。

「哪個啊？老大還是老二？」張英義問。

「不愛練拳的那個！」懿祥說。

「哈哈哈！你是說老二啊？」張英義說。

「唉！這小子一腦子亂七八糟的東西，不是個聽話的傢伙，不提他了！」懿祥說。

「哈哈哈！繼續說你的未卜先知吧！」張英義說。

「這種預測的能力，必須在實際的對練中慢慢養成！而且還需要不斷因人、因時、因勢修正！張師父說，真正的蛻變，往往需要借助一些外在的觸媒和壓力，才能轉化成一種本能的應變能力！這種機遇可遇不可求！」懿祥說。

「老弟，我覺得你就有這種潛質！」張英義說。

「我倒覺得你應該是醉了吧！」懿祥說。

「不不不！我們家釀的酒，只醉客人，不醉主人……」張英義說。

有人說：只有沒醉的人，才會嚷著自己醉了，真醉的人，從來不會承認自己醉了！沒有人知道這兩位徹夜把酒言歡的好友，到底

是醉了？還是沒醉……

兩人話投機，酒盡興，除了品文論武之外，就連子女的親事，也在梅子酒的催化下，有了口頭上的約定。只是酒醒後，兩人就都悄悄地擱在心上，再也沒有誰敢先開口提起了。直到多年之後，老四懿祥的二兒子因為當了電視臺的導演，工作忙碌日夜顛倒熬夜，經常要出外景不回家睡覺，卻久久未曾聽說他交女朋友的消息。身為老爸雖然擔心小孩的工作和健康，但心底卻暗自竊喜，一廂情願地把當年的酒後戲言當作是天意。秘而不宣地展開他的布局，一逮到機會就找兒子商量：「桃園的張英義年紀大了！他那套醉拳一直找不到好的傳人，衝著我跟他的交情，他有意收你為徒，想把這些絕活傳給你，能不能請個長假，跟我去桃園走一趟，拜個師，把那套拳給學回來！」洪懿祥說。

同樣的話，他持續嘮叨了好幾年，卻遲遲沒有得到任何的回應，後來終於按捺不住直接挑明地跟他的兒子攤牌：「我跟你明說好了！張英義的女兒又乖又高又聰明又漂亮！是大溪出名的大美人。幾年前，我們早幫你們訂了親事。你能不能就聽我一次，跟我去一趟桃園，我保證，我保證你會喜歡的！」對於老人家一再要求他到桃園拜師學藝的事，他的兒子原本還因為分身乏術而有些歉疚。可是這練拳背後的動機一旦被說破了，反而壞了好事！這段酒後的婚約，終究成了兩位武術大師間，一輩子都無法兌現的承諾！

# 第六十章　觀棋不語真君子

棋局中，每一只棋都牽動著後續的發展。但只要棋一離手，所有的
問題都會合而為一。

【場景】：延平北路媽祖宮

　　在農業社會轉型為工商社會的年代，民間的信仰中樞往往就是
區域經濟的核心，就像臺北市迪化街的「霞海城隍廟」、延平北路的
「媽祖宮」、艋舺的「龍山寺」這些大廟的周邊，一定會發展出一種
廟街特有的美食商圈。延平北路的「媽祖宮」前有一個寬闊的廟埕，
廟埕圍籬內的周邊種滿枝葉茂盛鬚髯濃密的老榕樹，寬廣濃密的樹
蔭在夏天是老人家們納涼閒聊下棋的好地方。

　　廟埕外，倚著圍籬的外側，集結著數十家美味小吃的露天攤販。
除此，通往延平北路的那一條小巷兩側也同樣聚集許多家賣小吃的
攤商。入口處是一家烤香腸攤，這家賣的香腸是選用羊腸灌製的，
腸衣裡頭灌的豬後腿肉是用五香粉、蒜末和高粱酒醃製的，因為羊
腸較細小的緣故，他們家的香腸是盤捲成一整圈放在炭火上烤的，
客人買多少就切多少賣，口味鹹香入味，肉質Q彈多汁，吃完後嘴
裡還會有濃濃高粱酒的餘味，尤其是表皮烤焦腸衣爆裂的部份，更
是饕客們的最愛。回看今天臺灣整個市場所販售的香腸口味，幾乎
全都被「臺南黑橋牌」給統一了。許多原具有強烈家傳風味和地方
特色的味道，全都因為自信不足而被抹滅了！烤香腸攤後面是賣潤
餅和刈包的，再後面就是賣鴨肉羹的。在那個年代，滷肉飯和肉羹
其實沒有像現在這麼流行，反而是賣鹹肉粥、油飯配魚丸湯或三絲
貢丸湯的攤子比較多。而這家鴨肉羹可是當年延平北路的銀樓和婚
紗店老闆、老闆娘們的最愛，他選用的都是去骨的鴨胸肉，鴨肉在
下鍋前會先抓過醃料，現煮現吃軟嫩不乾不柴，混著脆甜新鮮的高

麗菜吃，羹湯酸甜適中，好吃得不得了！只是，因為時代的變遷，攤商沒落了！手藝也失傳了！那些傳統的好滋味也全隨著那個時代和那些人走入歷史消失了！如今問起，幾乎少有人知道或記得，好像這些人、這些東西、這段過去……根本就不曾存在過一樣！在今天，你可以在任何一家西餐廳，吃到一大客香煎的宜蘭櫻桃鴨胸肉，但傳統的美味有傳統的情愫和味蕾的牽掛！不管你現在有多年輕，等到有一天，你老到只剩下記憶中的滋味才能滿足你的味蕾時，你肯定會對舌尖上曾經有過的傳統滋味，有著魂縈夢牽的思念！再往裡頭走還有好多家好吃的攤商，包括：燒賣、肉包、四神湯、鯊魚煙、清燉排骨湯、紅燒鰻魚湯、豬血湯、炸蚵仔酥、紅燒肉、蚵仔麵線、炸雞捲、蒸毛蟹……多得不勝枚舉！

當年的延平北路就是我們今天所謂的「結婚一條街」，結婚前男女雙方所需的聘禮嫁妝，全都可以在這一條街上一次購足，舉凡：金飾珠寶、西裝布料、婚紗、葷素禮餅、攝影、皮鞋、皮包等等，全都一應俱全，甚至連當年適婚男女相親最熱門的餐廳「波麗露餐廳」、「肯達基西餐」，也都是座落在與延平北路交叉的民生西路上。據說，臺北市早期的日式西餐師傅全都是從「波麗露」培養出來的。再往北門方向走，與南京西路交叉的路口到重慶北路圓環之間的這一段，則有「金陵飯店」、「大光明餐廳」，這是當年訂婚、結婚、回門宴客時上好的選擇！而當今堪稱臺北市「華爾街」的南京東路，在那個年代只能用「草比人多」來形容！

廟埕的老榕樹蔭下，才剛在鴨肉羹用過午飯的張峻峰與老四懿祥正在石桌上擺陣對奕下象棋，老二懿文和老三懿綿則在一旁嗑瓜子喝陳年烏龍觀戰兼作場邊講評，老二沉著地推演著兩邊的戰術和布局，老三則在老四旁邊不斷地出餿主意下指導棋，一而再，再而三的熱情干預，讓老四實在忍無可忍，指著棋盤上「觀棋不語真君

子，起手無回大丈夫」的警語示意老三閉嘴。只是沒隔幾分鐘老三不但老毛病再犯，竟然還出手去動棋子。

「你這樣下，是自尋死路啊！聽我的話，我不會害你的！對！給他死！」老三話才出口，老二就一巴掌打在他的後腦勺上。

「你胡說什麼！你不知道對手是師父啊！還給他死啊！」

「沒事！下棋嘛，只有敵我，沒有大小！哈哈哈！」這下子就連張峻峰也被他給逗笑出了聲。

「你再開口，就當場拉肚子！」老二惡狠狠地下了一個毒咒，希望可以嚇阻他不要再開口攪局，果然老三就此乖乖地閉嘴觀戰。只是前後不足三手棋他就忍不住抓著老四的肩膀說：「老弟！我求求你！這手棋聽我的！我甘願現在就趕回去蹲廁所！」說完，全場三個大男人全都給笑趴在地上……

# 第六一章　反手劍

欲先取之，必先與之！就如同高手對奕一樣，如果每一子棋都朝對的方向下，那最後一定會輸。而奇招之所以奇，就在於它敢更貼近錯誤和危險，尋找更新的視野和出路。

**【場景】：觀音鄉**

　　「這位是著名的拳師張峻峰師傅！是我世交的山東老鄉！張師傅是總統府現任的武術教官！這兩位是迪化街洪家的三少爺懿綿和四少爺懿祥！他們都是張師傅在臺灣入門的嫡傳弟子！三位都是可以以一敵十的武術高手！」聽了這段介紹詞，張峻峰隱約意識到情況並不單純，他本能地轉頭回看老四懿祥，想給他一個示警，沒想正好與他四眼對望，顯然老四懿祥也察覺到苗頭不對。山東老鄉用這種方式把自己介紹給初次見面的事業伙伴，明顯意味著雙方之間不尋常的合作關係，但礙於作客的禮數，只好隱忍心中的不快靜觀其變！只是神經超大條的老三懿綿卻毫無察覺般輕鬆地與在場的作業員閒聊扯淡。

　　「這位是陳大力先生，是我事業上合作多年的夥伴！真是巧啊！沒想到你們第一次來，就正好撞上我們拆夥的尷尬場面，不過這樣也好，這種分家的事，還是要有公正、有力的第三人來做見證！免得有人事後反悔不認帳！」黃昌茂還是一派輕鬆。

　　「不是說來竹圍漁港吃海鮮的嗎?」老三懿綿問。

　　「對啊對啊！等這事辦完就去!」黃昌茂說。

　　「這麼重要的事，我想還是你們兩位當事人談就好，我們外人不便介入，我們就先陪師父到漁港逛逛好了!」老四懿祥已經明白今天這個場面，壓根不是什麼同鄉敘舊，分明是被張峻峰的老同鄉給設局，意圖利用他們的武術背景來圍事。他不想讓張峻峰和洪家淌

進這灘渾水，希望藉此抽身迴避。

「峻峰兄，拜託就讓你兩個徒弟等我一下吧！你們老遠從臺北來看我，怎麼可以不讓我盡點地主之誼啊！」黃昌茂拉著張峻峰請他幫忙留人，礙於世交的情誼，張峻峰心口的那股氣終究還是忍了下來。

「好吧！那我們就長話短說了，大力兄，我想知道如果我退出，把整個工廠全留給你來經營，那我到底可以拿回來多少本錢啊？」黃昌茂問。

「你也知道設備都已經又老又舊了！況且在過程中我們也已經分過好幾次紅，當初投的本錢應該也賺回好幾倍了，剩下的這些設備恐怕不值錢囉！」大力說。

「好！沒關係！那不值錢也是錢，到底多少？你總是開個數吧！」黃昌茂說。

「殘值應該不超過 10 萬元吧！」大力說。「不會吧！」黃昌茂說。

「昌茂兄！你不要忘了，接手的人還有一群老員工要養啊！」大力說。

「這我知道！但這麼多年辛苦打下來的基礎，好歹也累積了許多既成的客戶和訂單，難道這些都不值一點錢嗎？」黃昌茂說。

「如果你還這麼看好，那就應該留下來繼續合作，一起打拼才對，幹嘛要拆夥呢！」大力問。

「拆夥是因為我另有計劃！」黃昌茂說。

「那就 15 萬吧！」大力說。

「不能再多嗎？」黃昌茂問。

「念在那麼多年的合作情誼，你就多給點吧！」老三懿綿突然沒頭沒腦地插嘴。

「哥！生意場上的事，我們外人不要插嘴！」老四懿祥說。

「好吧！我只提醒大家乾脆一點嘛！談妥了大家好一起吃海鮮去！」老三懿綿這一唐突的攪和差點亂了黃昌茂的陣腳，還好老四懿祥及時出面踩住煞車，才沒讓事情順著那個方向發展下去！

「不能再多了！工廠要繼續經營下去，總得留些周轉的頭寸！」陳大力心中估算自己如果死咬住這個數字不鬆口，應該可以少花好多錢，就一點也不想再退讓半步。

「我覺得至少應該值 18 到 20 萬吧！」黃昌茂說。

「不要說 18 萬還是 20 萬這種離譜的價格，如果反過來你來買，我同樣收你 15 萬元！」陳大力暗忖對方雖然刻意找來三個幫手，但就當前的情勢研判，對方似乎也沒有什麼特殊的籌碼或殺手鐧，於是他就大膽的反守為攻，希望可以逼迫對方棄守結束這個不怎麼精彩的談判！

「好吧！既然你無法提高價格，那我也只能相信你的專業和誠意了！」黃昌茂說。

「那就好！好朋友嘛！大家好聚好散！這樣大家都不吃虧！」大力說。

「對！好朋友！好聚好散！大家都不吃虧！這裡是現金 16 萬元！我就尊重你的建議，換我來買好了！我就照你給的價格再多加 1 萬元來買！這樣夠誠意、夠意思了吧！」黃昌茂終於圖窮匕現亮出他的反手劍。

「你！你這是……」陳大力做夢沒想到多年合作的夥伴，會在這個關鍵時刻反守為攻使出這麼陰毒的歹招，但礙於自己在前面把話都說滿了，若要反悔恐怕於情於理都站不住腳！面對黃昌茂攤在他面前那一包早就預備好的錢，真的是悔恨交加！「好！算你狠！用這麼毒的詭計陰合作多年的夥伴！」大力說。

「欸！我可是依你開的價再加碼給錢！生意場上的事，要願賭服輸啊！」黃昌茂說。

「你……」大力急怒攻心氣得說不出話來。

「陳先生！如果沒別的意見，就請便囉！我還有三個客人要招呼，就不送了！歡迎以後常來這裡奉茶啊！」黃昌茂一句話就把合夥人變成了陌路的陳先生！

「哼！你要咬得下，也得吞得下！咱們走著瞧！」十幾年來與老員工們一起胼手胝足努力打造的電話機組裝的王國，因為自己一時的貪念，反而被人掃地出門，陳大力心中滿是懊惱和悔恨，只是再怎麼不甘心也是無濟於事，只好悻悻然抓了桌上那把錢奪門而去。

「好囉！事情算是圓滿解決了！那我們就一起去紅毛港吃螃蟹吧！」黃昌茂說。

「不！謝了！昌茂兄！來看你就已經很開心了！飯我們不吃了！保重！」張峻峰做夢沒想到對方利用老同鄉的情誼，讓他帶著洪家的兩個少爺專程趕來這裡扮演這種角色，雖然看起來對方也不是善良的角色，但自己的同鄉卻是擺明挖了個坑來陰自己合作多年的事業夥伴。他實在無法說服自己再多花一分鐘的時間與這種人一起吃飯！

「好吧！既然不吃，那我就不送了！」黃昌茂說。

代表兩個世代的三位武術高手，在友情的蒙蔽下扮演了一次不光彩的角色。這次活生生的教訓，讓他們看清了一個事實：一個武術家不光是要潔身自愛，還要懂得慎選朋友，否則一個武術集團背後所連動的影響力，很容易就會變成有心人利用的對象。

# 第六二章　觀音對峙

生命最大的講堂不在學校，而是在街市間、在人群中。

**【場景】：觀音鄉　紅毛港海鮮店**

　　位於西濱的觀音鄉，在尚未建設為現代化的工業區之前，濱海的荒地上散落著石棉浪板所搭建的簡陋廠房，專營各式輕型的組裝代工業，包括：收音機、手搖電話機、馬達等等，因為貼近竹圍漁港，在工業區內人口比較稠密的街上，也開了幾家專賣臺式海鮮的餐館。因為不是什麼富庶之鄉，所以餐館泰半都很簡陋，大部份的桌椅都是擺在店外的樹蔭下營業。雖然地處偏遠，但因為這裡所賣的海鮮都是當天捕撈的鮮貨，只需簡單調理就異常鮮美，每到假日，總能吸引許多饕客呼朋引伴來這裡品鮮小酌。

　　「紅毛城」海產店的露天用餐區，張峻峰與洪家兄弟三人點了一整桌當季現撈的海鮮美味：荷葉蒸沙蝦、清蒸大黑毛、九層塔炒深海魚肚、烤透抽、椒鹽焗鳳螺、熱炒豆腐鯊、三杯西施舌、清蒸花甲蟹、藥膳彈塗魚湯等等，不管時代有多進步，代溝有多深，這些傳統的臺式海鮮美味就是一道跨越時空障礙和世代差異的橋梁。千百年來，外在的物質文明不斷地進化變遷，但人的味蕾卻始終如一，對於應時當季的海產幾乎沒有人可以抗拒。

　　張峻峰跟老四懿祥都是現撈海鮮的重度愛好者，老三懿綿則是因為曾經在二戰時期當過日本兵。在南洋濱海的小漁村足足待了將近 2 年，因為這樣的際遇，對食物原本並不挑剔的他，卻也因禍得福練就了一口品味海鮮的絕活！據說，當年他搭乘的日本軍艦在南海被聯軍潛艦的魚雷給擊沉了，他抱著艦艇的殘骸在海上漂流了好幾天。靠著雨水和軍褲內袋中那兩株泡水膨脹的野山高麗蔘，在海上硬撐到被南洋當地的漁船給發現才獲救上岸。直到被日軍尋獲歸

隊，並以回航的艦艇遣返臺灣。據他自己親口陳述，要不是在臺灣已經訂了親事，他早就成了南洋濱海部落的乘龍快婿。當年家裡接到軍方通知他在南洋船沉失蹤的噩耗，全都以為他早已魂斷異鄉的海域。直到他所搭乘的軍艦在基隆港靠岸，下了船再轉搭火車到臺北火車站，然後再搭三輪車回家，當他邋遢的身影出現在迪化街洪萬美的店門口時，大家還以為是「鬼回來了！」

就因為這樣的緣故，三個練武的大男生面對這整桌澎湃的海鮮美味，早就把剛剛被好友利用的鳥氣全都拋到九霄雲外。各自展現狼吞虎嚥的看家本事對付這一整桌的蝦兵蟹將。就在師徒三人各自為了填飽肚腩搶食海鮮互不相讓的緊張時刻……

「師父！有狀況！」老四懿祥低聲示警。才剛親身經歷黃昌茂設局逼走合夥人的場面，老四懿祥直覺認為事情應該不會就這樣草草落幕。本想儘早離開這是非之地，卻因為拗不過老三懿綿執意吃完海鮮才肯回去，只好依原訂的計劃到紅毛城海產店用餐。因此在用餐的過程中，他始終不露聲色地掃描著周匝街道上的動靜。果然就在張峻峰身後的街道上湧現一票持械的幫會分子，浩浩蕩蕩地朝黃昌茂所接收的工廠方向而來。

帶頭的陳大力在十步之遙一眼瞥見正在樹蔭下用餐的三人，立刻舉手示意讓大隊人馬停了下來，他身邊一位看似帶頭的刺青老大則持續慢步踱向前來，老三懿綿見狀腎上腺素立刻衝頂破表，放下手中的大蟹螯就要起身。

「哥！不壓地頭蛇，先不動！我去探探再說！」老四懿祥怕他衝動惹事，一把壓住老三懿綿大腿內側的鼠蹊處讓他一時站不起身來。他知道此刻所面對的這群幫眾，靠的只是一股亢奮的腺體在支撐他們參與鬥毆的勇氣。在這樣的狀況下人是盲目沒有理性判斷能力的，如果按捺不住貿然出手，反而會無端被捲入是非之中變成對方洩憤

的對象。

「繼續吃，我過去探探！」老四懿祥心平氣和地拿起老三桌前的那根大蟹螯遞還給他，示意要他繼續吃，然後自己才緩緩地起身，只是手上那雙尖銳的竹筷卻始終沒有放下，他用與對方相同的節拍向前移動，兩人就在雙方互隔五步的距離不約而同地停下腳步……一個手中拽著一把尚未出鞘的黑殼武士刀；一個手中拿著一雙吃海鮮用的尖銳竹筷。刺青老大一臉橫肉不怒而威；老四懿祥則掛著恬淡親切的笑意。就在雙方短暫僵持的幾秒中，老四懿祥意外發現對方胸前龍紋圖騰上的三個字「開臺媽」，心中突然泛起一個似曾相識的異樣感覺。

「哪條道上的？」刺青老大問。

「做生意的！」老四懿祥說。

「做生意？你做好大的生意啊！居然做到我的地頭上來！」刺青老大說。

「只是來找朋友，正好碰上！」老四懿祥還是維持著親切的語態，如果不看雙方相持的場面，只聽他說話的語氣，還以為只是朋友間的寒暄，而不是動手前助威的放話。就在刺青老大一時不知道該用什麼狠話來威嚇對方時，後頭的幫眾中有個身型瘦小的嘍囉突然跑上來跟刺青老大咬耳朵。

「哦！是嗎？」刺青老大再一次向小弟確認，只見那個嘍囉露出萬分肯定的神色，直朝他的老大點頭示意。

「你是迪化街洪萬美的老四？」刺青老大顯然語氣平緩了許多。

「是！我是！你是……」老四懿祥說。

「我是八里坌開臺媽祖宮■口的頭人五角仔！」刺青老大說。

---

註　八里開臺天后宮，俗稱開臺媽祖宮，是臺灣新北市八里區的信仰中樞，位於八里渡船頭附近，與關渡宮、淡水福佑宮，並稱為淡水河口三大歷史性媽祖廟。

「那你是黑龜的舅舅!」老四懿祥說。

「沒錯! 你們怎麼會跟黃昌茂那個奸商搞在一起?」刺青老大問。

「是我師父的同鄉,原以為只是敘敘舊,誰知道……」老四懿祥說。

「是被設計了?」刺青老大問。

「嗯! 看起來應該是這樣! 原本是來吃海鮮,誰知道會變成這樣!」老四懿祥說。

「西濱海線這一帶,都是開臺媽祖宮口幫的地盤,今天在我的地頭發生這種坑殺好友侵吞事業的勾當,真的人神共憤,我不能不管。但剛剛我的弟兄提到在八七水災的時候,觀音、竹圍的災民有吃過洪家在媽祖宮發放的賑災米糧,我們海口人恩怨分明,這個情,不能不還! 今天這件事就與你們無關了! 但那個狗雜種的事,你們最好別再插手!」刺青老大說。

「感謝你的諒解,多謝了! 要不要一起坐下來喝一杯?」老四懿祥問。

「改天吧! 那裡的事,還是得處理!」刺青老大說。

「好! 那就到臺北,隨時歡迎!」老四懿祥說。

刺青老大轉身走了兩步,突然停下腳步回頭。「那位山東仔,真的是總統府的武術教練嗎?」刺青老大問。

「沒錯! 是個好人! 功夫好,人品也好!」老四懿祥說。

「嗯! 很好! 秋涼時,再請你們師徒到八里坌跑一趟,幫我們的陣頭指導一些拳腳功夫!」刺青老大說。

「好! 這事我來安排!」老四懿祥說。

「就這麼說定了! 教得好的話,就請你們吃大花蟹!」刺青老大說。

「一言為定!」老四懿祥說。

「一言為定!」刺青老大說。

受惠於洪老先生樂善好施所累積的陰德，再加上老四懿祥的沉著應對，一場可能是白刀子進紅刀子出的暴力衝突，就這樣隨著西濱鹹鹹的海風消散得無影無蹤……過程中，他們師徒三人面對這樣的危機，雖然始終鎮定毫無畏色，但他們心底明白，每一場戰爭，不論結果如何，必將埋下另一場戰爭的種子。經過這次的風波之後，他們對於社會的黑暗與人性的險惡，算是有了更深一層的體會。一個武術家或是一個武館，一定要懂得謹言慎行和愛惜羽毛，否則一不小心，很容易就成了有心人設計利用的對象。

# 第六三章　先求準，再求不準

遵從傳統和從傳統中尋找新的出路，都是對傳統的最高禮讚。

**【場景】**：淡水河天水宮的露天老人茶室

「師父！你有沒有發現老四最近好像退步了？」老三懿綿問。

「喔！怎麼會有這樣的感覺呢？」張峻峰問。

「我看他練拳時，很多動作都脫線了！」老三懿綿說。

「嗯！不錯！你的觀察力很敏銳！」張峻峰說。

「那為什麼不糾正他啊？」老三懿綿問。

「為什麼要糾正？」張峻峰反問。

「因為不準啊！不準，就不對！不是嗎？」老三懿綿說。

「這個問題有意思！我問你！同父同母的親兄弟長大後長相和個性會完全一樣嗎？」張峻峰問。

「這個不用想也知道，我們兄弟就只有我最有女人緣。在南洋打仗的時候還差點被南洋女番抓去當駙馬爺。」老三懿綿說。

「真的嗎？好好好，對自己有信心不是壞事！那我再問你，兩個不一樣的人一起學一樣的東西，學的結果會完全一樣嗎？」張峻峰又問。

「是喔！師父，有那麼明顯嗎？其實我也不想傷兄弟們的感情，但實在沒辦法啊，他們就是跟不上來！」老三懿綿說。

「好！懿綿，我們就不說傻話了，我知道你是故意在人前裝傻，我相信你在南洋一定經歷過一些生死交關的大事，但也不必太過消極。我知道你關心老四的狀況，希望透過我來點他對不對？你放心好了，這些細節我都有看到眼裡，只是你得了解，練武，練的是裡頭的意念和精髓，不光是學外形而已！」張峻峰說。

「這個我知道！」老三懿綿說。

「一般來說，在起步的階段一定都得照規矩來！像寫字，字的筆畫結構一定得照著規定的框架依樣畫葫蘆，不然就沒有人看懂你在寫啥了！可是一旦學會了之後，最後大家寫出的字體就各有千秋了，對不對？」張峻峰說。

「對！」老三懿綿說。

「字的美醜不是關鍵！要能讓人看懂比較重要！習字的目的，在於記錄和溝通。學武的目的，在於克敵和強身。所以關鍵應該在知法和用法。至於外形上的準不準，就不是那麼重要了！有很多拳術都以動物為模擬的對象！最常見的有：虎、鷹、蛇、猴、燕等等！學習這些象形拳真正的目的，不是讓你模仿搖頭抓耳的猴樣，而是要你取法牠們駕馭肢體和搏鬥的技巧。像猴子擅長的勾、探、縱跳和移位，只要加入攻防的概念後，就可以轉化為武術的動作。」張峻峰說。

「所以只要取牠們的神，而不是要學牠們的樣囉！」老三懿綿說。

「對！你知道形意拳除了金木水火土五個化繁為簡的母拳之外，為什麼還要再練五禽七獸的十二形拳？這樣不是又化簡為繁回來了嗎？」張峻峰問。

「不知道！」老三懿綿說。

「十二形拳是代表十二種不同動物的特性和作戰策略，目的是藉由學習這些動物的打鬥技巧喚醒人類沉睡已久的格鬥潛能，幫助我們找回人類被馴化為文明物種前，那種可以在荒野中與各種猛獸抗衡的求生技術。這是一種可以倍增作戰能力的訓練方式。只可惜這個方法傳承了幾代之後，原意慢慢偏離了初衷，只留下五禽七獸的套路和動作，大家只知道依樣畫葫蘆，實在是捨本逐末的大謬誤啊！」張峻峰說。

「師父，那你又怎麼會發現這些錯誤呢?」老三懿綿問。

「其實我也是到臺灣之後，自己潛心修練了好多年才慢慢體會出來的!人啊，只有在面臨絕境時，才會認真清點手上的東西。這一清點，才發現該有的早就有了，只是自己從來就沒有好好地咀嚼和消化，但人就是這樣，如果我一直都留在高師父身邊的話，也許一輩子都不會發現這個真相吧!」張峻峰說。

「那你現在傳給我們的跟師祖當年所傳的還一樣嗎?」老三懿綿問。

「剛開始練的築基功應該都是大同小異，初期的模仿那是一個必要的過程。但高階的動作和用法就不完全一樣了，就像河道裡的水滿了，自然就會另找新的出路。如果有生之年還有機會再回大陸看看，我想我的師兄弟們也許同樣也會說我的拳變形走味了!就像你說老四的拳脫線是一樣的道理!」張峻峰說。

「所以老四這樣練就不算是錯囉?」老三懿綿問。

「只要能用，而且又能導引出體內的潛能，這才是關鍵，準不準，不是那麼重要!就像你的型格精瘦靈活，在五行中屬木，在十二形中屬猴!懿祥在五行中屬土和水，在十二形中屬龍和熊合體!一定要懂得迴向觀照自己內在的特性和潛能，才能順性發展出真正屬於自己的功夫。」張峻峰說。

「為什麼老四又是土又是水又是龍又是熊!怎麼會這麼複雜啊!」老三懿綿說。

「老四跟你的天份不完全一樣!他是屬於通才型的胚子，你看他練什麼拳都一樣，很快就能掌握到重點，馬上就可以衍生出許多不同的變化，而且學過的拳即使是很久沒有再複習也從來不會忘記，這種人才真的是少見啊!」張峻峰說。

「對啊!老四從小就是這樣，每次學新的套路，他總是第一個

學會，後來就算是忘記了也無所謂，反正問他就好！因為他一定都會記得！所以，你平時看他總是悶聲不響的，可是在我們家啊，兄弟們幾乎全都是聽他的！」老三懿綿說。

「其實你也很不錯，你很能打啊！」張峻峰說。

「師父這樣講，我會不好意思啦！只是我還是不懂為什麼可以容忍動作走樣變形？」老三懿綿問。

「好！那就換個說法來解釋吧！一個高明的樂師，不管他吹奏的曲子有多複雜，都一定可以把每一個音符吹得準確無誤。對不對？」張峻峰說。

「既然是高明的樂師，應該是這樣吧！」老三懿綿說。

「很好！那如果是一個大師呢？」張峻峰問。

「應該是更準吧！不是嗎？」老三懿綿問。

「好！那準和更準的差別又在哪？」張峻峰再問。

「這，我就不懂了！」老三懿綿說。

「其實，大師未必會吹得更準！」張峻峰說。

「怎麼會？那肯定是冒牌大師！」老三懿綿說。

「其實即使是真正的大師，也未必會更準！因為大師通常都是藉由這個曲子和這些音符來抒發自己的情感。在不同的情境會有不同的詮釋和感動，而不同的感動自然會有不同的表達方式，他們絕對不會為求精準而犧牲情感的表達。所以只要是大師級的樂師，絕對不會把精神浪費在苛求每一個音符的準度上。有時候他們甚至還會故意吹不準！」張峻峰說。

「為什麼要這麼做？」老三懿綿問。

「準，是為了掌握原創的精神和意念！不準，則是為了用自己的方式詮釋原來的曲目，表達個人對原創的了解和感動！如果只是一味要求精準，那用機器來吹最準了，但那種聲音沒有生命、沒有

感動！懂嗎？」張峻峰說。

「這個真的很難懂耶！」老三懿綿說。

「沒關係！慢慢就會懂！學任何東西都一樣！有些人會努力維持傳統的原來樣貌,有些人則擅長從傳統的滋養中創造出新的可能！這兩種努力沒有好跟不好的差別,只要用對方法,同樣都可以造就出美好的結果和進步！」張峻峰說。

「沒辦法！我還是不能接受故意吹不準的說法！」老三懿綿說。

「沒關係！不用強迫自己去接受這個觀念,你跟老四正好是兩種不同的典型,只要順著自己的感覺努力去做就對了！最重要的是,到最後一定要能用自己的方式表現出拳術的威力和神韻！」張峻峰說。

這些道理就像我們從閱讀和聆聽中學習知識一樣,到最後你終究要能用你自己的方式說出一個完整的故事來,才表示你已經成功地把這故事裡的能量內化為自己的智慧！能切實聽懂別人說的故事,和能清楚說出別人能聽懂的故事,同樣都是一種很重要的自我訓練！故事裡往往有許多言外的動機和目的,能看得懂和能讓別人懂你的目的比故事的本身更重要,不是嗎？

# 第六四章　名師與高徒

*每一個名師，都懂得從他們的學生身上找到縱深和廣度。*

【場景】：洪萬美後院二樓的佛堂

（以下為張峻峰的獨白）

「是時候了！真愛他們，現在就該放手！」

「只有放手讓他們獨立，才能逼迫他們脫胎換骨更上一層樓！」

「我已經把自己這輩子所學的功夫，毫無保留，全留在洪家了！」

「同樣的道理，真要關心我，也該放手讓我單飛了！」

「我永遠不會忘記在臺灣度過的第一個颱風夜，我們被大水圍困在那張僅存的木床上，那種舉目無親孤立無援的絕境。如果不是您讓懿綿和懿祥兩個兄弟踩著三輪車，頂著風雨涉水前來搭救，我們早成了客死異鄉的水上浮屍了。」

「獲救的那一刻，我坐在車上回看那一片汪洋，彷彿看到自己的魂魄，仍然孤伶伶地留坐在那張木床上，並未隨著車子離開，在那個剎那我心底就認定，原來的我，早已經死了！死在那場風雨中了！」

「可是當我慢慢冷靜下來，看著懿綿、懿祥兩兄弟在積水尚未消退的風雨中賣力踩著三輪車的背影，那種捨命相助的真情，我原已經空掉的軀殼彷彿又重新被注入了新的生命。」

「我應該是死過一次的人了！這條命是在臺灣重生的，是洪家給的！沒有洪家這些年來不計代價、不求回報的付出和全心全力的支持，就不會有我張峻峰和台始易宗的立錐之地了！」

「獨立，對洪家第二代和對我自己而言，都是最好的選擇。課程已經結束了，我已經沒有新的東西可以再繼續教下去了，他們需

要的是自己花時間去咀嚼消化和建立自己的系統,而不是繼續進食。而我同樣也必須趁自己還身強體壯的年齡,在這裡建立自己可以安身立命養家活口的事業。」

「往後我將會繼續以教拳為生,在臺灣推廣『台始易宗』!」

「為了感謝你們在我生命最徬徨無助時的相助,日後我所傳的形意拳和八卦掌,將不會超過我在洪家所傳的八成!」

「不!請不用勸我,這是我唯一可以回報洪家的一份心意,您同不同意我都會這麼做!」

「就因為洪家圖的不是這個,才更讓我決定要這麼做!」

「科技這麼進步,這些東西在未來也許根本不值一文!」

「但我還是得依祖師爺立的規矩來!」

「傳承正統的絕學,不是做買賣,心性品德比金錢更重要!」

「這麼多年的相處,我相信我的直覺和判斷!難得的是這三個小孩心性和天份都好,懿文個性嚴謹專注,又精通醫道和藝術,對形意拳和內功的研究專精又透徹,而且思路清晰,口才又好,論述拳理同儕之中無人能出其右。懿綿生性豪放不拘小節,天生就膽大藝高驍勇善戰,以後若專攻先、後天八卦掌法,將無人能敵。懿祥心智聰慧異秉天生,任何艱深難懂的內外家拳術一點就通,一上手就終生不忘,這種難得人才若再繼續潛修苦練,日後定當成為世界級的武術宗師。能有這樣的徒弟應該也算是我的福份吧!」

「回顧這些年來我們共同經歷過的歲月和蛻變,真的恍如一場虛幻不實的夢境!如果不是天意,我不知道還能怎麼合理解釋這些因果關係?要不是那一場內戰,誰有那麼大的影響力,可以同時說服那麼多的人才和資源,瞬間移動到臺灣這個孤島上來?要不是那一場內戰,我應該還是個習慣穿梭在兩岸之間,搞貿易的北方商人吧!要不是那一場內戰,有很多故事應該都不會是今天所看到的這

個樣貌吧！這樣的際遇對我們這一代人而言，到底是幸？還是不幸？至少到今天為止，我還沒有辦法回答，我只記得過程太痛了！生存在這樣的相互對立和相互仇恨的時代裡，做中國人和做臺灣人同樣都太辛苦了！我不知道政治造成的問題和歷史所累積的恩恩怨怨，最後會用什麼方式來解決，也許是愚蠢地循著歷史的軌跡，用另一場更大、更具毀滅性的戰爭澈底消滅其中的另一方吧？也許會有更聰明的人站出來，用更大的慈悲和智慧撫平那一段已經無可補救的傷痕，用更大的諒解中止那個無窮無盡的殺戮和輪迴吧！也或許在我們有生之年，都看不到，也等不到，那一個聰明的解決之道，只能不作為地等待，等待時間慢慢抹掉這些傷痕和記憶，一直到另一件更大或更震撼的事件把這些完全覆蓋為止！誰知道？」

「也許吧！在我有生之年，恐怕再沒有機會回山東老家了！」

「臺灣就是我的家，洪家就是我最親的家人！」

「所以，即使未來出去學習獨立，也永遠不會忘記我仍然是洪家的一份子！」

時光荏苒，張峻峰在洪家駐院任教也已經超過十年。在洪家期間，由於洪老先生在財力上的傾力相挺，讓他得以經常舉辦各種以武會友的演武大會，並得以適時接濟所有在臺落魄不得志的武術家，這些資助武術界的活動和義舉，無形中也提高張峻峰在臺灣國術界的影響力。而洪家三兄弟在他的全力調教下，也逐步在臺灣武術界展露崢嶸的頭角，儼然成為臺灣年輕一代的武術家中最具人望和實力的戰將。

# 第六五章　苦練與蛻變

不是數大就是美，而是量變質變的道理。一個套路超過上萬次的重複錘鍊之後，在本質上，已經不是原來的東西了！10,000 趟 ÷3 趟／天 ÷365 天 = 9.13 年，所以，十年磨一劍是合理的！如果，還嫌不夠快，那就再加碼演練，只是，如果少了時間的元素，淬煉出來的滋味難免會有所不同。

**【場景】：淡水河堤外**

（以下為張峻峰的獨白）

「一個套路傳承了幾百年，中間曾有多少人用心琢磨過！」

「經過那麼多年代和那麼多人，反覆試煉後依然存留下來！」

「一定有它的奧妙和存在的價值！」

「學拳時，不到火候，不要急著論斷好壞，否則你學什麼都難以成材！」

「不管是哪種拳術，學會基本的運用之後，還要不斷反覆用心操練！」

「要出類拔萃，就得要耐得了時間和孤寂的折騰！」

「要成就一個套路，至少要打上 10,000 趟以上，才能出汁入味！」

「要試著把一個完整的套路拆解成單一的招式，然後逐一逐段仔細反覆琢磨，要確認用招的意圖和對方可能的回應和反制，還要一而再，再而三，不斷的錘鍊才行！」

「反覆練習，不是不用頭腦重複做同樣的事！」

「而是要嘗試用各種不同的思維和立場去咀嚼和解讀！」

「看似無謂的重複，其實是在用心的與原創祖師爺作深度溝通！在肉眼看不到的地方，存在著陰陽兩界交越重疊的空間和可能！在

苦練的專注中，心一空靈，那個意念和能量自然就會進來！」

「西洋拳擊基本招式並不多，也沒有什麼特殊的奧妙在裡頭，但西洋拳手總是在這些基本功上做足功課！」

「直拳也好，勾拳也好，在他們跨越擂臺邊的圍繩進入賽場前，哪個動作不是經過幾十萬次的反覆練習，直到意氣力全都達到收放自如的巔峰狀態？」

「沒有別的捷徑可走，只有自己從苦練的血汗中去求！不這樣不足以脫穎而出，不足以成為頂尖的高手！」

「像我們現在所練的半步崩拳，它的原型叫換步崩拳，是以前腳為支力點，後手隨著後腳跨步向前時同步順勢崩出，是一種適用於較長程的攻擊招式！」

「據傳，形意拳的前輩郭雲深曾因案入獄。在獄中靜思悔過之餘，藉著練拳來消磨心中的戾氣，因腳上的鐐銬和沉重的鐵球限制了他的行動，於是他就將原來的換步崩拳，改為半步崩拳來練習。因為多了腳鐐和鐵球的制約和阻抗，無形中增強了崩拳的內勁和威力。出獄之後，除去了腳鐐和鐵球的羈絆，他的半步崩拳威力倍增所向披靡，被後人傳頌為『半步崩拳打天下』的美談。這就是郭雲深前輩在獄中單就一個簡單的招式，經過幾萬次的錘練和琢磨，從中參悟到崩拳原來的底蘊和神髓之後，再加上自己的創意所轉換出來的成功案例！」

「另外還有一個更神的傳說，這個當趣聞聽聽就好。據說郭雲深曾寄宿在友人的鏢局，某日大清早，剛完成例行的晨練之後，路過鏢局的馬廄，看到有八匹駿馬正並排低頭吃草料。他一時興起，暗中提聚全身的真氣，以他名震天下的半步崩拳瞬間發勁崩擊馬的側腹，可能是因為馬匹都專心在吃草，也可能是空間的限制，八匹馬竟像推骨牌一般應拳全倒，這就是所謂『橫崩八馬』的軼聞傳說。

至於真實性如何，就不必特別花心思去考究了！這些故事主要的目的是在強調半步崩拳的威力，因為多了磨地拖踵的阻抗，所以即使是寸勁短拳，威力絲毫不遜於換步的長崩！」

「越是基本的東西，越是菁華之所在！可是學拳的人卻往往捨近求遠本末倒置，一味追求華麗炫目的功夫！」

「像形意拳的劈鑽崩炮橫，這種樸實無華的簡單招式，在實戰中，最實在好用！除非是雙方實力懸殊，真正的生死格鬥，很少有機會讓你展現太過複雜奧妙的招式！」

「事關生死的格鬥，沒有規則的限制和保護！輸了，就躺下，就死了！」

「八卦先天掌所提供的是一種新的思維角度和可能！後來為了提高臨場應戰的實用性，就增添了後天六十四手左右單練的招式來補強它的戰力。」「一般的格鬥取的是兩點之間，最短的直線！因為最快、最好用！」

「但格鬥是動態相對應的關係，因此對方肯定也懂得用相同的邏輯來反制！你原所設定的打點，對方只需稍稍撐轉他的腳步和身形，招就破了！」

「所以形意拳的直來直往和八卦掌的迴身轉圈，一定要無序排列相互為用，才會有更多的勝算！」

「這也是當年我學了八卦掌多年之後，再回頭重新學習形意拳的主要原因！」

「多揣摩我曾說過的每一句話，就會成就出不一樣的主張！」

老四懿祥獨自一人在漆黑的河堤外，順著堤邊的步道，從：

劈、鑽、崩、炮、橫（五行母拳）

鷹、鷂、燕、雞、鮐（五禽）

龍、蛇、虎、熊、馬、猴、鼉（七獸）

開、捧、扽、探、立、挑、蓋、纏「乾卦」「蛇形順勢掌」

截、藏、砍、削、二、虎、奪、環「坎卦」「龍形穿手掌」

穿、扳、劫、攔、停、翻、走、轉「艮卦」「回身打虎掌」

推、托、帶、領、沾、連、隨、黏「震卦」「燕翻蓋手掌」

擎、盤、墜、頂、橫、挫、疊、鑽「巽卦」「轉身反背掌」

趨、踹、擺、掛、踢、截、蹚、撞「離卦」「擰身探馬掌」

掖、擠、刁、擄、崩、撞、扣、搬「坤卦」「搖身背插掌」

擣、狸、棲、挎、搖、閃、橫、躦「兌卦」「停身搬扣掌」

左右反覆地琢磨苦練，耳中迴響的是張峻峰師父在餞別晚宴之後，
對他諄諄的叮嚀和教誨。

# 第六六章 關 渡

一位擅長買辦鮪魚的專家說：魚頭與魚身連接的地方，是一條魚最美味的部位。同樣地，在河海的交會處，總是蘊藏著上好的海鮮珍味。

## 【場景】：關渡

關渡，是位於臺北市和滬尾（淡水）之間一個寬闊的平原，是一個以農漁牧維生的臨海小村落。住民們大都以種植水稻為主業，一年兩收。一直以來，臨海的農家都會利用農閒之餘轉作近海的漁類捕撈以貼補家用。因為位處河海交界之處，淡水和海水中和的海域漁獲產值原本不差，只是因為過度捕撈和上游工業廢水的汙染，近海的漁源就慢慢變少了。

漁季時，每當漁船回港，總有許多臨近市場的魚販或是海鮮餐廳的老闆會等在岸邊，將當季市場最受歡迎的高經濟魚類收購一空。而網底總會留下一些體型較小、賣相欠佳、無以歸類的小魚，這就是一般俗稱為「下雜魚」。這些下雜魚對於魚販和漁家而言，算是一種食之無味棄之可惜的副產品。於是就如同臺灣其他近海臨河的鄉鎮一樣，在臨近河海水岸的農地上會蓋起一整片的「鴨寮」養起鴨來。這些原本欠缺經濟產值的下雜魚，就成了鴨群們每天最新鮮美味的天賜佳餚。因為每天都吃現撈海鮮長大的，每一隻鴨子都是毛色油亮健康滿分。母鴨下的蛋，因為富含小魚小蝦的營養菁華和蝦紅素，圓凸結實的蛋黃，會呈現出如同煮熟蝦殼一般鮮豔自然的紅色，俗稱「紅仁」，與一般圈養餵食飼料的蛋鴨所產的蛋截然不同。用這種鴨蛋來醃製「紅土鹹鴨蛋」，只要醃製的鹹度和時間足夠，鹹鴨蛋的蛋黃就會像洋蔥一樣呈現層層包裹蛋心的結構。用刀子剖半對切開來，紅仁的蛋黃還會沁出如同辣油般鮮紅透亮的蛋油。這種

紅仁鹹鴨蛋的蛋黃跟現在一般市售的月餅，或是肉粽裡頭所包的蛋黃相比，只要是曾經親口嚐試過的人一定會認為「這根本就不是同樣的東西」，那種飼料鴨所下的蛋，充其量只能說是帶有蛋味的「地瓜泥」而已。用這種紅仁鹹鴨蛋來佐配清粥或白米飯，那真的是鹹香夠味齒頰留香，讓人吃過一次就會終生難忘！

就如同其他的鄉鎮一樣，關渡媽祖宮一直都是當地住民信仰、文化和經濟的中樞。廟裡的主委和總幹事通常都是由當地的頭人或者耆老輪流擔任，為了革除鄉民農閒期間聚賭酗酒打架滋事的惡習，當地里長和宮廟主委出錢出力共同發起的「關渡龍舟隊」，算得上是關渡、獅子頭和竹圍、淡水這一帶鄉民最積極參與的農閒活動了。因為原本就熟諳水性和漁船的操作，再加上有計劃性的推動訓練和實質的獎勵，多年來關渡龍舟隊一直是臺北市龍舟賽事的常勝軍。

「關渡媽祖宮」香火鼎盛，多年來一直是洪萬美香燭、金紙和鞭炮的大主顧。而這些洪家所供應的商品也是宮廟除了香油錢之外最主要的收入來源。為了執行里民大會鄉民們要求增加農閒時練武健身的提案，當地的里長和頭人透過媽祖宮現任主委的介紹，親自率領龍舟隊的主要成員，帶著兩隻紅面番鴨和一竹簍子的紅土鹹鴨蛋當伴手禮。一伙人浩浩蕩蕩地從關渡搭火車到雙連站下車，再從車站步行到迪化街拜訪洪老先生，希望可以邀請洪家老四懿祥到關渡擔任鄉團的武術教練。於是，這個義務性教席的邀聘就成了影響老四懿祥一生的一個關鍵性轉折點！

1972 年洪懿祥與早期的徒弟合影

1973 年擂臺賽的常勝軍

# 第六七章　關渡之戰

在賭徒的眼中，不賭只是在「賭」與「不賭」之間選擇「不賭」這個選項而已，說到底不賭也是賭！

**【場景】：關渡媽祖宮前的空地上**

這一天，關渡媽祖宮廟埕廣場前的小港灣裡，泊滿了電動的竹筏和舢舨。因為季風的影響，近海風浪太大，沿岸捕撈的小船為了安全全都進入「禁漁期」。禁止漁船出海捕撈除了人員安全的考量之外，同時也兼顧到海洋的生態，因為那個時期也是海中大部份魚蝦蟹貝抱卵的繁殖期，禁漁的措施正好可以讓近海海域中被過度捕撈瀕臨枯絕的魚類得以休養生息繁衍後代。

鴨寮旁，防汛的土堤上，已經站滿了臨近鄉鎮專程趕來看熱鬧的閒人。就在土堤旁一塊休耕的農地上，可以看到整個關渡地區可以放下手頭工作的成年男人幾乎全都聚攏在這裡，觀看一場他們期待已久的賽事！幾年來，在這個臨時夯土而成的方形土墩上，已經不知道有多少位知名的武師為了一登教席，而在「試手賽」中被迎著過來，卻被抬著回去。

而造成這個結果的關鍵人物就是他——關渡龍舟隊的隊長兼教練——陳米籃。陳米籃身高 175 公分，體重 85 公斤，是臺灣省省運會西洋拳重量級的三屆冠軍。每一屆比賽，從初賽到奪冠，全部都是以擊倒結束比賽，沒有例外！他說他並不是故意給這些應聘來的武師難看，而是他始終認為搞傳統中國武術的武師，總是說的比打的厲害，他不希望浪費時間跟這種沒有真材實學的人學習沒有用的東西。「嘴上說的功夫，全是屁！誰能拿得出本事，把我摞倒，我就服誰！」「練那麼多虛張聲勢的套路有什麼鳥用！真好用的話，幾招就夠了！」這是他練拳多年來始終不曾改變的信念，也是他從初中時

期被選入西洋拳擊校隊後，一直不曾放棄拳擊的最主要原因！

　　賽場中，陳米籃打著赤腳踩著輕盈的步伐，像蝴蝶一般靈活地移動著他壯碩的身軀，並不斷用刺拳對被他圈圍在圓心中的洪懿祥發動試探性的攻擊。雖然在試手前，頭人陳清波一再提醒雙方這是友誼性的過招，只可「點到為止」絕對不可以出重手傷人。可是，人一旦上了賽場，一旦有了觀眾，有了輸贏，所有的提醒，全都變成了耳邊風！在這樣的氛圍下要賽局中的人放掉輸贏，那純粹是說給場外觀眾聽的！從他的出拳和換氣聲就可以清楚知道，輸贏顯然比友誼更重要！

　　對洪懿祥而言，雖然曾經見識過西洋拳的擂臺賽，但這一回確是他有生以來第一次與西洋拳擊手正式交手，而且第一次就對上「省運冠軍」這種等級的強勁對手。果然一開場陳米籃就憑著豐富的擂臺經驗輕鬆地取得主場的優勢。面對西洋拳這種快速務實的打法，洪懿祥除了努力適應對方出拳和移動的速度之外，大部份的時間幾乎是被鎖死在對方用快拳所圈圍而成的火網中，只能被動地因應對方的刺拳攻擊，一時之間，似乎看不出有什麼可以逆轉戰局的積極對策。

　　「看起來好像也不怎樣嘛！」

　　「八卦？那不是用來算命的嗎？」

　　「中國武術啊！就是名堂多、實力小，經不起考驗！」

　　「對啊！又是太極啊，又是八卦啊，全是在裝神弄鬼，畫唬爛的！」

　　「這個好玩，八卦掌不是繞圓走圈嗎，怎麼自己反被兜得團團轉啊！哈哈哈！」

　　「這種水準，換我來就綽綽有餘了！」

　　「才剛動手你們急什麼呀！」

「都不出手，一直躲，怎麼打啊！」

「這又不是街頭打架！說不定人家是有戰術的！」

「黑白講！比拳頭沒那麼複雜啦！沒有實力光有戰術有什麼路用，最後還不是倒下去認輸！」

「動手打啊！你是在等搏卦才出手嗎？」場外袖手旁觀的觀眾，總是比場中的拳手更渴望看到搏火和血腥。

經過幾輪刺探性的攻擊之後，陳米籃相信自己對對方回應的慣性已經有所掌握，於是就開始放膽試著用「組合拳」切入，做連續性、破壞性的攻擊。雖然幾次猛攻都被巧妙的步法避閃而過，但對方仍是被他逼得只能招架毫無反擊的餘力。然而，儘管如此，陳米籃的快速刺拳卻還是無法做出有效的攻擊。為了迫使洪懿祥積極出手才有破綻可以切入予以重擊，陳米籃決定改變戰術。他刻意將刺拳的打幅拉長加深，並改用左右交替密集出拳的攻勢，希望可以搞亂對方的腳步並逼他出手還擊。這種帶著打力的直拳與刺探性的刺拳，差別就在於速度和力道。一般而言，「刺拳」打得較淺，偏重在速度。而「直拳」則是以力道為主，在速度上相對會略差一點。但像陳米籃這種等級的拳手，縱使是直拳速度也是快得不得了！

「看氣勢就知輸贏！你看！那個迪化街的少爺根本不是我們米籃的對手！」

「不！我看這個洪先生走轉挪移腳步不忙不亂，現在就斷輸贏，太早了！」

「恁娘咧！你這個死背骨仔！挺外人不挺自己人！好幹的就來賭一把！」

「幹恁娘咧！我背你的死人骨頭啦！賭就賭！怕你啊！」

「怎麼賭？」

「就賭誰輸誰贏啊！」賭字才一出口，立刻觸動在場所有觀眾的

敏感神經。頃刻間，那個開口邀賭的人，立刻就擁有了莊家的身分和使命感。他蹲下身子隨手撿了個鵝卵石，就在黃色的土地上畫了一大一小兩個圓圈，並在大的圓圈中寫個「米」字，在小的圓圈中寫個「洪」字。「這個是我們自己人，贏面大，下注的人肯定多，圈圈得畫大點才夠用！」「幹恁娘咧！你們頭殼都壞去了嗎？全部都押米籃，沒有人賭那個迪化街的，這樣怎麼玩啊！不行，不行，沒人這樣賭的，好歹分一點賭另外一邊……」場邊一個意外的小插曲，在鄉民們的熱情簇擁下，瞬間轉化成下注搏輸贏的狂熱。原來散落在土墩外圍觀戰的人潮，也紛紛湧向莊家就地而生的賭檯，並紛紛掏出口袋裡的紙鈔和銀角仔，就著自己從賽場中所得來的主觀，和得自關渡宮內「天上聖母」冥冥之中的感應而下注。原本是為了戒除鄉民賭博惡習而費心安排的武術訓練計劃，到頭來還是變成了博弈的賭局。而場子裡持續對決中的兩個武術高手，也莫名其妙地變成了任人賭輸贏的賭具，就連原本端坐在關渡宮裡普渡慈航的眾神，也全都無可倖免地成了賭局裡的在場共犯。這就是「賭」字無孔不入無堅不摧的魔力之所在，因為它的存在把大家的利害全都拴在一起。原本場中無謂的纏鬥與輸贏，瞬間就與自己產生利益的連結。只是對戰的雙方，他們各自所代表的門派榮辱、理念主張和背後苦練的傳奇，全都必須在輸贏判定之後，才能定義它是否具有被傳頌禮讚的資格和價值。

當所有技術性的競爭被賭簡化成輸跟贏的結果論時，不管你是否喜歡，成王敗寇就成為主宰這世界的普世價值。在賭徒的眼中，即使「不賭」也都算是一種「賭」！因為「不賭」只不過是在「賭」與「不賭」的賭局中，選擇了「不賭」而已，這跟選擇「賭」的人在本質上是沒有差異的！對他們而言，凡是帶有不確定成份的預測、選擇、決定和判斷，全都是與「賭」有血脈淵源的孿生關係！差別

只在於有人籌碼多，有人籌碼少而已！他們更一廂情願地認為「賭」
是老天爺留給窮人另一個翻身的機會！因為只有「賭」可以跳過天
份、學歷、人脈關係的重重限制和努力向上攀爬的艱辛過程，直接
通往豐盛財富和喜悅的後門，是一個充滿希望和浪漫的投資，而蓄
意忽略了這浪漫幻想背後所隱藏的龐大代價！雖然從下注到輸贏立
現的瞬間充滿刺激和各種可能，但賭的癮頭一旦上身，那就不是見
好就收，或是見不好就收，那麼說到做到，那麼輕鬆愉快了……當
所有的賭注下定離手之後，大家的熱情才又別有所圖地回歸到賽場
中的對抗。原本因為不夠精彩而被定格和忽略的場面，拜場邊群眾
的賭興之助，一下子又活絡了起來。

　　加長打幅的直拳果然成功突破對方嚴密的區域防線，順利進逼
到對方肘彎的最後安全防線。陳米籃心中暗自盤算，只要跳躍的深
度和撐腰的角度略微再加大一點，再將腳部推進的能量瞬間加碼釋
放出來，就可以逼近到有效的攻擊範圍之內，這樣他就有足夠的把
握可以輕鬆結束這場比試。於是，他就先故意抽身後撤略作緩衝，
讓雙方好不容易縮短的距離一下子又拉大了。這就像海嘯來臨前，
海水會先倒吸後退之後，再以雷霆萬鈞之勢鋪天蓋地而來的狀況是
一樣的，很容易讓人輕忽隱藏在後頭的致命危機。場邊的觀眾從袖
手旁觀多年的經驗中，隱約已經嗅到好戲即將落幕的血腥味一樣，
一個個無不睜大眼睛緊緊盯著場中的變化，唯恐錯失最關鍵的那個
剎那。

　　果然，陳米籃這個佯退的欺敵動作讓對方鬆懈了心防，原本一
直護守在胸前的雙手也跟著垂放下來。陳米籃見勢心中竊喜，立即
右後腳催勁蹬步火速逼近對方，以兩個連續左刺拳制約洪懿祥可能
的變化後，旋即以埋伏已久的重拳朝對方的左下巴毫不「點到為止」
地招呼過去。洪懿祥原本被逼得不得不持續後撤的步法，在這個關

鍵的時刻突然有了變化。只見他向右側扣步橫移弓背吞身，就如同貓在發動攻擊之前蓄勢待發的動作一樣。在他移形換位的同時，左前手利用槍桿的巧勁輕鬆地攔截住對方強猛的右勾拳，旋即在間不容髮的時間差內，用右炮拳「點擊」陳米籃的右臂肱二頭肌。這種「點擊」的打法是內家拳專門用來「打穴位」的手法，是以食指的第二指節凸隆蓄勁，專打神經叢和淋巴叢密集的部位。這種手法的殺傷力看似不大，但力道卻很集中，可以讓受力的穴位立即酸麻癱軟，瞬間失去攻防的能力。陳米籃中招的瞬間手筋虯蜷，整個右邊的膀子痛到根本無法伸直。但強烈的求勝意識讓他強忍住身上的劇痛，他深信只要能頂得住這個痛，依原訂的盤算轟出這個組合拳最致命的最後一擊，先倒下的人一定不是他！

帶著這樣的信念，左臂運足全部能量傾力揮出。只見洪懿祥以左前手順勢下壓攔住陳米籃的左勾拳後，隨即向左側勾撥卸引它的後勁，再配合一個右反手扳扣掌和下段外側掃腿將陳米籃仰摔在鬆軟的土地上，這是「形意炮捶」、「八卦扳扣掌」和「掃腿」的組合攻擊，是明暗化三種內勁的共同體現，躺在地上的陳米籃腦袋一片空白已經無力再戰，心悅誠服地接受這樣的結果！這個出乎眾人意料之外的結局，不但決定了地上大圈圈中那些賭資的歸屬，更也決定了洪懿祥從關渡出發，開啟他授拳生涯的一個全新里程！

※※※※※※※※※※※※※※※※※※※※※※※※※

「八卦掌不是擅長在移動中出手嗎?」陳米籃問。

「那要看你是站在圈內;還是圈外。」洪懿祥說。

「那為什麼剛剛一直不動呢?」陳米籃問。

「因為你一直在動啊! 不是嗎?」洪懿祥說。

「為什麼我老打不到你啊?」陳米籃問。

「因為我站在圓心,角度稍微挪一下就夠了!」洪懿祥說。

「可是我的速度一直都比你快啊!」陳米籃說。

「我用角度抵銷你的速度,而且我的想法比你更快一點!」

「怎麼個快法?」陳米籃問。

「眼快、心快!」洪懿祥說。

「能不能說清楚些!」陳米籃說。

「我觀察你肢體和戰術的慣性!」洪懿祥說。

「可是我明明用了許多假動作,為什麼沒能騙倒你啊?」陳米籃問。

「我抓的是動作最末段的時點出手!」洪懿祥說。

「就是上一個動作和下一個動作之間銜接的那個間隙?」陳米籃問。

「對! 但還要再更早一點!」洪懿祥說。

「這樣我就無法中途變招,而且後面的招式自然也使不出來!」陳米籃說。

「對! 這算是形意拳和八卦掌混用的打法!」洪懿祥說。

「內家拳果然厲害,西洋拳擊到底不行!」陳米籃說。

「不! 西洋拳是一種很務實有效率的拳術! 它大膽淘汰許多無用和效率偏低的虛招,留下幾個簡單的招式,專注把速度、力量和協調性都練得很紮實,是一種值得尊重的武術!」洪懿祥說。

「可是到底還是打不過中國拳!」陳米籃說。

「一場輸贏決定不了一個拳術的好壞! 充其量也只是你我之間的一場輸贏而已!」洪懿祥說。

「洪師父,你認為輸贏的關鍵在哪?」陳米籃至此終於心悅誠服正式改口稱洪懿祥為「洪師父」。

「我個人對西洋拳的看法不一定對，但就覺得限制似乎多了些!」洪懿祥說。

「例如呢?」陳米籃問。

「因為西洋拳擊規定只能用拳! 犧牲了手指、手肘、肩膀、膝蓋和頭部等，人體上許多可運用的巧妙功能，像手指頭可以點、扣、採、抓、擰的功能! 還有我們的腳，除移動之外，還可以踢、踩、勾、掃、絆……如果是賽場，那只是輸跟贏的差別而已，如果是戰場，那這些限制所付出的代價可就大了!」洪懿祥說。

「我了解! 真正的格鬥，只有輸贏生死，不能畫地自限，沒有誰可以在落敗時，責怪對手犯規!」陳米籃說。

「不能在敵人犯規時充分保護自己，也算是輸!」洪懿祥說。

「我會牢牢記住! 規則只為比賽而存在! 絕對不能在賽場外套用一樣的戰術!」陳米籃說。

「在沒有規則和限制的格鬥中，要能保護自己並且克敵制勝，這才是武術的目的! 除此，決定一場輸贏的關鍵，也未必在拳術的本身，當下的運作和對手的狀況都是很大的變數!」洪懿祥說。

「所以今天我是輸在應戰的策略囉!」陳米籃說。

「不! 你應該說，今天你是贏在免費得到許多不同的觀念! 不是嗎!」洪懿祥說。

「說得好! 服了你! 以後多指教了，洪師父!」陳米籃說。

1995 年洪澤漢示範先天八卦掌

# 第六八章　火頭磚

相對的兩面必定同時存在，越硬的東西，往往就越脆！只要找到物理共通的質性，就可以找到輕鬆破解的方法。

【場景】：賣麵炎仔的麵攤、中山北路美軍福利中心

　　陳眉壽是當年臺灣柔道界的頂尖好手，日據時期，曾與洪懿祥在同一個道館學習柔道。後來洪懿祥因家族的關係改練中國拳術，陳眉壽則選擇繼續留在柔道界耕耘和發展，與知名的柔道高手黃滄浪齊名，是臺灣早期推動柔道運動的靈魂人物。這天一早他與洪懿祥兩人相約在「賣麵炎仔」的麵攤上一起吃早餐。兩人都點了切仔乾麵和扁食湯，還讓葉老闆隨意幫他們配了酥炸紅糟肉、生腸、粉肝和鯊魚煙等幾道來店必點的招牌菜，當然還有店家每天為洪懿祥保留的豬頭碎肉，兩人先一口氣吃掉了乾麵後，邊吃扁食湯邊聊。

（以下為陳眉壽的獨白）

　　「就擔任駐臺美軍的柔道教練！」

　　「每週教三天！每次兩個小時！」

　　「西方人務實！得打得過人家才服你！」

　　「對！都是打越戰的大兵！」

　　「上戰場拼死活，不實用不行！」

　　「那些大兵營養好個頭大，教起來當然不輕鬆！但學費人家可付得很爽快！」

　　「關渡那一戰，贏得漂亮！」

　　「好多高手和知名的師傅都栽在那個西洋拳冠軍的手上！」

　　「有個場面，你得參加！」

　　「是上頭特別交辦的！」

　　「就中秋節那天晚上！」

「對！外國人不認為那天月亮有什麼特別和不一樣的！」

「一定得去！中美兩邊的高層都特別點名指定你！」

「還有一個特別的人，想認識你！」

「不方便說，到時候自然就知道！」

「在中山北路動物園對面的 PX，好像是美軍專用的福利中心吧！」

「還會有很多國內外的媒體在場！」

「上頭怕漏氣！非要我找幾個能打的，才能撐住場面，這種臉丟不起！」

「幾個老前輩都公推你！」

「不行！一定得去！」

「因為……現場會有很多好吃的乳酪和美國大牛排！哈哈哈！」

※※※※※※※※※※※※※※※※※※※※※※※※※※※※

中秋節晚上，位在中山北路上佔地廣闊的「美軍福利中心」，平日用餐的場地，在前一天已經全部被淨空，佈置成一個可以舉辦中型聯歡晚會的表演空間。只是此刻在這個場子裡逐一上場表演的節目並非一般的歌舞聯歡，而是刀光劍影棍棒齊飛的武術表演。應邀前來獻藝的武術團體，全是國術會奉上級單位的旨意統籌篩選出來的名門正派，幾乎網羅了全臺知名的武術大師和傑出的新秀。由於參與表演的人數太多，因此除了掌門人可以在場中的來賓席就座之外，所有演出的人員都被安排在會場外面等候，再依照 rundown 逐一進場。節目的內容包羅萬象，有：套路、對練、器械、擒拿、空手奪刀、鐵頭功、鐵喉功、鐵板橋、徒手打釘，以及各種功力擊破……五花八門爭奇鬥豔。

　　雖然事前已經過篩選，但人員仍是良莠不齊，場面混亂不堪，主要是負責篩選和邀請的國術會有太多無法擺脫的人情壓力。因為每一個門派都不希望錯過這次可以對國內外媒體露臉的機會，雖然沒有人知道被邀請究竟會有什麼實質的好處，但總覺得如果沒被邀請，就會有被淘汰、被漠視的挫折感。所以為了擺平各方的勢力，最後所謂的篩選就變成了全選。只要是每年有照規矩繳交「會費」的武館幾乎全都榜上有名。於是一場原訂兩個小時內必須要結束的表演，在現場已經足足進行了將近三個小時還結束不了。

　　相較於場中那些武術大師們的搏命演出，席上的賓客們早已被那些既冗長、重複性過高的表演，折騰到個個面露疲態不知如何是好。只是礙於中美雙方的邦交和友誼，也只能暗中請國術會的總幹事私下斡旋，盡可能抽掉一些節目，才勉強在九點鐘草草結束這一場冗長的武術表演。緊接著，在美國軍方列席的最高長官做完簡單的致辭之後，現場就開放給各國的媒體向武館的掌門人提問。當時洪懿祥雖然已經應聘在關渡開始授課教拳，但因為是義務的性質，根本還沒有正式登記設立武館，再加上輩分的關係，所以雖然是被上級特別指定參加，但還是敬老尊賢地陪坐在後排不顯眼的座位上。

　　「請問在現代化的戰爭中，傳統武術的實用價值何在？」提問的記者問。

　　「在近身肉搏時，可以殺敵！可以保命！」一位坐在前座最中央，看似最具領袖特質的老師傅，以一種自認足以代表整個中國武術千百年道統的姿態，回答這位外國記者的第一個提問。

　　「謝謝這位大師的回答！所以一旦發生戰爭的時候，你們同樣會隨身攜帶這些大刀、大鎚、七節鞭和流星錘去打仗囉？」提問的記者說。這個語帶嘲謔的提問，立刻驅走原本沉悶無趣的氛圍，惹來貴賓席和記者席上的一片笑聲。

　　「……」那位輩份極高的老前輩猝不及防地挨了這記冷槍，一時腦中一片空白不知道如何回應這個暗算。而原本爭著坐在第一排，搶著面對媒體和鏡頭的同行，這才意識到這一排座位根本就是挨子彈的刑場，面對這種尷尬，有人選擇閉目沉思，有人選擇假意交談，根本沒有人願意在這個時刻挺身面對這個外國記者尖酸、無禮的提問。

　　「長兵器的鍛鍊，有些意在增長功勁，有些則是為了傳統的延續，未必全都跟打仗有關！內家拳用長槍和丈二大杆來鍛鍊發勁和腰馬下盤，道理就跟西方人用槓鈴和啞鈴來增強肌耐力是一樣的。對於這些傳統的技藝，不能用你的主觀來解讀，你看到的、你想到的，未必就是答案！反過來，我想請問這位先生，在越南你們會把啞鈴當手榴彈用嗎?」洪懿祥從角落用低沉但足夠讓在場每一個人都聽得清楚的聲音回應這個問題。神來之筆的妙喻猶如棉裡藏針的內家拳，在輕鬆化解這個輕蔑挑釁的同時，順著對方的來勢，用幽默的口吻回敬了對方一記。

　　「很抱歉！您的提問觸及美國的國家安全和機密，我想恐怕只有美國國防部長才可以回答你的問題!」老練的記者用另一個幽默輕鬆地化解這個尷尬。但有了這樣的回應之後，其他的記者就不好意思再用這種不太尊重的方式來提問以免自取其辱。

　　「剛剛我們看了很多擊破的表演，很精彩！看起來很厲害，但這裡頭卻有很多力學的詭計在裡面。像你們打日式的屋瓦，疊得很高，看起來需要用很大的力量才能打破！但大家都知道這種瓦片是用低溫窯燒出來的，硬度並不高，再加上瓦片像波浪一樣彎曲，我看到的是物理上的技術，不是武術上的真功夫！如果擊破是在展現功力，請問為什麼你們不選擇用更老實的材料和方式呢?」另一個記者用很標準的國語一語道破這個原本在武術界普遍心照不宣的問

題。

「就算是物理技巧，那也是功夫的一部分。況且，東西都已經打破了，如果你們懷疑，那也無法再重來一次了！反正信者恆信，如果不信，再怎麼說也沒有用！」一位剛剛做徒手擊破的大師傅雙手一攤無可奈何地解釋著。

「那倒未必！各位師傅，有沒有興趣試試這個？」看起來這些採訪的媒體記者是有備而來的，話才說完，現場隨即有助理人員拿了兩塊淺黃色的磚塊上來放在這些大師傅面前的長桌上。

「是火頭磚！」席中有識貨的人一眼就看出桌上那兩塊大方磚的來頭。

「對！這是砌窯爐專用的高密度耐火磚！因為比較厚，硬度也比較高，而且沒有彎度，所以只要有人可以不墊高一拳打破兩塊耐火磚！那我們就真心佩服中國武術！」那位記者帶著可掬的笑容環視現場所有的大師，希望有人可以站出來試試。

「那是超過 1,000 度高溫燒出來的，比石頭還要硬！」

「幹！分明是事前佈好的陷阱！刻意拿這些莫名其妙的東西來陰我們的！」

「忍下來，千萬別碰！沒打過的東西根本不知道特性！千萬別中計！」

「對！忍住！別理會他們，待會兒國術會自然會跳出來解圍！」

「操他奶奶的！這是什麼鬼記者會！下次再也不要參加這種鳥會了！」席上的師傅們紛紛交頭接耳相互提醒著、埋怨著，就是沒有人願意在這個關頭挺身站出來挑戰這兩塊磚頭。

「非常感謝這位記者先生的費心準備，今天的表演已經比原訂的時間超出了許多，在座的師傅們為了今天的表演已經辛苦準備了好多天，應該也都累了！我建議這個打磚塊的事，今天就暫不嘗試

了，以後如果有機會，我們國術會再另做安排好不好！」國術會的總幹事果然在關鍵的時刻出面打圓場。「對！太晚了！我們還得趕夜車回南部，下次再說好了！」席上的師傅們不分門派異口同聲紛紛表態響應。而記者席上的文字採訪和負責攝影的人聽到國術會的說詞，則紛紛露出不屑的笑容。

「慢點！我願意試試看！」洪懿祥自後座起身逕自走到最前排的桌前，拿起那兩塊沉甸甸的火頭磚，仔細掂估它的份量和質感。現場原本已經接近曲終人散的氛圍，瞬間因為這個轉變又再次活絡了起來。會場的工作人員立刻依現場攝影記者們所提出的要求做空間和燈光的調度。現場雖然一時呈現忙碌和混亂，但卻也效率十足，不到十分鐘幾十臺相機和攝影機全數就位待機，虎視眈眈隨時準備狩獵明天一大早新聞報紙的頭條畫面。不管是石破天驚，還是丟人現眼，全都將在這快門開闔的瞬間，決定它的標題和報導的態度。

洪懿祥抓住會場空間調度的短暫空檔，在場邊略作簡單的暖身和吐納後，便進場獨自一人面對所有的鏡頭和關注。這時國術會會長王成章先生刻意上前表達關切和鼓勵，並向現場所有貴賓和媒體簡單介紹洪懿祥的武術派別和師承背景。「洪先生，為了讓每一位攝影師都可以拍到最精彩的畫面，是不是請你配合一下，等我們數一、二、三之後再打下去！」

「不用數！我手舉起來時，你們一定會有足夠的時間來按快門！」

「嘿！一個不受人擺佈的傢伙！」在貴賓席上，一位美軍軍官側身跟身旁的 Robert Smith 耳語。

「要打得破，才有資格這樣講話吧！否則……」後面的酸話還來不及說出口，現場幾十部相機的閃光燈和快門，就如同夜空下幾百顆曳光彈在黑暗中同時迸炸開來一樣，震懾住在場的每一個人的

每一顆心。

「拍到了沒?」

「拍了! 但就不知道有沒有拍到! 得回去沖出來才知道!」所有的攝影師在啟動快門按鍵的第一時間,關心的是自己在那個瞬間有沒有抓到該拍的畫面,之後,才有人想到——

「那到底打破了沒?」

隔天一早,街頭公車售票亭的報攤上,各家報紙的頭版下的標題雖然各自不同,但刊出的照片幾乎都是同樣一張——洪懿祥左手扶按著那兩塊「火頭磚」,右拳壓在磚塊的上方,拳沿底下是一道明顯碎裂的斷痕。

1960 年洪懿祥徒手擊破高溫燒製的火頭磚

# 第六九章　打了火頭磚之後

現實告訴我們，你必先證明自己有勝出的實力，才有資格坐下來談和平的權力。於是，大家努力製造核子武器，以便向世界證明自己擁有決定不使用核武的權力！

【場景】：中山北路美軍福利中心

　　「打磚頭是打磚頭！不是真功夫！」洪懿祥說。

　　「為什麼?」媒體記者問。

　　「磚頭是死的！人會閃躲，會回應！會反擊！」洪懿祥說。

　　「那你認為什麼才是真功夫?」媒體記者問。

　　「武術，是人跟人，內在跟外在互動對應的一種技術！」洪懿祥說。

　　「既然不是真功夫，為什麼還要打?」媒體記者問。

　　「因為打破了！才有說服力！不是嗎?」洪懿祥說。

　　「萬一沒打破呢?」媒體記者問。

　　「這該反過來問你們才對，如果沒破，你們的報導會怎麼寫?」洪懿祥說。

　　「肯定會比打破了還刺激吧！」媒體記者說。

　　「我想也是！對不起讓大家失望了！」洪懿祥說。

　　「請問打磚頭你靠的是技術?還是力量?請簡單回答就可以！」媒體記者說。

　　「你說呢?」洪懿祥反問。

　　「磚是你打的，得由你來說！」媒體記者說。

　　「可以！但你們都只提問題不回答嗎?」洪懿祥說。

　　「我們是記者，問問題是我們的天職！」媒體記者說。

　　「有道理！但沒有前提就沒有答案！這次你可先得回答我的問

題，你們在意的是『打』還是『打破』?」洪懿祥問。

「應該在『打』這個點上吧! 打不打，我們可以用方法激出來!
破不破，這不是我們可以掌控的! 對媒體來說，只要打，目的就達
到了! 只要有消息，有畫面，就完成了! 我們的報導是由現場發生
的事決定! 雖然我們總希望有意外的驚喜發生! 所以在這樣的前提
下，一定得有個人站出來製造新聞，對不對?」媒體記者說。

「真要都沒人出來呢?」洪懿祥問。

「這個你放心! 相信我! 總會有人被推下水的!」媒體記者說。

「了解! 其實在那個時刻，我最想做的是，拿把榔頭把磚給砸
了，然後再告訴大家，在臺灣我們都是用這種方法打磚的! 而不是
用手! 這樣行嗎?」洪懿祥說。

「哈哈哈……這樣的效果肯定更勁爆了!」媒體記者說。

「就怕你們不能接受這麼大的反差!」洪懿祥說。

「所以你就站出來扛這個風險? 有沒有想過，萬一沒打破呢?」
媒體記者問。

「就寫我學藝不精又自不量力吧! 總不能讓你們寫中國武術經
不起檢驗吧!」洪懿祥說。

「一個人頂掉全部的風險，你算得可真精!」媒體記者說。

「我是迪化街商人之子!」洪懿祥說。

「洪先生你還沒回答我的問題喔!」媒體記者提醒。

「好! 就回到你的問題! 擊破是人與物的對應關係，不能脫離
對物理特性的掌握，所以，除了你剛剛說的技術和力量之外，還要
有知識和判斷這兩個重要的元素! 當然還要有幾分運氣!」洪懿祥
說。

「請問你從那磚塊上看出什麼物理的特性?」媒體記者問。

「相對的兩面，必定同時存在! 越硬的東西，往往就越脆! 用

來砌窯爐的火頭磚特質在耐熱，質地雖硬，但不耐撞擊！」洪懿祥說。

「所以呢?」媒體記者問。

「只要抓住共震的斷點，效果就會出來！嚴格說，在那個瞬間我總共打了兩下！」洪懿祥說。

「可是我們明明只看到一下啊！」媒體記者說。

「我用左手按住下磚，再用兩段式的分勁來打，我先用打力把上面那塊磚打彈上來，當它彈上來時，我把打力內轉為壓力，利用彈上來的磚壓撞下面那塊磚！」洪懿祥說。

「所以你等於是拿上磚來砸下磚?」媒體記者問。

「可以這麼說！但還是要有足夠的勁道才行！因為是在瞬間完成的，所以不容易被察覺！這是內家拳破金鐘罩硬氣功的兩段分勁，『先打鬆，再打穿』的特殊手法！」洪懿祥說。

「真的是這樣嗎?」媒體記者問。

「在相機沒有發明以前，不也是沒有人相信可以把人像拍攝到底片裡面嗎！」洪懿祥說。

「各位，時間已經不早了，現在就提最後一個問題，我們要準備用餐囉！」國術會總幹事說。

「洪先生，請問你認為最難打的是什麼?」媒體記者問。

「球！在正常的狀況下，我沒有辦法打破一個球！」洪懿祥說。

「喔！為什麼?」媒體記者問。

「因為打破了，大家就都沒得玩了！」洪懿祥說。

「哈哈哈……」所有的賓客大笑。

「真有意思！說得一點也沒錯啊！」


※※※※※※※※※※※※※※※※※※※※※※※※※※※

　　打破了那兩塊「火頭磚」之後，大家全都鬆了一口氣。晚會的
主辦單位就宣佈當天的表演活動全部結束，並依計劃將淨空的場地
迅速佈置成西式的自助餐會，還在會場的主牆面上用燈光打出了一
個人造的月亮，讓大家在室內也可以邊吃邊賞月。幾張鋪著潔白桌
巾的長桌上擺滿了三明治、火腿、牛排、炸雞、蛋糕、水果、雞尾
酒……桌邊還另立了兩個用大汽油桶切割而成的特大冰桶，桶裡裝
滿冰鎮得透心涼的啤酒、汽水和可樂。所有與會的賓客全都忘了剛
剛表演的辛勞，盡情地享用著豐盛美味的菜餚。這樣別開生面的美
式盛宴，在那個物資匱乏的年代，已經算得上是天大的享受了。

　　餐會中開放媒體自由採訪，所有與會的大師傅們在酒足飯飽之
餘，紛紛挺身而出，對著各個報社的採訪記者們，述說中國武術博
大精深、無所不含、無所不摧的各種既荒誕又死無對證的傳聞軼事
……就在大家忘情享受佳餚美食的同一時間，貴賓室中，幾位資深
的媒體和中美兩方的長官，陪同洪懿祥與陳眉壽一起用餐。餐桌上
提供的是現榨的果汁、現烤的麵包、現烤的牛排、龍蝦和陳年的威
士忌，透過美方翻譯官的協助大家邊吃邊聊。

　　「我曾在日本親眼看過一位空手道的高手，空手劈破一顆球！」
一位美國軍官說。

　　「哇！真不可思議！」媒體記者說。

　　「請問球是固定的？還是活動的？」洪懿祥問。

　　「嗯！問得好！」美國軍官說。

　　「有什麼差別？」另一位媒體記者問。

　　「差很多！洪先生，你總是這樣一眼就看穿問題的關鍵嗎？」
Smith問。

　　「不！只是好奇而已！其實武術追求的力量是相對的優勢，不
是絕對的大力。認真來說，要打斷一根肋骨或是摧毀一個關節，並

不需要太多的力量！力量不是越強大越好！」洪懿祥說。

「這個我認同！力量夠用就好！能不能說明一下什麼是借勁？」Smith 問。

「簡單地說，借勁就是利用對方的力量來反擊，力道用得越大，對自己傷害就越大！在內家拳的觀念裡，我們強調放！把適當的力量放到對的位置上！像自由落體一樣，除了空氣之外，中間沒有任何阻抗！只是大家都不放心，以為越用力越好，所以原本就會的東西，反而被蓋住了。一定要依規定先學會了很多東西以後，才會發現要怎麼放掉！很可惜！但也很有意思！」洪懿祥說。

「洪先生，有方法可以在最短的時間內學會內家拳嗎？」

「不容易！但應該還是可以想想辦法！」洪懿祥說。

「老弟！你好像很少說不行，是吧？」陳眉壽說。

「我只是覺得沒做過的事，總得先試試再說！」洪懿祥說。

一場看似輕鬆平常的餐敘閒聊，實際上，卻是美國軍方特別為即將赴越作戰的美軍，遴選徒手格鬥教練所安排的面試，目的是希望可以提高他們在越南叢林作戰的存活率。席上還有應聘來臺協助臺灣軍方培訓敵後工作人員的美國中情局資深教官 Robert Smith 上校，他們共同對這位臺灣中青輩的武術高手進行最嚴格的檢試。而在這場面試之前，暗中的跟監和觀察則已經持續進行了相當長的一段時間，只是當事人完全渾然不覺。就連負責出面邀請的柔道高手陳眉壽也完全不知內情，以為這只是一場豐盛美味的餐敘而已！

1960 年洪懿祥與陳眉壽參加代訓美軍的開幕儀式

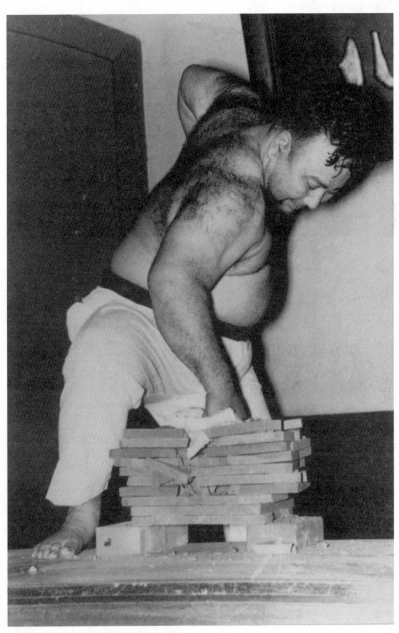

1965 年洪懿祥徒手擊破尺二磚

# 第七十章　就叫「易宗唐手」

60% 的傳統武術 + 20% 的外塑武術 + 20% 的新創武術 = 易宗唐手
60% 的實打對練 + 20% 的套路練習 + 20% 的拳理探索 = 易宗唐手
60% 的拳腳功夫 + 20% 的兵器鍛練 + 20% 的養生導引 = 易宗唐手

**【場景】：杭州茶室**

　　一場以「火頭磚」為功力測試的計劃，在軍方和媒體各取所需的合作下，圓滿完成長官交付的任務。次日，各國的平面媒體各自以他們的主觀來解讀對「中國武術」的看法，當然沒有人會仔細去探究報上所寫的跟當事人在現場所論述的主張是否契合。因為這種非關民生大計的閒事，過了就過了，很少能在歷史上留下軌跡！淡水河堤外，廢棄機帆船艙內的「杭州茶室」，木紋溝槽凹凸畢露的茶桌上，一壺老山陳年鐵觀音、一碟鹽味瓜子、一碟紅土花生、一碟山楂糕以及一份刊載「內家高手一拳擊破火頭磚」的外文報紙。

　　「你自己看看，全身的毛都豎起來，太可怕了！」陳眉壽說。

　　「對啊！真的好可怕！連我自己看了也嚇一跳啊！哈哈哈……」洪懿祥說。

　　「你到底私下給報社多少廣告費啊？一整個晚上那麼多人上臺表演，卻只幫你一個人刊了一張這麼大的照片，太不公平了！」陳眉壽說。

　　「我餵他們消息和畫面，他們只是投桃報李而已！」洪懿祥說。

　　「你啊！真有記者緣，把你寫得那麼好！」陳眉壽說。

　　「是啊！我自己也覺得沒他們寫的那麼好！」洪懿祥說。

　　「算你有自知之明！有些人一出了名，就忘了自己的斤兩！」陳眉壽說。

　　「放心！本人絕不患那種大頭症！」洪懿祥說。

「對了！我猜那位重要人物應該是 Robert Smith！你有注意到嗎?」陳眉壽說。

「是吃牛排時提問的那位?」洪懿祥問。

「嗯!」陳眉壽說。

「他想要什麼?」洪懿祥問。

「我原以為他會當場亮底牌!」陳眉壽說。

「不急，人都已經浮出檯面了，遲早總要出手！就等他們亮招吧!」洪懿祥說。

「有件事還是得先提醒你一下，當初美方找我教柔道，就有人提醒我，只管教就好，其他的事都不問不碰，不要跟外國人有私交，免得惹麻煩!」陳眉壽說。

「了解！戒嚴時期嘛！什麼都得小心!」洪懿祥說。

「記得剛開始教的時候，還被跟監過好一陣子，但後來不知怎麼就都不見了!」陳眉壽說。

「那乾脆不教不就沒事了，反正又不缺錢，何必惹這個麻煩?」洪懿祥說。

「那也不行，老美他們可得罪不起!」陳眉壽說。

「捏怕破，放怕飛！真是矛盾啊!」洪懿祥說。

「這不就是政治嗎!」陳眉壽說。

「那就隨緣吧！是他們找我，又不是我找他們，該操心的是他們才對!」洪懿祥說。

「政治是一門特殊的行業！不是我們老百姓能碰的!」陳眉壽說。

「我看那不叫行業！叫勾當!」洪懿祥說。

「也許是吧！倒是有一點得先提醒你，一般來說，西方人做事明來直往實事求是，教他們武術必須樣樣都到位，不能光用說的、

用比的，他們不吃這一套！」陳眉壽說。

「了解！要玩真的才有說服力！」洪懿祥說。

「我推測應該是找你去教拳吧！」陳眉壽說。

「這還需要推測嗎？難不成是要我去教跳舞！」洪懿祥說。

「層級應該不低，不然不會搞得這麼神秘！這不像他們平常的作風！」陳眉壽說。

「外國人也是人，未必全都是明來直往的！」洪懿祥說。

「我知道你不缺錢，但我還是希望你能接下來！」陳眉壽說。

「為什麼？」洪懿祥問。

「既然不想接你老爸的棒子當生意人，還是得有自己的事業，這個機會肯定是最好的歷練！」陳眉壽說。

「嗯！對付這些美國大兵就是最好的磨練！」洪懿祥說。

「他們馬上就得去越南打仗，要想活著回美國，不能不認真練！如果不夠好，他們絕對不會在你的身上浪費時間和生命！有什麼比這個更能驗證自己的實力？接觸西方文化會讓我們變得更務實！才不會閉門造車不知天高地厚！像日本的柔道和西洋的拳擊，都是這樣用實戰磨出來的！」陳眉壽說。

「我知道要透過不斷的對打，用身體去體驗犯錯的痛和代價，只要夠痛，就一定會快速修正！而且在戰場中搏命的招式一定要簡單，要一沾手就能用才行！太複雜、太高難度的招式，反而有致命的風險！」洪懿祥說。

「雖然美國人和日本人都一樣務實，但美國人學東西比較有主見，不像日本學生那麼聽話。教美國人武術，不能牽著他們的手寫字！他們習慣自己找答案！只要能達到目的，不要設太多框架！要留些空間讓他們自己飛！依你的實力，好的對手會越來越難找，如果要想再往上提升，這就是老天爺賜的機會！只是內家拳一練就得

要五年八年，我懷疑這種東西老外真的會想要嗎？」陳眉壽說。

「時間的問題，應該可以用分類和分級的方式來解決，先挑選簡單易學容易上手的來教！」洪懿祥說。

「在戰場，能保命最重要！而保命和殺敵是分不開的！所以招式設計不能心軟！」陳眉壽說。

「這我了解！我會細心斟酌！處理祖師爺傳下來的東西，草率不得！有些東西一旦斷了鏈，就再也回不來了！」洪懿祥說。

「同樣還是得分開來處理！時代一直在進步，時間和效率將會是存亡的關鍵，在未來一定得分出兩條路子走！」陳眉壽說。

「好！高階的課程偏重拳理和潛能的探索，難度較高，只能抽出來另外因材施教！形意拳原本就是古代軍中的戰技，是由古長槍術演化而成的拳術，具有持械和徒手兩種不同的作戰功能，手中持槍時，就是劈砍挑刺之術。放掉兵器就是劈鑽崩炮橫徒手近身格鬥的招式。」洪懿祥說。

「太好了！沒想到傳統武術轉化成現代戰技竟會這麼契合！」陳眉壽說。

「跟八卦掌正好相反，形意拳的招式簡約，把所有攻擊跟防守的概念大量簡化為『由上而下』、『由下而上』、『由裡而外』、『由左而右』、『起落』、『開闔』、『縮彈』……幾個簡單的元素，原本就是為了方便大量快速推廣的軍中戰技，是傳承到民間之後，才又增添五禽七獸十二形這些套路！」洪懿祥說。

「別忘了你練過的外家拳，裡面有很多很實用的東西！」陳眉壽說。

「我會用外家拳作入門的基礎功，打好底子後再傳內家拳的手法。」洪懿祥說。

「好點子！」陳眉壽說。

「後天八卦六十四掌有許多出其不意的散打招式，只要符合簡單、好學、好用的原則，同樣都可以融進來。這樣奇正相生剛柔並濟應該足夠應付戰場上的需要！」洪懿祥說。

「這些都是從傳統武術中萃取出來的菁華，總得要有一個永垂不朽的名號吧！」陳眉壽說。

「要能接續張峻峰師父的堂號『易宗』，也要能包容其他師父所傳的內外家武術，這樣才對得起所有的恩師。同時還要讓人一眼就看出這是一門正統中國武術！在還沒有中國這個名號之前，傳統武術有一個古老的名字就叫『唐手』，『唐』是外國人對古中國的稱呼，『手』是格鬥技擊的意思，日本的空手道最原始的名稱就叫『唐手道』，是後來為了去中國化才用同音字『空』來取代『唐』字，所以，我想……」洪懿祥說。

「嗯！有承先啟後的歷史縱深，又有陰陽相濟內外兼修的廣度！真的不錯！」陳眉壽說。

「好！就叫『易宗唐手』！一門以《易經》和陰陽變化為宗本的中國武術！強調相對的兩面必定同時存在和物極必反的拳術。」洪懿祥說。

# 第七一章　智取黑色巨塔

*有很多事都一樣，方向錯了，就錯了！錯的事，即使做得再有效率，還是錯的！*

**【場景】：林口美軍顧問團基地**

　　一位身高逾 190 公分體重超過 100 公斤，脖圍長得比頭圍還要粗的美國黑人大兵，手持長棍進入場中。他先是抱拳向席上的長官和貴賓示禮後，即掄動手中的長棍左右交替揮舞，只見棍影罩身虎虎生風，立即贏得全場如雷的掌聲！

　　「聽說中國武術有一種巧勁，可以四兩撥千斤，現場的這位肯特先生是我們軍中的戰技教官，他曾在日本學習過棒杖術，今天他要用手中的長棍向在場的師傅討教，歡迎各位大師踴躍下場給他一些指點！」現場的翻譯官說完，這時，只見那黑人大兵以一棍定乾坤的招式鎮住手中飛舞的長棍，兩腳齊肩蹲身扎馬，兩手正反握棍下壓，將那支直徑超過六公分的長棍緊緊壓貼在自己的大腿上，儼然望之就是一座不折不扣的「黑色巨塔」。

　　面對這種強敵的挑戰，在場所有應邀而來的武師們立刻起了一些騷動，紛紛交頭接耳互換彼此的看法。一些體型較為瘦弱的武師，自省不是這個挑戰者的對手，各自識趣地往較不顯眼的角落挪動。幾位身型魁梧的外家拳師傅則摩拳擦掌興致勃勃地商討著應戰的對策。

　　「好！就讓我先來試試！」南少林金獅武館一位體型呈橫向發展的壯碩武師，被眾人拱派出來試探水溫，其他幾位輩份較高的師兄則在旁邊吆喝為他贊聲！

　　「請問您是⋯⋯?」主持人問。

　　「金獅武館廖水勝！請問這個黑金剛他到底要怎麼比?」廖師傅

說。

「很簡單！只要你可以用另一支木棍，從下而上把他的棍子挑翻起來，就算你贏！」主持人說。

「不管用什麼辦法都可以？」廖師傅問。

「對！只要翻得上來，或是讓他的腳步失衡移動，都算贏！」主持人說。

「行！」廖師傅說。

聽完主持人繪影繪形地解說比試規則後，大家才又重新仔細打量這位黑人大兵所下的考題。只見這個巨漢一身肌肉精實虯結骨架奇大，比起一般亞洲男人的體型至少大上兩三號。從他握棍下壓的動作來看，顯然就是個集先天稟賦和後天苦練於一身的武術高手。因為他的個頭高壯，所以一時不易察覺他的馬步是蹲得這麼低。手中那支粗黑金亮的硬木長棍，看起來也是特別依照他的身高和體型量身訂作的。這個長橋大馬的壓棍樁式，棍身離地不及 2 尺與地面平行。也就是說，他預留給挑戰者使力的空間已經被壓縮到一個不能再低的限度。只要是耍棍弄棒的行家一看就知道這是個精心設計的難解習題。在那個有限的空間內，力量和技術同樣都很難施展開來。

廖師傅就地挑選了一支稱手的齊眉棍，也隨手作掄棍暖身的動作。因為都是教練等級的水準，掄起棍來也同樣是虎虎生風。場邊的武師們見狀也紛紛吆喝贊聲為他打氣。廖師傅接著就依照對方所出的考題先隔空作了幾次挑棍的練習，每次挑棍時他都會發出懾人的怒吼聲，臺灣傳統的武館練的大部份都是南少林，外家功夫在使力用勁時習慣喝聲助威，從廖師傅那幾棍的氣勢看起來也是聲色俱厲煞有介事！

「你要他注意，我要開始了！」廖師傅說。

「隨時候教！」黑金剛帶著充滿自信的微笑示意隨時歡迎他賜教。廖師傅隨即趨步向前把他的木棍前端直接斜伸到對方的棍下，然後蠕肩鬆頸動了幾下後，突然後腳向前疾蹭半步，前腳同時順勢進前，以前踵支地全力撐腰上挑，朝上棍挺勁發力，行家出手果然動作齊整到位，確是極為強勁有力的一擊。只是他這奮力向上的挑擊與上棍接觸時，除了兩支木棍相擊所發出的清脆響聲之外，下壓的上棍卻是依然如故不動如山！這時全場的武師才驚覺隱藏在這黑色巨塔之中深不可測的驚人實力！於是，緊接著又有幾位師傅上來嘗試用各種不同的方式來挑戰，但受限於已經被掐死的有限空間，終究沒有人可以成功挑動黑金剛手中的長棍。

就當席上正瀰漫著所有挑戰者全都鎩羽而歸的失敗氛圍時，有一個巨大的身影從武師席的角落站了起來。他是新莊武館的黃師傅，從挑戰的一開始他就隱身在最不引人注意的暗處，冷靜觀察整個挑戰的過程和細節，努力搜尋這位黑人大兵的弱點。黃師傅是臺灣武術界的巨人，他身高接近 200 公分，體重超過 130 公斤，是國術、柔道、摔角……多項武術擂臺賽無限量級的盟主。整個比試進行到這個階段，他應該就是決定臺灣武術界能否逆轉乾坤的最後一線希望了！

「我不要這些牙籤！給我一支像樣的棍子！」

黑金剛看到這位體型噸位跟自己旗鼓相當的對手上場，一時腎上腺素急速分泌，臉上不由自主地流露出亢奮自信的笑意。為了迎戰這個巨人的逆襲，他特別解椿起身認真地作了幾個放鬆筋骨的暖身動作後，才又重新運棍扎馬來迎接這一輪新的挑戰。黃師傅接過美國軍方遞給他的長棍，他一邊掄棍暖身，一邊漫步繞著黑金剛的四周打量，就像是在找尋一個可以方便下手的切口一樣。他先是用前面幾位師傅曾試過的方式輕手試挑了兩三下之後，他決定放棄這

些已經被證實無效的辦法，改用撐桿跳選手握棍的方式，兩手緊握長棍後段的三分之一，然後再將長棍的前段斜插到黑金剛巨棍下的地面上，另一頭則將棍尾反架在自己的肩膀上，形成前中後三個支力點，讓上下兩棍緊緊交疊在一起，準備利用槓桿原理來破解這個難解的僵局……

「嗯！總算是來了一個懂得用頭腦的傢伙！」Smith 說。兩個巨人相互對望一眼後，即各自運氣整勁開始一場精彩的大對決。黑金剛不改原來四平大馬的防禦樁式，黃師傅則是以前弓後箭使勁上頂，兩人幾乎是同時發出巨吼宣誓必勝的決心，聲音之大震懾全場，緊接著從兩棍交疊之處傳出木棍相互擠壓擰絞摩擦的聲音，以及兩人努力運氣催勁的換氣聲。但見傾力相持中的兩座巨塔，一個滿臉鼓脹通紅，面目十分猙獰，另一張原本就烏漆麻黑的臉讓人一時更難以分辨他的表情，纏鬥相持了將近三分鐘，突地一聲巨響，黃師傅所持的長棍從兩棍交疊處炸裂成數百條木質纖維和粉末煙塵般的碎屑！

現場所有屏息觀戰的賓客，也幾乎是在同一時間發出驚呼之聲，上棍倚仗著原先所佔據的優勢維持住他的勝利，賽後兩人相互握手致意，現場爆出如雷的掌聲為這場難得一見的精彩搏鬥喝采！

「哇！真的是勢均力敵啊！」

「如果攻守易位，我敢打賭黃師傅肯定會贏！」就在大家努力為兩個巨人精彩表現喝采的同時，貴賓席上卻隱約傳出一聲微弱的嘆息：「唉！還是一隻只懂得用蠻力的牛！」Robert Smith 雙臂環抱上身往後仰貼在椅背上，沒有參與大家的熱情。看起來這種依靠原力的比鬥，不是他期盼中的真功夫。他心中納悶，難道中國武術南傳到臺灣之後，那些令人心生嚮往的境界，全都在流亡的途中失傳滅絕了嗎？還是那些傳說中的東西，徹頭徹尾只是文人憑空編織的浪

漫囈語，在真實世界中根本就不曾真正存在過！果真如此，那就盡速結束今天這場引蛇出洞的荒唐計劃吧！

「洪先生！不上來試試嗎?」國術會的總幹事眼看臺灣整個武術界全軍覆沒，面子實在有點掛不住，忍不住主動招呼洪懿祥希望他可以上場試試看。

「不用了！他一個人已經應付那麼多人了，對他不公平！」洪懿祥說。透過翻譯官的轉達黑金剛表示他還可以，並且樂意再接受其他人的挑戰。

「好！那就讓他先放鬆休息一下吧!」主持人說。軍中的醫護官隨即在長官的指示下為黑金剛作舒壓按摩鬆放筋骨，約莫十幾二十分鐘後，黑金剛再度生龍活虎般地出現在會場中準備繼續接受挑戰，而洪懿祥也已經利用空檔的時間完成了簡單的暖身。

黑金剛再次上場仍是採取四平大馬的椿式來迎接新的挑戰。洪懿祥一上來，就像其他的挑戰者一樣試著依照比試規則先用長棍由下往上試挑了兩下，原本大家以為他應該會在第三下使勁真打，沒想到他卻突然迴棍反向而上，並順著尾勁直接一棍從上面打了下去。這反其道而行的一棍等於是順著黑金剛原本用力往下壓的方向重重地又推了一把，完全打亂了黑金剛的重心和布局。強大的推力隨著沾黏的棍法直接灌壓到下棍的棍身，逼迫黑金剛不得不往前跨出了一大步才勉強穩住平衡。沒想到就在他的身體才剛用力往後回拉重建平衡的剎那，洪懿祥的長棍在同一個時間像巨蟒纏身一般又再次出人意表地迴棍而下，只是這一次使力的方向是由下往上的挑擊，同樣也是順著黑金剛往上回拉的力量再額外增添一股預算之外的強大推力，待黑金剛意識到這股推升的力道遠遠超出他恢復平衡所需的力道時，他才發現大勢已經無可挽回。原來這個迴棍才是洪懿祥的主力攻擊，更要命的是這個挑擊用的是螺旋勁，他的身體就不由

自主地隨著手上的巨棍被那股巨大的漩渦裏捲了進去，整個人完全喪失自我控制的能力，只能順著那股無形的力量朝地上滾了一大圈，才脫離那股力量的控制。

兩人交手不過短短的兩棍，黑金剛就當眾栽了一個那麼大的跟斗。一直到這個黑色大兵從地上爬起來向洪懿祥拱手認輸時，現場所有的賓客才像是大夢初醒一樣瞬間爆出如雷的掌聲，大家做夢也沒想到這個讓人束手無策的難題，竟然可以用這麼簡單的方法破解。

「怎麼會這樣?」

「原來這麼簡單啊!」

「這不是初學入門的基本棍法嗎?」

「對啊! 不就是簡單的壓棍和盤棍嗎?」

「不早說! 這個我也會! 讓我來一定讓那個黑金剛多滾個五六七八圈的!」

「唉! 要不是被誤導了，這個誰不會!」

「我們都被自己給騙了，就只知道往上用力!」

「沒想到這個黑人的下盤這麼虛啊!」

「這不過是腦筋急轉彎而已，根本不是什麼真功夫!」

「幹! 每次都讓我們打頭陣，搞到最後都像是在幫那個傢伙抬轎子一樣!」

「不，事情不是你們想的那麼簡單!」這原本是由美國軍事顧問團和國術會聯合邀宴的聚餐，這個餐後的餘興節目就在議論紛紜中落幕了。

※※※※※※※※※※※※※※※※※※※※※※※※※※※※※

「肯特先生長兵器的功力很強，我試挑了幾下，就知道如果順

著他的方向硬挑，我一點機會都沒有！況且就算是贏了，也算不上四兩撥千斤！」洪懿祥說。

「你覺得他輸的關鍵在哪?」Smith 問。

「應該就跟他贏的關鍵是同樣的!」洪懿祥說。

「能否請你說清楚一點?」Smith 問。

「好！肯特先生很聰明，也很有經驗，他把可以用力的空間壓縮得很小，讓挑戰者很難使出全力。」洪懿祥說。

「對！可是他畢竟是靜態的力量，怎麼抵擋得住挑戰者的動態力量呢?」Smith 問。

「不！表面上看是這樣，但其實他的力量是動態的!」洪懿祥說。

「是嗎?他不是一直都靜靜地站在那裡嗎?」Smith 說。

「沒錯！從表面上看，他似乎一直都站在那裡一動也不動！但當挑戰者用力往上挑的同時，他就暗中引動身體的重量往下加壓，抵銷掉挑戰者逆向打上來的力量。認真來說，他是在雙方接觸的瞬間微微動了一下，並不是完全都不動!」洪懿祥說。

「好！那你破解他的戰術是什麼?」Smith 說。

「先破壞他的平衡，然後再順著他用力的方向幫他一下。」洪懿祥說。

「幫他一下?喔！你是說推他一下，好幫助他跌倒啊?」Smith 說。

「應該說是用比他想要的，還要更多一點的力量來破壞他的平衡!」洪懿祥說。

「多一點?是多少?四兩?」Smith 問。

「算是吧！因為他是利用兩棍接觸的那個剎那利用身體的重量再往下壓，因此他必須從敵人身上找到新的支點來維持自己的平衡，

這是一種『借位平衡』的技巧，中國武術中的『醉八仙』所練的也是這類似的技術，是利用來自對方的逆向阻抗，來建立動態的平衡點。」洪懿祥說。

「所以……」

「所以，只要不提供借力的點給他，並且順著他施力的方向，再輕輕推他一把，就可以了！」洪懿祥說。

「所以，你不但不讓他依靠，還推他一把？」Smith 說。

「這就是我為什麼第一棍會往下打的原因！」洪懿祥說。

「然後……」

「因為考題是由下往上的挑棍，所以我只好逆著方向又玩了一次同樣的戰術。」洪懿祥說。

「為什麼？這樣不是又重回到原來使力空間不夠的問題嗎？」Smith 問。

「從表面上看也許差不多，可是在那個剎那間他用力的方向正好相反。因為要趕快平衡回來，所以在那個短暫的時間內他的力量是往回拉的，只要抓準那個時間點，順著他的方向再幫他一次就可以了！」洪懿祥說。

「你還幫他啊！」Smith 說。

「反正就是要用順勁，才符合四兩撥千斤的原則！」洪懿祥說。

「第二棍的力量好像又不太一樣，不然他怎麼會栽了那麼大的跟斗！」Smith 說。

「我黏住他的棍子，用了一點螺旋勁，本來只是想讓他的棍子脫手就可以了，沒想到他握得太緊了，才會連人帶棍摔得那麼重，我自己也被他嚇了一跳！」洪懿祥說。

「你自己也被嚇到了啊！哈哈哈……」Smith 說。

「……」洪懿祥。

「最後一個問題，請問你第一次迴棍往下打的那一棍，為什麼會打得那麼靠近肯特先生的手？是不小心？還是故意要嚇他的?」Smith 問。

「喔！那只是一個不小心的觸身球吧!」洪懿祥說。

「是嗎？我看呐，應該沒那麼簡單吧!」Smith 說。

「……」洪懿祥。

Smith 原本只是覺得這個巨大的黑人突然間摔成這副狼狽的德性未免太誇張了！為了確認洪懿祥到底只是僥倖獲勝還是真有本事，他在比試過後，特別私下透過翻譯與洪懿祥做了一個簡短的對談，他沒想到在這短短的交手過程中，竟隱藏著這麼細膩的觀察、技巧和智計……

「原來如此！要先破壞對方的布局，絕對不能順著對手指引的方向走！要順向撥引，不要逆向硬上！原來關鍵是在方向和時間點的掌握！原來這些技術真的存在！原來只是這麼簡單的道理啊！原來只要稍微拐個彎，就可以創造出這麼強大的威力！原來功夫不只是拳腳的技術，懂得用腦袋才是真正的功夫！哇！真的太神奇了！那麼，就非他莫屬了!」

# 第七二章　中央山脈秘訓基地

眾生畏果，菩薩畏因！生命過程中，所發生過的每一件事都只是一個獨立的點，發生的當下往往看不清前因和後果。但在路的盡頭，所有的點都會連成一條首尾相通的線。所以，事後的說三道四和悔不當初真的一點營養都沒有！

【場景】：林口美軍顧問團基地

　　「你好！我是 Robert Smith！我是美國中情局亞洲區的主管，我負責越戰的敵後情報作戰任務。這不是我們第一次見面，剛到臺灣，在淡水河一艘廢棄的機帆船邊，我曾經親眼看到你打斷那個職業殺手的肘關節。」Smith 說。

　　「職業殺手？我不知道你指的是誰？」洪懿祥說。

　　「相信我，我是搞情報工作的！還有在關渡河口平原看過你打敗那個拳擊冠軍！」Smith 說。

　　「喔！那只是一個輕鬆的友誼賽。」洪懿祥說。

　　「我們正在進行一個訓練計劃，需要在半年之內完訓一批空投到北越敵後的特戰和特務人員！」Smith 說。

　　「你是說北越？」洪懿祥問。

　　「對！空降到北越的境內……」Smith 說。

　　「請繼續說，我會仔細聽！」洪懿祥說。

（以下為 Smith 的獨白）

　　「特戰是指畫伏夜出搞敵後破壞的美軍，特務是指混入北越搞情報蒐集的華人！是兩個獨立的作戰計劃，但必要時可以相互支援或提供必要的掩護！」

　　「都是有經驗的戰士和幹員……」

　　「因為陣亡率太高……」

「根據存活幹員的要求……」

「需要加強他們徒手格鬥的戰技!」

「目的很單純!」

「讓他們可以存活下來,直到戰爭結束!」

「亞洲的叢林作戰,都是化整為零的單兵游擊戰! 泰半都是近身格鬥!」

「先進的武器在叢林裡,起不了太大的作用!」

「經過慎重評估後,我們計劃借重中國傳統武術的協助!」

「不是要擂臺上可以得分和奪冠的技術!」

「是可以讓人存活下來的技術! 當然,必要時,得處理掉對方! 你知道我的意思嗎? 嗯! 很好!」

「這些人全都是萬中選一的特種戰士!」

「未來空投之後,他們都得靠自己獨立作戰,在那裡沒有人可以幫上忙!」

「當然越成熟的戰士,就越有主見……」

「但,我們相信你有足夠的智慧和技術可以讓他們服氣!」

「時間和效率是最優先的考量!」

「因為你總是可以用最聰明簡單的方法解決你的對手和難題!」

「要加強他們就地取材和隨機應變的能力!」

「特戰和特務最需要的是能夠在最短的時間內脫身,或是讓對方躺下來!」

「你可以完全自主決定教授的內容!」

「這是一個極機密的計劃!」

「如果可以,你必須離家半年……」

「在臺灣! 在中央山脈的某個特訓基地!」

「直到完訓為止,不能對外連絡!」

「對！包括你的家人！」

「你所需要的設備和費用，將由美國軍方完全負責！」

「我們已先知會過貴國政府！」

「今天主要是徵詢你個人的意願！」

「會請貴國的相關單位正式通知你！」

「我希望在一個星期內得到你的答覆！」

　　就這樣，一個月後，一架美軍軍用直升機載著 Robert Smith 和經過他嚴格挑選的教練洪懿祥飛往中央山脈的某處，並在一個不曾存在過的軍事秘密訓練基地降落，執行一個在歷史軌跡中不曾存在過的秘密訓練計劃……

1962 年洪懿祥代訓駐臺美軍與幹部合影

1963 年洪懿祥代訓赴越作戰的美軍與助教團合影

# 第七三章　深山裡的隱士

在殺手的眼中，沒有誰是無辜的！每一個目標對象都一樣！只要指令明確，不需要惡貫滿盈，不需要罪證確鑿，不需要不共戴天的理由。只是，當一個殺手變成被狩獵的標的時，唯一被保留的權力，往往不是冷靜地反擊，而是倉皇地逃命！

**【場景】：中央山脈**

　　隔年的中秋節，深藏在中央山脈的叢山峻嶺之中，有一間用廢棄建材搭建的簡陋小木屋。靜謐小屋的外頭，四處散落著各種老舊的日常生活用品和工具。一看就知道這一家人除了睡覺之外，大部份的時間應該都在屋子外頭過活吧！

　　在一棵百年老樹的樹蔭下，一尊與人等高用原木拼組而成的木頭人插地而立，從外型看起來應該不是練武專用的木人樁。那種木人樁造型都很簡單，只是在一根粗大的圓木上橫向插上幾根短木棍而已。而這個木頭人，有頭有頸有四肢，木頭上還刻意繪製了一些類似筋脈穴道、神經網絡和其他一些奇奇怪怪的線條及圖騰，而且有幾個部位看起來像是曾經長期遭鈍物的捶擊或刺擊而呈現凹陷和斑剝，仔細端詳反倒有點像是中國西南地域，偏遠的少數民族用來詛咒仇家的巨型「巫毒人偶」，透著月色這木人樁更平添了幾分的詭異和陰森。

　　高山上的秋夜，已經帶有沁骨的寒意，昏黃的燭火映照著對酌的兩人，老人說流亡的異鄉人秋節不看月，因為怕……怕觸動好不容易才切斷的思鄉情愁……桌上只有幾碟雲南擺夷家常的酸香菜餚，兩雙手削的木筷，兩只在城市都會中早已罕見的粗陶碗裝著琥珀色的烈酒，要不是擱在桌旁的那一瓶 Johnnie Walker 黑標威士忌，真的會讓人分不清這個場景到底是中國歷史洪流中的哪個朝代。

（以下為山中隱者的獨白）

「我是個罪犯！」

「身上扛著幾十個人的血債！」

「這些冤魂到現在都還一直跟在我身邊！」

「積怨不消，冤魂不散！」

「不折磨到怨氣消散，他們寧可不去投胎！」

「一報還一報，公平得很！怨不得要命的人，也怨不得索魂的鬼，雖然執行的都是上級交辦的任務，但畢竟都是自己親手造的孽！」

「這是一個由來已久的秘密組織……」

「有些官方不方便出面的事，都是交由這個組織來處理！」

「都由上手交辦！根本就不清楚中間過了幾手？」

「其實也沒什麼差別！」

「就只執行，從不多問！」

「就怕知道太多了，反而下不了手！」

「是私仇？還是國恨？就是私仇也肯定早被包裝成國恨了，誰知道！」

「後來才明白原來的組織早已解構了，被國家棄養了！被切割得一乾二淨，沒交代，沒安置，也沒有任何安家活命的遣散金，就這樣不明不白地散伙了！全靠長老們為大家找了一條生路，把這個組織轉成民營的代辦機構，專門替官僚和黑幫解決政敵或私人恩怨的秘密組織。於是一夜之間，弟兄們全都從效忠國家的忠貞幹員變成了殺人的通緝要犯。人就是這樣有一就有二有二就有三，於是……」

「從來就沒有懷疑過長老們的用心……」

「都是天涯淪落人，沒有相戕的道理……」

「不能推說全然都不知道……」

「問題是，知道又能怎樣……」

「人在異鄉，又沒有其他的謀生能力，只能順隨著本能隨波逐流，做一天算一天！」「自然會說服自己，把不能不幹的事給合理化！」

「到最後，就沒有哪個人是不該殺的！尤其是那些搞政治、混黑幫的……」

「後來，真出了事，上頭告訴我們要活命，只有兩條路……」

「不是往海外亡命，就得往深山裡逃……」

「輾轉換了幾個山頭藏匿，後來還是被仇家的殺手給盯上，同伙的兩個弟兄全都在那次狙殺中喪了命，就剩我一人身負重傷……」

「本想自己也不要活了，乾脆下山搏命，能殺幾個就算賺幾個……」

「沒想到，卻遇上了這女人，傷養好了，那個搏命的念頭也沒了，就這樣試著定了下來！人一有了牽念，一切就全變了，她是苦命的人，是被公婆和娘家給逼瘋的，時好時壞，是錢的因素吧！山中歲月孤寂難耐，總得有個人作伴，清醒不清醒都無所謂了，有伴就好！其實，時間一久，也真分不清是她瘋？還是我瘋？」

「剛在一起時，每逢月圓，我就患思鄉，她說她怕得要死。其實我自己一點也不記得，只是每次事後看到滿地摔得支離破碎的杯盤碗筷，我才慢慢相信應該是有那麼一回事吧！」

「人，不能沒有家！一失了根，自覺就像是孤魂野鬼一樣，現在人老了！倦了！也認了！沒想到這樣心反而踏實多了！」

「把你的雙手給我，眼睛閉上！」

「用直覺回答我的問話，不要思考！」

「對！就是『他心通』！就像是催眠！」

「你是什麼人?」

「哪裡人?」

「家裡還有哪些人?」

「再說一次,你的真實姓名是?」

「到這深山裡來的目的是什麼?」

「你練武術的目的是什麼?」

「形意,八卦,太極,還有外家和雜家?」

「為什麼練這麼多,這麼雜?」

「是因為 38 年大撤退的緣故?」

「洪家總共收留過多少位武師?」

「是他們自願教的,還是用錢買的?」

「他們不介意你跨越這麼多門派嗎?」

「228 對你們師徒的關係沒有影響嗎?」

「洪家為什麼要特別關照這些流亡的異鄉人?」

「真沒有其他的目的?」

「後來那些師父都哪去了!」

「在武術上,你認為受誰的影響最大?」

「為什麼叫『易宗唐手』?」

「為什麼答應教這些美國軍人?」

「你了解他們的任務和目的嗎?」

「好! 不回答也可以!」

「我就住這兒,山裡發生的事不會不知道!」

「沒關係,回答你能回答的問題!」

「但不要思考和抗拒!」

「你聽過『制牛術』嗎?」

「不是內家,也不是外家!」

「這不是一種武術!」

「這是一種秘傳『瞬間制敵之術』!」

「你願意誓守終身不以此牟利的詛咒嗎?」

「沒有對的傳人,寧可讓它在你手中滅絕!」

「是一種專門針對人體主動脈、神經叢、淋巴叢下手重擊的神秘手法……」

「未必真是用來制服牛隻……」

「是透過特殊的手法重擊人體上幾個特定的關竅和穴位,瞬間阻斷血流和電流,使人瞬間癱瘓或短暫失去行為能力……」

「即使是練習也可能造成永久性的傷害!」

「屋外的木人椿上那幾個斑剝的打痕,你都記得了嗎?」

「就是那幾處要害!」

「牢牢記住! 只能對著木椿練!」

「只能用腦子記住! 忘了就忘了!」

「就認了! 就算是天命該絕吧! 這些東西本來就不應該存在!」

「絕不可留下任何書面記錄!」

這時,老人的臉上正映現著從木窗外所投射過來的一片豔紅火光,順著桌邊的木窗往外看,只見那尊巫毒人偶已經置身在熊熊的烈焰之中,臨近火焰的邊旁蹲踞著那老人的患難伴侶……

「你來這裡這麼多次,如果從來沒有留意過那個人偶,沒有留意過那些要害,現在恐怕也來不及囉! 如果沒記得的話,也不要覺得可惜,那就是無緣! 沒有緣份,得了,也未必是好事!」

「明天你結束訓練後,就再也不可以回來找我!」

「我在山裡藏身的地方,不只這一處!」

「你找不到的! 而且怕陷阱傷了你!」

「你我不是師徒!」

「你我就只有這箱洋酒的情誼……」

「酒盡了，我就會忘掉這件事……」

「包括你和你的名字……」

「我沒有名字，就是有，也沒了……」

「在組織裡，只有代號沒有名字……」

「在深山底，有名字也用不上……」

「你我有這個機遇，就足夠了！」

「不需要添留任何記憶！」

「認真記住那些要害和誓言就夠了！」

「只是……」

「不！沒有只是！」

「就這樣囉……」

　　一段在中央山脈的秘密特訓，無意中帶來了一段「秘術」傳承的奇緣，緣起緣滅，冥冥之中似乎早有一個劇本在那兒，只是沒有人知道，何時緣起何時緣滅……

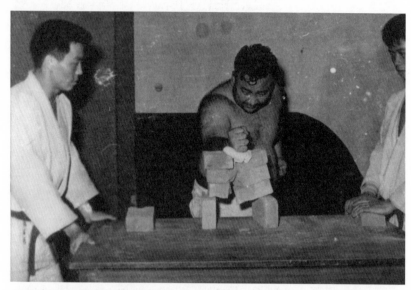

1961 年洪懿祥徒手擊破磚頭

1962 年洪懿祥徒手擊破

# 第七四章　東瀛長征之一

既是戰將，就沒有選擇戰場的權力！

**【場景】：日本東京武道館**

　　「東京武道館」是日本為了舉辦 1964 年「東京奧林匹克運動會」而建設的。奧運結束後這個場館就提供給：柔道、劍道、空手道、摔角等比賽，或是演唱會等各種大型的室內活動使用，每年的 8 月 15 日是日本二戰的投降日，日本天皇和首相固定會在這裡參加「全國戰歿者追悼式」。武道館的演武場中，巨幅的紅布條上貼著白色的剪字「世界盃空手道大賽」。觀眾席上，擠滿了從世界各地專程前來為自己國家選手加油的僑民和親友們。來自臺灣的太極拳名家楊名時和少林拳名家高森煌兩位都是應大會的邀請，在賽前示範中國武術的大師級人物。他們依序上場表演拿手的套路，觀眾席上不時發出熱烈掌聲……場邊的貴賓席上，中華民國大使館（代表處）的馬大使正慎重其事地為正準備上場的特別來賓洪懿祥說明大會主席臨時提出的要求……

（以下為馬大使的獨白）

　　「空手道是當今世界最風行的日本國技！」

　　「能夠受邀在這個世界盃的比賽擔任特別來賓，並代表國家上場示範中國武術是一個至高無上的榮耀！」

　　「洪先生，請務必把握這個難得的機會好好展現你的武藝！」

　　「這次世界大賽的榮譽主席軾川筐一，是日本企業界的名人，在日本政商兩界具有強大的影響力，對中日兩國的邦交一向熱心和支持……」

　　「他雖是個企業家，但一生醉心於武道和棋道，對中國的兵法和文化也有很深的造詣……」

「他同時也是推動日本空手道走向世界舞臺的幕後最大贊助人和最大功臣……」

「在日本武術界同樣流傳著你在臺灣武術界的一些傳奇，軾川先生對這些傳說很感興趣，尤其是你用棍子挑翻那個西洋巨漢的事，在日本武術界也是同樣的轟動！」

「據說這個西洋巨漢曾在日本的某個道場學過藝，他用同樣的招式挑戰過日本許多知名的道館，可是就一直沒有人可以破解。他們做夢也沒想到你居然可以用那麼簡單、聰明的方法輕鬆破解，所以軾川先生對你也是非常地仰慕！」

「日本商界向來有推崇《三國》和《兵法》的傳統，他認為這一個簡單有效的戰略，足可成為百代商戰的典範和借鏡！」

「剛剛會長特別要求，如果可以……」

「除了大會預先安排的套路示範之外，他誠摯地希望你可以在場中接受幾位後輩的討教，現場指點他們一下……」

「他說他已經看膩了那些刻意安排的對練和表演，他認為只要流血流汗苦練就能做到的事，太容易了！像剛剛那些站在臺上代表自己的國家出賽的選手，哪個不是這樣練出來的？」

「但一個選手或是一個武術家是否可以成為世界級的大師，看的並不是這些。他說他一生在企業界打滾閱人無數，對『相人』極有信心，他希望今天可以親眼見證一個世界級大師的誕生！」

「一個境界高的武術家，就如同一個成功的大企業家一樣，在面對強大壓力和危機時，一定能將畢生所蓄積的能量和智慧瞬間轉換成足以改變一生，改變世界的對策……」

「他說他不是強人所難，他認為你能懂他的心意……」

「他認為今天這樣的場面和壓力，一定能激發出人類無可限量的潛能，他大膽用今天這樣一個世界盃的大賽為賭注，寄望可以親

眼見證洪先生你那種瞬間轉換智慧的神奇！」

「我擅長的是外交和談判，臨機應變應該也算是我的職能和專長。但這個要求，就我的觀點來看，只有挑戰和風險而已。只是面對這樣的人物，這樣的場面，這樣的要求，我實在不知道如何是好……」

「也許一切真如他親口所說的那麼誠摯、單純，但在這樣的場合，輸跟贏早已不只是個人榮辱的問題而已……」

「經驗告訴我不可輕信誠意，但……」

「接受跟不接受，同樣都有不可預測的風險！大使館沒有特別的立場和要求，我只是轉達大會主席的期望……」

「就只有指名你一個人，其他兩位沒有！」

「我合理懷疑他們肯定已經準備多時，雖然未必有惡意，但事關國家的榮辱和一個武術家的尊嚴，肯定是善者不來！」

「我真的感到抱歉！讓你自己一個人來承擔這麼大的挑戰和風險！」

「唉！我真該在第一時間就回絕他們的要求！」

「你覺得呢？」

這時耳中突然傳來大會的現場廣播：「各位現場的來賓，主辦單位這次特別邀請來自臺灣的武術名家洪懿祥大師蒞臨，他將為大家示範中國正統的內家拳術。同時，主席現在正透過中華民國的馬大使與洪大師溝通中，我們希望他除了示範套路之外，能與日本空手道的後進進行簡短的技術交流。讓所有的武術後進可以藉這個機會增廣見聞，並對武術的修練能有更大的啟發。我們希望大家以熱烈的掌聲來邀請洪大師慷慨、沒有保留的示範……」

「糟糕！大會司儀是不是搞錯了，怎麼現在就直接向現場所有選手和觀眾宣告這件事呢？唉！看起來已經是騎虎難下了！」現場所

有的觀眾一聽完大會司儀的廣播後，不但再度爆起如雷的掌聲。更紛紛站起身來探視究竟，現場大批的媒體和攝影記者們，憑著專業的本能，紛紛搶在第一時間擁向馬大使和洪懿祥所坐的貴賓席，搶拍當事人第一時間的反應和表情……

面對這樣脫稿演出的盛情，只見洪懿祥從容起身，逕自脫下胸前別有青天白日滿地紅國旗的西裝外套，袒露的上身展現出熊般壯碩的身軀（據說那面青天白日滿地紅的國旗，是馬大使臨時從中華民國駐日大使館的紙本簡介中剪下來，親手為洪懿祥貼上去的）。這時的洪懿祥甫完成美軍特戰部隊在中央山脈的秘密代訓任務，又應駐臺美國軍事顧問團的聘請，在大稻埕永樂國小代訓赴越作戰的美軍。由於日夜的操練原來略嫌肥胖的身材，再次脫胎換骨轉變為猿背熊膀的壯碩體型，體重維持在 100 公斤左右。頃刻間，媒體記者手中的相機和閃光燈如連珠火炮般在他的面前炸裂。

「是上次打火頭磚那個臺灣人！」部份眼尖的記者一眼就認出洪懿祥的身份。

「欸！節目表上真的沒這一段耶！」

「肯定是大會事先就安排好的驚喜吧！」

「你怎麼知道！」

「日本人不管做什麼事，不都是計劃好了才動手嗎！」

「你是說珍珠港嗎？」

「小聲點，你不怕被偷襲挨黑拳嗎？」

「會真打嗎？」

「打誰？喔！你說那個臺灣人啊！誰知道！」

「聽說他最近曾失蹤了好幾個月……」

「肯定是躲起來偷練什麼特別的武功吧！」

在眾人的紛紜揣測聲中，洪懿祥踏著龍行虎步走向萬人矚目的

演武場中。他禮貌地向主席鞠躬致意後，轉身仰頭環視偌大的會場和萬頭攢動的觀眾席，並舉手回應著滿場雷動的掌聲和歡呼。這時拓殖大學、慶應大學、沖繩大學學生空手道社的社團代表們紛紛上臺獻花致意，感謝洪懿祥多年來在寒暑假期間熱心指導他們的恩情。待這些學生代表們獻完花之後，整個會場沸騰的情緒就慢慢沉澱了下來。雖然在踏上這個異鄉的巨大舞臺前，洪懿祥已經歷過許多不同的陣仗，但今天他所面對的肯定是他一生中最大的場面和最大的挑戰。然而，此刻他的心就如同在深山中自行修練時的澄澈寧靜，他的腦海中閃現著深山中那雙簡樸的手削木筷，和那只裝著琥珀色洋酒的粗陶碗，以及那一尊在夜色中透著陰森詭異氣息的木人椿，和每一個斑剝、凹陷的穴位。人的生命價值真是何其詭譎魔幻啊！可以是深山之中落魄的幽魂；也可以是豪氣干雲地站在這世界盃的舞臺上接受萬人的景仰和喝采！雖然他不知道當套路示範完畢之後，自己將會迎向什麼樣的伏流和凶險，但他此時心中卻極為平靜，暗自默唸：「前輩，爾今爾後我洪某人在武術上所有的榮辱全都與你為共！」

　　洪懿祥獨自一個人站在「東京武道館」最顯眼的舞臺中心，面對現場幾萬雙眼睛的關注，心底明白此時此刻自己正孤立無援地站在峰頂的稜線上，迎接榮耀與凶險的召喚。此刻，除了自己可以幫助自己外，沒有任何人可以在這個關頭幫助他或是替代他接受這一場命運的洗禮。他緩緩挪開腳步，讓自己的腳掌密實地踏鎖在榻榻米上，雙目微闔，以眼觀鼻，以鼻觀心，用混元椿的心法混合山上所修練的秘術，暗中完成了三個小周天的吐納調息定穩自己的心緒。他確認自己已經有絕對的把握可以面對即將迎面而來的各種挑戰。

　　起自童幼時代，洪懿祥就已經清楚意識到自己擁有那種在面對重大危機時可以遇強則強的特殊潛能。因此在處理特別難纏的問題

時，他不像一般人會臨時抱佛腳特別加緊練習，反而會清空心底所有的雜念和罣礙，除了努力將養心中的浩然正氣外，在那段期間什麼都不做，他心底明白只要那口氣足了，感覺就對了！只要那種對的感覺一湧上來，他相信，就是天塌了下來，他也一定能頂得住！一直以來就是依憑著這股強大的信念和氣場，讓他總是能夠勇敢地與各種艱難的挑戰做正面對決。而此刻的他已經冷靜到足以清楚地聽到自己的血液從心臟打送出來的脈動和肺葉中氣體相互交換的聲音。

一開始，他選擇以最能展現形意拳質樸明勁的五行連環拳做開場，然後緊緊扣連著形意拳的收式，再以這個偌大道場的建築軸心為圓心，內擺外扣繞圓走圈演示八卦先天掌的綜合式「烏龍擺尾」。雖然所展現的是明勁與暗勁兩種不同的套路，但洪懿祥卻以Q韌迂迴的螺旋勁來展現，完全迥異於一般內家拳非剛即柔的兩極式手法，呈現出來的是一種剛跟柔、陰跟陽、明跟暗相互中和之後一種全新的發力方式，動作優美靈活猶如龍蛇交纏飛天躍地驚豔全場。直到他演示完畢，人都已經回歸原位鬆勁收式起身後，全場的觀眾和選手們才從屏息沉醉中被軾川筧一率先發出的掌聲所喚醒，紛紛起身熱烈鼓掌叫好！

這一種介於剛與柔之間的特殊發力方式，多年來一直盤旋在洪懿祥的腦中，卻始終無法找到適當的詮釋方法。直到他在中央山脈認識了那位避隱山林的隱士後，才從他的身上看到這一條新的出路。只是一直到這場演示之前，他對這種控制體內能量的技術，還是處在一種極不穩定的狀態。然而就在形意拳切換成八卦掌時，當他回身轉顧的那個剎那，他如遭醍醐灌頂般豁然開了竅，就像是一部電腦被重新灌了更高階的作業軟體一樣，突然間他就擁有了那種特殊的手感和技巧。有人說：「刺激和壓力是創意和能量融合的催化劑。」

這句話正好為這個奇蹟般的轉變提供了最好的註解!

　　定神後,他以流暢的日語向大會的司儀表示:「來吧!我準備好了!」得到洪懿祥正式的回應,司儀立刻回身探詢大會主席的指示,經軾川筧一點頭示意後,就有六位腰繫褐色黑帶的重量級選手,自臺下跑步上場,完成了擂臺上必要的禮儀後,即呈一列橫排跪坐在洪懿祥的正對面,然後由最右手邊的第一位選手先站起,大聲喊出自己的姓名、道館、師承和段位後,即進前一步向洪懿祥鞠躬敬禮。「請前輩賜教!」

1971年東瀛長征——洪懿祥應邀在東京武道館示範中國內家拳法

# 第七五章　東瀛長征之二

全力以赴就是對劍客最大的恭維!

【場景】: 日本東京武道館

　　「松濤館流 (Shodokan) 空手道三段，岩田正一向前輩請教! 請賜教!」第一位上場討教的日本好手，在距離洪懿祥五步之遙止步站定，依照空手道的傳統禮儀略整道服後，畢恭畢敬地向對手做了一個 90 度的鞠躬，隨即擺出松濤館流空手道長橋大馬的標準備戰架式。他隔空做了幾個俐落的暖身和火力測試，出拳落腳間粗厚硬挺的帆布道服在會場凝結的空氣中劈啪作響，讓人可以清楚地感受到他每一拳的速度和威力。在當時這種低椿的架式是空手道選手最典型的應戰架式，為了克服低椿馬步移動換步的不便，對戰時，選手們大都會採取跳躍方式來彌補它先天上的限制和缺失。

　　洪懿祥面對岩田威力十足的火力測試和華麗的身段，並沒有刻意再做暖身，只是如同仙鶴展翅般雙手平攤張開，身體微微打斜原地而立，一副門洞大開完全不做任何防禦的樣子，與內家拳法要求固守三尖 (鼻尖、手尖、腳尖) 和拳不離中的三體式完全反其道而行。然而這個看似中空不設防的架式，在對手的眼中，反而卻像是一頭挺身而立蓄勢待撲的巨熊一般，讓人不寒而慄。從場外觀眾的眼中來看，這兩個對峙中的高手，一個動作陽剛華麗蓄勢待發，一個動作柔美舒展氣定神閒，正好呈現出武術陰陽對立剛柔分明兩種截然不同的極性。

　　岩田正一看對方已經作好準備，就開始以雙腳靈活地前後跳躍移動，慢慢壓縮兩人之間的安全距離，並試著不斷以他的前手侵入對方的安全防線內作來回刺探和挑釁。而洪懿祥除了呼應攻勢略作角度的微調外，不見有任何具體的回應，仍然是一副敵不動我不動

的淡然。從這些消極被動的反應，岩田研判對方肯定是想採取這種以逸待勞的戰術，利用中門大開的椿式誘敵深入。為了安全起見，他還是再次用假動作來確認對方回應的靈敏度。經過這樣反覆地偵測後，岩田當下確信縱使是略有低估對方回應的能力，但憑著自己多年來在寒冷的瀑布下和湍急的水流中所苦練的正拳攻擊，應該在速度和強度上佔有絕對的優勢，應該有充足的把握可以在瞬間發揮一拳必殺的效果，於是他決定採取主動先發制人。

岩田正一心念一決，立刻提振全身的能量，在長喝聲中挾帶著雷霆萬鈞之勢長驅直入，以他最有把握的正拳攻擊鎖定對方的咽喉傾力發動攻擊。洪懿祥見對方來勢凶猛，先是吸身向後退半步，並以右手由下往上扣鎖對方的右腕，同時以右腳上步回扣落腳在對方右前腳的外側，身形順隨右扣步向左後擰轉，以自己的背部緊緊貼住對方的右脅，再利用左手向左後下方甩拍的同時，以左腳向左後劃 1/4 圓，像巨鱷甩尾一樣橫掃岩田正一的下盤，就在對方重心失衡的瞬間，洪懿祥復以右手同步使勁往下拄拉，果然對方的身體就像是已經套好的招式一樣，聽話地順著洪懿祥所導引的方式滾跌出去，整個人重重地摔在地板上，偌大的演武場迴盪著岩田正一重摔的巨響……

坐在大會榮譽主席軾川筧一身邊的鈴木正文是東京「正武館」的館長，他擁有空手道九段範士資格，這是全日本武道聯盟所承認的最高段位。為了這場意義非凡的挑戰，他特別親自為軾川筧一作現場的分析和講評，因為軾川一直以來都是正武館背後最大贊助人。（以下為鈴木館長為軾川會長的旁白解說）

「岩田君原本是想利用主場的優勢和他擅長的快打，趁對方身心尚未完全進入狀況的初戰，發動快速的奇襲，企圖以快攻的戰術讓對方措手不及……」

「只是，對方棋高一著，被反制了……」

「高手過招就是這樣，表面上看起來好像就那麼簡單的三兩下而已，可是卻凶險無比……」

「因為雙方都是高手，出手都很重！只要一個錯判，就輸了！」

「高手過招，一招而敗，是敗在錯判！不是不堪一擊！這不是丟臉的事！」

「正拳是直線性攻擊，重在速度和角度！而對方用的是圓，看起來就像是龍捲風一樣！朝著一個選定的方向全速旋轉，威力無比！」

「岩田君的力量全都被對手吸進漩渦裡去了！」

「這是圓和直的對決！」

「關鍵在沾黏！」

「岩田的正拳一被纏住了，就立刻被絞了進去！一下子就失控了！」

「因為被對方順著方向給控制住了，才會煞不住腳直往前摔滾出去！」

「如果看得夠仔細，你會發現他的右肘關節已經被鎖死了，往前翻滾是解套唯一的辦法！」

「如果硬用蠻力去抵抗，岩田君的肘關節就毀了！」

「是輸了！但救回了自己的手……」

「解得算是得體！」

「沾黏是中國內家拳術的特色之一！」

「除了太極拳的『推手』之外，洪懿祥這個系統還有一種特殊的手法叫『散手』！」

「練的就是沾黏這類的功夫！沒有固定的招式，是由師父以手把手的方式，一個一個帶出來的！」

「這不是八卦掌的手法，也不是他的師父張峻峰傳給他的，根本就沒有人知道他這些手法到底是從哪學來的!」

「曾經派人到他的道館觀察了好久，也請臺灣的友人偷偷拍了許多照片和 8 mm 影片，已經研究了好久，卻還是搞不清它運作和攻防的邏輯!」

「就是拍不出那種不規則的手感來!」

「是以圓破直、以柔克剛!」

「全都是借力使力的巧勁……」

「那個看似無謂的轉身，除了具有避開攻擊和製造攻擊的功能之外，其實是提供絞碎對方肘關節的動力來源……」

「還有一點，只有眼尖的高手才看得清楚……」

「就是洪懿祥的右手中指，是控扼岩田君手腕無法逃脫的鎖頭……」

「只有鎖住這個關鍵的源頭，後續的動作才可以產生殺傷力!」

「總的來說，一個看似簡單的 180 度轉身側摔，卻是集身形、步法、手法和指法的細膩組合，是用身形傷人的真功夫，讓人佩服!」

「這證明我們知道的還是相當有限!」

「在浩瀚的武術領域中，還存在著許多我們不了解的元素，遠遠不是我們用簡單邏輯就可以完全理解的!」

「圓! 黏! 纏! 內家拳真是耐人尋味啊!」

岩田正一畢竟是擂臺的老手，順著跌勢作了一個漂亮的護身法起身一氣呵成，過招的兩人不分輸贏同樣贏得所有觀眾熱烈的掌聲……「感謝指教!」岩田正一雖然一戰而敗，但仍然維持一個武者的風範，他迅速理整自己身上凌亂的道服，同樣是畢恭畢敬地向洪懿祥做個 90 度的鞠躬後，即退回原位跪坐在榻榻米上，腦中盤旋的是如何把剛剛的失手，轉換成自己未來武術生涯中寶貴的實戰經驗。

# 第七六章　東瀛長征之三

**當熊面露憨厚的笑容，友善地張開雙手要擁抱你的時候，千萬不要忘記：熊就是熊！**

## 【場景】：日本東京武道館

　　「剛柔流空手道三段，東京正武館，豐田東雄向前輩請教，請賜教！」

　　「剛柔流空手道」與「松濤館流空手道」同樣是源起於中國的少林拳系，差別在於剛柔流是屬於「南少林白鶴門」東傳的支系，是由宮城長順所創始，這個流派的名稱是取自白鶴門流傳的秘笈《武備志》所載「法剛柔吞吐，身隨時應變」的口訣而成。剛柔流空手道有明顯的南拳特色，以小架三戰步、貓足立為主，講究剛柔並濟，注重氣、息、體的鍛鍊。

　　豐田東雄是「正武館」鈴木正文花了近十年的嚴格訓練所調教出來的愛徒，也是他所倚重的教練之一，是屬於冷靜實戰型的好手，表面看似溫文多禮，卻是可以徒手擊破 19 塊和式波浪狀黑瓦的重炮手。其實以他真正的實力，應該是可以打破更多的黑瓦，但為了表達對恩師鈴木正文的最高敬意，他始終堅持不敢逾越那個份際。因為鈴木正文在日本空手道界最為人推崇的正是他「垂直跳起徒手擊破 20 瓦」的神技。鈴木正文身高約 155 公分左右，要擊破由 20 塊波浪狀黑瓦堆疊起來將近 60 公分高的瓦堆不是一件容易的事。為了挑戰這個先天上的限制，他經過苦研和苦練之後，終於創造出一種獨特的擊破方法，他站在高聳的瓦堆前，運用自己天生的彈力原地垂直躍起，再利用跳起來所增加出來的高度和身體的重量，從上面垂直摜壓在瓦堆上，他的拳頭就猶如一把鋒利的鍘刀般一開鍘就直切到底，原本高聳的瓦堆瞬間就呈 V 字形向左右兩側分裂開

來。這個破瓦神技在日本武壇縱橫古今無人能及，就因為這個緣故，從此許多晚輩後進在公開場合做擊破表演時，即使有實力可以超越那個擊破的極限，也會刻意限縮在那個極限數字之下，以表達對鈴木正文的敬重！

豐田東雄以疾快的心思收斂他對上一場比試的觀察和心得，並與先前在道館中精研對手記錄影片的心得作比對。影片所記錄的全是洪懿祥在公開場合中與不同門派比劃的資料，資料之完整有些就連洪懿祥本人都未必看過，這種事前勤作功課的精神，正是日本能夠在短短的百年之內快速吸納世界的文明和科技，而成為軍事、工業和經濟強權的民族特質。更是日本空手道能從中國外家武術的支流中獨立出來之後，快速發展成一個完整的系統，進而蛻變成為一種世界級運動宗主國的關鍵！

經過縝密而快速的研判後，豐田東雄心中已經有了對策，他決定用一種對日本武術界最有貢獻的方式來執行這個難得的「請益權」。他走到前一位選手岩田正一原來所站的位置，畢恭畢敬地鞠了躬之後就長跪了下來。

「我可以用問的嗎？」豐田問。

「可以！」洪懿祥說。

「請問內家拳是什麼？」豐田問。

「這是個大的問題，我建議擺在最後，讓我用動作來回答會比較適當！」洪懿祥說。

「好！那麼，請問何謂『內勁』？」豐田問。

「要談內勁，必然會牽連到『整勁』與『發勁』，我們就一併談吧！知道『機械錶』運作的原理嗎？」洪懿祥問。

「只知道是發條和齒輪共同運作所產生的作用吧！」豐田說。

「沒錯！發條提供了動能，推動錶內所有的零件，其中包括各

種大小不一的齒輪，它們透過一個共通的頻率（最小公倍數）進行精密、規律的運作，共同完成精準計時的目的。」洪懿祥說。

「請問這跟內勁有什麼關連?」豐田問。

「人體的肌肉、骨骼、關節和筋絡，就如同錶內的各種零件，當我們進行武術操作時,這些組織會各自產生大小不一的圓形運轉，就好像齒輪一樣各司其職各自運轉。一個好的武術家懂得從中找到一個最高效率的共同頻率，並用它來統整這些圓形運轉所產生的能量，讓它們在同一個時間點釋出最大的能量，以達到最大的殺傷力。」洪懿祥說。

「請問這跟外家拳所發出的力量有什麼不同?」豐田問。

「嚴格來說，應該是力量的本質和目的有所不同。外家拳重視高速所帶動的撞擊效果，比較像是汽車引擎在高檔運作時所釋放出來的力量一樣；而內家拳所追求的，則是比較重視實體接觸時，在高阻抗的條件下產生作用。相對來說，比較像是低檔時所輸出的高扭力。」洪懿祥說。

「請問在格鬥時這兩種力量所產生的殺傷力，哪個大?」豐田問。

「你覺得呢? 這不是應該由路況來決定嗎?」洪懿祥反問。

「是的! 我了解! 那麼，請問應該在什麼狀況使內勁最恰當?」豐田問。

「我認為應該在時間和空間同時受到壓迫時使用，這樣更能發揮意想不到的效果。」洪懿祥說。

「可以進一步說明嗎?」豐田問。

「內勁是運用身體的吞吐、開合、伸縮、鬆緊和起落的技巧，統整全身的意、氣、力，在瞬間釋出巨大的能量。雖然釋出的力量未必大於一般的直拳或勾拳。但因為是直接作用在敵人的身體，因

此在猝不及防的情況下，瞬間所產生的深沉擠壓效果，對體腔內部的臟腑器官可以產生很深的傷害，因此內家拳的殺傷力主要集中在深層、永久性的傷害為主。」洪懿祥說。

「請問可以把外家拳的速度和內家拳的後勁結合起來，形成一種又快又沉的力量嗎?」豐田問。

「我想只要朝著這個目標努力不懈，當所需要的基礎知識和技術累積足夠了，這種境界自然就會被實現出來，讓我們一起努力吧!」洪懿祥說。

「了解! 請問什麼是『沾黏』?」豐田問。

「『沾黏』原本是肢體互動過程中的一種狀況，武術前輩們從中領悟到一些心得，就刻意把它發展成一種『有意的接觸』」洪懿祥說。

「沾黏的目的何在?」豐田問。

「在造一條橋! 一個可以將訊息相互傳送的通路!」洪懿祥說。

「請問作用何在?」豐田問。

「為了探測和控制!」洪懿祥說。

「探測什麼?」豐田問。

「探測對方肢體的動態訊息和隱藏的動機。」洪懿祥說。

「控制什麼?」豐田問。

「控制對方的動作、距離、角度、平衡和心念，以及所有可能的變數!」洪懿祥說。

「只靠沾黏這個動作就可以嗎?」豐田問。

「橋接上了，肢體和心念的訊息自然就通了! 但進入化境的高手，即使不用實體的接觸也同樣能連上那些訊息!」洪懿祥說。

「收到訊息之後呢?」豐田問。

「做判斷和必要的對應。」洪懿祥說。

「請問當你得到所要的訊息之後，手要抽回來嗎?」豐田問。

「為什麼要抽回來?」洪懿祥反問。

「抽回來才可以發動快速有力的攻擊!」豐田說。

「為什麼不就近處理呢?」洪懿祥說。

「因為不抽回來就難以發力!」豐田

「不難! 難在你的觀念和慣性，因為你習慣的發力方式是直線性的來回，所以……」洪懿祥說。

「不然呢?」豐田問。

「用圓!」洪懿祥說。

「圓得繞一整圈，不是更慢?」豐田問。

「不慢! 黏住用小圓就不慢!」洪懿祥說。

「黏住不離開?」豐田問。

「對! 然後用體內關節的吞吐和內氣轉換成再生力!」洪懿祥說。

「請說明!」豐田問。

「請站起來，把你的右手給我!」洪懿祥用右手輕輕捧住豐田的右臂，以吞肩吐胛的動作讓對方感受「體內吞吐」的運作。

「為了幫助大家了解，請用最快的速度攻擊我!」洪懿祥說。

「好! 請注意!」豐田說。

豐田旋即以「貓足立」運氣蓄勁想利用右手回抽的同時，順著向右擰身的尾勁以左沖拳攻擊洪懿祥的太陽穴。沒想到洪懿祥突然間左腳向前扣步，並以原本就沾黏住豐田右臂的右捧掌向外轉掌劃圓，前半圓使的是破壞對方的重心『捧推勁』，後半圓則是配合右腳後撤引領對方往下跌趴的『抍帶勁』，這兩個不同方向的暗勁讓豐田的身體先是因為捧推勁而後仰，卻又因為緊隨而來的抍帶勁而下仆。猝不及防的豐田因為腦袋跟不上身體被疾速往下拉的節拍，不由自

主地往後重重甩了一下，瞬間整個腦袋就像是電腦當機一樣，短暫
失去意識和對身體的控制力，這一個出其不意的變化，不但讓他原
本要用來攻擊對方的左沖拳根本打不出來，還讓他的身體不聽使喚
地往前顛跌了出去，還好洪懿祥即時順手抓了他一把，才沒讓不堪
的後果發生。全場的觀眾在司儀詳細的旁白說明下瞬間爆出熱烈的
掌聲

「這樣瞭解嗎?」洪懿祥問。

「是一個圓? 同時產生兩種相反的力量?」豐田問。

「嗯! 前推後扽，有些微的時間差!」洪懿祥說。

「可以再試一次嗎?」豐田問。

「第二次你會有知情的阻抗，不過還是可以再試試!」洪懿祥
說。

於是，兩人用同樣的動作又做了一次，豐田有了經驗和戒心之
後，果然兩人一搭手，洪懿祥就明顯感受到對方也努力想從雙方的
接觸中偵測自己的動態訊息，以便在最適當的時間出手反制，於是
兩人的動作在全場觀眾的注目下凝住了，時間一分一秒的過去，約
莫過了三兩分鐘之後，豐田終於垂下雙手放棄了。

「我知道了! 原來這就是內家拳! 謝謝你的指導!」豐田東雄恭
敬地往後撤退一步，向洪懿祥深深一鞠躬後，退回自己的位置長跪
下來，從那個鞠躬的姿勢和深度，全場觀眾都能深刻感受到他內心
對洪懿祥誠摯的感謝和敬意。

「為什麼豐田會放棄攻擊?」軾川問。

「因為那一拳，根本打不出去! 他被制住了，一動就輸了!」鈴
木說。

「為什麼? 難道他的右手被黏住了，抽不回來?」軾川問。

「對! 如果他硬抽回來的話，恐怕會輸得更難看! 我想他原本

以為知道了對方的招式和方法之後，就可以輕鬆破解，但看起來事情沒那麼簡單，他肯定遭遇到更嚴重的問題！」鈴木說。

「哇！真是神奇的內家拳啊！」軹川說。

「聽說，中國內家拳的高手可以讓停在他手上的小鳥無法飛離他的手掌心，他們可以從手中的聽勁即時化解小鳥起飛時雙腳的蹬勁。因為鳥要騰空飛起來，必須要擺脫地心引力，除了努力拍動翅膀之外，還需要靠雙腳用力的推蹬來增加反地心的作用力，可是當腳上所發出的力量被沉勁化解了，根本就飛不起來！」鈴木說。

「豐田就是那隻飛不起來的鳥？」軹川問。

「沒錯！」鈴木說。

「就跟棋士對奕一樣，無需下到最後一只棋，就能分出勝負，真是精彩啊！」軹川說。

鈴木正文以他一生在武術上的修為和閱歷，全心為軹川筧一逐一解讀方才從擂臺上所看到和領悟到的一切。

# 第七七章　東瀛長征之四

*王者的威權來自於征服，不是繼承！*

**【場景】：日本東京武道館、飯店咖啡廳**

「極真會空手道三段，黑部立人向前輩請教，請賜教！」

「極真會空手道」是強調「全接觸對打」的空手道組織，於1964年由大山倍達所創立，是日本空手道組織中極具實戰實力的流派，招式樸實簡單能打、耐打是極真會空手道的招牌特色，常用的招式如：直拳、勾拳、前踢、旋踢等等基本的招式，用法也相當平實統一，如：用直拳打胸部，用勾拳打肋部，用前踢踢心窩，用掃腿攻膝蓋，用勾踢踢後腦勺……拳拳到肉，招招見骨，極具殺傷力。因為強調全接觸的實打，所以即使是同門對練也不像一般空手道的「點到為止」，常常可以看到兩位好手硬撐著一股氣，不跳躍、不搭架、不閃躲，甚至也不太移動地面對面站著互相對幹，幾乎是用自己的身體與對方一拳換一拳，直撐到其中的一方倒下或認輸為止。

高大魁梧的黑部像棕熊般一步一步迎面撲擊而來，面對這個強敵洪懿祥同樣沒有作任何的挪移進退，只是以單純的手法搪開黑部的右直拳後，抓住黑部重心左移以左腳掌支地，意圖起右腳用旋踢或後勾踢做頭部攻擊的瞬間，利用原本就已經沾黏住對方的右手略施巧勁輕輕再往下一帶，黑部支地的左腳立刻向前滑了一下，連帶地使他進攻的節拍因而略微遲緩下來。洪懿祥就抓住這個時間差以左掌勾環而上一巴掌擊在對方的右頸項上，因為所用的是連打帶勾的掌法，中掌的黑部整個身體無法抗拒地隨著掌勁往前顛跌，就在他身體失衡的剎那，洪懿祥的右手刀一掌輕輕地砍在黑部咽喉左側與鎖骨之間的動脈上，然後就看到黑部兩眼發直，整個人像洩了氣般原地垮了下去。洪懿祥隨即進前半步用手從兩脅下架住黑部，不

讓他整個人癱倒在現場幾萬名觀眾的面前。其餘五位就近觀戰的空手道高手見狀，立刻搶在第一時間衝上來接住黑部癱瘓的身軀，就這樣在全場觀眾還來不及弄清楚擂臺上瞬間所發生的狀況之前，黑部已經被抬下場急救……

「夠了！到此為止！」為了顧及後續整個比賽的場面與觀眾的情緒，軾川篤一即時做了決定，制止後續所有的安排，並親自上臺致意，對洪懿祥的親自示範表達主辦單位的感謝之意。

「由衷感謝洪先生慷慨無私的示範，讓我們可以在這樣的盛會之中，體會到武術的浩瀚和不可預測，希望在場所有武術的同好，大家不分國界和流派，共同攜手努力探索更深邃的武術秘境！」

當天晚上，鈴木正文在軾川篤一的指示下邀請洪懿祥和陳錫昭參觀東京「正武館」的練習，並安排所有「黑帶會」的資深幹部在道館中設宴款待洪懿祥和他的隨行好友，大家一起動手快速完成桌椅和菜餚酒水的準備，除了主桌有設折疊式桌椅之外，其餘黑帶會的成員則一律採日式特有的矮桌席地而坐。桌上除了各式各樣的握壽司和烤雞肉串等方便外帶的餐點和下酒菜之外，就是一式排開特大瓶裝的日本米酒「大吟釀」、「月桂冠」，還有各式各樣的啤酒。

「豐田，你是不是應該第一個敬洪大師，感謝他今天在武道館對你的指導！」鈴木說。

「是！師父！」豐田說：「洪大師！豐田東雄由衷感謝您今日的指導！乾杯！」

「是誰教你用悶的！你是怕被當眾修理嗎！」鈴木說。

「我是真心想解開心中的迷惑，因為我始終不了解中國的文化和武術為什麼那麼重視『圓』的運轉！」豐田說。

「那現在懂了嗎？」鈴木問。

「其實應該是我要謝謝豐田君才對！因為他的提問，讓我可以

同時跟那麼多人分享我個人對內家拳的粗淺心得!」洪懿祥說。

「既然在場上得到洪大師的親手指點,你要不要示範一下,你今天到底從洪大師身上學到了什麼!」鈴木說。

「是!」豐田東雄即示意鄰座的晚輩快速起身,隨他一起進到餐桌圍成ㄇ字形的方陣中,所有演示者在主桌前立定恭敬地行了禮後,豐田即就洪懿祥在「武道館」中所示範的手法依樣畫葫蘆地做了一遍,並細心地說明當時他自己中招的感受。他仔細說明沾黏時一個小小的圓形運轉,如何對身體的平衡產生破壞和影響,當他的身體被前半圓推擠時,為了穩住重心,身體會本能地往逆向回擠,以免被後續而來的推力推倒。但沒想到當自己回擠的力量爆發出來的時候,卻又突然發現原來的逆向推力不見了,於是自己回擠出去的力量找不到一個可以受力和維持平衡的支力點,整個身體就像是被一個強大的漩渦急拉了下去一樣,當下只感到整個體腔內部氣血逆流腦筋一片空白。當意識恢復時,整件事好像突然間就結束了,心中老感覺到似乎是掉了一段過程和情節似的,一直到自己回到場邊長跪了下來,腦中才慢慢接上那一段空白。接著,豐田就開始一次又一次重複演練著同樣的動作,而且出手毫不留情,一次比一次用力更猛,直到他熟練到可以用一個扲掌把那個陪練的晚輩一掌扲趴在地為止。在掌聲和酒精的催情下,豐田又以該動作為主體作了許多衍生性的變化和改良,例如在扲掌之後接一個反手勒頸和進步撒腿的動作使對手仰摔在地板上。

「你看他們玩得多開心啊!」鈴木說。

「這種研究的精神!讓人敬佩!」洪懿祥說。

「日本的文化根基淺薄,資源匱乏,不靠這樣的精神把一變成十,把少變成多,把粗糙變成精緻,日本就永遠沒有機會在世界跟大國競爭!」鈴木說。

「豐田出手蠻重的嘛!」洪懿祥說。

「這是道館的傳統! 他是在教訓所有的晚輩讓他們了解,剛剛在擂臺上不是他太弱,而是你太強的緣故,他要讓他們體會當時他自己被擊倒的感受! 這也算是一種經驗的傳承,尤其是多了一點痛的感受後,就會記得更牢固些!」鈴木說。

這場以武術研討為主題的簡單餐敘,就在這樣的氛圍下,大家邊吃邊喝邊聊邊比試,一直進行到將近午夜時分才結束。

※※※※※※※※※※※※※※※※※※※※※※※※※※※※※

第二天,早上七點鐘,軾川筧一與鈴木正文兩人相約在飯店大廳的咖啡吧一起吃西式早餐。

「那手法到底是什麼門派的武術?」軾川問。

「應該是一種被刻意隱藏的『秘技』吧!」鈴木說。

「這是他前一陣子神隱失蹤的原因嗎?」軾川問。

「我不知道,但我相信他是因為感受到黑部急於求勝的強烈意圖,遠遠超越了善意請教的界線,才會逼得他不得不出重手教訓他!」鈴木說。「我覺得黑部在那樣的場合做那樣的突擊,實在有失地主的風度!」

「不能怪他! 其實是我要求他這樣做的!」軾川說。

「為什麼?」鈴木問。

「不這樣,就永遠看不到真功夫! 不這樣,空手道就會因為自大而停止學習和進步! 不這樣,我們千辛萬苦培植起來的日本空手道就會像曇花一現般在世界的武壇沒落消失!」軾川說。

「會長……」鈴木說。

「那個手法固然神秘不可測,但關鍵應該在他即時反應的智

慧！」軾川說。

「黑部原來算定他一定會依慣性先撤到左右側才出手，所以就大膽地想用一個虛拳逼他移位，再利用他忙著移位的間隙用高旋踢攻擊他的頭部，希望一腳把他擺平，沒想到自己卻先被抬出去！唉！應變能力畢竟差人家一大截！」鈴木說。

「在對敵時，慣性原本是一種致命的弱點，只是沒想到卻被變成惑敵的戰術！」軾川說。

「還有，黑部太過仗恃自己耐打的硬氣功，以為就是猜錯了！充其量也不過是挨他一兩下而已，一定可以再要回來，沒想到，一只棋下錯了，就全盤皆輸啊！」鈴木說。

「高手過招，真是容不得一點錯啊！」軾川說。

「他先用右手引動黑部的身體，再用那個左巴掌重擊黑部的後腦勺，黑部的頸項被那樣的重手攻擊，腦袋會瞬間失去意識和控制的能力，這一掌等於拍掉了黑部身體的安全氣囊……」鈴木說。

「體腔內如果沒有充盈的內氣保護，人是不堪一擊的！」軾川說。

「最厲害的殺手鐧就是，他拍了黑部的脖子之後，他的手掌就像大象的鼻子一樣勾纏著他的脖子，往前帶引去撞擊他的手刀，這是一個極為綿密難解的組合。這是一種逆向同時加速『對撞』的力量，即使不是使用什麼特別的秘技，人也是經不起這樣攻擊的！尤其是人的頸部動脈！黑部今天的輸，就輸在自信耐打的強項上面！往後一定要牢牢記住，引以為戒啊！看起來，這位洪先生面對敵意和暗算時，不是一個心軟仁慈的角色！」鈴木說。

「在關鍵的時刻要能夠硬得起心腸！才有資格成為一個世界級的大師！」軾川說。

「我敢大膽預測洪懿祥日後必將成為一個世界級的武術大師！」

鈴木說。

「不！經過昨天的過關斬將，而且幾乎都是只用一招就輕鬆解決我們派出去的高手，洪懿祥已經用他的實力向世界證明：他現在就已經是世界級的武術大師了！還有，我想我應該可以確定那是什麼秘技了！」軾川說。

「喔！是嗎？」鈴木問。

「這應該就是二戰期間，我在中國西南的滇緬邊區親眼所看到的『制牛術』吧！」軾川說。

「制牛術？那不是極真會大山倍達用力扳倒野牛的技術嗎？」鈴木說。

「不！不是用力量！人類打倒比自己龐大的動物，向來用的是智慧！不是力量！」軾川說。

經過這次的長談，軾川筧一內心已經明白，在自己有生之年可以為大日本國空手道奉獻的最終目標了，他將啟動自己畢生在商場中所累積的智慧、財富和人脈全力以赴，不達目的絕不放棄……

「為了我們日本空手道未來長遠的發展，一定得想辦法取得這個秘技！不論花多少時間、多少金錢和什麼樣的手段！」軾川說。

1972年洪懿祥與鈴木正文在東京召開記者會

1972年應鈴木正文之邀到東京正武館剛柔流總館傳授內家拳法

# 第七八章　美軍訓練基地

非常時期必須採取非常手段！越戰叢林不是一個講究公平和原則的地方。你無需為了證實自己的實力和道德，而放棄體型上的優勢，生死格鬥只有存活才是真正的王道！

【場景】：大稻埕「永樂國民小學」的大禮堂

　　大稻埕「永樂國民小學」的大禮堂，一整列的榻榻米以 15 度斜角靠貼在牆壁上，每一片榻榻米的前面都有一位赤裸著上身的美國大兵，正揮灑著汗水努力對著充當拳擊沙包的榻榻米作直拳練習，這群高矮、膚色、髮色不一的美國大兵全都是自願自費參與訓練的。打從他們第一步踏入這個道場開始，他們就已經把這裡當成軍營之外另一個身心的歸宿。他們一拳接著一拳結結實實的打在比拳擊沙包更粗糙、堅硬的榻榻米上，面對這因陋就簡的設備，心中沒有任何的怨言，他們只求在這短暫的補強訓練中，可以提高自己在越南戰場存活下來的機率。

　　其中最引人注目的是三張緊緊相連的榻榻米上面被鮮血染紅的斑斑血漬，這三個不畏肉體傷痛努力苦練的大兵，由高而矮依序為：白倫德、洛可和強森，他們三個人都有漂亮的藍色眼珠。白倫德最高，身高約 195 公分，小臉高鼻，脖子又長又粗，瘦高的身形卻長得一副高中生般清純的娃娃臉，是一個個性溫和的大男孩。洛可身高約 185 公分，身材適中，臉蛋俊秀個性內向靦腆寡言，如果不是去越南打仗，而是去好萊塢演電影的話，應該就是另一個亞蘭德倫（曾與日本影帝三船敏郎合演「大太陽」的法國大帥哥）。強森身高約 178 公分，是德裔的美國人，五官深邃稜角鮮明，是一個聰明敏銳果決強悍的領袖型角色。他們三人是第一梯隊進入道館接受訓練的美軍，同時也是因為他們的熱心奔走以及部隊教官的支持，才說

服美國駐臺的軍方代表出面請求臺灣的對口單位協助商借永樂國小，並同意以象徵性的租金外借夜間的學校操場和大禮堂，給他們作為徒手戰技補強的外訓基地。

這些美國大兵都是在美國本土完成必要的勤前訓練後，被先行以軍艦或軍機移置到亞洲幾個靠近越南戰場的基地待命，等待越南軍區司令的徵召，進入另一個陌生的國度，打一場不屬於他們的叢林生存戰。在那個時期，為了幫助這些為數眾多的美軍戰士，在有限的時間內，得到有效的求生戰技，洪懿祥早在半年之前，就已經先進行臺籍助教的幹部培訓。他從原「關渡龍舟隊」中遴選出十位資深的弟子進行魔鬼訓練，並且配合短期速成的目標進行新課程的編訂。

「非常時期必須要用非常的手段！」洪懿文說。

「一定要善用西方人先天體型上的優勢！不排斥用體型和力量的優勢硬吃，只要能贏就好！」陳眉壽說。

「招式要實用，而且要簡單易學！不分內家還是外家，能克敵保命就好！不要套路，只要單操式和散打的技術，最好左右手都能練到！」洪懿綿說。

「要短期速成，就要內家外練！」洪懿文說。

「人命關天的事，不能拘泥於傳統的招式和教法！如果有緣，日後活著回來時，再努力幫忙他們調回原型吧！」洪懿祥說。

在智囊團的集思討論下，於是就有了「八步打」、「八連手」、「八手」、「八踢」這些易宗唐手入門必學的基本教材。除了這三十二式之外，就是每天都要和各種不同的對手對打，希望可以在最短的期間內，快速累積各種應敵的實戰經驗和不怯戰的膽識。整個道場每天晚上就有六個班別在同一時間一起練習，每個班別人數約50人。對打時，50人分列成兩行面對面相互行禮後，就開始一對一的對打，每打二十分鐘休息十分鐘，休息後就換人再打，平均每個大

兵一個晚上至少要打上四個場次，面對四種不同的對手和打法。六個班別之間，每週又有一次交叉對抗，就是用這種實戰實證的方式，讓這些大兵在進入叢林之前，都已經是身經百戰的格鬥戰士了！

就因為這樣講究實戰的訓練方式，初期衍生出許多肢體受傷的問題，為了避免因為受傷而影響到訓練，洪懿祥就借鏡日本劍道練習時有專用護具防身的概念，著手進行護具的研發和改良。在那個時代，運動器材的產業不如今天發達，所需要的東西幾乎都是要自己動腦和動手。還好道館裡人才濟濟，其中不乏各行各業的頂尖好手和奇人異士，在大方向確立之後，就由洪懿祥親手繪製軟殼護具的原稿，再交由各路弟子張羅相關的材料和打樣，於是全世界第一件徒手對打專用的軟殼護具於焉誕生。這件天字第一號的軟殼護具最裡層是採用雙層特厚生牛革縫製而成，皮革外層再以強力膠固定高密度海綿，目的是用來緩衝雙向的衝擊力量，讓打人的和挨打的都能得到適當的保護，護具最外層再用特製的超耐磨帆布縫製而成。因為穿著軟殼護具對打一定會大量流汗，原本用來繫縛軟殼護具的綿質綁帶經常會腐蝕斷裂，後來就全數改用美國軍方所提供的降落傘專用尼龍繩作為護具的綁帶，才完全克服護具固定的問題。又因為生牛革長期浸潤在大量的汗水中容易發霉發臭，最裡頭的皮革防護層幾經討論後，決定採用美軍補給官的建議，全數改為特製工業用橡膠作為替代的材料。到此，軟殼護具的規格和材料才算完全定型定案。洪懿祥認為一件理想的練習用防身護具，固然是要能有效保護使用者，但也絕對不能影響到實際的活動和靈活度。因此在護具的分格上也要依從人體的結構和活動的慣性來設計。最理想的狀況是要能達到防護的目的，但又不會因為過度保護，而完全沒有痛的感受和受傷的危機意識，否則穿戴護具的人會因為無感，而產生有恃無恐的錯覺，在真實的戰場中，這種錯覺是會致命的！

　　一個道館的經營就在這樣，從無到有，一步一腳印，處處都用心、用力的情況下逐步展開。在越戰打到最高峰的時期，每一個晚上平均會有將近 350 人次左右的中外人士，擠在大稻埕永樂國小的禮堂和操場上操練，共同參與這個武術系統的形成。對於尚處在動員戡亂戒嚴時期的臺灣而言，這個龐大、特殊的武力組織，一直都是國安、情資單位不得不特別留心關照的軍火庫。因此在眾多的徒弟當中難免混雜著一些治安單位所派來的臥底和暗樁，主要的任務是預防這股強大的民間武力造成國安或治安上面的問題。

　　事隔多年之後，一個除役的線人，在一次謝師的邀宴中，藉著酒精壯膽才娓娓道出這段不為人知的秘密。還好這個家族向來沒有特殊的政治色彩，這個龐大的武術系統也不曾有過任何政治傾向和操作，這才避免掉許多可能的麻煩和糾纏。只是那位身份特殊的弟子在揭露這段隱藏多年的秘辛後，因為他家族在陽明山所開設的活魚土雞城餐廳，溫泉的泉源發生阻塞，兩位在井底負責維修的工人吸入過多的硫磺氣而昏迷在井底。老闆為了搶在第一時間救人，不等消防人員的到來，自己就先用繩索垂降到井中解救昏迷的工人，因為他的果斷和勇敢，兩個工人全都被解救出來，幸運地躲過了死劫，遺憾的是他自己卻因為在井底停留太久，吸入過多的硫磺氣而命喪井底。

　　他姓張，身材壯碩皮膚黝黑，個性溫和厚道，是一位沉著冷靜、出手謹慎值得尊敬的好手！記得那時候，每逢炎夏，他都會免費提供許多自家曬製的中藥草乾，像：咸豐草、萬點金、薄荷葉等等給道館，用來熬製清涼退火的青草茶與所有師兄弟們一起分享。這樣熱心善良的年輕生命，竟會在這樣的意外中喪命，回想起來真是讓人不勝唏噓……（同門師兄弟們如果曾經喝過這個青草茶，應該就知道這裡所說的張先生是誰了！）

1963 年洪懿祥與赴越作戰的美軍徒弟白倫德合影

1970 年洪懿祥與美籍徒弟合影

1971 年洪懿祥在大稻埕永樂國小與徒弟合影

# 第七九章　大師辦桌之一

牛車不走，打車？還是打人？

茶不好喝，打猴？還是打人？

猴採茶不是快樂的產品！猴子只是為了避免挨餓和挨揍，才不得不在泥濘的沼澤地上幫忙採茶，你怎麼能奢望猴子在這樣的工作環境下採出什麼好喝的茶葉呢？

【場景】：安西街

　　洪懿祥一生除了專注在武術的鑽研、整合和改良精進之外，他平日最大的嗜好就是跟武術同好、訪客和老友泡茶聊天談天說地。他喜歡高山烏龍、碧螺春、清茶、白毫烏龍（白毛猴）、野生大葉普洱和日本的綠茶，乃至帶有柚香的英國伯爵茶等，他都是來者不拒。但對陳年普洱和老山鐵觀音這類重度發酵的濃茶則視之為飯後解膩的茶飲，興趣略微低了一點。只是在外頭與朋友泡茶時，他在乎的是人跟人互動的感覺，至於喝什麼就不是那麼在乎了，人家點什麼他就喝什麼，很少在人前暴露他的好惡，以免別人為了遷就他而刻意壓抑自己的偏好。

　　有一次他應邀到中國福建主持兩岸武術觀摩會，有位熱情的仰慕者特別送他一罐武夷山特產的「猴採茶」。不知道是誤買假貨，還是這款茶葉本來就是文勝於質，回臺灣之後，他興沖沖地邀了一大票老茶友來分享。因為送茶人的諄諄叮嚀，他還特地情商好友遠赴七星山取山泉水來燒水泡茶，並依著精美包裝上所指示的水溫沖泡。誰知道茶湯一入口那群老茶友們就迫不及待地消遣他：「這肯定是如假包換的猴採茶！而且是給猴子喝的，人可喝不了！」

　　「是嗎？」等他自己半信半疑地啜了一口後，才知道這群嘴刁難養的老茶友到底在胡說些什麼了，果然茶味苦澀難以入喉……

「這些死猴子，採這什麼茶啊！」

「怎麼怪到猴子身上去了！猴子又不喝茶，怎麼會知道好不好喝？」

「對啊！要不是因為你們，猴子何必在濕黏的泥沼地上採茶受罪啊！」

「還是猴子聰明，你們讓我採茶受罪，我就讓你們喝又苦又澀的猴尿！」

「人不消費，猴不受罪！我們啊！嘴饞，活該！」

「茶樹本來就不該長在沼澤地上，這種逆反自然的東西，怎麼可能會好喝呢！」

「對啊！這是基本常識，怎麼全忘了！」

「忘了！就活該！」

「對！活該！活該喝猴尿！」

「好吧！那我們就把剩下來的茶葉供奉起來，等那送茶的人有緣自己也來喝一壺吧！」

「對對對！物歸原主！到時再找各位來作陪囉！」

「哈哈哈……」

這就是他的茶局和他的茶話，雖然聊的都是一些言不及義的話，卻情比茶濃！他常說大凡違反自然的事，泰半都是有隱藏性的問題存在，這茶就是一例！

除此，洪懿祥也是一位道道地地的美食主義者，除了酷愛品嚐各種山珍海味之外，也喜歡自己下廚搞一些有的沒的，尤其是當他在外頭吃了什麼特別不一樣的料理時，就會在家裡動手試做。他總是希望自己的家人可以分享那份從味蕾直通心靈的幸福感。也許是懂吃、愛吃的人都有這種天份吧！一道能打動他的料理，不管工序和配料如何複雜，只要讓他吃過一次，就可以模擬出七八分像的料

理來，就因為他這種與生俱來的天份，全家大小就得經常扮演幸福的白老鼠了。

愛做菜的人，往往也喜歡上菜市場遛達。他喜歡透過市場中應時應景的瓜果蔬食和雞鴨魚肉的供應狀況，感受四時節氣的變化，了解田裡、海裡當令最盛產的是什麼。他說上海人講究「不時不食」，這就是最精準的美食指標，若不是累積了足夠的生命體驗和睿智，絕對說不出這麼順天應人、永垂不朽的至理名言來！總之，順著大自然的節氣運作，老天爺給什麼就吃什麼最好！對他這種生命閱歷豐富的大師來說，每一個不同的節氣氛圍，每一道不同的佳餚美食，總伴隨著一段不同的際遇和往事！只有懂得耐心咀嚼蘊藏這裡頭的況味，才能理解他的生命厚度和高度。

因為人面太廣，又不善於拒絕，逛市場時只要是熟識的攤商魚販一招呼，通常他都是來者不拒。尤其是那些產期短、市場較為罕見的當季海鮮，對他都具有無法抗拒的吸引力。因此總是在盛情難卻下嚴重超買，遇到這種狀況，他就會先付款買單，待收市後攤商再幫忙送到家裡頭去。後來這個交易模式就變成了一種常態，有些肉販攤商遇到市場滯銷時，就會直接把當日賣不完的剩貨自動送到洪家，幾近是強迫推銷。但這些滯銷的商品在常溫下擺放得太久，有些都已經變了質，根本就無法食用，但礙於情面洪懿祥還是會依照老闆開的價買單。每次遇到這種狀況，他總是以「就當是幫忙減少損失吧！」來自我安慰，可是他的大兒子洪澤洲可不認同他這種爛好人的作法。他認為縱容這種人就是姑息養奸！所以不管他老爸怎麼說，他還是盡忠職守地扮演黑臉門神的角色。讓那些不良攤商再也不敢上門來裝可憐和討便宜了！

農曆五月十三是大稻埕「霞海城隍老爺」的壽辰，依照傳統的習俗，前一天晚上城隍老爺的捕頭和衙役們會先行踩街暗訪，根據

民俗的傳說，這是在勘察和佈署城隍爺出巡的路線。隔天一過中午，就開始一年一度民俗的陣頭大遊行，行伍中，除了壽星城隍爺會搭乘鑾轎出巡，供轄區的信眾祝壽膜拜之外，前頭部隊少不了舞龍、舞獅、七爺八爺、千里眼順風耳、鼓吹八音、南管北管、子弟戲、踩高蹺、八家將、宋江陣、報馬仔、跑旱船等等團體的沿路演出。甚至還有西樂社的樂隊表演，眼尖的人一看這些吹西洋樂器的儀隊，跟前一天送往生者上山頭的喪葬儀隊根本就是原班人馬，就連吹奏的樂曲也全都是那一百零一首，唯獨吹奏的速度和節拍稍有不同罷了。人啊，對神、對鬼跟對人全都一樣，只求混得過去就好了，真要在乎所有的細節和真相的話，日子是過不下去的。

　　在當年，霞海城隍老爺壽誕當天，除了迎神拜神之外，最重頭的戲碼就是家家戶戶得鋪張辦桌宴請遠親好友、生意場上有業務往來的客戶、上下游合作的廠商和夥伴。沒有人知道這個辦桌請客的習俗是從何時開始約定俗成的，但大家都習以為常把這天當作是一年一度家族宴客的公關日。有時為了這個特別的日子，部份家境並不寬裕的人，迫於當時的社會風氣使然，而不得不靠借貸和典當來撐持這個輸人不輸陣的顏面。尤其是當自己也曾舉家去吃過親朋好友家類似的大拜拜時，基於公平互惠的原則，那肯定要對等的邀宴和回請了。

　　與臺北市有一河之隔的三重埔，在農曆四月二十五日「神農大帝壽辰」也同樣會舉辦大拜拜、大遊行和辦桌大請客。淡水河兩岸兩個轄區守護神的生日相隔不到一個月，該吃該還的帳全都攤在那兒很難賴得掉。連接臺北市和三重埔兩地的「臺北大橋」在尚未改建拓寬之前，就長得跟西螺大橋一樣，同樣都是鋼構的鐵橋，特別具有那個古老年代的質樸風韻和樣貌。每年的農曆四月二十五和五月十三臺北大橋過午之後，就會進行交通大管制，禁止所有機動車

輛通行，整座大橋僅供行人徒步過橋。就如同現今的封街路跑一樣，只是橋面上和路面上所有流動的人潮全是去吃拜拜的就是了。為了讓往來的人潮可以順利的去化和流通，白天和晚上往返兩地的雙向車道也得作周密的規劃和調撥，否則一旦人潮在橋上發生推擠踩踏，後果是不難想像的！曾有報社刊載了一張從直升機上鳥瞰的空拍照片，從畫面中可以清楚看到臺北市這一頭所有與臺北大橋相連接的大街小巷，猶如開展的樹枝一般，密密麻麻地佈滿了徒步走向三重埔的行人，所有的人潮最後全都往臺北大橋收斂和集中。而臺北大橋上則因為人頭密集而呈現出黑壓壓的一片，根本就看不到路面和橋面，直到過了淡水河後，黑潮才又隨著三重埔的街弄巷道漸次分流疏散。這就是當年兩地市民全體動員奮不顧身吃拜拜的特殊景觀。

後來因為鋪張宴客所衍生的家庭糾紛、金錢借貸糾紛以及酗酒鬧事等等社會問題，甚至還有人因為酒醉而跌入河中溺斃之類的事件層出不窮，於是在政府的大力宣導和勸誡下，這個鋪張請客的社會風氣，才慢慢地在都會地區銷聲匿跡。這是農業社會轉型為工商社會無可避免的過程，蛻變的過程中，被淘汰、消滅、遺忘的事總是好壞參半。雖然站在今天的角度來回顧，難免會緬懷當年那種人跟人之間惜情惜緣的人情況味，但這類的往事掛在口頭上緬懷和追憶就夠了，真要再回到過去面對曾經有過的情節和故事，其實未必真的會如同想像的那樣雋永多彩……

那一年，為了張羅五月十三的大拜拜，洪懿祥突發奇想，他希望讓那些即將到越南打仗的美國大男孩們，在臨行前可以體驗到臺灣的人情和美味。他決定大展身手辦桌請客。於是，在所有好友和死黨的熱情支持下，他異想天開想要辦一場大規模的辦桌大請客，為了決定菜色，並擺平所有狗頭軍師們的不同意見，他們決定先進行小規模的試菜，待菜色修正確認後，再移往永樂國小大禮堂擴大

規模的大請客，正式宴請那些離鄉五百里的美國大男孩品味臺灣特有的辦桌文化。這算是以洪懿祥為核心的那一幫迪化街的富少爺們童心未泯的家家酒吧！只是最後的規模實在大得嚇人！

# 第八十章　大師辦桌之二

你根本不知道你幫的人是誰？你只是一廂情願地做你認為對的事！
在越共的眼中，你只是一個幫凶，一個培育殺人武器的幫凶！

【場景】：安西街、永樂國小

　　臺灣的飲食文化因長期受到異族統治和殖民的影響使然，多少
混雜著這些外來統治者有意無意間所傳留下來的飲食習慣和烹調元
素，但還是離不開蒸、煮、炒、炸、燉、滷這些調理的功夫。在食
材的選用基本上也是離不開就地取材的原則。一般宴客料理中必備
的食材包括：雞、鴨、魚、豬、鮑魚、龍蝦、魚翅、九孔、海參、
應時蔬果、甜湯、甜點等等。大凡用來宴客的料理，無非都是選用
一些珍貴高檔的食材，或是工序繁複備料麻煩的菜色。這些平日垂
涎而不可得者，全都會大方地呈現在宴席的桌面上，讓應邀的賓客
任意享用一飽口腹之欲。這應該算是人們在那個既悲情又匱乏的年
代，對長期壓抑的生活和情緒最放肆的反撲吧！於是，「易宗唐手後
援會」就在洪懿祥登高一呼的號召下，有錢出錢、有力出力、有雞
出雞、有肉出肉、有魚出魚全面啟動。

　　　　陳炎聲──提供大烏參和海參腸（這是一種稀有的平民美食，
　　　　　　　　口感如曬乾的干貝）
　　　　港叔公──提供野生大海鯧和斑節大蝦
　　　　洪德雄──提供特級鯊魚皮和新鮮的鯊魚散翅（在那個年代臺
　　　　　　　　灣人不時興吃排翅）
　　　　陳　勳──提供關渡的紅面番鴨和紅仁鴨蛋
　　　　陳清波──提供關渡黑毛豬的蹄膀、龍骨髓、豬肝、腰子、豬
　　　　　　　　肚、豬腸……
　　　　陳彥市──提供三峽綠竹筍和當季青菜瓜果

阿林仔——提供放山土雞和下水

黑　龜——提供斑甲（斑鳩）和鵪鶉蛋

蔡萬成——提供車輪牌墨西哥罐頭鮑魚

陳石籤——提供野生大鱸鰻和白鰻

黑　蛇——贊助黑松汽水、聖誕老人牌芭樂汁、紹興酒

林三號——提供辦桌所需的所有廚具碗盤水杯和桌椅

　　就這樣，大家爭先恐後熱情贊助，唯恐不能為這個盛會盡上一分心力。而這個別開生面的試菜活動，應該也算是這個武術系統，對組織內部所擁有的社會資源，所發動的一次大盤點和大動員吧！當然，為的只是在平凡無奇的生活中，創造一點驚奇和喜悅，這種憨厚熱情不計較得失的人情味，如今似乎已經被那些只重視效率和本益比的社會風氣給連根剷除了，起而代之的是：「我為什麼要贊助這個活動？」「這麼做對我有什麼好處？」「這些好處可以為我轉換成多少利益？」「為什麼我得出比他更多的錢？」大家都因為功利務實而變得更聰明了！聰明務實到容不得為自己參與的組織奉獻一點什麼！（當然對於神明賄賂式的慷慨捐獻不在此限！那應該算是一種避險用的風險性投資吧！）

　　雖然只是大辦桌前的小試菜，但大師親自下廚，畢竟也是非同小可的大事。當天一大早，所有食材就從產地陸續送抵現場，交由黑龜和黑蛇點收。在當時，像這種小規模的辦桌，通常會就近在騎樓下，或是馬路邊來辦露天的外燴，很少會特別花錢去租用室內的場地。所以他們就在安西街洪家後院前的騎樓下設置伙房，因為後街騎樓下的空間太窄，租用的備餐檯和調理檯規格太大，影響到油鍋和蒸爐擺放的空間，臨陣突然面對這樣的變數，洪懿祥不知道是從哪裡得來的靈感，竟然臨機應變指派家裡的兩個男丁要他們把家裡的門片拆卸下來權充調理檯。於是，洪懿祥的兩個兒子就莫名其

妙地奉命拆了家裡的大門，然後兩人一前一後頭頂著大門板從民樂街穿越三義菜市仔，一路吸引街坊鄰居好奇的眼光，一些頑皮的同年好友就跟在兩人的後頭隨行，嘴裡手裡還模仿著鼓吹八音鑼鼓喧天的模樣，就像是城隍老爺子出巡般浩浩蕩蕩遊行到安西街，一直到放下門板後，看到長子澤洲即將要火山大爆炸的表情，這群淘氣的小頑童才爭相逃命似的一轟而散！澤洲強悍的威名就是這樣一路從小訓練出來的！

拆門板辦桌試菜的事，就在這個遊行陣仗中揭開序幕。洪懿祥的廚藝是屬於「二刀流」，只是日本二刀流的祖師爺宮本武藏所用的是一長一短的武士刀，而洪懿祥所使用的大鋼刀，則是採用八二三炮戰時，中國解放軍打到金門的彈殼精鋼鍛造而成的。用「雙菜刀流」剁蝦是為了製作「臺式金錢蝦餅」，這道菜可是正宗的臺菜，不是模仿泰國菜料理。所謂的臺式金錢蝦餅，就是將去了殼的海蝦仁先用大菜刀的刀面將蝦仁拍碎和入豬板油後，再用雙刀剁成蝦泥，然後再拌入個頭較小的小蝦仁用以增添口感。蝦泥和小蝦仁攪拌均勻後，再將約當一大匙份量的蝦泥塗抹在去了邊的小片土司上（一大片土司約當切分成四小片），裹上蛋汁和粗麵包粉後就可以下大油鍋酥炸，當蝦餅炸到表面金黃，撈起濾除多餘的油脂後就算功德圓滿了。因為真材實料，蝦餅厚實多汁 Q 彈有勁，遠遠勝過現下流行的泰式蝦餅，只是因為底部的土司在酥炸時容易吸附過多的油脂，這道美味的傳統臺菜終因健康的考量，連申訴改善的機會都沒有，就被判處終生監禁不得假釋和緩刑，實在是令人扼腕！

「酥香脆皮雞」是以肉質較細且未生過蛋的嫩母雞為上選。完成前置複雜的醃製工序後，最重要的是不能將整隻雞直接下到油鍋裡頭去炸，因為這樣原本封存在雞肉中最菁華的汁液就會被炸乾。只能將雞隻放在油撈子裡凌空擱在油鍋的上方，再用鐵杓子從油鍋

中不斷撈取滾燙的熱油來澆淋雞隻。這個澆淋的動作一直要重複到
雞皮呈現琥珀色，雞肉達七八分熟後就得停止，這樣才能利用雞體
中的餘溫讓全雞熟透。用這種手法烹調而成的脆皮雞就連最乾澀的
雞胸肉都會呈現多汁的淡粉紅色，一定要作到外皮酥脆、肉質香滑
才算得上是合格的「臺式酥香脆皮雞」！

「大滷元蹄」其實就是滷蹄膀，洪懿祥曾說做這道料理成功與
否的關鍵，一定得採用本地原生種的黑毛豬！因為放養在圈外吃雜
食自然成長的黑毛豬，跟一般餵食人工飼料和成長激素的圈養白毛
豬不一樣。黑毛豬的豬皮更厚實有勁，同時因為運動量大，皮下的
脂肪比較結實，經長時間的滷製也不會變成軟爛噁心的口感。而當
年這道菜美味的關鍵還有一個極重要的元素——「醬油」。為了達到
最完美的境界，洪懿祥所使用的醬料，是洪李麵老夫人以黑豆自家
釀製的醬油和醬油膏來滷製。在那個年代，會醃製醬菜豆腐乳的人，
通常也都會自家釀造醬油。因為發酵和培養菌母的方法幾乎是一樣
的，只是釀造醬油多了濾榨出油和熬煮醬油的工序。自製的醬油除
了分送給親朋好友食用之外，留作自用的部分，只要儲放在陰涼的
地方，通常可以擺放上三五年而不會變質。滷元蹄必先耐心拔除豬
皮上所有的毛才不會破壞口感，而且豬毛一定要用拔的，絕對不能
偷懶用刀刮或火燒，否則殘留在皮中的黑毛往往會讓吃的人感到不
潔和不安心。豬毛處理潔淨後必得先用熱水余燙，去除血水後，再
放入冰水中冰鎮急速降溫，以增加豬皮和皮下油脂的彈性和口感。
在下鍋滷製之前，還得先將整個蹄膀下到油鍋裡頭炸到表皮金黃，
然後撈出來濾除多餘的油脂後，才能放到滷汁裡頭去滷製。一剛開
始通常是先用醬油來滷，好讓豬蹄入味，一直要滷到整個蹄膀酥爛
時，最後才會再加入醬油膏，好幫成品的表面上一層金滑油亮的醬
色。這就是臺式滷蹄膀傳統作法，如果遵照這種古法來調理，保證

滷香四溢，光是用鼻子聞就足以讓人體內的膽固醇和三酸甘油脂直線上升，這是臺菜中最絕美、最讓人無法抗拒的邪惡料理！於是，就在這樣處處考究又不計成本追求美味的原則下，完成了十二道那個年代最常見的臺式辦桌料理。

01「全家福大拼盤」冷筍沙拉／五味九孔／龍蝦沙拉／罐頭鮑魚丁／酥炸腰果仁／捆蹄薄片

02「清燉鴿盅」

03「炸大蝦／金錢蝦餅」

04「酸菜結老鴨湯」

05「海鯊魚皮羹」（臺式佛跳牆）

06「酥炸脆皮雞」

07「海參燴鮑魚」

08「枸杞燉白鰻」

09「大滷元蹄」

10「煙燻大海鯧」

11「八寶芋泥」

12「金獅水蜜桃＋杏仁豆腐湯」

經過那些贊助食材的親朋好友努力試吃之後，大家又七嘴八舌提供了許多不同的意見。幾經辯論和修正後，原則上維持原來的菜單不變，只就口味、份量和上菜的排序略作調整後就拍板定案，並交由全程參與協助的外燴廚師依樣畫葫蘆擴大辦理。於是，一場別開生面的盛宴，就這樣經過試做、試吃的演練後，擇定農曆五月十三霞海城隍爺壽辰當天，假永樂國小的大禮堂設宴辦桌。席開五十桌，以臺灣在地特有的美食和熱情，邀請當年在道館接受訓練的美軍一起參與「迪化街霞海城隍爺誕辰」的慶生宴。雖然這些信奉基督教和天主教的美國大兵根本搞不清城隍老爺到底是何方神聖，但

這都無損於大家參與盛宴的熱情,他們還自組康樂隊上臺表演助興,在「離鄉五百里」的歌聲中,好多大男孩全都唱紅了眼眶。對他們而言,在太平洋那一頭的家太遙遠了! 這裡有愛,這裡就是他開拔到越南戰場前的家! 洪懿祥除了教他們求生自保的戰技之外,還給了他們此時此刻最需要的關懷和愛!

在這個盛宴中洪懿祥還特別邀請了涂師父、張峻峰兩位大師與會同樂。除此,過去曾在年輕時指點過洪家兄弟武術的武師們,只要能連絡得上一律指派入門弟子專程到府接來赴宴。甚至連隱身青幫的彭老師和遁居中央山脈不問紅塵俗事的制牛術異人,洪懿祥也親自專程上山硬是把他們夫妻接下山來同樂。他說一個人一生當中能有多少奇遇和珍貴的友情,全都在你自己有沒有用心去經營。一個人的一生是否精彩浪漫,也一樣都是個人態度的問題。也許是因為他有一個富爸爸,讓他的一生可以盡情揮灑他的熱情,創造旁人難以企及的浪漫故事,但深信如果沒有灑脫的個性,即使有了富可敵國的老爸又如何呢! 雖然洪萬美的蠟燭生意隨著社會的變遷而日趨沒落,早已不復當年的盛況,可是人只要是曾經輝煌過,哪怕是口袋裡的財富實力已經今非昔比,但那口底氣,一輩子都是下不來的! 陳年的往事回憶歷歷在目,總覺得當年的美國總統欠洪懿祥一枚勳章,一枚用以褒揚他用心照顧這些離鄉子民的勳章。

1986年宮里榮一館長率領沖繩剛柔流空手道黑帶會教練團來訪合影

1970年香港蔡李佛武德館館長黃侖來訪，與洪懿祥、後排洪淑貞、洪澤洲合影

# 第八一章　太極大師陳泮嶺

當離心力與向心力兩相平衡時，就會呈現靜止的狀態。這種靜止是
50:50 的平衡狀態，不是什麼都沒有。內家拳所追求的靜，就是這
種陰陽平衡、剛柔和諧的最佳狀態。

**【場景】：臺中陳泮嶺師傅家**

（以下為陳泮嶺師傅的獨白）

　　「只能說老天爺對你特別眷顧吧！有些高手幾乎一生都在打，
可是終其一生卻打不出一個名堂來……你卻得天獨厚一戰成名，而
且每次出手都是萬眾矚目的關鍵性戰役！只是這麼說，對你也不盡
公平！哪一場關鍵性的戰役，不是棘手難搞的場面？要不是其他的
人臨陣龜縮，依你的個性也未必出得了頭！真要讓那些人用拳頭來
解那些困局，恐怕也會砸大鍋！關鍵性的戰役，鬥的不只是功夫和
狠勁！是臨陣的膽識和機智！你可天生就是這種角色啊！反對你教
外國人的人，真正在意的，未必是他們在檯面上吶喊的那些高調！
而是你在國際武壇上的威望和與日俱增的影響力！在日本，你用內
家拳向世界展現實戰的威力！在臺灣，你一拳擊碎火頭磚，一棍挑
翻那個在日本所向無敵的黑色巨漢，用你的機智顛覆西洋人自義和
團以來，對中國傳統武術的輕蔑看法……也許是因為你在臺灣長大，
肩上沒有過多的中國歷史包袱使然吧！你讓我們清楚看到，傳統武
術在新生世代蛻變重生的希望！你每一次出手都跳脫傳統的思維邏
輯，像是一個叛逆的天才棋士，每一只棋都讓人期待和驚豔！在你
身上我看不到極限，看不到中國武術的極限！把中國武術傳授給打
越戰的美國軍人，應該是內家拳術回歸戰場的宿命和必然！形意拳
原本就是古代軍中操練的戰技，因流入民間而變得精緻多樣。只是
民間傳藝總難免為了嘩眾取寵而賣弄玄虛，讓武術走入華而不實的

死胡同！只有回歸戰場用生死的洗禮，才能回復武術原創的初衷和原貌！西洋人用洋鎗火礮打垮了中國的刀槍劍戟之後，願意回過頭來學習中國的傳統武術，肯定有他們實證過後的理性需求！善用西洋人重視物競天擇適者生存的邏輯，用最務實客觀的標準來篩檢中國傳統武術的存在價值，可以大膽汰弱留強，為優質的武術找到可以存續下去的優良基因，不失為借力使力、互蒙其利的良策！做什麼決定都一樣！強者自取支拄，弱者自取束縛！就看你是找解決的對策，還是找卸責的藉口！得造化之賜者，得擔傳承之責！是風雲際會，也是天意使然，如果沒有當年的國共之爭，就沒有大規模的名師南移，更不會有大規模的北拳南傳，沒有洪家的豐厚財力和雪中送炭，沒有足夠的天資秉賦和機緣巧合，就無以成就今天的一切⋯⋯能在形意和八卦之間穿梭來回無罣無礙！

技擊格鬥之術，你應已盡得張師父的真傳！傳承就是責任的分攤！為什麼不傳外人，外人所指何人？用什麼標準來取捨和定義？我認為：外人，是指心性理念沒有共識的人。並非同門之外的人，更絕不是那些人所指的外國人！外人不傳，那內人不肖又當如何！就眼睜睜聽任它斷脈失傳？記住！這世界永遠是聰明的少數，站在大時代的浪頭之上引領庸凡的多數！不破就不立！不能以狹隘的膚色和國界為藩籬！不能被迂腐的傳統之說所羈絆！哪個傳統和正統在被承認和接受之前，不是從破壞的廢墟中被建立起來的！沒有當初的破壞和創新，哪來今天的傳統和文明！傳統是什麼？是北京人的茹毛飲血？還是山頂洞人的衣不蔽體？如果不是建築在現況破壞之後的創新，哪來今天的武術、文明和傳統！透徹地說，只有不斷的創新，才是道統百代千年傳續不滅的王道！用傳統的元素為基底，進行大膽的創意！再把創新所得回歸傳統，這樣傳統才能與時並進與日俱增！張師父常說：『打得贏，就是真的！』說得真好！真是快

人快語一針見血啊！

　　再談談你的易宗唐手吧！你需要的已非外塑，而是內煉！所謂煉丹就是向內萃煉菁華的意思！唯一不重疊於你的過往所學，應該就只有『九九太極』了！九九太極是為合整各派太極之菁華為一大成之法，各門各派各有所長各有所短……若是各自畫地自限就是自絕生路！九九太極的研創是博取各派太極名師無私奉獻的心血結晶……採擷陳派、楊派、吳派各家太極之長，融合少林、形意、八卦之特色而成……去除重複雷同的招式後，取實用效能最高、運動量最大、最自然完整，最能開發身體內宇宙潛能的招式重新整編而成，最能體現以簡馭繁、以柔克剛的目標！是一套有縱深有寬度的整合性套路！外家拳術是習練中國傳統武術入門必經，重在築基，打造向上的基礎，追求易筋、易骨、易髓……形意拳強調起鑽落翻、蹭步發力，以『直勁』螺旋鑽進，如槍膛來弧之理！八卦掌要求走穿撐轉、扣擺翻滾，以『橫勁』迂迴拊挫，捨直取橫以斜打正！太極拳講究纏絲渦捲運弧成圓，先求全身鬆放讓內氣沉澱到腳底，復以虛靈頂勁，用『豎勁』導引內氣從地面拔地而起通脊而上，統整直橫豎三種『螺旋勁』通體合而為一，謂之『整勁』或『纏絲勁』……前後進退練的是『直勁』，左右開合練的是『橫勁』，上下起落練的是『豎勁』，『整勁』練的是全身內外整而為一的完整勁道，統合前後、左右、上下六合之維度，建立三度空間立體作戰的概念！因為直勁、橫勁、豎勁，這三種勁都是有方向性的『螺旋勁』，而『纏絲勁』則是導引這些縱橫／上下／裡外交錯的螺旋勁，而成為一個從內對外圓撐的場域，這才是最完整全面的氣場，才能從容回應從四面八方襲來的威脅……當一個人練過少林、形意、八卦、太極之後，可以用這一個套路來涵括其一身所學！九九意味無限延伸，無限龐大……套路上手之後，得以它為『載體』再植入畢生所學之菁華，

一以概之！一以貫之！就是用這個套路來整合你的一生所學！將你所學之菁華全數置入其中『一套練足』！這才是九九太極的終極境界，如果僅依標準套路動作照表操課，就是練一輩子也難有大成……拳術的傳承重在概念的啟發和延伸……遺憾的是，上善之法，唯智者得之！所以才會說九九太極，式簡意深易學難精！關鍵在觀念，不在套路的動作和用法！在你重新學習『九九太極』時，你必須先放下過去所建立的主觀……留白越多，磁吸的力道就越強，可塑性就越高！就是得把自己歸零，從源頭學起！不能有任何罣礙！不這樣！那我們寧可維持原來的朋友關係就好！臺北太潮濕！我住不慣！況且這兒有這麼多徒弟，我也放不下！就利用你到臺中出差收貨款的時間，每個月兩次吧……你別每次來都送這麼大的禮……洪家已經不比過往了，省著點！平常人至少得花三四年才能上手，就看你回臺北之後，自主訓練的狀況了……張師父那兒，我也會親自招呼一聲，不會有問題的！藉由你在國內外的人脈和網絡來推動，我相信九九太極應該可以在海內外更有效率地推展開來……內家拳術的向上提升，一直以來始終欠缺一個常設性的組織機構來繼續研發。如果以日本人和西洋人過去做學問講究創新和永續發展的傳統來看，不出幾年就會迎頭趕上來，甚至超越我們……如果不能持續向上探索更高的境界，就會像火藥、印刷術和紙張一樣，有一天，我們的後代恐怕反而要跑到國外才學得到正統的中國武術囉！」

　　洪懿祥在習練形意拳和八卦掌之前雖曾學過幾年「楊式太極」，但畢竟當時年紀輕、根基淺，對內家拳的了解仍似懂懂，所以當自己慢慢掌握形意拳和八卦掌的神髓之後，內心始終有個缺憾，希望能找個名師重新學習，把這片內家拳的拼圖給補滿。正好因緣際會認識了當年住在臺中的太極拳大師陳泮嶺，藉著公務出差之便多次登門拜訪。經多次促膝長聊後，陳泮嶺大師同意洪懿祥的要求，親

自傳授他當年在中國大陸與多位太極名家共同匯編的「九九太極」，迥異於過往總是把老師請到家裡駐教的方式，洪懿祥尊重陳大師的意願，開啟了從臺北到臺中兩地長途奔波的學習。陳泮嶺大師文才武德兼備學有專精，對於古本《拳譜歌訣》的理解參悟甚深，向他請益各種拳術上的疑難，總是能一語道破其中的奧妙精微，讓人茅塞頓開。不像一般的老師傅，因為程度和造詣使然，無法準確地使用當代的語言來闡述其中的拳理和奧義，只能照著《拳譜歌訣》搖頭晃腦地覆誦古文詩句，讓人越問越糊塗……

　　洪懿祥說只有能將深奧的拳理，用淺顯的語言和邏輯清楚表達出來的人，才是真正的高人。凡是故弄玄虛或是照本宣科的人，泰半都是一知半解的半調子。於是，洪懿祥與太極大師陳泮嶺的師徒情緣，就這樣開啟了為期長達五年的長程通勤學習。根據洪懿祥表示，九九太極的學習其實並沒有花用他太多的時間，在那段與大師相處的時間，大都是為了探究內家武術更高階的境界，以及當年洪老先生斥耗巨資向眾多流亡拳師所蒐藏的秘傳古老拳譜所進行的推敲和辯證。他說這段期間應該是他一生中武術修為提升最為全面、快速的時期——因為棋逢對手，因為磁場相應，所以相知相惜。

太極名家陳泮嶺大師

# 第八二章　電影、功夫、茶之一

別讓過去的成功箍限未來的發展，只有持續不斷的修正才是基業長青的王道！

**【場景】：安西街**

「功夫電影」的崛起，為傳統武術注入許多新鮮有趣的流行元素。過往練武術除了健身強體保護自己不受霸凌欺壓之外，充其量是透過比賽累積擂臺的經驗和知名度，進而成為一位夠格的武師，然後正式開館授徒，較之其他的專業技藝在職涯的發展上相對顯得狹隘有限。撇開純粹因為興趣而練武的人不說，如果當不了成名的武師，就只能退而求其次，當有錢人的貼身保鑣，或是潛身到各種高風險娛樂行業，如舞廳、歌廳、酒家、賭場……圍事當打手。再不然就與黑幫黑道掛勾把自己染黑，從中分食隱藏在闇黑世界裡的龐大利益。可是自從功夫電影成為世界性的風潮之後，除了帶動群眾爭相習武的風氣，讓習武教武蔚為一股龐大的商機外，尤其懷抱電影夢想的年輕人更無不視此為進入演藝圈必備的才藝，而其中又以表演性極高的外家拳系如少林洪拳、螳螂、蔡李佛、神打、詠春、空手道、跆拳道、合氣道……更是如雨後春筍般蓬勃發展開來。

在當年，那股襲捲世界的功夫電影熱潮中，為了突顯視覺感官的刺激，追求的是速度感和陽剛之美，原本就樸實無華的內家拳，不但沒能借助那股潮流踏浪而起，反而被新起的浪潮所淹沒，淪為被揶揄嘲諷的跑龍套角色，充其量只是為了配合劇情的需要，安插一兩個練八卦掌或形意拳的反派角色來烘托男女主角的神勇和無敵。在真實世界中，那些耗用畢生精力，練就一身真功夫的內家拳高手們，面對功夫電影所造成的巨大影響卻也是束手無策莫可奈何。

在那段期間，經常可以從那些前輩在時不我與的嘆息聲中，感

受到一種被電影嘲弄、被時代遺棄的無奈。但真要能一語道出這些大師們當時的心境寫照，則莫過於若干年後，電影大導演李安所執導的好戲《推手》最為深入寫實。劇中老影星郎雄所扮演的太極拳高手在喪偶後赴美依親，因為語言的隔閡和文化的落差，造成父子和洋媳婦三人之間難解習題，老師傅因而流落到一家同為華人所開設的餐館，窩身在潮濕的廚房裡當清洗碗筷的工人。忘了他是為了什麼緣故與人發生爭執，只是看到一個太極拳的老英雄站在他鄉異地狹隘油膩的廚房中，獨自面對一群要把他死拉活拖出去的年輕人時，那種孤立無援投訴無門的酸楚和絕望……才讓人真正體會到當年那些國術界老前輩們的心境和感受。世間有很多事必得要有足夠的生命體驗和挫敗之後，才會產生將心比心的同情。這裡所說的同情，不是憐憫，而是指與當事人擁有相同感觸和心境的同理心。當然，這也許只是因為當時那個讓人難以遺忘的畫面所觸動的傷感吧！

「懿祥，你的道館有受影響嗎?」

「還好!」洪懿祥說。

「唉! 年輕人統統跑去學洪拳和練跆拳了! 我們這些老東西沒人要囉!」

「教材和教法調整一下，應該還好吧!」洪懿祥說。

「難囉! 連自己的孩子都跑去練跆拳了，還能巴望誰來學啊!」

「只是踢的高度和用腳的方式略有不同而已，踢的技術不都是大同小異。」洪懿祥說。

「說起來就嘔，小孩竟然說練跆拳道只是因為那種道服穿起來比較帥! 你說氣不氣人啊!」

「年輕人追流行、愛時尚，這本身就是一種學習的動機和動力! 當年我們不也是一樣? 老哥，要有同理心，只要原則守得住，必要時就包裝一下，配合市場需要嘛!」洪懿祥說。

「虛華不實，這種學生不收也罷！」

「沒那麼嚴重啦！我們今天經歷的，都將會是歷史的一部份，這是必然的過程，用平常心就好！」洪懿祥說。

「這些道理我都懂！只是我們這一代好無奈啊！將就了一輩子！都這把年紀了，還要再將就下去嗎！」

「唉！我也是，不是改不來，就是不甘心！」

「對！就是不甘心！」

「各位大哥，我們這一代都是經歷過大戰和大撤退洗禮的人，那種苦難都挺過去了，還在乎這些嗎？」洪懿祥說。

「沒錯！那就該更明白，人是無法跟時代的大潮對抗的！不是嗎？」

「說得也是！年輕時，總以為可以在千層浪裡翻身，可以在百尺竿頭上站腳，誰知道這一生盡是在隨波逐流啊！」

「這點我也是心有戚戚焉！年輕時，練武講究尊師重道，當了師父，時代卻變了，換成老師要尊重學生，怎麼都輪不到我們這一代！真他奶奶的！」

「欸！有人說髒話囉！」

「懿祥，不好意思，不好意思！」

「沒事！其實真要能隨波逐流，也不是件容易的事，那也是一種強韌的生命力。像西洋人光靠一張板子就可以站在浪頭上乘風御浪！這不也是隨波逐流嗎？只要抓對角度，人是可以在浪頭上站腳的！」洪懿祥說。

「懿祥啊！你年輕觀念新，我們老了恐怕沒那個能耐囉！」

「別這麼想，年齡可以大，但心不能老，只是應變嘛，不是改變原則，沒那麼嚴重，年輕人要的，其實並不多，何不先滿足他們！待日後有機會再想辦法導正過來，不過是繞點路而已。」洪懿祥說。

「小老弟都這麼勸了！你們這些老頑固還有什麼好堅持的，不就是繞路拐彎嘛！喝茶！喝今年新採的春仔茶，是阿里山石卓的特產喔！」負責泡茶的王哥招呼大家喝剛剛新泡的茶葉。

「好啊！喝茶聽講古！人生一大享受！」

「不！我倒是想聽聽懿祥多聊些新的觀念，我們在鄉下資訊少，每來一次臺北，我都要花上一整年才能完全消化！」

「那是你生理機能退化外加消化不良引起的症狀吧！哈哈哈……」

「繼續吧！懿祥！」

「我小孩經常給我看一些報導大自然野生世界的影片，這些記錄影片真的拍得很好！」洪懿祥說。

「你看那些無聊的東西幹啥呀？」

「起先是為了看各種野生動物的生存搏鬥，想多了解牠們的技術和發力的方式！」洪懿祥說。

「這個方法好！值得借鏡，以後我也要在道館裡放臺錄放影機和徒弟們一起研究。」

「繼續吧！」

「在自然界裡，用武力決定一切，是一種常態。打鬥隨時隨地都在發生，有時是為了爭食，有時是為了交配，有時是為了領導權，總之在那個世界裡，只有贏的可以全拿。只是我無意間發現，即使像老虎、獅子這種猛獸，只要是確定打不過對方時，肯定二話不說轉身就跑，絕對不會為了面子死拼！」洪懿祥說。

「這招不用獅子教，我也很擅長啊！」

「哈哈哈……」

「我知道你的意思！那萬一逃不了呢？」

「那就像植物一樣，雖然無法移動，但遇到不可抗拒的天災地

變時，它們還是會想辦法改變自己，讓自己存活下來！」洪懿祥說。

「要我當植物人比較容易，要我學會改變，恐怕比登天還要難啊！」

「不！方法很多，是心態的問題，只要放得下就行！就拿植物來說，當它們遇到無可抗拒的威脅時，有些會選擇改變自己，讓自己變臭、變醜、變硬、變得讓入侵者更難以入口。」洪懿祥說。

「就像仙人掌和榴槤一樣？」

「對！但也有些植物會採取完全不同的策略。它們把自己變得更芳香、更鮮豔、更甜美可口，好吸引更多的入侵者來吃它。」洪懿祥說。

「這不是自尋死路嗎？」

「不！它們把繁衍的種子包裹在鮮甜多汁的果肉之中，把每一個入侵者變成了宿主，把自己的後代隨著宿主的移動傳揚出去，尋找更好的生機！」洪懿祥說。

「這法子不乾淨！」

「為什麼？」

「因為這樣不就跟排洩物混成一坨了嗎？」

「哈哈哈！存活嘛！有效就好！」

「對啦！如果有更好的方法誰願意這樣！」

「張老師以前提醒我們：『打不過，就跑！』，後來我教外國人時，才知道他們有另一種完全不同的觀念，他們說『打不過，就加入！』，這些都是應變的權宜，不能太在乎過程的感受，只要能想得更遠一點，應該就不會覺得委曲難過了！」洪懿祥說。

「嗯！說得真好！真有意思！」

「唉！不就只是臭跟死這兩種選擇嗎？」

「也不盡然！方法很多，想想就有！」洪懿祥說。

「對啦！遇上這種大潮流只能逆來順受，否則就會粉身碎骨！」

「其實很多事並不是非黑即白那麼絕對！最近我研究太極圖就有一些小發現。」洪懿祥說。

「喔！這個我有興趣，說來聽聽！」

「太極圖上那兩條太極魚，彼此間不是以一凹一凸的兩個半圓相互對接嗎？」洪懿祥說。

「沒錯！這是代表循環不停、生生不息！」

「一般人看到黑白兩個色，會誤以為這世界不是黑的就是白的，不是對的就是錯的！」洪懿祥說。

「不就是這樣嗎？」

「如果是！那為什麼圖上黑白兩界不用直線剖半對切？」洪懿祥反問。

「……」

「這是個動態的意象，如果用直線把太極的圓剖半對切，那麼生生不息的動態就靜止了！就不是太極圖所要傳達的意念了！」洪懿祥說。

「對！所以這圖就不能靜著看囉！」

「喔！是嗎？那要怎麼看？」

「你們看！」洪懿祥隨手在紙上畫了一個直徑約20公分的太極圖，再用那支繪圖的筆從太極圖的圓心穿透，然後拿起那支串了太極圖的筆在大家的面前慢慢地轉動，

「有沒有看到一黑一白兩條太極魚正相互銜尾追逐？」洪懿祥說。

「有意義！我練了一輩子太極，卻是第一次看到這玩意兒竟藏著這樣的玄機，可以這麼玩！」

「不止這樣！我把速度轉更快些！好！現在你們看到什麼？」洪

懿祥說。

「快了，魚就糊了，就看不清了!」

「那看到什麼!」洪懿祥說。

「就糊成一團了! 什麼也沒了啊!」

「好! 就別管魚了! 現在看到的是黑色? 還是白色?」洪懿祥問。

「都不是! 是……不黑也不白啊! 怎麼說!」

「不黑也不白，那不就是灰色! 傻蛋!」

「對對對! 是灰色!」

「好! 我把它停下來，大家再看看，太極圖上現在總共有幾個顏色?」洪懿祥問。

「搞什麼把戲啊! 還不是原來黑白兩色嗎!」

「那剛剛你們看到的灰色從哪來又哪去了?」洪懿祥問。

「不是因為你轉動造成的嗎!」

「那為什麼現在又不見了?」洪懿祥問。

「因為你停下來不動的緣故!」

「所以?」洪懿祥說。「所以世界並不是我們肉眼所看到的那個樣子。在黑跟白之間，顯然還存在著一個模糊的世界還沒有被探索和定義。在黑跟白之間所遭遇到的問題和所有的可能，也許全都被隱藏在那個模糊的空間裡頭!」

「你是說黑跟白之間還有第三種東西?」

「嗯! 那只能算是一個籠統的說法!」洪懿祥說。

「因為轉速不同，灰色還會產生更多種不同的層次! 你們看……」洪懿祥說。

「嗯! 沒錯!」

「所以，當大環境或我們自己因病因老而產生變動異常時，就

意味著我們需要改變！」洪懿祥說。

「以變應變，不就是你們八卦掌的戰術嗎?」

「變跟不變，還有似變非變，似不變而變，都是其中的可能，易宗武術所追求的就是在變動之中創造新的可能，所以強調『相對的兩面必定同時存在』和『物極必反』這兩個重要原則。也就是說，當一個危機產生時，不要被負面情緒所影響只看到傷害，而看不到隱藏在裡頭的機會和無限可能！」洪懿祥說。

「這些拳理在我們的體系裡頭也有類似的東西。」

「我們的門派雖然各自不同，但站在最高點上來看，其實都是殊途同歸，差別只不過是起跑點不一樣而已，《五字真言歌訣》有云:

雙重行不通，單重倒成功；單雙發宜快，勝在掌握中；在意不在力，走重不走空；重輕終何在，蓄意似貓形；隅方得相見，千斤四兩成；遇橫單撞使，斜角成方圓；踩定中門位，前足奪後踵；後足從前印，放手即成功；趁勢側鋒入，成功本無情；展轉急要快，力發在腰中；捨直取橫進，得橫變正沖；生剋隨機走，變化何為窮；貪歉皆非是，丟捨難成名；武本無善作，含形誰知情；情同形異理，方為武道弘；術中陰陽道，妙蘊五言中。

其中『在意不在力，走重不走空』這幾個簡單的字，對我的一生產生很大的影響！」洪懿祥說。

「那我也分享一個故事吧！」

「來再加點茶，先潤潤喉再說吧！」

「在一個月色明亮的秋夜，深山的古剎中，有一群石雕的羅漢在月下閒聊。有一個羅漢指著天上的明月問大家，到底是月在動?還是雲在動? 有人回答當然是雲在動，因為雲比較輕，風一吹就動了。可是有人卻不以為然，他認為動靜跟輕重無關，不可以用這種

錯誤的基準來論斷是非，必須要有客觀的證據才有說服力。大家沉默了一會兒後，有另一個羅漢指著眼前的樹枝說，樹枝是固定的，用它來做基準，就可以證明是雲在動，而不是月在動了。這個主意立刻就得到了證明和共識，可是就在眾羅漢點頭認同的時候，有一個道行高深的尊者開口更正了他們的看法。」

「喔！還可以有不同的看法嗎？」

「他說：不是雲在動，也不是月在動，而是你的心在動！」

「有道理！唉！探索世間的道理，就像是剝洋蔥一樣一層又一層，窮一輩子都學不透啊！」

「等一下！我怎麼老覺得好像不只是雲在動、月在動或心在動而已？」

「那肯定是地球在動囉！嘿！地球不一直都在動嗎！」

「老哥，你說的這些，聽起來可不像是禪宗，請問你這到底是什麼宗啊？」

「你真的想知道嗎？好吧！就告訴你吧！這就是『萬變不離其宗』啊！」

「哈哈哈……」

1972 年洪懿祥與好友鄭先生、陳錫昭在日本京都合影

1980 年洪懿祥與老茶友江開福出遊合影

# 第八三章　電影、功夫、茶之二

強自取柱，柔自取束　　　　　　　　　　荀子〈勸學〉

**【場景】：安西街**

「我們應該少一點埋怨，多往正面去看去想，電影帶來的改變肯定是利大於弊！」洪懿祥說：「買張票進電影院去看看吧！才知道它是怎麼影響這個世界！」

「為了知己知彼？」

「我還敵暗我明咧！沒那麼嚴重吧！看電影就看電影！不能單純娛樂一下自己嗎？」

「演的不都是壞人打好人，然後好人練成絕世武功之後報仇雪恨的蠢故事嗎？」

「是這樣沒錯！只是你未免一下子省略掉太多東西了吧！別忘了！過程中的情節才是最重要的關鍵！」

「看過最近電視上演的《功夫》影集嗎？拍得真好！有內家拳的意境和深度！唯一遺憾的是，中國的武術和哲理卻只能靠外國人的手才拍得出來！」

「這個影集對中國武術加分不少！讓年輕人知道練武除了練拳腳之外，透過苦修苦練的過程，無形中也提升了我們對生命萬物的看法和境界，一個好的拳術老師，應該同時也要扮演一位好的心靈導師，這才是我們應該努力的地方！」洪懿祥說：「電影是個很好的載具，像艘船，今天裝這個，明天載那個，內容永遠不受限制，如果懂得駕御，它能夠把你的想法和影響力放大好幾萬倍！」

「你們啊，全都像植物人一樣！」

「你說啥呀？」

「你們這不是妄想拿天敵當宿主嗎？」

「你是說我拿電影當載具啊！哈哈哈……你不老嘛！腦筋轉得真快！」

「不能再鴕鳥心態了！喝完茶，我請大家一起去看齣電影，我讓小孩先去買票！阿漢，最近哪齣好看？」洪懿祥問。

「《猛龍過江》！李小龍演的！」澤漢說。

「好看嗎？」

「才剛上片，超屬害的，現在恐怕買不到票了！」

「那就看下一場，晚上大伙兒在『別有天』吃紅麴鰻、鯡餃湯和福州菜，我請客！」

「不了！這回該我來，既然懿祥請大家看電影，那晚飯就我來買單！」

「好！」

「爸，要不要打電話給黑蛇先『喬』幾張票出來？」澤漢問。

「乖乖去排隊，這種小事怎麼好意思麻煩人家！」洪懿祥說。

「來！時間還早，換這泡新採的春仔茶！」

「什麼茶？」

「膨風茶！」

「啊？」

「也叫東方美人茶！我太太娘家在峨嵋有地，自家種的！」

「嗯！茶湯紅澄澄，好漂亮！」

「所以英國女王才會稱讚它是東方美人茶！」

「真是這樣嗎？不是你自己吹牛膨風的吧！」

「是真的！膨風是因為這種茶不經過揉捻的工序，所以成茶比烏龍茶蓬鬆，即使是整罐裝滿了，用手拿起來感覺還是輕輕空空的，就好像是故意充氣騙人的一樣，才被冠上這樣好玩的名字！」

「我還以為喝了會膨風啊！」

「你的肚腩那麼大，就是不喝也是膨風！」

「哈哈哈……」

「嗯！比一般茶葉多了點果香味！好茶！」

「這種茶原本是茶農淘汰不要的茶葉！」

「啥？你拿人家淘汰的茶葉來獻寶啊！」

「聽他說完吧！」

「因為自家的茶園都不灑農藥，所以茶園裡難免會有些小昆蟲，其中有一種叫小綠葉蟬的小蟲子，最喜歡啃食剛冒出來的嫩芽，茶的嫩葉一被這種蟲咬上一口，小綠葉蟬唾液上所含的酵素酶會讓葉子枯掉。茶農因為怕會影響成茶的賣相和品質，就會特意把這些被咬過的枯葉挑揀出來，山頂人節儉成性捨不得丟，就留下來泡成自家喝的大壺茶……沒想到有次盤商帶了幾位品茶的行家到茶園來參觀，無意間喝了後驚為天人，還誤以為我們藏私，故意把好茶留著自家喝。後來經過研究後，這種茶才慢慢被傳開，變成了市場上最炙手可熱的上等好茶，特別是因為有小綠葉蟬的加持，更間接提供了不用農藥的證明！再加上有英國皇室的加冕，就愈顯珍貴了！」

「你讓我們喝英國女王喝的茶啊！哇！真是榮幸啊！」

　　一款小綠葉蟬咬過的茶葉，因為異常發酵和葉片的殘缺，原本被視為上不了檯面無法賣錢的爛茶葉，經過故事的包裝和人為的炒作後，就變成英國皇室貴族推崇人見人愛的好茶，可見好壞的認定，根本不是在茶葉本身的質量，而好茶跟壞茶之間的關係，也同樣不是那麼的絕對、不可改變！好茶可能因為不被了解而被埋沒，平凡無奇的茶葉經過精美的包裝和炒作，也可以被吹捧出既高貴又昂貴的身價！而這些小不點的綠葉蟬牠們之於茶葉，就如同電影之於功夫一般，不懂得善用牠的價值，就當牠是害蟲，懂得善用牠的好處，就可以達到水漲船高相互幫襯的優點。

「咱們兄弟喝茶嗑牙，品的是老友間的醇感情，我這茶葉身價再高也高不過咱們兄弟的情誼！如果大家不覺得難喝，我一人送兩斤，下個禮拜我讓貨運行幫你們送到家！」

「太好了！那就先謝謝你囉！」

「兄弟嘛！這算什麼！每次都來懿祥家叨擾，這才該好好謝謝人家！」

「欸！大家都只在乎杯中茶，卻都沒留意到懿祥兄家裡這泡茶的紫砂壺應該來頭不小，是名家壺吧！」

「是宜興壺，但不是什麼名家壺。是一叫 Kumar 的美國學生送的！」洪懿祥說。

「是那個到處踢館傷人的外國人？」

「是一個愛武成痴的西方年輕人，只是他處理人際關係的方法比較不討人喜歡吧！」洪懿祥說。

那一個週末，這一票國際武術段位加起來好幾十段的前輩們，分別從高雄、臺南、臺中、新竹、桃園等地搭乘火車而來，齊聚在臺北市安西街 36 號洪懿祥的道館，參與一年固定四次的「老拳頭會」。不同於過往的喝茶聊天、動拳腳、吃好料，在洪懿祥的鼓舞下，這次他們破天荒第一次，一同買票進了戲院，這些老前輩中不乏超過 20 年以上沒看過電影的人。在伸手不見五指的漆黑中，這 12 位臺灣當代武壇最有影響力的大師和掌門人，全都被銀幕中新崛起的武壇新秀李小龍所吸引，只感覺到自己渾身閉塞已久的毛細孔全都被掀了開來。電影情節的起伏和李小龍出手起腳時的吶喊聲，如驚濤拍岸般，一次又一次激盪著他們曾經年輕奔放的熱血和激情，讓他們忍不住側頭去觀察鄰座的年輕觀眾們，如何被李小龍的演技和拳腳功夫所鼓舞，完全忘了進電影院之前，他們對功夫電影的排斥和成見，真正見識到電影藝術對未來世界的強大影響力。一個虛

擬出來的情節和人物，在這項工藝和技術的操作下，透過各種不同的電影手段和加工，竟然可以對真實世界產生如此強大的穿透力。它的影響完全跨越了文化、語言、人種、膚色、年齡、性別、信仰、國界和時空。

洪懿祥身處在這個大改變的激流之中，他明白一個門派的領頭人，面對時代巨輪的轉變，不能只是感動！還要拿得出具體的對策和聰明的主張！必須更虛心探索這股新崛起的力量對世界可能造成的影響。他深刻體會到自己所面對的，再也不是擂臺上單一的對手，而是整個時代的改變和衝擊！再不能單憑個人的意志和肉體與它周旋對抗，它是千軍萬馬，它是世道人心，它是繼 1949 年之後另一波更巨大的洪峰，只有在這個無可匹敵的勢頭上選擇準確的角度切入，才能和它和諧共存，才能互蒙其利，才能走出新的路子來！只是如何才能在不背離內家拳的核心原則下，找到一種可以符合新世道人心的新方法呢？

要虛心重回大自然的懷抱，向萬物學習一種新的生存之道，讓內家拳可以像電影一樣變得又有趣、又有用、又人見人愛、又無遠弗屆。否則就會像白堊紀末期的恐龍一樣，雖然強大到足以稱霸整個星球，卻終究逃不開滅絕的噩運，最終淪為博物館中僅供後人憑弔的骸骨和化石！一定要學會現代的語言和工具，善用雙向互動的溝通方式，賦予內家武術更平易近人的新時代樣貌！但這算是妥協？還是進化呢？也許在有生之年，恐怕都得不到明確的答案。

他無言地望著坐在他身邊專心看著電影的兒子，影片放映機所投射出來的光束餘光，清楚勾勒出他瘦弱的輪廓，洪懿祥心頭突然湧起了一個疑問，他不明白這個鐵齒不聽話的小子，到底只是盲目地追逐時代的潮流？還是真正從電影裡頭看到了什麼？一個新的契機？還是自己一生所追求的「可能」？

「唉！武術傳承這棒子，這小子恐怕⋯⋯還是阿洲和阿沛會比較讓人安心吧！」

面對大環境的急劇轉變和家族事業的日益沒落，洪懿祥內心明顯感受到自己對這個蛻變中的世界，慢慢失去了他的影響力和掌握度。對子女們未來將如何在陌生的新世界中安身立命，不由自主地升起了一股莫名的隱憂，這些隱藏在心底的不安，未曾止歇地在他的腦海中盤旋，就如同太極圖上那兩條互相咬著對方尾巴的黑魚和白魚一樣，一直一直循環不已⋯⋯

# 第八四章　西方武痴 Kumar 之一

對於一個沒有天敵的物種，謙卑是一種抽象難懂的概念！

**【場景】：永樂國小**

「妳的朋友電影看太多了！這裡不接受挑戰！」助教說。

「為什麼？」女訪客問。

「這是練拳的地方，要挑戰應該去打擂臺賽才對！」助教說。

「為什麼別的武館就可以？」女訪客問。

「那就請你們去找可以的，這裡不行！」助教說。

「這不是洪懿祥的道館嗎？你讓他自己出來說話！」女訪客說。

「他為什麼要見你們？小姐，你認識洪懿祥嗎？」助教說。

「既然被稱為武術大師，就應該勇敢接受年輕武術家的挑戰，畏頭畏尾的算什麼大師？」女訪客說。

「誰說大師就有義務打給你們看，我們這裡練武，不為逞強鬥狠，你們請吧！」助教說。

「他是專程從日本飛過來的！為什麼不讓他試試？」女訪客問。

「小姐，拳來腳往的過招，不是菜市場試吃，是很危險的！」助教說。

「不試打看看，怎麼證明你們夠不夠格教人？」女訪客問。

「我們只在擂臺上驗證我們的實力，妳告訴他，真有興趣就走正路來，我們沒必要，也沒興趣為他證明什麼！」助教說。

「他說不打就是怯戰，怕輸！」女訪客再加碼刺激助教。

「既然這樣，就隨你們怎麼說，怎麼想了！那是你們的自由！最後，我再說一次，如果他對武術有興趣，我們歡迎他加入一起練習，但如果他只是想挑釁，就不必浪費時間了！」助教說。

永樂國小大禮堂是洪懿祥早期的訓練基地。這裡除了專門代訓

越戰的美軍之外，同時也是臺北市國術代表隊的培訓基地。每年參
與全國性國術錦標賽的選手幾乎都是從這裡培訓出來的。所以在這
裡練習的人，除了一般的學生之外，有很多都是擂臺賽的主力戰將，
尤其是擔任助教這個等級，他們大半還是那個量級的現役冠軍盟主。
這裡晚上練習時，總是開放讓民眾在外面自由參觀，但因為經常會
有一些年輕的武術家慕名上門來挑戰，而且打輸了還到治安單位去
投訴，平白增添了許多無謂的麻煩。因此，從那時起，為了避免糾
紛，洪懿祥就嚴格禁止所有的教練隨便接受外人的挑戰。這一對男
女先前已經來道館看過幾次，這一天在進行對打練習時，那位外國
男生就要陪她來的本地女友幫他出面要求比試。因為口氣並不是那
麼友善，原本好意接待的助教對他們不禮貌的糾纏已經失去耐心，
正轉身要回去繼續練習⋯⋯

「他叫 Kumar 是非常厲害的武術家，他練過空手道、跆拳道、
中國拳和各種武術！而且還是一位印度瑜珈高手，單腳直立可以連
續踢好幾十下⋯⋯」女訪客說。

「夠了！我們沒興趣聽這些！如果他只是想讓人家知道他很厲
害，應該是去報社登廣告才對！」助教說。

「你錯了！Kumar 先生的名氣是打出來的！根本不需要打廣
告，在臺灣、在日本，他已經打敗過好幾十位知名的武術家了。你
們道館名氣這麼大，居然不敢打，這實在很那個欸！」女訪客說。

「小姐，當心亂講話是會惹禍的，妳這是在害他，妳知道嗎！」
助教說。

「他說在臺灣他已經沒有對手了！如果連洪懿祥的道館都不敢
打，那整個臺灣都一樣，太讓人失望了！」女訪客說。

「不想跟妳拌嘴了，請你們現在就離開！」助教說。

「怎麼回事！為什麼跟客人這樣說話？」洪懿祥的長子洪澤洲剛

完成培訓選手的體能訓練,正帶隊進入道場進行下一波的對打訓練,在入口處正好遇上這個不愉快的對話場面。

「大哥！這個外國人一直糾纏不清,一直要求要挑戰!」助教說。

「喔！妳是他的什麼人?」澤洲問。

「我……」女訪客看到老大澤洲帶著一群虎背熊腰的選手進場,霎時被那群猛獸般的戰將散發出來的強大氣場所震懾。再加上被對方一言點破身份上的尷尬,原本為了激將所虛張出來的聲勢全都洩了氣,一時隱藏不住內心的畏懼心虛得講不出話來。

「小姐！不管你們是什麼關係,我們都尊重！但妳知道上門踢館的風險嗎?請問萬一他出了什麼差錯,妳願意負責、可以負責嗎?」澤洲問。

「這都是他要我這麼說的！他的目的是想學真功夫,只是希望可以先試試看,以免浪費時間和金錢。外國人說話比較直,請你不要誤會!」女訪客說。

「沒關係,這我們了解！可是妳要知道不同武術間的過招風險很高！他是個出外人,在臺灣應該沒有親人吧?萬一受了傷,妳會照顧他嗎?」澤洲問。

「我只是……不過你放心！他真的很能打,也很耐打,我曾看他打過好幾場,從來就沒有受傷過！所以,能不能通融一下,讓他試試看！他真的是從日本專程慕名而來的!」女訪客說。

「好！既然這樣,我可以跟我爸爸商量看看！不過不是今天!」澤洲說。

「好！麻煩你了！這是我的電話,如果可以的話,請隨時通知我!」女訪客說。

※※※※※※※※※※※※※※※※※※※※※※※※※※※※※

「這個人我知道！鈴木先生有跟我提過他在日本的行為，日本武術界也是被他搞得很頭大，他不但到處惹事傷人，還到處招搖放話。聽說山口組已經被他惹火了，打算要動手收拾他。日本武術界擔心萬一真出了事，無法跟美國政府交代，就故意用計把他引誘到臺灣來。他們準備買通這裡的黑幫在臺灣下手，把問題留給臺灣，以免得罪美國政府。所以，如果讓那些與黑道掛鉤的武館先動手，這個人恐怕會沒命回美國了……好吧！就通知他晚上到道館來！」洪懿祥說。

「爸，要不要通知幾位黑帶會的過來？」澤洲問。

「不用了！讓那幾位準備打省運的年輕選手試試就可以了！就當是賽前訓練吧！對了！順便跟派出所備個案！讓他們派個人來看看，免得事後麻煩！」洪懿祥說。

「爸，我可以下場嗎？」澤洲問。

「你想幹嘛？你是要救他？還是要殺他啊？」洪懿祥說。

「我聽說這傢伙曾偷襲常東昇老師傅，我只是想親手教教他怎麼敬老尊賢！」澤洲說。

「那個人未必是壞人！只是用了不對的方法而已，雖然不用拳腳收服他，說什麼都聽不進去，但也不要做得太過頭，適當點他一下就行了！」洪懿祥說。

「對啊！我也是這樣想啊！」澤洲說。

「你心底怎麼想我會不知道嗎？你絕對不准下場！知道嗎？不准！」洪懿祥說。

「好吧！」澤洲說。「如果老是不讓我出手，那又何必傳我功夫呢！」只是最後那一句心底的話，畢竟不敢說出聲來……。

※※※※※※※※※※※※※※※※※※※※※※※※※※※※※

「道館裡的學生都是繳學費來這裡學拳的，他們沒有義務接受挑戰，這十位是準備參加今年省運會比賽的選手，是棕帶級的學生，練拳資歷平均約三年，他們都同意接受你的挑戰。請問 Kumar 先生體重是?」澤洲問。

「他說他一直維持在 85 公斤左右!」女訪客說。

「我看不只吧! 至少該有 100 多公斤吧!」澤洲說。

「……他說應該沒有超過 100 啦!」女訪客說。

「好! 為了體型上的公平，你可以在那個量級的上下各加減一級，任意挑選你想挑戰的對手，請!」澤洲說。

培訓的選手從 50 公斤到 90 公斤以上的無限量級，總共派出十位一字排開等待 Kumar 的點名挑戰，聽完洪澤洲簡單的介紹和說明後，Kumar 先是禮貌地向坐在席上的洪懿祥行了一個恭敬的大禮，同時用日語說了一串客套話，然後就像是端著餐盤在自助餐檯前挑菜的食客一樣，興奮地來回打量這十位願意接受挑戰的選手，這應該是他離開日本後，在臺灣的武術館和公園裡狩獵以來，最正式、最像樣的一場挑戰。

「可以挑這位嗎?」Kumar 問。

「Kumar 先生，你現在挑的那位選手，體重不過 55 公斤耶! 你 100 多公斤，這樣會不會太委屈你啊?」澤洲說。

「大哥，沒關係! 我願意試試!」被挑中的陳燦耀說。

「好! 那就把護具穿上! 來幾位幫一下 Kumar 先生!」澤洲說。

「對不起! Kumar 先生說他練過氣功不用穿護具，如果你們的人怕受傷可以穿，他不反對!」女訪客說。

「好! 那就兩邊都不穿護具! 但為了安全起見，雙方都不得攻

擊對方的頭部和下陰！」澤洲說。

「還有其他的要求嗎？」澤洲問。

「他說他要全接觸真打，不要點到為止！」女訪客說。

「好！請告訴他，我們道館沒有點到為止的規矩！請他放手打沒問題！」澤洲說。「陳燦耀！他有練過氣功，你就放手打吧！」

在永樂國小的大禮堂中，沒有人知道這位 Kumar 先生原本打算挑戰幾位選手，但如果依照他在日本和臺灣其他道館挑戰的作風，肯定是會打到對方再也派不出人時，他才會罷手。只是在那一個晚上，才打到第三位他就因為被擊中心窩和左肋產生胃痙攣而無法繼續打下去。他整個人貼靠在牆壁上臉上露出極為痛苦的表情，在那個當下，陪他來挑戰的女生早已瑟縮在一旁根本不知道如何是好！

「找個人幫他處理一下吧！」洪懿祥不忍心看 Kumar 難過的模樣要助教們幫忙他一下。

「等等！先別動他！他專程慕名而來，為的不就是這個嗎？讓他多享受一下吧！讓他好好記住這個感覺，才不會到處惹事生非！」洪澤洲說。

※※※※※※※※※※※※※※※※※※※※※※※※※※※

數日後，Kumar 帶著一個印有「中國瑪莉香皂」簡體字的紙箱子，裡頭裝了好幾支用中國人民日報所包裹的宜興紫砂壺，以及一本孫錫堃著作的拳書《迷踪拳》作為見面禮，正式登門拜訪洪懿祥，並懇求准許他進入道館學習八卦掌。

「看起來練武對你似乎沒有太大的幫助！因為看你出手，全是街頭打架的招式，實在看不出過去練武的痕跡。」洪懿祥說。

「一般武術都太理想化了，我要的是真的能用、能打的技術！」

Kumar 說。

「套路提供的是攻防的概念和原理，把招式轉化為實戰的技巧，需要轉化的過程和智慧，那個部份要靠自己下苦功才行。如果沒有這個轉化的過程，練了也未必有用！」洪懿祥說。

「這道理我懂，問題是到現在為止，沒有半個人可以用真正的武術破解我這種亂打，我沒有辦法說服自己練那種沒有實用價值的東西！」Kumar 說。

「我能理解你的感受，你這種邏輯也不能全說不對。但我認為你應該多花一點時間去駕馭那些武術！就像你買了一部新車，總要先學會開它，才能讓它帶你到想去的地方，而不是什麼都不作為，只是一味埋怨車子。當牛車不走時，如果你想讓車子動，是該打牛好？還是該打車好呢？」洪懿祥問。

「我懂你的意思！可是我不明白，為什麼不能直接就教一些實用的東西呢？」Kumar 問。

「中國人說『師父引進門，修為靠自己』因為每個人的天份和需求不同，老師無法一一為每個學生量身訂作專屬的課程。因此，與其要求別人，不如要求自己，將所學內化成自己的東西，是練武過程中最重要的一部份，我想你的問題就出在這裡。」洪懿祥說。

「可是為什麼我就覺得這裡的東西比較適合我的需要呢？」Kumar 問。

「只是巧合吧！也許再過一陣子你就不會這麼認為了！」洪懿祥說。

「那我想請問洪師傅，為什麼那些練武的人，遇上我這種街頭亂打，就完全施展不開呢？」Kumar 問。

「是膽識的問題吧！他們應該是被你的聲勢和體型給嚇到了！那天我看你就專挑個子比你小的打，請問面對塊頭比你大的對手，

你也是這麼打嗎?」洪懿祥說。

「嗯!你說的好像也對!不過我挑小的打是因為我認為武術的價值,應該要能以弱勝強、以少勝多,並不是我故意佔他們便宜。」Kumar 說。

「那確實是武術的目的,但等級也不能相差太多啊!貓再強也打不過豹,豹再強也打不過獅子,要從等級落差這麼大的比試,來驗證功夫的好壞,你不覺得太苛求、太不切實際了嗎?」洪懿祥問。

「這點我倒是疏忽了,謝謝你的提醒!」Kumar 說。

「武術的輸贏,離不開三個關鍵要素,一膽二力三本事。其實你蠻聰明的,你善用了前面兩個優勢而贏了很多挑戰,結果卻反而掉進了這個陷阱。」洪懿祥說。

「我不明白你說的意思。」Kumar 說。

「我是說,你用街頭亂打,來考驗武術的實用性,可是到頭來自己卻反而陷入街頭亂打的慣性。你仔細想想,你自己現在最擅長的不就是亂打嗎?當遇到比你強的好手,請問你原本學的真功夫跑哪去了!」洪懿祥說。

「你是說我為了克服亂打,自己反而變成了亂打?」Kumar 問。

「這就是我看到的問題!」洪懿祥說。

「可以改變嗎?」Kumar 問。

「剛剛說一膽二力三本事,如果真要改變就只能倒過來練,從本事下手苦練,在練習中就會逐漸增強你的應變的能力,我們常說藝高人膽大,有了真本事,自然就不會怕對方亂打了!就像騎車開車一樣,學會了,自然就不怕路上發生的各種狀況,不是嗎?」洪懿祥說。

「可是,道館那麼多,我怎麼分辨哪位師傅值得我跟他學習呢?」Kumar 問。

「那也不能老是用你的身體去換啊！你這麼做真的很危險！你只是運氣好，暫時還沒碰到更可怕的結果！」洪懿祥說。

「我沒有惡意，只是那些人真的太弱了！我無法說服自己跟我不尊敬的人學習！」Kumar 說。

「你不能老是用輸贏來決定一切，用那種方法只能找到可以打敗你的人，而不是一位真正可以使你更強的人！」洪懿祥說。

「那你能告訴我更好的方法嗎？」Kumar 問。

「如果你不放掉主觀，我說了，你也未必聽得進去。你現在最需要的，應該是放掉鬥毆的心態，接受武術對你的改變才對！如果沒有這種決心，真的不必再浪費時間到處去求藝了！」洪懿祥說。「不要懷疑已經被你裝到桶子裡的葡萄好不好，就讓它安份地待在橡木桶中發酵和醇化，時間夠了它自然就會變成美酒。」洪懿祥說。

「我……」Kumar 說。

「在日本、在香港、在臺灣，你給人家的印象，並不是一個真心求藝的人，只是一個愛打架惹事的浪人。除非你真心想改變，否則我不認為我能幫助你什麼！」洪懿祥說。

「我相信我已經找到一位可以真心學習的師傅了，你能教我形意拳和八卦掌嗎？」Kumar 問。

「不是不行，只是你得從頭學習才行！」洪懿祥說。

「洪師傅，我已經有很好的基礎，不希望再重複那些基礎的課程。我可以付更高的學費單獨跟您學習最高階的課程嗎？」Kumar 問。

「道館不是餐廳，不是你點什麼，我們就得教你什麼。在這裡我們有自己的邏輯和步驟，不修煉到那個火候，我不會教對你沒有幫助的東西。」洪懿祥說。

「太久了！我真的不想要浪費那麼長的時間！」Kumar 說。

「看起來你還是不信任、不放心嘛！你的腦子裡已經裝滿了這些負面的東西，怎麼還裝得下其他的呢？」洪懿祥說。

「我只是希望可以快點學到好的東西而已，沒有別的意思！在美國有很多課程是這樣分開賣的，我真的沒有惡意！」Kumar 說。

「在我們這裡，武術是用教的，不是用賣的！」洪懿祥說。

「好吧！我會盡量適應這種想法！」Kumar 說。

「其實，我認為現在你真正需要的，不是再學形意拳還是八卦掌，這些東西未必能幫你什麼。也許你現在早已經擁有足夠讓你成為頂尖高手的武功，只是你從來就不曾給過它們機會，讓它們改變你！就像是得了厭食症的病人一樣，明明已經吃了很多東西，卻始終長不出肉來一樣！」洪懿祥說。

「我願意改變自己，我願意真心跟隨你學習！」Kumar 說。

「我不會特別排斥或是特別歡迎你加入我的道館，但如果你要成為我的徒弟，就必須全面終止過去那些行為，絕對不可以繼續在外面惹事生非！」洪懿祥說。

冗長的對話，透過翻譯從下午兩點鐘持續進行到晚飯前才結束，雙方都毫無遮掩地交換彼此的想法。最後洪懿祥並沒能打消 Kumar 追隨他學藝的念頭，只是他似乎也沒有太大的把握可以改變這個年輕人種種偏差的觀念，只能暫時先把他收留在門下就近看管和調教，也許時間真能改變一切吧！

# 第八五章　西方武痴 Kumar 之二

*關鍵不在於你囫圇吞下多少知識，而在於你到底消化了多少。*

**【場景】：永樂國小**

　　從那一天開始，Kumar 就進入洪懿祥的道館接受內家拳法的訓練。在正常的情況下，新進的學生都會從八步打、八連手、八手、八踢這四套拳法入門。這些基礎功是當年特地為打越戰的美軍量身訂作的課程，目的是讓他們可以在最短的期間內學會最基本、實用的攻防技術，好增加在戰場上存活的機率。後來因為大環境改變，年輕人做什麼、學什麼都求快，都希望可以速成，於是就配合趨勢把這些動作和用法略作微調後，變成一般學生入門必修的課程。因為這四套拳法動作簡單易學、用法單純明確，很契合年輕人的需要，再加上運用在擂臺賽時也能屢創佳績，更堅定洪懿祥走上這條武術改革的路線。只是對於傳統的武術，他還是無法不面對歷史傳承的考量，因為當年傳藝給他的老前輩們，後來都因為接受政府的輔導上山墾荒開闢果園，或是參加中部橫貫公路的闢建工程，而中止了武術傳承的大業。面對他們一個一個臨終前對他的諄諄託付，他無可避免地必須扛起這些道統傳承的歷史責任。幾經思維後，他選擇以新創的套路作為黏合劑，再導引學生漸次進入傳統武術的軌道。因此這些前輩們所傳的外家拳和兵器，就成為第二階段的必修課程，除了傳承上的考量之外，主要的目的是借助外家拳術著重易筋、易骨、易髓的操練來增強學生的體質和原力。尤其是青少年正值發育的快速成長期，用這些耗氧量較大的外家拳來打底培本，可以達到助長發育改善體質的功效。待學生身心都較為成熟之後，對自己的身體、力量、意念和內氣有了基本的認知和體會之後，才開始傳授內家拳法。

　　因為部分帶藝投師的高階弟子，本身都已經具有相當程度的武術造詣，有些甚至是擁有數十家道館的總教練或是軍中的教官。他們願意放下身段追隨洪懿祥學習，無非就是希望透過大師的導引，深入探索內家拳的奧秘，與初學的年輕人練武的動機完全不同。因此只要能通過資格檢定的門檻，就可以直接從形意拳切入內家拳的領域，以免浪費他們太多的時間重複打地基。這是一種必要的權宜，也是體恤部份外地和外籍學生，無法長期停留在臺北學拳而不得不然的考量！

　　洪懿祥經過多年的摸索，已經逐步發展出一套獨特的教拳模式，他要求跟他學拳三年以上的入門弟子，必須依照自己的潛質和強弱項，建立自己的核心概念，再以這個概念為軸心，漸次發展成一個完整的邏輯系統。也就是在第三階段用各種不同的拳路誘導學生走出自己的武術風格，而不是毫無主張地踩著前人的腳印依樣畫葫蘆，以避免學生浪費時間學一些不適合自己，或是學了也是事倍功半的東西。因為先天稟賦的差異，一般人從外型至少可分為高、矮、瘦、胖四個大類別，再加上內在性格上的差異，人的型格就更多到無法細數了。如果以 N 來代表各種不同的內在性格，那麼，單一個體間的差異至少是這四種體型的 N 次方！由各種不同內、外在元素交叉組合出來的單一個體，如果自始至終都嚴格要求他們練同樣的拳術，必然會有許多潛在和顯在的天份被壓制、忽略而至枯萎滅絕。所以在走完必修的共同課程之後，應該及時導引學生適情適性發展出契合自己潛在天份的拳術和技法。

　　形意拳中的十二形拳，拳法所仿效的是自然界中，五種禽類和七種獸類的野生動物，擷取牠們體型、天性和打鬥的特質，作為取法和模仿的榜樣，用以契合人類的稟賦和型格，希望可以藉由這些模仿和學習，補強人類性格和戰技上的不足。所以每一個人都必須用心去發現自己與眾不同的潛質，並努力建立一種能夠充份展現個

人特質的打法！如果不是建築在這樣的邏輯下學習，反而就會被拳術的統一性所制約，而嚴重壓抑自性的發展。就拿一棵大樹來作比方吧！各種天資稟賦不同的學生，就像是埋在地底下的樹根一樣千頭萬緒。但透過統一的教材和訓練，就會把大家全都收斂整合在單一的大樹幹中，學習同樣的技藝，同時也接受這些技藝的約束，一直要發展到樹幹的最頂端，才會再朝上面的空間開枝散葉。只有這樣每一條枝幹和每一片樹葉才能攫取到更多的空氣、陽光來蘊蓄開花結果的能量。從根部的收斂匯總，到樹幹的統整提升，再到開枝散葉和開花結果，這樣才算是一個完整的學習過程。多年來，這個「樹狀發展」的概念一直是洪懿祥作育學生、傳承道統的不二原則。藉由這個機制的運作，一方面幫助學生們找到最適合他們終生學習的武術，另一方面也為各種不同的武術找到最適當的傳人，讓這個道統盡可能地延伸下去。

而 Kumar 在成為洪懿祥的學生之前，確實已經擁有相當豐富的武術資歷，經過洪懿祥檢定之後，同意他從形意拳開始學習第三階的內家拳法。但為了改善他過去所學多而雜的問題，洪懿祥要求 Kumar 必須暫時放棄過去的主觀，歸零從頭學習，重新認識自己的潛質和需要，建立一個屬於自己的攻防邏輯，這樣才能避免在過去的錯誤中不斷迴圈重複犯同樣的錯誤。只是這樣的機制，對於這個生性好鬥又極端不穩定的外國人，是否具有同樣的影響力呢？其實並沒有太多人看好這個用心和努力，甚至有許多國術界的前輩們不斷向國術會訴願和施壓，要求洪懿祥不可以收留這個到處製造麻煩的武術浪人。在眾多的輿論壓力下，洪懿祥承諾會嚴加管束 Kumar 的行為，只要有任何逾矩的行為，就會立即中止師徒關係。

這些約法三章的口頭承諾，對於一心亟欲投入洪懿祥門下的 Kumar 而言，當然是無條件接受。因為自從那天挑戰失利連嘗三場

敗績之後，Kumar 已經清楚意識到自己面對正統內家拳術時的不足與不堪。尤其是當洪懿祥明確點出他面對強力反擊時，拿不出真功夫來保護自己的事實時，更像是一記沉重的左鉤拳精準地擊中他的要害。這才讓他發現自己多年來的挑戰生涯，雖然總是勝多輸少，但卻從來沒有在關鍵的時刻，打出具有代表性和說服力的一擊，難怪總是讓人覺得他只是以體型優勢硬吃軟豆腐的負面觀感。面對這一連串的事實和衝擊，他發誓要把這些讓他難堪的絕學盡數學會，讓自己可以像這些同學一樣能夠以弱勝強、以技術服人。於是，他就如同曬乾的海綿被放回大海一樣狂命地吸收。尤其是道館的規模大、人數多，能打的好手比比皆是，這無異是提供好鬥的他一個絕佳的練習環境。也許是因為功利和實證的本質使然，在那段期間，每當他學會了新的招式，總是會找新進的菜鳥下手，測試這些招式的實用性和殺傷力。而且對那些尚未進入狀況的後進總是出手不留情，以至於經常在課間休息時，與其他的學生發生或大或小的肢體衝突。雖然他能佔到便宜的機會並不多，但他在道館裡的人緣卻是一日比一日更糟。

另一方面，Kumar 為求在最短的時間內挖掘更多的技術，他經常利用假日個別拜訪資深的助教和徒弟，用盡各種辦法旁敲側擊，希望可以快速拼湊出洪懿祥武術的全貌。如果往好處想，這樣的學習態度應該算是難能可貴，但問題是，這樣沒有系統的學習，結果還是讓他又再次掉入過去那個錯誤的輪迴之中。時間一天一天過去，然而他在正式的對打練習中，卻還照樣老是挨打。最後他終於忍受不住這種學習上的停滯，而主動找洪懿祥了解原因。

「師父，我在這裡練習，已經將近六個月了，每天我都很認真練習，可是為什麼總感覺不到自己的進步呢？」Kumar 問。

「為什麼會有這種感覺？」洪懿祥問。

「因為，六個月前我打不過的人，六個月後我還是打不過！」

Kumar 說。

「你認為原因在哪?」洪懿祥問。

「我就是不明白,才渴望師父的指點!」Kumar 說。

「好! 簡單的說,在這六個月裡,你的對手進步比你多,贏你是應該的!」

「為什麼? 我相信我練得比他們都要認真啊!」Kumar 說。

「你是很認真! 甚至比他們都認真! 這確實很難得!」洪懿祥說。

「那,為什麼還是……」Kumar 說。

「因為你並沒有真心改變自己的缺點,還是一直在重複過去的錯誤!」洪懿祥說。

「可是我真的有用心在學習啊!」Kumar 說。

「不! 你只是用力在學,並沒有用心在改! 你仍然沒改掉貪多求快的毛病,始終沒有真正定下心來踏踏實實地學習。」洪懿祥說。

「我只是希望可以多學一點。」Kumar 說。

「這就是問題的癥結,多而不精是沒有幫助的。」洪懿祥說。

「但我挑的都是他們最好、最有威力的招式啊!」Kumar 說。

「把動作和用法記住是一回事,能不能把這些招式巧妙的用出來又是另一回事。你並沒有花足夠的時間教會你自己的身體怎麼妥當運用那些技巧,所以用不出來是合理的。」洪懿祥說。

「這個我接受,我只是想在這段時期先盡量多記住一些招式,等我回美國之後,再慢慢反芻和練習。」Kumar 說。

「我認為這不是一個好的辦法,在我這裡學習一定要先建立自己的核心系統,然後以這個核心再發展出一整套完整的邏輯,這樣以後你自己才可以繼續成長和發展。可是你現在盡是挑一些散招學習,根本就是本末倒置,你該好好想想,否則真的是在浪費彼此的

時間。」洪懿祥再一次明確地糾正 Kumar 的問題，並嚴格要求他必須依照道館所訂的方法按部就班地練習，否則就會要他退出這個道館。在這麼明確的指令下，他懇求洪懿祥再給他一次機會，他願意努力改正自己的缺失全心全力地學習。

※※※※※※※※※※※※※※※※※※※※※※※※※※※

　　那一個週末早上，洪懿祥上完太極班的課程之後，與三個兒子在客廳裡聊天。

　　「爸，讓他走吧！幹部們都在埋怨，Kumar 還是死性不改，直纏著大家，想要套他們的功夫，大家都快被他煩死了！」澤洲說。

　　「真的很少看到這麼認真的人啊！」洪懿祥說。

　　「爸，你不能只看他的好，這個人老是欺侮新來的，要不是我盯得緊，恐怕那些新人會被他給趕光。」澤洲說。

　　「我看他現在就最怕你了！你一喊他就立刻彈開，真的服了你！」澤沛說。

　　「要不是爸不讓我動他，真想好好扁他一頓。這傢伙亂沒規矩的，每次下課，大家在換衣服的時候，老是光著屁股到處亂跑，真的是……」澤洲說。

　　「外國人比較開放嘛！還好我們道館沒有女生。哈哈哈……」澤沛說。

　　「爸，我仔細看過 Kumar 對打，其實他的基本動作看起來都不錯，可是為什麼真打時，他就是使不出來？」澤漢問。

　　「因為他總是進身太淺，咬不住對方！」洪懿祥說。

　　「為什麼會這樣？」澤沛問。

　　「根底的原因，就是怕！」洪懿祥說。

「怕？這傢伙都敢光著屁股到處亂跑了！還會怕什麼啊？」澤洲問。

「怕打？」澤沛問。

「不會吧！爸！我們是在說 Kumar 耶！他不是那麼好鬥？」澤洲說。

「我說的怕，那是一種最深層的恐懼！這種恐懼感的存在，有時候連當事人自己都不知道。」洪懿祥說。

「因為怕，他才會沉不住氣，不敢讓敵人的動作更進來一點，所以才會咬不住對方？」澤漢說。

「沒錯！因為咬不住對方的動作，所以再好用的招式也使不出來，最後就成了你們所看到的亂打了！」洪懿祥說。

「改不了嗎？」澤沛問。

「天生的根性像胎記一樣會跟你一輩子，可以改，但未必能完全改掉！但如果懂得善用自己的缺點反向操作，反而會有很大的成就！這種補償性的學習在現實中有很多成功的例子，但那個罩門恐怕是永遠不會消失的！」洪懿祥說。

「反過來說，如果能抓到對方的罩門，就贏定了？」澤漢說。

「是不是贏定了，我不敢說，但我在日本聽過一個教芭蕾舞的老先生說了一個很有趣的故事，想不想聽？」洪懿祥說。

「想！」澤沛說。

「有一年，日本某個職業棒球隊為了補強打擊陣容，特別高薪挖來一位外籍的強打手。這個外國選手剛登上日本棒壇的那一年，第一個球季都還沒打完，幾乎所有日本職棒的強投，全都被他轟過全壘打。打到後來，只要他一登板打擊，投手的腳都會不由自主地發抖，大家對他那種全方位的打擊全都束手無策。一直到球季結束，某個球團的教練為了尋找破解的對策，就親自帶著那位外籍選手擊

球時用超高速專業攝影機所拍攝的慢動作影片，去請教一位熱愛棒球的劍道高手……」洪懿祥說。

「為什麼不是請教投手教練，而是請教劍道高手呢?」澤沛問。

「這是個好問題! 但聽完之後，你們自己找答案，我先不告訴你!」「他們反覆播放各種角度所拍攝的慢動作影片給這位劍道高手看，希望可以從他的動作和慣性中找出破綻。這位高齡的劍道高手看了幾次重播後，閉目深思片刻，然後微笑地說出一個關鍵的字——『內角球』!」洪懿祥說。

「我以為他會說『殺死他』!」澤洲說。

「喂，一點都不好笑耶!」澤漢說。

「球團教練完全無法理解這句話的意思，請求那位劍道高手進一步說明其中的道理，但他卻反過來要求球團教練把影片定格在那位神之打手的臉部表情上，那是一個『眨眼』的定格畫面，然後說: 這就是他無法隱藏的死穴……」洪懿祥說。

「眨眼? 你的意思是……」澤漢說。

「如果你已經知道答案先別說出來，我把故事講完整一點!」洪懿祥說。

「好!」澤漢說。

「這是一種無法掩飾的行為語言! 這位打擊手天生擁有像老鷹一樣銳利的眼力，能夠清楚看到投手出手瞬間的手勢和角度，因此他比一般人更清楚投手的球路和球進壘的角度，憑著他後天苦練的強大臂力，每次都能精準地擊中球心，把球轟到全壘打牆外面去。可是他卻無法掩飾天生畏懼內角球的恐懼感，因為他看得比誰都清楚內角球對自己的威脅，所以只要投手投出稍微貼近他身體的內角球時，他就會忍不住地眨眼睛，這是一種本能的反射，連當事人自己都渾然不覺。」洪懿祥說。

「所以如果要制服這個強打手，只要盡可能把球壓近打擊者的身體。必要時，就讓投手假裝失投，故意用球朝他身體砸，擴大他的恐懼，這樣他就無法安心打球了！」澤洲說。

「對！」洪懿祥說。

「結果呢?」澤沛問。

「結果，那個球季一結束，那位外籍的強打手就被提前解約，打包回國去了！」洪懿祥說。

「哇！好狠啊！一個眨眼的小動作就毀了一個強打的超級球星！」澤洲說。

「高手對決就是這麼殘酷，勝負不是由技術決定，賭的是當下的心理素質！還有，別忽略了！那位劍道高手可怕的洞察力，居然連這麼小的動作，都逃不出他的法眼！太神了！」洪懿祥說。

「所以 Kumar 的問題確定就是不安囉！」澤沛說。

「難怪他學東西，總是只能學個五六分，不能完全定著下來，放心放手讓學進去的東西改變自己。如果他不能跳脫這個命限，將終其一生難有大成！」澤洲說。

「還是不能就這樣蓋棺論定！不要忘了人是有修正能力的，說不定哪天他自己想通了，自然就能走出那個罩門的陰霾！」澤漢說。

「我也希望是這樣！」洪懿祥說。

武術是一門實證的科學，如果不透過動手來印證它的實用性，那麼所有的套路都會變成是浪漫的假設。然而動手較量的目的並不在輸贏，而是在輸贏之後的修正。因為輸贏只是一時的，過了就沒了！但如果可以透過切磋發現自己的缺陷和不足，及時修正缺失，從而發掘自己隱藏性的優勢，那麼即使是在較量中輸了，其實也算是贏！贏得修正的機會，贏得讓自己可以變得更好的機會。只要能夠持續維持修正和成長，長時間累積下來的效果是非常可觀的。

1971年洪懿祥與長子洪澤洲、三子洪澤沛在永樂國小道館合影

1980年洪澤漢示範旋踢

# 第八六章　西方武痴 Kumar 之三

有兩種人無法把知識轉化為智慧，一種是「沒有定性的菜鳥」；一種
是「不肯深入的老鳥」

**【場景】：永樂國小**

　　經過幾天的沉澱和思考，Kumar 最後還是央求洪懿祥讓他繼續
留下來學習。只是時間一天一天過去，他在道館中的學習狀況卻沒
有因此而好轉，主要的原因還是在於「貪多」、「挑食」和「懷疑」
這三個致命的心病。雖然他對內家拳一直有很強烈的求知慾望，可
是他還是無意放下過去的習氣和主觀，不願意真正的虛心歸零，並
接受這一門不一樣的武術對他的影響和改造。他總是埋怨學得不夠
多、不夠快，責怪其他的同學程度太差，耽誤了課程的進度，甚至
還懷疑道館刻意拖延課程，刻意保留關鍵技術，以至於嚴重影響他
預期的學習成效。於是他決定用他自己的方法拼湊洪懿祥的關鍵技
術。在課堂中，他總是一心二用，總是把心思放在窺探其他班別的
教材和技術，只要一有發現符合他獵取的標的，就會在課後想盡辦
法套取這些招式和用法。就像是一個商業間諜一樣，只想在最短的
時間內，從這個道館攫取更多他所覬覦的高端技術，然後回美國用
他自己的方法解讀和消化。就用這個他自認為最有效率的方式學習
了一段時間之後，他決定主動找洪懿祥的長子洪澤洲溝通。

　　「大哥，我跟洪家學拳已經快滿一年了，我計劃一個月後回美
國。」

　　「好！」

　　「謝謝你們教我很多過去我不懂的東西！」

　　「你確定有學到東西嗎？」

　　「當然！只是我希望在最後的這一個月能再多學一些我真正想

要的。」

「你應該把已經學到的先消化了再說。」

「那個部份我計劃回美國後再複習，我希望你們可以給我一個一對一的課程，我想學八卦掌和散手。」

「這些課程對現在的你並不合適，也許下次你再來臺灣的時候再說吧！」

「為什麼現在不行？我可以負擔一對一課程所需要的學費。」

「把錢留在你自己的口袋裡吧！不是錢的問題。」

「大哥，我沒有惡意，我是真的希望可以快點學到八卦掌和散手。」

「為什麼一定要急著學這些東西？」

「我覺得這兩種才是洪懿祥武術最關鍵的技術。」

「你怎麼會有這種想法？」

「我親眼看過老師的手法，跟我們現在學的根本不一樣！而且有很多師兄告訴我那才是洪懿祥最厲害的功夫。」

「有些人喜歡把真實的技術過度誇大，相信我，這些東西沒有他們說的那麼神奇。」

「不，我認為那確實不一樣。八卦掌和散手是我親眼看過最特別、最厲害的功夫。」

「根本沒有什麼是最厲害的功夫！只是技術的熟練度和運用技巧的問題！你如果繼續這樣想的話，有一天你一定會失望的！」

「那你們為什麼現在不教我？讓我自己判斷不就好了嗎？」

「你不是私下一直都在跟他們學嗎？照說應該已經學了不少了吧！」

「我發誓，我絕對沒有跟別人學，請你不要誤會！」

「不用特別解釋，我們從來不反對師兄弟們互相學習。只是你

有沒有想過，為什麼學了之後，卻沒有特別進步呢?」

「所以，我才會想直接跟你們學，這樣才不會有誤差。」

「沒有誤差，是你自己內化不足的問題!」

「什麼? 我不懂你的意思!」

「內化就是你必須多花一點時間，去琢磨消化已經學會的東西，透過反覆的練習，讓它對你產生影響和變化，知道嗎?」

「我就只剩一個月了，能不能請你把我想要的先教我，我保證回美國一定依照你說的方法乖乖地練習。」

「Kumar，我不想再浪費時間糾扯了，對這件事我只有兩個建議。第一，在你沒有完全學會螺旋勁之前，我們不會教你八卦掌和散手。第二，不要再有用錢買功夫的想法，請牢牢記住，這裡只教功夫，不賣功夫! 我希望你好好利用這一個月的時間，放下那些念頭到處去走走，除了功夫之外，臺灣是一個很美的地方，值得你花點時間到處去看看。」

「大哥，如果你堅持這樣，也許以後我就不會再回來看你們了!」

「那很可惜，我們一直當你是朋友，如果你的決定是這樣，那只好誠心祝福你了!」

「好! 從明天開始，你們將不會在這個道館看到我了!」

「好吧! 回去過過正常一點的生活吧! 等你放得下所有的主觀後再說吧! 誠心祝福你囉!」

雖然 Kumar 用盡各種人情攻勢，希望可以越級學到一些關鍵技術，但他計劃用錢買功夫求速成的要求再一次被拒絕了! 他始終搞不明白為什麼洪懿祥這麼固執那些僵硬的原則，在他的主觀裡，永遠無法擺脫中國人喜歡留一手的陰影，他深信這個既古老又傳統的臺灣家族，一定刻意保留了許多不曾、不願公開的秘術，隱藏在洪

懿祥他們三個兄弟和他的三個兒子身上。雖然這個僵局暫時還沒辦法突破，但他相信總有一天，一定可以突破心防，取得這些尚未公開過的絕世武功……

　　內家拳對於上層武術的傳承，通常都會設定一些必要的技術或道德門檻，以避免這些關鍵技術因為學習者的素養不足，而無法忠實展現原創的精神和威力。這些關鍵性的技術就如同可口可樂的配方或是一些先進武器的關鍵科技一樣，絕對不會輕易傳授給心性和道行都不夠格的人。也像川劇中的「變臉」，要不是百年來在梨園師徒的傳承中，始終恪守祖師爺規定不得對外公開的戒律，而得以繼續保留著神秘的面紗，試問還有誰會再浪費金錢和時間，去欣賞一種人盡皆知的表演呢！所以適度保留部份關鍵性的技術不盡是為了藏私，而是有傳承上更深遠的考量！這種深沉的睿智絕不是一心想要花錢買效率的人可以理解的！

## 何謂散手?

　　「散手」是洪懿祥所傳授的武術中較獨特、難懂、難練的功夫。這是一門透過雙手的接觸進而感知和控制對手、制服對手的內家手法，是一種綜合內家拳的形、意、法、明、暗、化等各種菁華揉合而成的一種獨門功夫，一定先要有深厚的內家拳根基，才能掌握其中Q韌迂迴、虛實有無的奧妙。若是不循著這個正軌來練習，很容易為了貪圖表面的優勢，而用蠻力硬吃硬上，這樣就會適得其反，與這個技術的原意背道而馳。因為兩人過招時，就如海浪翻滾一般，所以「散手」又稱之為「彩浪手」。洪懿祥「散手」與太極拳的「推手」相較，在外形上似乎有些許神似，但肢體運作的方式則更為自由不受拘束。雙方以左右兩手沾黏互搭，再以內勁相互試探、彌擠、勾採、淺引、捋甩、挒挫、扳摔等等，沒有固定的招式手法和運作模式，全靠潛在的本能，就當下從所感測到的訊息作直覺式的反射，從腳趾→腳踝→膝蓋→髖胯→腰→胸→肩頸→肘→腕→指梢→眼神……大凡人體中可能產生空間和能量的關節、筋骨和肌肉無一不派上用場。洪懿祥在散手對練時，經常會閉眼以聽勁懂勁來應敵，在那個時刻他的身形就如同五字真訣所描繪的「在意不在力，蓄意似貓形」一般，不但可以輕易避閃化解來勢，更可擇勢不擇時的發動連綿不絕的攻擊，是一種登峰造極之後，再回歸人類原始本能的獨特功夫。為了忠實履行當初習藝時對授業恩師的誓言，洪懿祥並不輕易傳授這門技術，必須完成必修的訓練課程之後，經由長時間的觀察，才會以一對一牽手寫字的方式來傳授，因此如非經他親手一個一個帶出來、打出來的人，就只是依樣畫葫蘆似是而非的山寨版，絕非此藝的正傳! 這門獨特的功夫在洪懿祥所傳的眾多門徒中，除了洪家的三個兄弟之外，弟子中僅只有雷灝隆一人得到洪懿祥的真傳和肯定。

1977 年洪澤漢示範墊步甩掌

1976年洪澤漢示範後腦勾踢

# 第八七章 西方武痴 Kumar 之四

過招的目的是：讓自己明白當下能做什麼和未來該做什麼？但你必須認清的是：能打敗你的人，未必能使你更強；能使你更強的人，未必能打敗你！而犯規、使暗招又是比試中無可避免的一部分，是贏的手段之一，你不能太相信實力和規則而墨守成規，漠視這個事實就是災難的開始！

【場景】：永樂國小

「你是怎麼進來的？」

「我爬牆進來的！」

「你想幹什麼？」

「我不是真心想離開這個道館，我很尊敬洪懿祥大師。」

「那又何必這麼做呢？」

「我只是希望能快一點學到我想要的東西！離開洪懿祥讓我非常難過！」

「離開不表示不可以再回來！」

「是嗎？」

「我當然不是說馬上！」

「……」

「讓你離開，這應該也是洪懿祥不得已的決定！」

「為什麼？」

「他希望你能夠有所改變！」

「問題是，我根本不知道錯在哪？」

「這應該就是你最大的問題吧！Kumar，你應該很少換位思考吧！」

「你說的是哪方面？」

「我爸爸常常提醒我們兄弟，要成為一個真正高手就應該要懂得站在對方的角度來看問題……」

「這樣不就被對方控制了嗎？」

「不，正好相反！在控制對方前，你必須先了解對方的想法和自己的處境！」

「所以，我應該用誰的角度來思考呢？」

「你應該想想如果你已經準備好了，洪懿祥有必要故意刁難不教你嗎？」

「我確實有這樣的懷疑！」

「既然已經把八卦掌和散手列入高階課程，請問他有什麼理由不教你？」

「所以呢？」

「還有什麼好所以的呢！問題就在於你現在的狀況還不適合學這些東西！這樣夠清楚嗎？」

「不！我打從進入這個道館的第一天，就已經準備好了！我很清楚自己的狀況，我好得很！」

「你只是自我感覺良好而已！在洪懿祥的眼中，他肯定希望你再多磨練一下比較適合吧！」

「我真的狀況很好，我可以證明給你看！」

「證明給我看有什麼用，你弄錯方向了吧！」

「不！你是洪懿祥的兒子，如果我能把你打倒，這應該就是最好的證明！」

「所以你才會專程爬牆進來等我？在你選擇離開這個道館後的第一天？你有這樣的想法為什麼不在前幾天做呢？」

「我認為人多了，就會影響你我之間真正的比試。」

「你只是想確認洪懿祥對自己的兒子有沒有特別教不一樣的東

西，對不對?」

「就算是吧！這只是其中的一個目的！」

「你選在這個時候來做這件事，不怕讓人懷疑你的動機嗎！」

「你不是一個普通的對手，你是洪懿祥大師最疼愛的兒子！雖然你的年紀比我小很多，但你們兄弟一定從小就練功夫，我們練拳的時間應該是差不多長！選擇你當對手，我覺得很合理！」

「對！站在你的主觀來看，當然很合理！你很少為難自己嘛！而且選在道館還沒有人來的時刻，更合理！不是嗎?」

「我沒有你想的那麼複雜！」

「不，你應該計劃很久，你很聰明，算得很精。打贏了！就證明你夠屬害！連洪懿祥的兒子都不是你的對手！萬一打輸了！全世界都沒有人會知道有這件事，不是嗎?」

「即使全都被你說中了，有差別嗎?」

「Kumar，你把聰明用錯地方了！這樣做除了欺騙你自己還能證明什麼?」

「你說了很多我聽不懂的話！我只想知道你到底接不接受挑戰?」

「既然是這樣，那就來吧！但你得先幫我一個忙。」

「幫什麼忙?」

「幫我一起把道館的地掃乾淨！」

「你是想拖時間！」

「不！我是怕你到時候會摔得滿身是灰塵！」

於是，即將對決的兩個人，一人一支掃把，一人掃一頭，合力把將近 300 坪大的永樂國小大禮堂一口氣打掃得乾乾淨淨。只是這個無厘頭的要求，讓為了一償心願而不得不幫忙掃地的 Kumar 一路神經緊繃，隨時都提防著過程中所有可能的變數發生。只是一直到兩個人

合作把場地弄乾淨後，他才發現自己真的多疑了。心中不禁嘀咕著：

「他們真的是為我好嗎？會不會是我自己太多疑了？」

時間約當晚上 7:20，距離正式練習的時間至少還有 40 分鐘。依照過去的經驗判斷最快在 30 分鐘以後，才會有學生陸續進道館來預做暖身，所以 Kumar 和洪澤漢至少有 20～30 分鐘的時間可以動手處理他們之間的問題。

「除了頭部和下陰以外，全接觸真打！」澤漢說。

「好！」Kumar 說。

「有一方認輸喊停時，就必須住手！」澤漢說。

「好！」Kumar 說。

雖然明知道這些約束對 Kumar 不會有真正的約束力，尤其在完全沒有旁人在場見證的情況下，和這位已經與道館結束師徒關係的外國武痴對決，什麼意外都有可能發生！但在那樣的情況下，除了全力面對之外，洪澤漢似乎也沒有其他的選擇了。在道館裡，洪懿祥的次子洪澤漢並不像他的大哥洪澤洲一樣，是一個身經百戰的散打高手。主要是因為他從小體弱多病，嚴重的過敏性氣喘讓他一天二十四小時幾乎是藥不離身。因此洪氏家族從來就不曾奢望這個小孩可以承接這個棒子，洪懿祥之所以強制要求他練功，也只是單純的希望可以透過運動提高他的免疫力，降低氣喘發作的頻率，減少他每天服用俗稱美國仙丹——類固醇的劑量和次數。在那個醫學不是很發達的年代，對這種「氣喘不是病，喘起來要人命」的病症，除了類固醇可以有效舒張氣管，暫時解除呼吸困難的問題之外，其他的藥基本上全都是無效的安慰劑。根據中醫的理論，患先天性氣喘病的人，一生唯一可以好轉的機會就是要把握住「轉骨」的時機，透過大量的運動來改變體質。所以正值體質轉換時期的洪澤漢在武館中，除了負責每天晚上七點鐘準時到永樂國小開門，並且把道場

打掃乾淨之外，充其量也只能算是一個普通的學生而已，並不是一個可以派出來代表道館應戰的戰將。所以總的來說，Kumar 挑選洪澤漢當對手除了因為他是洪懿祥的兒子這個理由之外，基本上這一戰是沒有代表性的！

　　然而，Kumar 在一心想戰的衝動下，他仍然一心想要透過打倒某個人，來證明別人認為他還不夠格練八卦掌和散手是錯的！他深信選擇這個場合、這個對手，應該就是他最恰當不過的決定了！當然還有另外一個原因就是大哥洪澤洲實在太強了，找他打，只會證明自己的愚蠢與不足而已！於是一頭「獵食的虎」和一隻「吃草的羊」就為了一個莫名其妙的理由，在偌大的道場作了一場全世界只有他們兩個人知道的比試。動手前的約法三章對 Kumar 果然沒有半點約束力，明知道攻擊頭部和下陰的危險性，但對一心求勝的人來說，這更是可以造成對方心底威脅的「內角觸身球」。所以一開打 Kumar 就迫不及待用這些熱情的招式來招呼他的對手。兩人同樣都擅於腳的攻擊，只是一個穩一個快，過程中雙方都互有中招，而且明顯感受到一腳比一腳重，對決時應有的理智和節制，早就被求勝的念頭所掩蓋。雙方纏鬥了好幾個回合後，Kumar 發現情況並不如自己想像的那麼樂觀，要在短時間內分出勝負似乎是不可能了。於是為了逼近對方，Kumar 用了一個詐敗的險招，刻意放慢踢腿回收的速度，讓洪澤漢一手勾住他的腳踝，Kumar 一看對方中計，立即以支地的左腳蹬步向前，佯裝要用右腳使力蹬擊對方的心窩，同其時又以右直拳強攻對方的下巴，希望藉由這個直拳傾力一擊終結這場纏鬥。客觀來說，這個帶有欺敵戰略的組合式攻擊，對實戰經驗不多的對手來說，應該算得上是難解的好招。他不相信對方有足夠的智慧和能力，可以處理這個難解的習題。沒想到，就在他正要把佯攻轉換為實攻的瞬間，突然間看到眼前那隻馴服的羔羊居然閃爍

出狼一般詭異的眼神，耳邊突然響起一個聲音：「老二的可怕，不是在他身手，是在你看不到的地方！」這句縈繞在他耳中將近一年始終無法破解的耳語。在他還來不及回神解讀這個眼神和這句耳語之間的關連時，這場打鬥就結束了。等到他真正清醒過來時，自己已經被對方扶坐在地面上，只是他怎麼也想不起來，在那段空白期間到底發生了什麼奇怪的事，為什麼自己會坐在地上？為什麼自己會一身黏滿地上的灰塵？對方到底用了什麼手法，對自己做了什麼？為什麼自己的左咽會隱隱作痛呢？這到底是什麼技術？眼前這個六十公斤不到的傢伙哪來這麼大的力量啊？這就是螺旋勁？龍蛇滾？還是傳說中的制牛術？中國這個古老的民族為什麼會發展出這麼多奇奇怪怪的東西呢？而這個固執的老家族到底在 1949 年的大撤退中，到底又吸收了多少這些奇奇怪怪的功夫？到底還隱藏多少不願公諸於世的秘術？到底我要用什麼樣的方法，才能讓他們把這些特殊的技術傳給我呢？

於是，這場決鬥就在徹頭徹尾沒有第三人知道的情況下開始和結束了，除了當事的兩個人之外，這件事甚至可以說根本就不曾存在過。因為不存在，所以當然就沒有輸跟贏的問題，唯一有的是 Kumar 心中那一個接著一個永遠無法破解的謎團！當然，Kumar 這個人並沒有因此在武術界消失，離開洪懿祥的道館之後，他回美國去了。後來，聽說又持續用他慣用的方式，到處尋找武館和拳師挑戰，繼續用他的方式尋覓他心中想要的秘術。又後來，聽說他進了大陸，用同樣的劇情，到處重播他那換湯不換藥的挑戰故事。又後來，他再次重回臺灣，還央求洪懿祥的愛徒白龍玉先生 Howard Brewer 作陪一起登門拜訪洪家。他除了表達對洪懿祥大師的感激和思念之外，更繪聲繪影地描述他在大陸求藝的各種事蹟，以及如何得到八卦掌高人傳授獨門手法的奇遇。說到盡興處還起身比手劃腳

以示言之有物，聽得在座一起泡茶的師兄弟們無不露出無限景仰和敬佩的神色。只是沒想到等他說完了一整個套本的神話故事後，洪懿祥淡淡的說：

「你剛剛所比試的動作，不全都是我以前教你的手法嗎?」

Kumar 無法掩飾牛皮被揭穿的尷尬，當場就表演「川劇變臉」的特技給在場所有的人看，他的臉色瞬間就變成了熟透的牛蕃茄，滿臉通紅的他立刻改口說：「對! 對! 我就是用洪老師傳給我的招式打敗那些老師傅的……」看起來，他在中國求藝的奇遇是真的很奇特詭異，沒有人知道在中國的那幾年，他真正遇過什麼樣的高人? 還是矮人? 都學會了些什麼神奇的武林絕學? 我們只知道眼前的這位 Kumar 先生，除了體重直線上飆之外，跟幾年前的那位 Kumar 先生本質上一點也沒有改變! 對於他再次提出回道館重新學習的要求，洪懿祥當然委婉但明確地回絕了，因為教他所要連帶承擔的同業壓力太大了! 又後來，聽說他又重回中國，繼續求藝和挑戰的浪人生涯,而且還發生嚴重的翻車事故受了重傷,在醫院躺了好幾個月……又後來，他又再一次回到臺灣懇求洪懿祥大師傳授先天八卦掌和散手不成後，慢慢地就少有再聽到他的消息了。

花這麼多的篇幅介紹這個人，並不是因為這個人之於洪懿祥大師或「易宗唐手」有什麼重大的貢獻，只是因為他特立獨行又好鬥的個性，確實惹來不少的麻煩和風波，也給臺灣武術界帶來許多類似武俠小說中踢館挑戰的鮮活教材。但即使是如此，洪懿祥私下還是不忍苛責他的作為，他肯定 Kumar 對中國武術幾近痴迷的熱情，要不是顧及他老控制不住自己到處惹事生非的問題，嚴重影響臺灣武術界的和諧生態的話,其實洪懿祥還真想多傳授一點真功夫給他。只是礙於「疑人不傳」的先賢祖訓，只能誠心祝福他早遇貴人渡化，早日練成神功，並痛改前非變成一個行俠仗義濟弱扶傾的俠客了!

# 第八八章　松本州弘與奧山大鳳

拳不離中，守住身體的中軸線，不輕易兌現眼前的勝算，讓這個優勢成為一種無形的牽制。就像樂章中的休止符和繪畫中的留白一樣，不是不作為，而留下更多的可能和想像空間。

**【場景】：安西街、永樂國小**

（以下為松本州弘的獨白）

「看看我的手指頭，就知道我與過去劃清界線的決心！」

「過去所受的，怨不得別人……」

「東大畢業後，原本已經考進一家很不錯的大商社……」

「為了商場上的利益，日本的商社與黑幫總是掛在一起……」

「其實，不只是商界，就連政界也同樣是撇不開黑幫的關連……」

「這些大老闆和政客們清楚得很，要攫取更多的金錢和權力，就得借助這股不受常規和法律約束的力量。只是，一時的借助，很快就會變成永遠無法擺脫的依靠，因為太好用了！」

「我就是商社派出來與黑幫接頭的人！」

「後來，黑幫學精明了，不想要商社剝削後的剩菜殘羹……」

「於是，他們的頭兒就主動找上我……」

「他們需要的是我企業化的經驗，而我需要的是他們給的機會和高度，於是雙方一拍即合！」

「他們給的，是我在商社中用盡兩三輩子的努力，都得不到的報酬和影響力。」

「當我代表黑幫回頭與商社的長官談判，看到昔日高高在上的長官和我平起平坐時，當下我真的相信自己是一頭雄獅，一頭找到自己草原的雄獅。在這個草原上，暴力是無所不能的！如果能再善

用智慧來操控這股披著正義外衣的邪惡力量，那你就是神！」

「這世界哪有黑道白道之分，全都是騙人的，全都只是一日三餐的生存之道！」

「因為擁有跨越黑白兩界的人脈和專業，讓我成為談判桌上最難纏的對手……」

「當我自以為伸手就可以摸到天的時候，卻從沒有認真想過自己只不過是兩邊大老手中的一顆棋子而已！」

「甚至天真地認為就算是被利用也是值得的！」

「人不是要不斷創造被利用的價值嗎！」

「只是，這樣想，真蠢……」

「出過幾次事，也因頂罪，坐過幾次牢！」

「天真的我還直以為這就是江湖！這就是道義！」

「因為每次坐完牢之後，在幫中地位的提升和既得利益的擴大，讓我誤以為這就是生存競爭的必要之惡！」

「我不但沒有後悔，更暗自發誓要在黑道之中力爭上游……」

「直到有一天，我帶著大批幫眾進入校園，要教訓那些欺侮我小孩的老師和學生時，卻親眼看到自己的小孩擋在老師和同學前面不准我動他們一根汗毛的表情，那種堅決和陌生，讓我感覺到極端的迷惑，那一夜，我心痛到難以成眠……」

「我已經搞不清自己的這一生，這麼過活，到底得了什麼？又失了什麼？」

「依幫會的規定，切掉了手指頭後，高燒了好幾天，後來燒退了，人卻還是無法完全甦醒振作起來！」

「於是，我找了間深山古寺長住，希望可以慢慢沉澱下來，等恢復振作之後，再作打算。只是，每天除了抄寫《心經》的時刻之外，常常頭痛欲裂生不如死……」

「在一個寒冷的冬夜，我發了瘋似的獨自一人跑到山頂的瀑布下，任由酷寒冷冽的冰水罩著我的頭頂和身體沖刷，愚蠢地希望這樣可以驅走盤據在我腦中的惡鬼……」

「結果，我又大病了一場！」

「待病好了，人也明白了！」

「自己的事，只能靠自己去面對和解決！」

「古寺裡的和尚，《心經》裡的波羅蜜，神像裡的善靈，深山裡的惡鬼和冰瀑，全都幫不上忙！」

「人活著，對得起自己的良心就好……」

「黑的白的，全都是假的，肉眼看不到的地方，不總是五彩繽紛，相互混雜重疊嗎？」

「黑道也好，白道也好，過得好就好！」

「人的一生，不都是站在黑與白的翹翹板上擺盪游離找尋平衡嗎？」

「要不就是像倉鼠一樣，一輩子被困在滾籠中打轉！人只能順著勢頭過活！」

「境遇糟時，好人還不是被逼著得幹壞事？境遇好時，壞人不也是可以隨手做好事？」

「好人可以變成壞人，壞人也可以變成好人……」

「根本就沒有那一條分界線！」

「我再也不愚蠢地困在那條分界線上了！」

「我只要認真過活，心存善念就好！」

「想通了，心病也好了！」

「在山上，認識了到寺中打禪的大書法家奧山大鳳，他每年定期會到各名山古寺打坐參禪，尋找書道創作的靈感和能量！」

「他是書道名家，更是日本劍道的頂尖高手！」

「奧山家族是日本聞名的正統武士世家!」

「他曾在寺中揮墨狂書,讓我見識到運筆如刀的狂野奔放,和運刀如筆的藏鋒內斂!」

「認識他,是緣份,也是我生命的轉振點!」

「下山之後,我曾開了家專賣旅遊紀念品的商店,做些小生意……」

「後來得到幫中摯友的暗助,與臺灣黨政的次級團體搭上線,合作成立了這一家旅行社,專門發展臺灣和日本雙邊的旅遊事業……」

「奧山大鳳熱愛中國的文化和書法藝術,每年定期會帶領日本書道學會的團體到臺灣進行書道觀摩和文化交流……」

「他同時又具有劍道師範的資格,同樣會安排日本的劍道名家到臺灣各大學進行段位的檢定和傳授進階的課程……」

「他這兩種身份的背後都擁有豐沛的人脈,因此,一直以來,都是旅行社收入的活水源頭!」

「奧山大鳳曾經在東京武道館親眼目睹洪懿祥大師用高超的智慧和精湛的內家拳法,巧妙地折服日本空手道的頂尖高手。從那時起,他對洪大師就無比地敬佩和景仰,直要求我無論如何拜託詹聰義大律師引介我們來拜訪您!」

※※※※※※※※※※※※※※※※※※※※※※※※※※※※

(以下為奧山大鳳的獨白)

「洪大師!在東京武道館驚鴻一瞥之後,我接著又在日本著名的武術雜誌上讀過一篇武術評論家報導您以長棍智取西方巨漢的傳奇,對洪大師在武術上過人的睿智與造詣更加地景仰……」

「武士世家的血統，讓我有一種繼承傳統和振興家業的強烈使命感，起自少年時期即接受家族長輩的嚴格訓練……」

「沒想到當我技藝逐漸熟成的同時，日本劍道卻日趨沒落……」

「老東西終究抵擋不了新流行的衝擊和冷落……」

「這項象徵日本武士道精神的技藝，已經變成擂臺上的一種懷舊的儀式和沒有靈魂的樣板，完全喪失了以劍道磨練堅強意識的真正精神……」

「更不用說要如何去探索一個武士的精神內涵和生存哲理了！」

「大勢已去的絕望，逐漸淹沒我原以為可以力挽狂瀾的無知！」

「只是要像大文豪三島由紀夫那樣為殉道而絕然自戕，我自認沒有那種堅決和勇氣！我做不到！」

「但要我坐視支撐日本國的武士道精神，在新生的世代中沉淪而不作為，我同樣也做不到！」

「我能做的，就只求劍道的技藝和精神傳統不要斷絕在我們這一代手中就好！」

「以後的事，又能奈何呢！」

「過去的武士和劍客常說：劍道不死！可是在這年代，恐怕不死也難囉！」

「為此，我立志在有生之年，以書道創作抒發我對古道式微的積鬱，以劍道會友寄情視野和境界的提升……」

「對我來說……」

「書道就是用筆的劍道，劍道就是用劍的書道！希望在晚年可以把這些閱歷和心得，用文字留下一點記錄，至少讓未來的人，有一個線索可以探尋日本曾經有過的文明和武士道的崇高精神！」

「對！就像『金閣寺』一樣，在歷史和時間的洪流中挺立著，不管是一身斑剝滄桑，還是一身的金光璀璨！」

「得撐著，才有機會被再看到!」

※※※※※※※※※※※※※※※※※※※※※※※※※※※※

那一年，松本州弘和奧山大鳳透過詹聰義大律師的引介正式拜訪洪家，他們依循古禮帶著日本著名彩繪陶藝名家的創作「九谷燒鎮宅招財獅」和「豐臣秀吉戰國銅盔」作為初次的見面禮，並懇求擇日正式拜館請益。數日後，松本州弘、奧山大鳳依約正式登門求教，為求慎重奧山大鳳還刻意換上劍道的正式道服，一路從道場的門口跪行而入，那種武道中人對高人前輩的由衷虔敬讓人印象深刻，這種敬賢尊能的武士古風，即使在日本本土也恐怕難得一見了! 他隨身所配帶的武士刀，正是其武士先賢所傳承下來的名劍，這把名劍聽說是當年日本京畿中最負盛名的鑄劍名師，專為其祖上大武士的需求量身打造的，價值好幾錠黃金。若以當代的價值來衡量，那肯定會是一個令人咋舌的天文數字! 若非為了對洪懿祥大師表達無上的敬意，這把名劍是絕對不會輕易帶出家門的。因為奧山大鳳擁有劍道八段的師範資格，經過正式申請才順利完成臺日兩地的核准。又因名劍不離身的要求，奧山大鳳不願將名劍交予貨運託運，但礙於飛安的限制，只能經過特殊的打包後，交由機上的空服人員鎖在保險箱內特別保管，直到下機完成海關通檢時，才交還給這個歷史名劍的繼承人，真沒想到名劍出國比名人出國還要麻煩!

擔任這場跨領域切磋的裁判，是洪懿祥當年唸書時一起學過劍道的老友葉醫師。葉醫師是世居大稻埕的醫生世家，曾到日本留學並取得醫學博士的資格，在那一個年代醫生學習劍道是一種傳統，他一聽到奧山大鳳將會帶家傳寶刀來訪，說什麼一定都要擔任這場友誼切磋的裁判，好一睹名劍的風采。葉醫師身形瘦小，但聲音宏

亮動作敏捷，令人印象深刻。他是一個做什麼事都是百分之兩百投入的人，最喜歡扮演仲裁的角色。他擔任裁判時全神貫注巨細靡遺，總是比場中對峙的選手還要亢奮忙碌，天底下再沒有誰比他更適合擔任這場比試的裁判了！

　　奧山大鳳待洪懿祥完成備戰的準備後，先以刀尖垂地以示禮敬後，即以刀尖對準鼻尖採取守中應戰的姿態備戰，兩人就這樣刀尖遙對著棍尖，凝神蓄勁隨時準備發動攻擊。時間就這樣一秒一秒像瀝青般黏稠緩慢地向前挪動，道場中所有盤坐觀戰的學生和隨行而來的貴賓，除了眼神在對戰的兩人間來回掃描移動之外，全都呈現停滯凍結的冰封狀態。就這樣僵持了約莫一百二十多秒後，奧山大鳳開始試探性地左右移動方位，試圖尋找可以突破防護的切口，只是洪懿祥除了以棍尖鎖定劍尖的主人略作小角度的微調外，仍然是維持著前三後七的三體式不動如山。奧山大鳳左右搜尋出手的縫隙未果，就重新回歸到原來的定位，雖然兩人依然蓄勢未發，但緊繃的感官和高速運轉的心念，已經讓奧山大鳳的額頭沁滿無數豆大的汗珠。就當一顆從眉心順著鼻梁淌下來的汗珠即將滴落的瞬間，奧山大鳳從丹田發出宏亮的巨吼聲，即後腳催勁蹬前，同其時雙手掄刀過頭意圖利用刀身上舉的瞬間以刀背先挑開長棍後，再緊抓棍尖離中的短暫縫隙，迴刀順勢向前斜劈而下。沒想到竟然一刀挑空，招式落空的意外，讓他本能地停煞後續的攻擊動作，並疾速抽身後撤，收刀護守中軸，以避免對方趁虛而入。沒想到他原本擔心的反擊並未如預期迸發出來，他心中急速反思方才出手的瞬間對手到底作了什麼反制，為什麼自己沒能如期一舉挑開棍尖呢？但腦中卻是一片空白！於是兩人又回到初始的對峙，好像什麼也不曾發生過一般……就這樣奧山大鳳以類似的動作再嘗試了兩次，直到他第四次舉刀過頭時，他才赫然發現洪懿祥手中的長棍徹頭徹尾都是對準著

他的咽喉，只要他的後手前推一個螺旋勁的鑽刺，棍尖就會如長槍般穿喉而過。只是洪懿祥卻始終沒有出手，這時他才恍然大悟兩人之間的對決，從他起手的瞬間勝負早就已經決定了，只是他一直沒能察覺罷了！瞬間的頓悟猶如醍醐灌頂，讓他感覺到一股寒意從腳底通脊而上直貫腦門天頂，身體不由自主地打了一個寒戰。他萬般虔敬的後撤兩步後再次跪下，畢恭畢敬地請刀入鞘，然後再以大禮感謝洪懿祥大師的點化。在現場觀戰的所有賓客原所期盼的龍爭虎鬥並沒有如期展開，而且好像才剛開始就這麼出人意表地結束了。

（以下為洪懿祥的解說獨白）

「木棍和鋼刀一長一短一剛一柔，各擅勝場……」

「正面迎敵木棍雖長，卻未必能佔便宜！」

「即使採八卦的側鋒攻擊，仍避不開兵器的正面碰撞……」

「況且，八卦是長戟，擅長的是回勾後的刺擊，木棍無勾，難以像手掌般可以作出起鑽落翻的細膩動作！」

「形意是長槍，練的是螺旋勁，可以利用槍纓纏住對方的兵器，用裹勁一纏一挑就可以使對方的兵器脫手而飛……」

「木棍無槍頭尖刺又無槍纓可以勾纏……」

「只能抓準你的動作，以棍尖劃小圓避閃你第一波的挑擊，然後再迅速讓棍尖繞回原點駐守中線，因為是微動，所以不易察覺棍尖的移動！」

「拳不離中和棍不離中，都是一種動態的固守中軸，但絕不是要你僵硬固定的守在那裡一動也不動……」

「變與不變，動與不動，輸贏的奧妙就在其中！」

「古拳譜有口訣提到『情同形異理，含形誰知情』，說的就是兩造對抗的事，一露形就打不成了！」

「我之所以沒有鑽刺出去……」

「因為大勢已定，不需要多此一舉！」

「再者，真要出手也不盡是完全沒有風險和顧忌的，我有位在深山遁隱的前輩說過，當你的箭尖對準獵物的時候，你只看到獵物，卻沒能看到自己的危險！」

「這跟《易經》指的『潛龍勿用』是同個道理……」

「如果把一個威脅，變成一個具體的攻擊動作，它原本蓄勢待發時那種無限可能，就會瞬間變成一個單一的動作，這對對手來說，就不再是一個令人難以揣測和捉摸的威脅了……」

「這種不確定性的優勢，不兌現比兌現更有價值，不是嗎？」

兩年後，洪懿祥帶著長子洪澤洲和蘇東成（藤田東成）、李春生兩個徒弟一行四人到東京埼玉縣為「易宗唐手武道館興武館」開館典禮剪綵。除當天正式對媒體的公開儀式和武術表演外，洪懿祥將這個道館的教席明確指派給蘇東成來負責和推廣。這個「興武館」的設立從土地和地上的建物，完全由當地的企業家和財團所贊助，算是以臺灣總道館的名譽所直轄的一個道館，同時也算是洪懿祥與他一手所創立的「易宗唐手」邁入國際化的另一個里程碑。只可惜後繼的教練人選和語言上的障礙無法突破而後繼無力，殊為可惜！

1983 年洪澤漢與松本州弘（中間）合影

1973 年日本武術家松田隆智拜入洪懿祥門下研習內家拳法

# 第八九章 羅東少林洪拳

擂臺上的輸贏，不足以定義一門武術的好壞！同是產自勃根地的葡萄品種，不同的酒莊卻可以釀造出不同風味的紅酒。所以，關鍵不在於拳術本身，而在於解讀的能力和推衍的巧思。

**【場景】：宜蘭、羅東**

　　宜蘭、羅東地處臺灣東部，受天然地形的阻障和交通不便的限制，在北宜高速公路尚未開通之前，一般人要到礁溪、宜蘭、羅東、花蓮、臺東的話，通常都會選擇搭火車。而搭火車到東部，一路上必須穿過很多山洞才會到達。有一首閩南語的老民謠「丟丟銅仔」就是描寫從北部搭乘蒸氣老火車穿越好多山洞到達東臺灣的情境。因此在那個年代這個區域素有「別有洞天」之稱。如果不搭火車而選擇走山線的北宜公路，那就得要環山繞徑通過九彎十八拐的山路考驗，穿越民間各種山野怪譚的恐怖傳說之後才能抵達。與繁榮的臺灣西部相比，東部這幾個地區的民風更見純樸守舊，有著更濃郁的古風和人情味，對於民俗傳統文化的保留，更遠遠勝過臺灣西部的城鎮。尤其是每年農曆七月的頭城搶孤活動，更是全國數一數二的民俗傳統活動。

　　李春生是「羅東少林洪拳武館」的館長。多年來在宜蘭、羅東以「濟公會」為號召致力推廣少林洪拳，並積極參與地方上的各種活動和國術會所舉辦的賽事。在縣運的武術競賽中不論是套路、兵器、散打的項目總是囊括大部份的獎盃，是地方上頗具影響力的頭人。除了致力武術和民俗活動的推廣之外，在當年，他還擁有一間全球數一數二的煙斗通芯製造工廠，算得上是望重一方的頭人，對地方上的活動和慈善佈施也都是出錢出力不落人後。李春生的武館傳授的南少林拳法，是當年臺灣武館和獅館最常見的硬功夫。他完

全遵照年輕學藝時,老師傅所傳授下來的傳統功法和招式認真操練,
尤其是「硬氣功」更是他們威鎮東臺的拿手絕活。在頭城、壯圍、
礁溪、宜蘭、羅東、南方澳、南澳一帶擁有相當多的附屬武館和社
團組織。

那一年,藉著民俗建醮大拜拜的活動,李春生與當地幾位著名
武館的拳師聯手邀請擔任國家代表隊總教練的洪懿祥到宜蘭、羅東
吃拜拜。因為盛情難卻,更因為當地海鮮特產的召喚,洪懿祥帶著
澤洲、澤漢、澤沛三個兄弟隨行。原本已經訂好的火車票,因為推
辭不掉石碇和坪林一帶幾家地方小武館的邀請,而臨時改走山線的
北宜公路。就這樣一路走一路拜訪的情況下,從早上出發,直到將
近傍晚才到達目的地。因為東部地區比較少有這種武術界的重量級
人物到訪,所以當地的武館無不爭相邀訪。因此洪懿祥父子四人從
公路局車站出來的那個剎那開始,就被當地的武術界以善意綁架的
方式硬是留宿了三天三夜。為了不有厚此薄彼的差別待遇,他們被
安排逐一參訪當地每一家武館,並應邀作了一些內家拳法的示範和
講解。過程中,他們總是要求洪懿祥陳述過去所經歷過的各種挑戰
事蹟和年輕時練武的軼聞趣事,這些口述歷史對年輕一輩的武術同
好有很大的啟發和激勵作用。

留宿在羅東的那幾天,他們被安排住宿在洪德育先生家族所開
設的旅社(洪德育是李春生的徒弟之一)。每天完成白天的拜會和邀
宴之後,晚上洪懿祥就在李春生的武館參觀他們的常態操練。李春
生的武館主要傳授的功夫是當年相當熱門的少林洪拳,他們最引以
為豪的功夫就是硬氣功。初練這種功夫是以縈捆成束的細鋼條抽打
身體的各個部位,抽打時要運氣在受力的部位,由輕而重漸次加力,
一直反覆抽打到混身通紅還不能罷手,必須要師父點頭才可以休息。
中階的訓練則是改用裝了鋼珠的帆布袋來甩打身體。沉重的帆布袋

打在身體時，會不時發出如同擂鼓般沉悶的聲音。練氣的人同樣必須運足內氣增加體腔的阻抗，整個身體就如同一顆充滿氣體的籃球一樣，用氣障來保衛體腔內的各個臟腑器官。近距離觀看他們的練習，比坐在觀眾席上看表演更真實、更震撼、更有臨場感，一點都不含糊騙人。最高階的硬氣功就是用大鐵錘來捶打身體，可以練到這個程度的人，功力就已經算是非比尋常了！只要親眼目睹過他們用肉體抵擋重金屬器械猛力攻擊的表演，就不難理解當年的慈禧太后和清廷的大官政要，為什麼會相信義和團是天降神兵來保衛大清帝國了！

「必須練到經得起大鐵錘捶打，才有資格代表宜蘭縣參加全國性的比賽，可是卻還是始終打不進最後的冠亞軍總決賽！」李春生說。

「你認為問題出在哪？比賽規則？還是裁判不公？」洪懿祥問。

「原本確實有這種想法，總要自我安慰嘛！但賽後跟您那邊得獎的選手再打過一次後，就再也不這樣騙自己了！雖然每天都還是照常操練，但心裡頭還是忍不住會問，為什麼鐵布衫可以抵擋鐵作的錘，卻抵擋不了人的拳呢？如果不能在實戰中用上，那辛苦練這種功夫到底有什麼意義？」李春生說。

「發現問題在哪嗎？」洪懿祥問。

「同樣的對手連輸了兩次！不是技不如人，是什麼！只是難免會有鐵砂掌劈不倒人，鐵布衫擋不了拳的遺憾罷了！」李春生說。

「問題不在功夫，在戰術！」洪懿祥說。

「為什麼？」李春生問。

「臺上臺下的戰術不一樣，擂臺賽靠打點取分，防守做得再好也是不計分的。」洪懿祥說。

「不防守可以嗎？」李春生問。

「不，你先告訴我在擂臺上防守和正常的防守有什麼差別。」洪懿祥說。

「不都是在保護自己嗎?」李春生問。

「是，然後呢?」洪懿祥繼續問。

「我懂了! 你的意思是我應該順勢反擊，增加得分的機會。」李春生說。

「對! 在擂臺上，防守不是防守，是布局。而且攻擊和防守要靈活交錯，不能讓人一眼就看透你的戰術。」洪懿祥說。

「了解!」李春生說。

「你的選手為了抗打，一上場就習慣憋著一股內氣護身，這就是硬氣功的罩門，為了要守住那口氣，身體移動的靈活性就變差，這樣自然就落入被動和挨打的劣勢了!」洪懿祥說。

「要把護身氣放掉嗎?」李春生說。

「可以練成收放自如嗎?」洪懿祥問。

「難，但應該可以做得到!」李春生說。

「那就練這個才有用! 再加上一些打法的配套，這樣氣功就沒有白練了!」洪懿祥說。

「總歸來說，就是要改變，要能在移動中運用自如，而不是一直憋著。唉! 這麼簡單的道理，怎麼沒想到呢?」李春生說。

「所以，千萬不要放掉原來所學的東西! 武術嘛! 能克敵制勝才是關鍵! 如果可以交叉運用，你們就比別人多了一項優勢。」洪懿祥說。

「明白!」李春生說。

「所以遇到抗打性較低的對手，你就可以用硬氣功誘引對方用重拳對決。這才是硬氣功捨身法的目的。」洪懿祥說。

「對! 在縣運會比賽，我們有用過同樣的策略贏過好幾場。」李

春生說。

「但這樣做風險還是很高，關鍵還是得加強主動攻擊的能力。」洪懿祥說。

「洪老師，能不能請求您用最簡單的方式說明形意拳和八卦掌的特點和差異?」李春生說。

「形意拳和八卦掌同樣都是由古代的長兵器演化而成的武術。形意拳是古代戰馬上的長槍術轉化為拳術手法，所以才會發展出『前手撥，後手打』的五行拳打法。而八卦掌的手法就像是古兵器長戟一樣，帶著倒鈎的刺，所以八卦掌的打法，直刺是佯攻的虛招，待敵人出手搭架時，再利用長戟的倒鈎反拉，先破壞對方的平衡後再刺出，這才是真正的攻擊。這個倒鈎回拉的小動作，不僅可以破壞平衡，也是專門用來對付鐵布衫的手法，一個起鑽落翻，把對手的腳底拉鬆了，護身就散了! 所以，如果能夠把槍和戟這兩種手法交叉運用，讓對手分不清虛實，就可以成為擂臺上最難纏的對手。」洪懿祥說。

「這就是我們最想要的! 洪老師，您願意教導我們嗎? 是不是可以讓這個系統全部投入您的門下。」李春生說。

「喔! 這可是大事啊! 千萬別貿然這麼做，如果你們需要這些技術，我願意分享給大家，但真的沒有必要那麼大費周章!」洪懿祥說。

「洪老師，這一趟邀請您來羅東，主要是讓您看看這些後進是否可以併入易宗唐手追隨您研習內家拳法，不盡是為了想在擂臺上奪冠，為地方爭氣! 而是大家都有再往上求的決心。」李春生說。

「說下去!」洪懿祥說。

「其實為了這個目的，我們幾個師兄弟曾專程上臺北，整晚都在永樂國小道場外的窗口偷看你們練習，一連看了五六天，每天看

完了回旅社還要討論到半夜。最後大家的共識是落差太大了！不能再閉門造車了！」李春生說：「師父所傳的外家拳我們算是已經練到貼頂了，再不尋找新的出路，就對不起多年追隨我的徒弟了！宜蘭縣因為地處偏遠，早年從中國來臺的武術名家，在東部落腳傳藝的少之又少，因此大家對內家拳法都很陌生。這幾天承蒙您不藏私的分解和說明，我們才有機會一窺內家拳的奧妙。我有責任帶領大家走對的路，請洪老師成全！我的師父已經過世多年，我們師兄弟們也一直有再往上求的心，請您一定不要推辭。」李春生說。

「拜師的事，再從長計議，倒是技術移轉的問題就先做吧！國術會這邊正好委託我培訓來年國際邀請賽的選手，你就挑幾個好手一起參加培訓吧，只是我的護具和設備都在臺北，你們方便到臺北來嗎？」洪懿祥說。

「求之不得！」李春生說。

「那選手的工作和生計收入怎麼辦？」洪懿祥問。

「這個您放心，在宜蘭這不是問題！」李春生說。

於是，三個月後，李春生親自帶領著李石杵、洪德育、陳鴻鵬等得意門生和幾位與他同輩份的師兄弟一起上臺北，依傳統的古禮正式遞帖拜師投入「易宗唐手」的系統。並開始有計劃性地分頭作重點學習和技術的移轉，以利在最短的期間內，將易宗唐手的精要移植到東臺灣。希望藉由這個機會讓內家拳法在宜蘭落地生根，持續繁衍發展成為具有當地特色的拳術。為了成全他們的心願，除了晚間既有的訓練課程之外，洪懿祥還額外在白天為李春生和他的師兄弟開了一個特訓班加強訓練，讓他們可以在外家拳的基礎上順利地與內家拳接軌。當年的移植計劃大致如下：李春生及其師兄弟：專攻形意／八卦／太極；李石杵：專攻散打對練；洪德育／陳鴻鵬：專攻基本套路和用法。

在洪懿祥的全力協助下，帶領三個兒子分頭執行訓練計劃。特訓期間洪懿祥還多次帶領洪澤洲、洪澤沛親赴礁溪、宜蘭、羅東的道館現身說法，協助李春生作整個系統的大轉型，這整個計劃持續進行了好幾年。就在「羅東少林洪拳」併入「易宗唐手」後的第一年，李石杵在臺北完成密集的特訓後，有了脫胎換骨的大改變，從此連續多次在區域性和全國性的散打競賽中奪冠，這些實證的輝煌戰績更成為宜蘭羅東地區的鄉野美譚。而李春生和他的師弟方家駿以及李石杵、洪德育、陳鴻鵬更是推動這次地方武術積極轉型的幕後功臣！

帶著一個系統轉型重新拜師學藝，不同於一個人轉學唸不同的科系或學校。尤其是在民風更為保守的東部地區，李春生所帶領的「羅東少林洪拳」轉投洪懿祥的「易宗唐手」這種動輒得咎的大動作，只要處理稍有不當勢必會引來各界的撻伐。但因洪懿祥當年屢屢在國外為臺灣武壇增光的正面形象，無形中也化解了這些地方上原本可能發生的雜音和干擾。再加上洪懿祥堅持李春生要保留原有的師承和名號，這舉措更消弭了許多蜚短流長，讓整件事變得更加名正言順了！於是這個系統轉型的大事，就在洪懿祥父子的全力協助下順利地接軌，為當代的武壇締造了一個成功的模式和良好的榜樣。

由外家拳轉入內家拳，在技術轉型的過程中，其實還是有許多不為人知的艱辛過程，尤其是打播臺賽的部份。在那個年代，所謂的國術播臺賽，其實是沒有任何資格限制的。主要是因為中國武術向來標榜博大精深無所不包，於是這個好大喜功的訴求決定了它難以被規範和發展的宿命。在全國性的比賽中經常可以看到柔道、拳擊、空手道、跆拳道、泰國拳的選手，混雜在裡頭代表他們的縣市上場打國術播臺。甚至還有混廟會黑幫的流氓和地痞，只要能打的、

愛打的通通都可以報名參加比賽。因此整個擂臺賽只有勝負，根本就沒有任何技術可言，甚至還有些選手邊打邊飆三字經問候對方的祖宗八代，用以助長他的威勢。要想在這種比賽中勝出，除了要有堅強的心理素質外，豐富的賽前經驗是絕對不可或缺的訓練。

為了增強擂臺選手的實戰能力，洪懿祥特別動員多名曾經在擂臺賽奪冠的徒弟輪番上陣與李石杵交手，讓他適應各種不同的打法。在培訓的過程中，李石杵與負責踢擊的教練洪澤漢過招，李石杵因為錯估對方的角度和速度，被一腳點中右肋的肝臟部位。在旁邊培訓的幹部原以為練過硬氣功的李石杵應該承受得起這輕輕的一腳，沒想到李石杵的身體就像是突然斷電而瞬間當機一樣原地垮塌了下去，原本已經揮了一半的重拳也硬生生地被拉扯了下去，嚇得在一旁協助的助教們趕緊幫他進行急救。甦醒後的李石杵略作休息後依然要求繼續苦練，並沒有因此怯場和逃脫。擂臺上的獎盃就是靠著這種打掉牙齒和血吞，咬緊牙關再苦練的堅忍和毅力，用血和汗堆砌出來的。從那一次以後，他就澈底改變了外家拳硬吃硬上的「捨身打法」，改以形意拳慣用的三體式打法應敵，並從打「將軍柱」的練習中學會了含胸拔背吞肩吐胛的身形手法，成功蛻變成為一個擅於內家手法的難纏對手。當然，洪澤漢從 Kumar 和李石杵這兩位練過硬氣功的人身上印證了「制牛術」的威力之後，就從此再也不敢輕易嘗試這種可以瞬間使人昏厥癱瘓的秘術了**註**。

---

**註**　在擂臺上多次奪冠的李石杵，後來被臺灣駐菲律賓的大使延聘為駐外使館的武官，專責護衛大使的行止安全。

1982 年洪懿祥親自督導操練形意五行連環拳

1982 年洪懿祥親自督導徒弟操練大鵬展翅

# 第九十章 BBC The Way of the Warrior 之一

如果是決鬥，你需要一個比生命更重要的理由。如果是辯論，你需要一個比輸贏更合理的動機。可是，我們卻總是企圖用我們自己相信的道理說服對方，而不是用對方能夠理解和認同的方式來幫助對方了解自己，於是溝通變成了喋喋不休的爭辯，差異變成了無法逾越的鴻溝。

【場景】：臺北市希爾頓大飯店

　　「我是行政院新聞局的李專員，英國 BBC 廣播公司的製作人 Howard Reid 要我打這電話給您。BBC 計劃在亞洲製作一系列傳統武術的記錄影片，他們希望可以來拜訪您，好了解是否可以有進一步合作的機會？」

　　「好！那請先跟我的兒子連絡……」

　　於是，兩天後，在電視臺擔任導演的洪澤漢奉命應邀到希爾頓大飯店與 BBC 製作人 Howard Reid 和新聞局專員會晤。希爾頓大飯店是當年全臺灣最豪華的國際飯店，臺北火車站尚未改建前，還是巴洛克式的老建築，鐵路電氣化還沒完成，捷運 MRT 也還沒有開始動工。希爾頓大飯店在當年是站前廣場的地標，是許多青年男女約會的勝地。這個飯店現今已經易手、易名為「凱撒大飯店」。雖然也經過整新大改裝，但因整個都市樣貌的巨幅改變，今日早已不復見當年的風華和氣勢。尤其鄰近又有新光摩天大樓聳立在一旁，稍一不留神很容易就忘了它的存在！雙方約定會面的地點並不像一般是約在飯店的 lounge bar，而是直接約在製作人的客房。當洪澤漢依約到位時，新聞局的專員也已經在場，是一個溫和有禮的年輕人，

他負責雙方的翻譯和記錄。雖然洪澤漢可以聽和講一些簡單的英語，但洪懿祥特別交代辦正事一定要澈底弄清楚雙方的想法，不要逞能亂猜以免耽誤大事。Howard Reid 是一位年輕高大金髮碧眼的英國帥哥，頭頂著英國劍橋大學人類學博士的光環，像明星而不像是搞幕後工作的製作人。

「你好！很高興認識你！你是洪懿祥大師的兒子嗎？」Reid 問。

「是的，我是！很高興認識你！」洪澤漢說。

「你知道英國 BBC 嗎？我們是世界知名的廣播公司，我們擁有世界最好的製作團隊，我們製作的記錄片，在全世界擁有最好的評價……」Reid 說。

「他的目的是希望你了解他們不是一般亂七八糟的獨立製片公司。」李專員說。

「我了解！這是我的名片！」洪澤漢說。

「喔！你是個電視導演？你不是一個武術教練嗎？」Reid 問。

「都是！當導演是我的工作，當武術教練是家族的事業！」洪澤漢說。

「所以，你了解 BBC？」Reid 問。

「不完全，但應該比一般人知道多一些！」洪澤漢說。

「很好！選擇你們作為第一個面談的對象，應該是好的開始！」Reid 說。

「洪先生，局長很重視這個拍攝計劃，這對臺灣的國際能見度會有很大的幫助！」李專員說。

「我知道！請放心！」洪澤漢說。

「在英國作前置規劃時，沒想到臺灣會有這麼多傳統武術高手。請諒解！這也是我們無法約在大廳酒吧碰面的原因。你看資料多到連 king size 的雙人床鋪都放不下，真的不知道該從哪下手。」Reid

說。

「臺灣雖然土地不大，但人才濟濟！」李專員說。

「主要是在 1949 年國民政府南遷，那個時期隨同政府和軍隊過來的武術好手很多！」洪澤漢說。

「喔！是嗎！我們原本計劃一個國家只挑選一個主題和一個人物作深入報導，所以我必須從這麼多的候選人中挑選出一位來……」Reid 說：「所以我想了一個好辦法！能不能請你給我一個理由，一個能夠說服我的理由，說明為什麼我非選擇洪懿祥不可！」

「我了解！只能挑選一位，這確實不是一件容易的事！所以為了不讓你為難，我們願意放棄這個機會！希望這樣可以減少一點你的困擾！」洪澤漢說。

「啊！為什麼?」Reid 問。

「洪先生，這應該不是他的意思！」李專員說。

「請放心，我不是在嘔氣！我們只是不想參與這種競爭而已！」洪澤漢說。

「洪先生，這不是一個好的決定！洪懿祥大師一直是我們的第一人選！我不想就這樣放棄！」Reid 說。

「好！既然你說洪懿祥是你們的第一人選，那能不能請你給我一個理由，一個可以讓我回去說服我爸爸讓你們拍攝的理由！」洪澤漢說。

「OK! 我想我低估你的談判能力了！」Reid 說。

「不！你誤會了！」洪澤漢說。

「不不！我寧可希望我沒有弄錯，我喜歡跟聰明的人合作！當然，我更期待你會是一個出色的功夫高手！」Reid 說。

「我也希望是這樣，但很可惜我不是！還有，我剛剛瞄了一下這一床的資料，像：王樹金、喬長虹、韓慶堂、常東昇、沈茂惠、

高道生、劉雲樵、高森煌、高芳先、傅淑雲、張興義……這些都是當代頂尖的大宗師，即使是閉著眼睛隨便挑一位，都有足夠的資格成為專輯主角！相信我！」洪澤漢說。

「我覺得洪先生是對的！」李專員說。

「我的專業不允許我這麼做，我必須從這麼多大師當中挑選出一位最好的來。洪先生，可以給我一個建議嗎！」Reid 說。

「那『最好』的標準是什麼？」洪澤漢問。

「嗯！最能代表整個中國傳統武術的菁華！」Reid 說。

「還是太抽象了！」洪澤漢說。

「嗯！為什麼我在日本挑選空手道的主題人物時，就沒有這些問題？」Reid 說。

「第一種狀況可能是你原本就很了解空手道，第二種是你已經有很強的主觀！」洪澤漢說。

「嗯！沒錯！我是練空手道的！」Reid 說。

「所以你現在的困擾，應該不是我造成的！我沒有把你的工作搞得太複雜吧？」洪澤漢說。

「不！你的意見很好！只是事情遠比我們原來想的還要複雜多了！好！我有 idea 了！你是一個導演對吧！那我反過來問你，如果有這麼一個機會讓你可以透過 BBC 的影響力，向全世界介紹臺灣的中國傳統武術，你會怎麼做？」Reid 說。

「你現在是在跟我面試嗎？為什麼我覺得你現在問我的問題，不正是你的工作嗎？」洪澤漢說。

「不！我的工作是製作出最好的節目，不管用什麼辦法都可以，而我現在正是在這麼做！我只是剛好遇上一個可以幫上忙的人而已，現在我正在說服這個人，至少我是這麼認為！」Reid 說。

「洪先生，我們局長……」李專員說。

「請放心！我只是在創造一個可以主導內容的機會而已！」Reid
說。

「如果從門派來劃分，中國傳統武術至少有南北少林、形意、
八卦、太極、摔角等等，真要細分光只少林一派就相當可觀，有白
鶴、太祖、蔡李佛、詠春……如果 BBC 只用一個專輯來統包，結果
不難想像，恐怕觀眾知道的會比你能報導的還要多！這應該不會是
你想要的結果吧！」洪澤漢說。

「所以呢？」Reid 問。

「除非你先確認一輯不夠！否則就沒有再討論下去的必要！」洪
澤漢說。

「雖然可能會增加很多預算，但我願意試試！只是，如果你要
求每個門派都拍一輯的話，那我想……」Reid 說。

「放心！中國武術雖然門派多，但還是有一個簡單的分類方
式！」洪澤漢說。

「我知道了！你是說『內家』和『外家』？太好了！我怎麼會忘
了這個辦法呢！從這個分類下手，分成兩輯來製作……」Reid 說。

「BBC 有考慮進中國大陸拍攝嗎？」洪澤漢問。

「暫時沒這個計劃！香港倒是有考慮過！」Reid 說。

「中國畢竟是源頭，撇開政治上的因素，一定要有個合理的說
法！我建議用『北拳南傳』為主題如何？」洪澤漢說。

「說清楚一點！」Reid 說。

「中國傳統武術的發源，各有其不同的時空背景和特色。像船
步和馬步也是對應於南船北馬的特殊生態所演化出來的，如果沒有
外力的介入，彼此間的相互影響就會很緩慢！」洪澤漢說。

「你說的外力是指什麼？」Reid 問。

「像饑荒、疾病和戰爭都是不可抗拒的外力。而 1949 年就是中

國巨變的年代，才會造成近代中國歷史上規模最大的向南遷徙，包括：人口、文化、財富、政權和武術……」洪澤漢說。

「而當時的臺灣和香港則是吸納這些資源的最大基地！許多武術高手因為這些人為的因素，被迫聚集在這兩個彈丸之地，並產生無可避免的衝撞、融合和變化！過去在南方少見的北方內家拳法，一夕之間全都匯集到臺灣這個南方的小島上來。從陌生的碰撞、阻抗到相互融合吸收，這個向南方傳播的洪流，對南方的武術生態和南傳的武術本體，都明顯地產生了質與量的變化！這種時空和文化上的衝突，不正是這個記錄片最好的切入角度嗎！」洪澤漢說。

「太好了！」Reid 說。

「所以，至少兩輯！少了不如不作！」洪澤漢說。

「這個我來想辦法！」Reid 說。

「漂亮！」李專員掩不住內心的喜悅，豎起大拇指讚好。

「還有，請接受我最誠懇的建議，請不要再用這種好萊塢試鏡爭取演出機會的方式來挑選這些大師！真的不適合！」洪澤漢說。

「我知道，但請告訴我，怎麼做會更好？」Reid 問。

「逐一去拜訪他們，帶著你的誠意！再從訪談的結果來取捨，而不是把他們一個一個召喚到這裡來接受檢定，除非你要的不是一位真正的大師。」

「對不起！我太不了解這裡的文化了！」Reid 說。

「我想洪先生的意見是對的！」李專員說。

「好！那請問在我拜訪完所有的大師之後，我們可以再見一次面嗎？在一樓的咖啡廳，不再是這裡！我直覺認為你應該會願意幫我的忙！希望我是對的！」Reid 說。

「洪先生，站在新聞局的立場我希望你幫這個忙！BBC 值得我們這麼做！」李專員說。

　　於是，三方在和諧的氛圍下完成了第一次的會晤，並且為這個偉大的跨國拍攝計劃作了一個還算不錯的溝通和布局。而這些微的改變對中國武術在這個系列報導中，比原訂的計劃提高了許多曝光的篇幅和比例。但也因為這樣的改變，一下子就暴增出許多製作費用，還好 BBC 這種大規模的傳播機構有足夠的資源，可以承擔起這些龐大的額外支出。當然更重要的，還是要有像 Howard Reid 這樣具有高度情境智商，而且可以當機立斷的製作人，否則這樣的談判，未必會有令三方都滿意的結果發生。

　　長期以來，臺灣因為市場規模的先天限制，有很多不錯的創意和想法經常因為無法達到經濟規模的門檻而被無情扼殺。就像當年世界正處於中國功夫熱潮的時期，在地的電影公司除了一窩蜂搶拍一些低成本的拳腳功夫片之外，臺灣從來就沒有認真地拍攝過任何可以忠實探索中國傳統武術在臺灣傳承和發展的記實。身為武術名家的第二代，同時又具有編導和製作人身份的洪澤漢，雖然曾經向電視臺和主管機關遞送過幾次企劃案，甚至主動向企業界尋求資金的贊助，但在那個經濟正在起飛的年代，一切都以拼經濟為唯一考量的前提下，文化和武術的傳承不是社會的主流，所有送出去的企劃案，全都被以曲高和寡和沒有廣告商業價值的理由而封存在檔案櫃中。在那樣的時空環境下 Howard Reid 的出現，無疑是從天而降的天使。當一件想做卻始終苦無機會在自己手上實現的事，如果能夠在幫助別人的過程，借助於別人的資源和名譽完成了，那麼對當事人而言，應該也算是一種變相的自我實現吧！哪怕是當整個事件被完成時沒有自己的存在也無所謂了！

　　於是就在這樣的心境下，洪澤漢決定用這種以退為進的策略主導這個談判，因為只有透過 BBC 的專業技術和無所不在的傳播網絡，才可以把洪懿祥和他的易宗唐手推上更高的世界舞臺。他深信

只有這樣才有機會被世界看到……當他的腳步跨出希爾頓大飯店，面對寬闊的站前廣場，他依稀感受到師祖張峻峰當年第一腳跨出後車站，面對臺灣這個陌生卻又充滿無限可能的南方小島時，那種無名的悸動。同一時間，洪澤漢藏在心底的計時器也同步被啟動了，開始倒數著 Howard Reid 再次打電話給他的時間點……就這樣一路幻想著，盤算著……要如何才能在短短的 45 分鐘之內，精要地傳達內家拳法的精髓與奧秘？要運用什麼樣的影像語言傳達隱藏在拳腳功夫底層的美感和哲思？要用什麼樣的角度和觀點，才能讓觀眾可以透析洪懿祥一生的傳奇和絕學……

1972年洪澤漢與堂兄洪澤浩在淡水河邊的天水宮前示範凌空飛踢

1974年洪澤漢與堂兄洪澤浩在淡水河堤防步道示範墊步側踢

# 第九一章　BBC The Way of the Warrior 之二

邏輯推理只能從一變成二，從少變成多，想像力卻可以無中生有，創造無限可能！

**【場景】：安西街、民樂街住家**

「這樣不會影響你的工作嗎？」洪懿祥問。

「當然會！但這是直接向世界發聲的機會，不能錯過！」澤漢說。

「你有什麼重要的話，非得跟世界說嗎？能不能先說給你哥聽聽！」澤洲說。

「知道野生世界的交配權，為什麼只保留給最強的贏家嗎？」澤漢問。

「沒想到這件事竟然會跟動物的交配有關！」澤洲說。

「別鬧他了！讓他好好說！」洪懿祥說。

「因為野生世界生存競爭激烈，必須把繁殖的機會保留給最強的基因，好確保這個物種可以持續繁衍下去！」澤漢說。

「……」洪懿祥。

「時代不斷在進步，新鮮有趣的東西不斷被開發出來，未來中國武術所面對的生態將會越來越惡劣，像過去那樣的功夫熱潮，恐怕短期之內不容易再看到了。經過那樣的大噴出之後，一旦潮水消退了，必然會沉寂好長一段時間。」

「當然！如果沒有新的價值繼續被開發出來，再好的東西也同樣會被淘汰！」澤洲說。

「像我們懷念的一些老東西、老味道，如果沒有傳人，又沒有

留下任何記錄的話，一旦消失了，就永遠消失了！爸，你花一輩子心血所創的易宗唐手一定得有計劃地傳下去！爭取 BBC 的專輯報導，就是希望透過電視傳播的力量，吸引更多優秀的人過來，讓我們可以從中挑選出最好的人才，讓他們把易宗唐手的種子傳出去、傳下去！因為 BBC 擁有超強的傳播網絡，一定不能錯過這個機會！要做好這個專輯他們需要我們，我們同樣也需要他們！」澤漢說。

「然後呢？」澤洲問。

「就這樣了，還有什麼然後的！」澤漢說。

「你知道老一輩的師父教徒弟，為什麼都是口傳心授？即使已經寫成書的拳譜，也還是要入門的弟子親手抄膳，你知道這是為什麼嗎？」澤洲說。

「我知道！但你還想再說一遍，對吧！你就說吧！」澤漢說。

「就是要徒弟們邊抄邊讀，絕對不能讓他們有輕易到手的錯覺，否則就不顯珍貴了！只能一招一式跟著學，絕對不能拍照片，更不許拍成影片，為的就是避免這個門派的秘密全部被洩露出去。一旦機密的手法和功法被公開了，再好的戰術全都變成了普通常識，這樣你的對手就可以輕鬆反制，這就犯了『露形打不成』的禁忌，知道嗎？你自己是搞電視電影的，難道不知道一卷兩個小時的錄影帶，可以把一個老師傅一輩子所學的菁華一下子全都拍個精光，對不對！」澤洲說。「對！」澤漢說。

「那你為什麼還要說服爸接受這個專訪呢？」澤洲問。

「這是兩個完全不同的面向，當然不是說如果不拍我們就一定會怎樣，還是有其他的辦法可以滿足我們的需要……」澤漢說。

「對！我就是這個意思！」澤洲說。

「但反過來說，拍了也未必會發生你所擔心的事，還是有很多對策可以避免那樣的結果發生！只要處理得好，可以是一個雙贏、

三贏的局面，這樣不是更好嗎？我覺得我們應該把事情引導朝這個方向發展！」澤漢說。

「對！這個我相信！把簡單的事情複雜化，這不就是你的專長嗎？你絕對有這個能耐，把我們一家人弄得比那些英國人還要累的，相信我！你一直都有這種天份！但我誠心誠意地拜託你，那些事就讓給別人去做吧！」澤洲說。

「謝謝你這麼抬舉啊！但這明明就是一件有意義的事，我們就是多花點力氣去做又會怎樣？」澤漢說。

「不！你還是沒有搞懂我的想法，你知道中國川劇的『變臉』為什麼幾百年來，可以持續在不同的世代吸引臺下觀眾的眼光嗎？」澤洲說。

「你自問自答好了！反正你已經設定好答案了！我不想當笨蛋！」澤漢說。

「就是好奇心！如果當初發明這門表演藝術的祖師爺沒有緊緊鎖住這個關鍵技術的秘密，你覺得觀眾會願意乖乖地付錢、乖乖地坐在臺下看他們的表演嗎？」澤洲說。

「這是我從你的嘴巴裡所聽過最有內涵的話！佩服！佩服！」澤漢說。

「佩服你個頭啦！從表面上看，守住秘密好像是又消極、又自私的作法，但歷史告訴我們這才是最好的選擇！一個賣北京烤鴨的店，為什麼可以傳承好幾代、好幾百年而不會沒落消失？守不住核心的技術和秘密，就是抄捷徑的短線作法，就是沒辦法長長久久的作法，知道嗎？大導演！」澤洲說。

「你想太多了！只不過拍個專輯報導，被你搞得好像在洩漏國家機密一樣，有那麼嚴重嗎？」澤漢說。

「阿洲說的也不是沒有道理！因為武術是有殺傷力的技術，如

果都不考慮這些風險也不行!」洪懿祥說。

「爸! 這個我認同! 但那些顧慮,基本上還是可以從源頭上來控管! 再加上一些電影技術的協助,絕對不會有問題!」澤漢說。

「好! 也許真的可以做到那樣! 但有這個必要嗎? 你再仔細想想 BBC 影片拍好後,他們可以把版權賣給全世界,可以賺很多的錢,說不定還會因此得個什麼大獎好名利雙收,但請問我們最後得到了什麼?」澤洲還是不放心。

「我們得到的是『不做就不會發生的一種可能』!」澤漢說。

「你在胡說些什麼? 你的想像力未免太豐富了吧!」澤洲說。

「對! 做這件事,就是要多一點正面的想像力,少一點負面的擔憂! 如果做了這個專輯,只要播出去,就必然會有一些反應,從這些反應中,會衍生出很多我們無法想像的機會! 也許我們可以從中學到一些過去所沒有的經驗,可以認識到一些特別的人,可以贏得更多人的認同,也許還會有很多意想不到的好事會發生……」澤漢說。

「別浪費氣力了! 天下沒白吃的午飯!」澤洲說。

「對! 那麼同理 BBC 不也是同樣不能白吃我們的免費午飯嗎? 有飯出飯,有力出力,大家一起來做利人利己的事,我不知道這樣做到底有什麼不好!」澤漢說。

「不跟你磨牙了! 只要老爸不反對,隨便你愛怎樣就怎樣,本人不想淌這個渾水! 我再說一遍!」澤洲說。

「什麼?」澤漢問。

「笨~蛋!」澤洲忍受不了他弟弟這種無知的浪漫,悻悻然地轉身走開,結束這場沒有結論的論戰。

「隨意罵人笨蛋的人,自己才是笨蛋! 爸! 你不會反對這件事吧!」

「我實在分不清，你們兩個到底哪個才是真正的笨蛋！你想清楚了就去做吧！我擋得住你嗎？只是不要影響到你的工作，不要把自己弄得裡外不是人就好！」

「爸！你放心！我已經把工作辭掉了，已經沒有工作可以影響了！」

「你這個孩子！事先跟你媽說了嗎？唉！真是的！不要到時候兩頭空啊！」

「沒有！」

「BBC 會給你協助拍片的酬勞嗎？」

「沒有！就是有，我也不想要！」

「那你到底想要什麼？」

「一種不去做，就不會發生的可能！」

「好！也許你自己該先想想，萬一什麼都沒發生，工作又沒了，你可能會怎樣吧！」

「嗯！這倒也是一種可能！」

為了一個什麼都還不是的『可能』，洪澤洲被他弟弟滿口不務實的浪漫想法惹火，發誓再也不想管他到底想怎麼胡搞了！而洪懿祥則像是一隻蹲踞在簷下橫梁上的老貓，冷靜地觀看這兩個兄弟間的唇槍舌劍。他個人對與 BBC 的合作計劃始終抱持著可有可無的隨緣心態。他只是想搞清楚這個小孩為什麼會這麼熱衷於這麼一件不確定的事，他到底在盤算什麼？又看出了什麼端倪？如果他真的擁有像他阿公那種一眼就能看到問題關鍵的能力，自己又該如何扮演一個稱職的父親在關鍵時刻幫他一把呢？只是一路聽下來，似乎那個徵兆還很微弱，他只是稍稍具有一點那種矇矓的直覺和感應能力而已，距離那種可以把感知的訊息迅速收斂成具體判斷的程度還很遙遠，沒有人知道這種預判的能力是否會繼續發展下去，也許只是

一種短暫現象而已，如果是這樣的話，那擁有這種不穩定、無法預期的能力，會是一件好事嗎？

「唉！這孩子盡搞些連他自己都還不明不白的事！為什麼他就不能像老大那樣務實一點？只是，如果都像老大那樣務實好嗎？這樣會不會少了一點什麼呢？唉！被這個傢伙搞到連我自己都亂了！難不成我也在乎他所說的那種莫名其妙的『可能』嗎？唉！這個成天做夢的傢伙！居然把那麼好的工作給辭了！真不知道他會怎麼跟他媽說，準會把他媽媽給氣炸了！他不是很愛那個工作嗎？難道他忘了當初剛升任為導演時那副開心的猴樣嗎？這孩子三不五時就搞一個大狀況來，這次也不知道又會給他搞出什麼名堂出來……」

洪懿祥隨著歲月的增長，一個嚴父應有的威權，早已被這幾個小孩磨成了慈父無奈的嘮叨。他原本期待小孩們一個個平平順順的長大娶妻生子。如果大環境許可，而小孩也願意的話，當然希望他們可以把自己一生在武壇上所累積的智慧與人脈，好好地給傳承下去。還好這三個小孩資質和天份都不算太差，而且練拳也都算認真，除了老二阿漢的氣喘病讓人擔心之外，老大阿洲來接這個棒子應該是沒什麼大問題吧！如果再加上兩個弟弟從旁協助的話，這樣的組合應該足以撐起這個系統吧！只是還要讓他們繼續再走這一條路嗎？

一件看似平凡的媒體採訪報導，讓洪家的老二不惜辭去被人稱羨的導演工作，為的只是要放手一搏，爭取一種莫名其妙的可能，一種介於有跟無之間的另一種可能，這到底只是一種錯覺？還是他真的可以把握住這種模糊的直覺，玩出一個具體的名堂來呢？誰知道……

1978 年洪澤漢示範先天八卦掌

1982 年朱銘與洪懿祥在 BBC 的影片中合作合影

# 第九二章　BBC The Way of the Warrior 之三

現在做不到的事，以後未必不能！但如果現在放棄了，就永遠做不到了！

**【場景】：臺北市希爾頓大飯店**

「總共挑出 20 位候選人，而且已經依照你的建議逐一做過訪談，最後只留下 5 個，等回英國跟企劃小組討論後，下次將會帶領我的製作團隊回來這裡作最後的篩選！我們確定就以剛和柔為界，將中國武術切割成兩個主題，代表剛的外家拳預計在香港取材和拍攝，代表柔的內家拳將會在臺灣拍攝，所以中國武術的部份確定是拍攝兩輯，這樣應該就有充裕的篇幅作深入的探索和報導了！你覺得我們這樣的安排如何！」Reid 說。

「這是聰明的決定！」洪澤漢說。

「謝謝你的建議，幫助我們找到最好的製作方向！在這次的訪談中，我們有聽到一些特別的功夫，我覺得很有意思，李專員建議我來請教你，方便嗎?」Reid 說。

「你們應該去請教老師傅才對！」洪澤漢說。

「問過了！但越說越玄！越聽越模糊！」Reid 說。

「喔！難怪我爸爸常說老師傅只能證明他的年紀老，未必就是功夫好！」洪澤漢說。

「哈哈哈⋯⋯這個說法真是一針見血啊！真有意思！我可得好好記住這個想法，否則一不留神很容易就陷入這個迷思！只是，我還是不能不承認，白色的長鬚和深深的皺紋，在鏡頭前確實很有說服力！」Reid 說。

「好吧！ 是什麼問題？」洪澤漢問。

「掌風！」Reid 說。

「怎麼會問這麼厲害的問題！」洪澤漢說。

「真的很厲害嗎？」Reid 問。

「嗯！」洪澤漢說。

「你學過嗎？」Reid 問。

「沒有！」洪澤漢說。

「看過嗎？」Reid 問。

「沒有！」洪澤漢說。

「那有聽過誰練過嗎？」Reid 問。

「有！ 全都在小說裡頭！」洪澤漢說。

「所以！」Reid 說。

「所以什麼？」洪澤漢問。

「所以這東西根本不存在？」Reid 問。

「這樣就收斂成答案，不好吧！」洪澤漢說。

「不然呢？」Reid 問。

「沒見過、沒聽過的東西，不直接等於不存在！」洪澤漢說。

「除非你能證明它存在！」Reid 說。

「不！ 除非你能證明它不存在！ 否則這種邏輯會扼殺掉很多可能的！」洪澤漢說。

「嘿！ 兩位先生，你們這是在討論？ 還是在吵架啊？」李專員說。

「放心！ 我們只是在用力討論而已！」洪澤漢說。

「武術不是應該務實，應該拳拳到肉嗎！」Reid 說。

「你只說對一部份，如果就只有這樣的話，那就不是中國武術了！」洪澤漢說。

「是嗎？另外的那一部份，又是什麼？」Reid 問。

「嘿！你這是在套我的話吧？」洪澤漢說。

「這是專業上的必要！你不也是導演嗎？」Reid 說。

「好吧！還有一個很大的領域，就是向內探索一些看似不存在或不可能的東西……」洪澤漢說。

「向內探索？」Reid 問。

「對！」洪澤漢說。

「探索什麼？怎麼探索？」Reid 問。

「探索人體的各種可能，用『氣』和『導引』來探索！」洪澤漢說。

「那是什麼？」Reid 問。

「西方的文明創造出許多偉大的發明，包括電影和電視，但要驅動這些文明的工具，則需要很強大的內在力量！」洪澤漢說。

「這跟你說的有什麼關係？」Reid 問。

「我是說對內宇宙的探索，一種非侵入性的內在探索！」洪澤漢說。

「像印度的瑜珈和西藏的靜坐？」Reid 問。

「對！武術如果少了內在精神層面的修煉，就只剩肌肉、拳頭和暴力了！尤其是內家拳！」洪澤漢說。

「說說『氣』和『導引』吧！」Reid 說。

「內在的修煉有心理和生理兩個部份，心理的部份，主要是針對生命和存在哲學的探索，美國曾拍過功夫影集，這是對心理修煉最好的註解……」洪澤漢說。

「這一個部份我了解，請不用特別說明。」Reid 說。

「生理的部份，就是對生命本體的探索，先說『導引』吧！導引就是一種用意念控制的技術，有別於平常的感覺，內家稱之為

『意』!」洪澤漢說。

「洪先生，你現在是用一個抽象的東西來解釋另一個抽象的東西，這樣我怎麼聽得懂!」Reid 說。

「好! 這麼說吧!『意』就是我們對自己身體內部臟腑器官和內在運作的感應能力!」洪澤漢說。

「我了解!」Reid 說。

「我們用意念來感知身體內部器官和腺體的活動，再進一步學會控制身體上原本不隨意的肌群組織和器官功能，包括: 運作的頻率、循環、代謝和內分泌……」洪澤漢說。

「我發現東方古老的文明對這種看不到的抽象題材似乎特別有興趣!」Reid 說。

「對! 但因為看不到，所以很容易騙人作假了! 只是騙得了別人，騙不了自己，我們的傳統教我們應該尊重陰陽和內外的調和，這也許是你們應該留意的陌生領域!」洪澤漢說。

「同意! 那『氣』又是什麼?」Reid 問。

「這個氣不是指呼吸的空氣，有很多東西是無法用簡單的語言和文字說明清楚的! 如果說『意』是一種向內關照的感應和控制的技術，那麼『氣』應該就是一種可以協助意執行的能量!」洪澤漢說。

「所以，意和氣是東方文明和內家拳中很重要的兩個元素? 因此，中國武術裡存在許多既不能證明它存在，又不能證明它不存在的東西?」Reid 說。

「私下是可以這麼說，但我覺得最好不要引導大家往那個方向發想，尤其是在對中國武術還沒有正確的認識之前!」洪澤漢說。

「我只是好奇『掌風』這種東西，到底是建築在什麼理論基礎上的假設?」Reid 問。

「如果用研究的心態來探索，『掌風』應該就是一種氣或是一種內在能量的外放和延伸！」洪澤漢說。

「李專員，你說對了！我覺得洪先生是懂得的！」Reid 說。

「不！我真的不懂！我只是就有限的知識試著解解看而已！」洪澤漢說。

「沒問題！至少到現在為止我都很滿意！請繼續！」Reid 說。

「截至目前為止，已知具有殺傷力的武器或武術，是不是都必須透過一個實體的媒介和身體接觸之後才能產生作用？」洪澤漢說。

「你說的實體媒介包括：刀、箭、子彈和人的拳腳，對不對！」Reid 說。

「如果拿掉實體的媒介，請問那些原本驅動武器的能量，還能有殺傷力嗎？」洪澤漢問。

「不行了吧！喔！不！我想起來了，像聲波和雷射這類的東西，不需要實體做媒介就可以直接達到殺傷的目的……」Reid 說。

「聽說過義大利唱歌劇的歌手，可以用高音的震頻把玻璃杯震碎嗎？」洪澤漢說。

「嗯！沒錯！」Reid 說。

「如果我先用手控制住對方，然後運氣突然在他的耳邊用力大吼一聲，先不管是不是可以把對手的耳膜給震聾？至少可以讓他猝不及防地嚇一跳對不對？如果能利用這個空檔出手，這樣我得手的贏面是不是會更大？」洪澤漢說。

「有可能！這至少是一個聰明的助攻！」Reid 說。

「如果我們改用手掌將空氣直接擠壓進對手的耳朵裡，是不是也可以傷害他的聽力？」洪澤漢說。

「有可能！」Reid 說。

「如果我用一個太極的『按掌』貼著你的胸口，抓住你呼吸換

氣的瞬間，像這樣壓下去！你會不會覺得不舒服？」洪澤漢用他的右手先是貼著 Howard Reid 的胸口，然後趁他換氣不注意的剎那，用一個長勁的按掌給按壓下去，只見 Howard Reid 立刻呈現換氣困難的不舒服表情。

「哇！好不舒服的感覺啊！這就是掌風嗎？」Reid 問。

「當然不是！這只是壓氣打氣的手法！」洪澤漢說。

「那掌風呢？」Reid 問。

「我怎麼知道掌風怎樣了！我們現在不是正在研究它的理論基礎嗎？」洪澤漢說。

「好吧！請繼續！」Reid 說。

「你看我把這個原子筆放在桌上，再用手指頭把它彈飛出去，當筆被彈離手指後，它會繼續向前推進，一直到阻力把所有的推力都抵消掉時，它就會停下來，對不對？這表示我們用手指彈出去的能量，在離手之後是可以持續存在一段時間！這支筆只是用來幫助我們看到推力的存在而已！這個情形如果用在高爾夫球上，那麼把球推出去的能量就存在得更久、更遠了，對不對？所以，力量其實是可以在離手後持續單獨存在的，只是如果沒有那顆球的話，我們比較不容易發現罷了！」洪澤漢說。

「好！你說明了力量在離開手之後，可以持續單獨存在，然後呢？」Reid 說。

「所以，我們可以合理推論，如果透過能量強化的特殊訓練，是不是也可以如同聲樂的高音歌手或是雷射光束一樣，用一種很集中、很不容易分散減弱的方式，將這些能量直接送出身體外面，並且達到傷人的目的？我大膽推測這應該就是『掌風』存在的理論基礎吧！」洪澤漢說。

「嗯！好像確實有那麼一點道理！」Reid 說。

「只是有道理卻做不到的事，卻是隨處可見啊！」洪澤漢說。

「好！你對掌風還有其他的看法嗎？」Reid 問。

「有！那就是絕對不可以在你的影片裡說這些，因為那都只是就我們用已知的知識和想像力去解讀未知的領域而已，還見不得人！除非你回英國後自己閉門練出神功來，再拿出來見人，那你就可以做個專輯報導自己、訪問自己了！」洪澤漢說。

「洪先生，不要低估你今天的推論，在西方有一位智者說：邏輯可以幫助你從一變成二，從少變成多。但想像力卻可以幫助你從無變成有。從無變有的能力就是創造力。通常都是先有了想像之後，大家才會集中智慧努力尋找解決的方案，這也是我對『掌風』這個議題有進一步探索的主要目的。最後我想請問的是，洪懿祥大師也認同你的看法嗎？」Reid 說。

「我是使用他所賦予給我的基因在探索這些只存在於傳說中的東西。基本上我媽媽對這些抽象的東西是沒有興趣的！」洪澤漢說。

「喔！那麼你的意思是從令尊身上應該可以看到更多、更特別的東西囉？」Reid 說。

「他才是大師！我只是大師的兒子！就比例的原則來說，你在他身上應該可以找到更多、更有說服力的東西。」洪澤漢說。

「有意思！透過跟你的溝通，讓我對與洪懿祥大師的會晤充滿期待！」Reid 說。

「我相信你們一定可以談得很愉快的！」洪澤漢說。

第二次的會面，仍然是約在 Howard Reid 落腳的希爾頓大飯店，但這次是在飯店附設的義大利餐廳，連同新聞局的李專員三個人點了一個大的窯烤比薩和紅酒，氣氛融洽就好像是認識多年的好友餐敘一般。只是這次的會談，並沒有討論洪懿祥大師是不是已進入 BBC 的複選名單，成為那 5 個候選人之一。他們的焦點是放在這些

民間傳說的抽象議題上面，沒有人知道這些討論跟未來的報導會產生什麼樣的連結，導引出一個什麼樣的結論出來。但有些話題就是這樣具有強大的磁吸效應，會吸引人前仆後繼持續探索下去，直到找到方法把它實現出來為止。

在人類文明發展的過程中，除了透過經驗的累積和推演，慢慢形成有效的生存智慧和向上提升的邏輯之外，想像力則是扮演著另一個無中生有的角色，永遠在可跟不可之間尋找新的方法和可能，模糊那條僵硬固執的界線，改變那條自我設限的界線，導引人類勇敢的向未知的領域探索新的機會和新的可能。也許在不久的將來，「掌風」將會在人體科學的支援下，成為一種真實的能力，就如同人類可以踩在一片木板上乘風破浪一樣的理所當然。只是到那個時候，人們看到的是外在的文明，而不是內在能量對外釋放的一種功夫。也許吧！在科技文明的領軍下，內宇宙的探索和開發也許永遠只是一個千古囈語，永遠只是人們茶餘飯後嗑牙的閒話，差別的只是餐桌上所擺放的是瓜子、花生和濃茶？還是比薩和紅酒罷了。

# 第九三章　BBC The Way of the Warrior 之四

一個俄羅斯國家首席芭蕾舞者說：就算被安排在舞臺的邊緣，沒有聚光燈，也沒有人在乎你時，也要始終保持姿勢，因為只有這樣，你才有機會被看到！

**【場景】：安西街**

　　在野生世界中，有一種鳥會故意把自己的蛋下在別種鳥類的巢裡，讓異種的母鳥來幫牠孵蛋和哺育牠的後代。沒有人知道牠為什麼要這麼做？也沒有人知道被孵化出來的小鳥長大懂事之後，到底會認誰作媽？也許在牠們的世界裡鳥際關係比較單純，只有 DNA 傳遞的問題，沒有認祖歸宗和遺產分配、爭奪的問題。更也許是因為牠們從盤古開天以來，一直都是在別人的巢裡被孵化和養大的，因此在牠們的認知裡，把牠養大的異種母鳥才是牠的媽媽。所以當牠們長大後，把蛋下在別人的巢裡，才是天經地義的事！有很多事，在剛開始的時候，也許只是忙中有錯，後來卻發現錯中有對，於是就會將錯就錯，一旦錯得夠久，錯得夠理直氣壯，錯的就變成是對的了！不是嗎？除非有一天，有另一個更強大、更利人利己的新主張被提倡出來，而且足以顛覆原來的傳統和認知為止……然而，要把自己的想法寄宿在別人的機會上完成，可不像杜鵑鳥一樣，把自己的蛋下在別人的巢裡就沒事了那麼簡單，尤其是面對一個專業技術和經驗都領先世界的製作團隊，這可不是一個可以隨便容納異類的鳥巢，除非像漿果類植物一樣，可以提供鮮美營養的果實作為傳種繁衍的誘因，否則所有的盤算都只是一廂情願的空想。

　　「把機會留給別人吧！我們不想跟好朋友爭這個報導的機會！」

洪懿祥說。

「爸，小事可以讓，大事不能！我想做這件事，是因為在臺灣我們不可能再有第二次機會，讓這樣的專業團隊和這麼強大的傳播網絡對我們產生興趣！只有你站出來，才有機會讓世界看到，這些年來中國內家拳法在臺灣落地生根的狀況。」洪澤漢說。

「如果是這樣，那你是不是應該先想想，選擇我們對 BBC 的好處是什麼？他們為什麼要把這個機會給我們，而不是別人？」洪懿祥說。

「爸，這些想法在我一腳踩進希爾頓飯店的同時，就已經想清楚了！」洪澤漢說。

「可是有些事是不能勉強的！」洪懿祥說。

「爸，這是件大事，必須要有明知不可為而為之的決心！不能消極地仰賴水到渠成。不勉強就得不到的，更要傾盡全力奮力一搏，哪怕最後什麼也沒有得到，只要是盡力了，就一定會有所提升和改變，不是嗎？」洪澤漢說。

「很好！但光憑決心是不夠的！你有什麼好方法可以明知不可而為呢？」洪懿祥問。

「要先贏得被報導的機會！」洪澤漢說。

「對，但怎麼贏？」洪懿祥問。

「關鍵在你！」洪澤漢說。

「不！應該在 BBC 吧！」洪懿祥說。

「不！在你！」洪澤漢說。

「主控權不是在人家手上嗎？」洪懿祥問。

「沒錯！但我了解一個製作團隊的思考模式，他們要的不只是功夫，他們要的是一個有張力的故事，一個讓整個報導看起來更有趣、更有啟發性的故事。」

「那你能做什麼?」洪懿祥問。

「幫助他們用更簡單的方法了解你的武術和你的故事。」洪澤漢說。

「你覺得他們會聽你的嗎?」洪懿祥問。

「至少他們還得再聽一次! 在他們做最後的決定之前。」洪澤漢說。

「聽和聽你的,可是兩回事!」洪懿祥說。

「對! 所以在他們拿你的故事說給觀眾聽之前, 我就得把握住這個機會, 先拿他們當我的觀眾, 用我的方式, 講你的故事給他們聽。」洪澤漢說。

「嗯! 還不錯的想法!」洪懿祥說。

「你不是常提醒我, 不要幫助別人作決定, 而是要形成一個可以作決定的環境, 讓你希望的結果, 在別人的自由意識下自然發生嗎!」洪澤漢說。

「對! 越是聰明專業的人, 主觀就越強, 越不喜歡被說服的感覺!」洪懿祥說。

「所以, 我認為關鍵在你, 不在他們! 因為如果他們不需要我們協助, 那根本就不會找上我們! 一旦主動找上門, 就很難不受我們影響, 只要能創造出對他們最有利的條件, 機會就會停留在我們手上, 只要謹守分際不跨越那條界線的話, 即使主控權牢牢握在他們的手中, 仍然可以得到我們想要的結果。」洪澤漢說。

「你憑什麼有這樣的把握!」洪懿祥說。

「因為別的武術家都礙於大師的尊嚴,只會被動地等待被了解。可是你有我, 我可以很主動地提供一些有趣又有用的想法和資料給他們, 讓他們可以在最短的時間內, 抓到內家拳的精要和特色, 只要再加上他們的專業, 應該就可以順利幫助他們完成一個最好的報

導。所以，除非他們不想作好這個專輯，否則他們很難不需要我的
協助！」洪澤漢說。

「真看不出你會有這麼自信、霸氣的想法！」洪懿祥說。

「爸，其實我內在的力量很強大，我只是學阿公一樣壓住不放
而已！」洪澤漢說。

「喔！我怎麼不知道你這麼壓抑啊！」洪懿祥說。

「也沒有啦！只是讓你知道我熟悉的戰場是談判桌，而不是擂
臺。在用腦力針鋒相對的抗爭時，我不是個弱者，即使有時礙於情
況不得不示弱，但那種示弱也是一種暫時權宜的戰術，並不是真正
的弱！我這樣做只是為了讓他們可以真正安心地享受我的協助，而
不用擔心我會喧賓奪主。只有營造出這種雙贏的局面，我們才能得
到我們所要的，才能讓這一個單元在這一整個系列報導中，成為一
個真正的亮點！」洪澤漢說。

「這麼做，你自己不會覺得很委曲嗎？讓別人這樣免費使用你
的想法！」洪懿祥說。

「會！」

「那這又何必呢？」洪懿祥問。

「爸，在臺灣，現實的創作環境中，能夠『退而求其次』，就已
經算是萬幸了！在我們的圈子裡，懷才不遇的人比比皆是，沒有機
會實現的創意，就跟破鞋子一樣，是一文不值的！只要心底的想法
可以從夾縫中透出一點光，就夠了！我不會讓自己和老天爺過不去
的！總是利人利己嘛！只要能透過這樣的合作驗證自己的能力就夠
了！不這樣，就永遠不會知道自己的能耐到哪！」洪澤漢說。

「嗯！我原以為政治和經濟變好了，大家可以在比較自由的環
境擴大揮灑的空間，沒想到壓抑還是仍然存在！」洪懿祥說。

「爸！我們是小國島民，拿什麼跟人家競爭啊！要不是這個壓

抑的驅策，情況也許會更糟！我已經習慣在這種壓力下尋找新的出路，我相信『退而求其次』總有一天會變成『進而求其精』吧！」洪澤漢說。

「能這麼想就好！只是你這麼做，讓我忍不住會想起那位在山上認識的老朋友曾經說的話。他說在中國西南邊境有一種傳統的木偶戲叫『水傀儡』，操偶的師傅必須一身黑衣黑褲和黑頭罩，隱身在黑色的布幕之後，把所有的掌聲、光環和榮耀，永遠隔絕在那張隱瞞你存在的黑色布幕之後……」洪懿祥說。

「爸，你放心！如果戲演得夠出色，我相信有一天我們還是可以拿下黑色的面罩，走出黑色的布幕站到臺前向觀眾謝幕，接受他們的掌聲！」洪澤漢說。

「嗯！很好！我倒真的希望有生之年，可以看到自己的孩子站在臺前，擁有他自己應有的榮耀和掌聲！」洪懿祥說。

在有線電視尚未開放前，臺灣還是只有臺視、中視、華視三家無線電視臺的年代，在地電視圈的製作生態是很艱難的。礙於市場規模和製作經費的限制，一個專題報導前期製作的時間往往不會超過一個星期，而且導演經常還要兼任撰稿和剪輯的工作。有時遇到一些比較冷門的題材，資料收集不易，但又礙於播放檔期的時間壓力，還是得依照原訂的時間啟動拍攝作業，製作小組必須在拍攝的現場一邊採訪，一邊隨機尋找靈感即時創作，一定要把所有不足的資料在現場補到夠為止。在這樣惡劣生態下所製作出來的節目，要深入探索問題核心的難度很高，要維持製作的水平很難，尤其是要讓企業主願意花錢購買廣告，讓電視臺的大老闆們開心更難。因此，為了要擁有一個可以圓夢的創作空間，一個創意人原本應有的堅持和創作時應有的氣壯山河也都會變得無比的卑微和不堪。因為不管你有多偉大的理想和抱負，可以為人類文明留下多少珍貴的史料和

進化的軌跡，同樣都需要在市場價值和收視率考量的大前提下彎腰讓路或繞道而行！除非，除非你的背後擁有強大的政黨或財團支持！

因為看到這個跨國合作的背後，所隱藏的爆發力和無限延伸的可能性，洪澤漢私下作了無數次的沙盤推演。他推測 BBC 應該會把拜訪洪懿祥的排序壓在最後面，在匯總前四位受訪者的心得後，他們所提出來的問題將會更直接、深入。為了可以精準傳達內家武術的理念，他接受新聞局李專員的建議，特別請 Daniel Lee 擔任這次訪談的翻譯，讓新聞局的李專員可以不用再為那些難懂的武術用語而傷透腦筋。Daniel Lee 是一位美國籍的自由作家，是長春藤名校中文系畢業的高材生，中文的說讀寫非常流利。他除了寫書之外，還幫助許多航空公司撰寫機上每月專刊的旅遊報導，擅長在很短的時間內，抓到一個國家或是一個旅遊景點吸引人的重點，然後用他帶有文學氣息的筆觸將這些賣點置入其中，行銷給每一位愛好旅遊和正在旅遊中的讀者。他因為翻譯道家的養生術而對中國內家武術產生濃厚的興趣，在閱讀 Robert Smith 對洪懿祥的報導之後，便決定利用為中華航空公司撰寫旅遊報導之便到臺灣，並透過洪懿祥資深弟子 Howard Brewer 的引介，而進入洪懿祥的道館正式拜師學藝。由他來擔任這次關鍵性面談的翻譯，應該是雙方最理想的選擇了！完成了這些前置的佈署之後，就只能靜待事情的發生了。

約當半年後，Howard Reid 果然帶著他的製作小組到臺灣考察拍攝的環境，同時進行主題人物的最後面談和決選。從第一次的會晤起算，在將近 12 個月的時間內，這個英國製作團隊已經是第三次到臺灣做正式採訪前的前置作業。這樣務實審慎的製作態度，除了要有雄厚的製作經費作後盾之外，更可以看出 BBC 作為一個傳播界的領導品牌背後所挹注的堅持和努力。這次的製作小組仍然是由製作人 Howard Reid 帶隊，訪談的地點是訂在臺北市安西街 36 號一

樓進行。隨行而來的還有該專輯的導演、攝影指導和燈光指導，他
們的任務是同步勘察現場拍攝的條件，以便確認正式拍攝時所需要
的隨行裝備和在地的配合項目。

　　果然在採訪洪懿祥大師之前，他們已經先行完成了其他四位候
選人的訪談，並且做了訪談的全程錄音和錄影。這個製作小組是一
個經驗豐富的專業團隊，每位工作人員進入到採訪的環境後，就各
自分頭作業無需任何的溝通和協助。像這樣縝密專業的作業模式，
在歐美影視圈也許只是一種常態，可是在製作經費拮据的臺灣簡直
就是一個夢幻的團隊，讓經常因陋就簡而習以為常的洪澤漢見識到
一種不同的工作態度和堅持。當下他暗自盤算，如果確認取得這個
專輯的合作機會，將會向電視公司申請一個製作小組同步進行反向
的採訪，請 BBC 這個外景小組分享他們在海外作業的專業經驗和
心得。以便借用這個報導來教育電視臺的大老闆們應該如何尊重專
業和創意的價值。這個計劃後來確實如期地執行了，也播出了！只
是並沒有如期地對電視臺的大老闆們產生任何正面的影響。也許吧！
在凡人肉眼看不到的地方，這些大老闆們的眼中還有許多比專業和
創意更重要的考量吧！雖然上天總是會在我們的生活和生命的場景
中，安排一些人、一些事、一些訊息來暗示我們、提醒我們，只是
我們常常都是因為處心積慮心事重重，以至於對發生在我們身邊的
一切提示視若無睹，任由這些訊息從我們的身旁流失，沒能讓它產
生應有的啟示和改變。如果這不是我們最大的損失和遺憾的話，那
什麼才算是呢！

　　「請問內家拳和外家拳的差別在哪?」Reid 問。

　　「主要在心念和控制技術!」洪懿祥說。

　　「控制什麼?」Reid 問。

　　「控制『意、氣、力』這三個武術的元素!」洪懿祥說。

「可以用套路和動作來作區隔嗎?」Reid 問。

「一般是這麼做沒錯! 但那並不是一個妥當的辦法!」洪懿祥說。

「為什麼?」Reid 問。

「如果我把外家拳的套路動作用內家拳的運作模式來操練,像這樣……」洪懿祥起身以少林羅漢拳的套路動作做範例,並改用太極拳的運作模式打了一小段。

「你們覺得這是內家拳還是外家拳?」洪懿祥問。

「如果你不特別提醒的話,當然會覺得是太極拳!」Reid 說。

「所以套路和動作本身不是關鍵! 控制的技術才是!」洪懿祥說。

「謝謝你的示範,我們完全了解你的意思! 好! 既然是這樣,那麼把外家拳和內家拳分開,有特別的用意嗎?」Reid 說。

「在拳術發展的初期,應該是沒有這樣刻意地切割,只是後來武術的種類和派別發展越來越多,於是後人就把屬性相接近又有互補作用的東西擺在一起,應該就這樣約定俗成了吧!」洪懿祥說。

「內家拳和外家拳彼此間會有相互排斥不相容的問題存在嗎?」Reid 說。

「如果有的話,那應該是人的問題,不是拳的問題。對我來說,內外家的差異,只是前後排序上的問題,只是順著人類生理和心理的發育與發展過程,由外而內、由剛而柔的調節過程而已,實際上並沒有那條分明的界線存在!」洪懿祥說。

「可以談談剛和柔的分別嗎?」Reid 問。

「內外剛柔都是一體的兩面,它們彼此之間相互依存同時存在,隨時可以來回自由切換!」洪懿祥說。

「要怎麼區分這兩者間的不同?」Reid 說。

「用你們原來的觀點來看就可以，你們怎麼看，它們就怎麼存在！我只是要提醒你們內外剛柔這些概念，它們不是彼此界線分明對立衝突的！」洪懿祥說。

「好！這一點我們會想辦法用西方科學的觀點來釐清，謝謝大師的提醒！那我們可以用比較淺顯的方式來談形意、八卦和太極拳嗎？」Reid 問。

「形意拳是由古代軍隊中的長槍術衍化而成的徒手拳法，因為人是騎在戰馬上，無法像兩腳著地那樣靈活移動，因此招式都被設計得很簡單很有效，是一種強調以簡馭繁的武術，是喚醒先天真氣和內勁最好的入門閘口！」洪懿祥說。

「請問什麼是內勁？」Reid 問。

「內勁是一種由內而外整合為一的力量，在未接觸之前不易察覺它的存在和威力，很容易讓人忽視和低估它的殺傷力，一旦讓它貼近之後，就會把所有的能量集中在接觸的剎那釋放到敵人的身上！」洪懿祥說。

「可以用實際的動作示範嗎？」Reid 問。

「可以！請把你的手給我！」洪懿祥說。Reid 依洪懿祥的要求伸出右手手心向上停放在與腰等高的位置定住。

「手稍微用點力！保護住自己！我先用一個外家拳的打法讓你感覺一下！」洪懿祥說。

「好！沒問題！」Reid 說。

為了安全起見，洪懿祥還是先仔細確認 Reid 的手掌有確實做好準備之後才動手。只見他以右手由內向外劃圓，用一個外家拳的甩捶，快速地將他的拳背使勁地甩打在 Reid 的右手掌上。當兩手接觸的瞬間，從接觸點上所爆發出來的巨響，幾乎讓在現場分頭工作的 BBC 人員同時停下他們手中的工作，憂心忡忡地察看 Reid 的反應

......

「痛嗎?」洪懿祥問。

「很痛! 不過我 OK! 請放心!」Reid 說。

「好! 這種打法跟你過去所學的空手道一樣嗎?」洪懿祥問。

「一樣! 但更痛一點!」Reid 說。

「好! 現在我要再示範一下內勁的走法,你的手可以支持嗎?」洪懿祥問。

「放心! 我沒問題!」Reid 說。

洪懿祥再次站回他的位置,改拳為掌,再次以同樣的姿勢掄掌下打,只是看起來速度和力道上似乎都不如前一次那麼威猛有勁。沒想到這看似綿柔無力的一掌,卻讓 Reid 活像是突然遭到電擊一般迅速抽回他的右手,臉部肌肉扭曲顯然是極端的難過和痛苦。

「哇! 好痛～」Reid 說。至少經過了二、三十秒鐘之後,他才慢慢恢復對話的能力。

「哇! 真是太痛了! 怎麼會這樣呢? 整個身體就像是被強勁的電流擊中一樣,直接從手掌貫穿到腳底,這到底是怎麼回事,為什麼會這樣?」Reid 問。

「我只是用一種最自然的方式把力道釋放到你的身上而已!」洪懿祥說。

「第一次不是看起來更快、更用力嗎? 為什麼這種不用力的方式反而會更痛呢?」Reid 說。

「因為不適當的技術,抵銷掉我們原有的力量! 我只是把那些障礙拿掉,讓原始的力量自然流進你的身體而已! 就這樣!」洪懿祥說。

「你是說有些技術在增強我們力量的同時,也抵銷掉我們的力量嗎?」Reid 問。

「對！聽起來很矛盾，但確實是如此！因為有時候我們為了讓動作看起來、聽起來更有威力，在動作的最末端會作一個快速煞車的動作，這個煞車或回拉的動作，會讓我們的衣角或褲角發出像長鞭在空中急速回抽的甩尾破空聲，有些教練經常會以這種聲音來判斷學生出拳的勁道夠不夠，只是他們沒想到要發出這個聲音的動作，正是破壞力量產生作用的最大元凶！」洪懿祥說。

「為什麼？」Reid 問。

「因為打出去的力量全都被鎖死在那個煞車點上！如果力量沒能從前胸通後背一樣貫穿敵人的身體，傷害就會停留在淺層，無法傷及對方體腔內部的臟腑器官，而剛剛下的那一掌如果全勁釋放的話，你手指頭的血管末梢可能因為這個貼打的壓力而爆裂，這就是形意拳一拳必殺的威力！現在還痛嗎？」洪懿祥問。

「已經好多了！我在想剛剛那個甩掌如果甩在我的胸部，不知道肋骨會斷幾根？」Reid 說。

「不一定！因為在對打時雙方都在移動，殺傷力常常會在接觸的瞬間，被對方自衛的本能反應所削弱！除非能準確抓到對方換氣鬆勁的那個瞬間出手，或是用一個虛招先破壞對方的平衡，並引導對方的身體往前跌撞過來的瞬間下手，在這樣的情況下，對撞所產生的殺傷力就會更加可怕！」洪懿祥說。

「有這種技術嗎？」Reid 問。

「八卦掌練的就是這一塊！」洪懿祥說。

「能不能說說八卦掌？」Reid 問。

「行！但我得先簡單總結一下形意拳的部份。形意拳練的是明勁，在應戰時要求以靜制動，強調敵不動，我不動，敵微動，我先動的打法。要領在於角度和時間點的掌握，當然還是需要有足夠內勁才能傷人，而八卦掌走的是惑敵和誘敵的打法，手法變化較多，

但關鍵的戰術是『先破壞，再出手』，所以後天的六十四手都是在造橋和順橋……」洪懿祥說。

「什麼是『先破壞，再出手』?」Reid 問。

「武術最原始的目的是撂倒對手，讓對方無法傷害你。但要撂倒對手，不是一味加強自己的打力! 而是要用更聰明簡單的方法，讓同樣的力量可以產生更大的殺傷力，其中最好的方法就是要先破壞對方的平衡，並引動對方的身體讓他顛跌過來與我的攻擊『對撞』，這樣才能產生加倍的效果!」洪懿祥用後天八卦的拗掌作示範，身形左走，同時用一個右甩掌引誘 Reid 出手防禦，雙方一搭手，旋即反手扣腕下拗，只見 Reid 的身體立刻應勢往拗挫的方向顛跌了過去，可是他的腦袋卻來不及跟上身體瞬間下墜的速度猛然往後重甩了一下，頸椎同時發出骨頭相互擠壓的「喀嚓」聲，這個瞬間發勁的爆發力嚇得 Reid 趕緊抽手緊搓他的後頸，一副差點沒被嚇死的表情，逗得全場的賓客都忍不住笑出聲來。

「你還好吧?」李專員問。

「我沒事! 我只是被突然發生的狀況給嚇壞了! 哇! 好不舒服的感覺! 好像整個呼吸和血液循環的節奏一下子全被扯亂! 到現在還不是很舒服耶，洪先生，我這樣不會有事吧? 怎麼會有這樣奇特的感覺呢?」Reid 問。

「這是中招的典型反應! 八卦掌會讓中招的人有這種方向混亂、氣血逆流的感受!」洪懿祥說。

「哇! 這是我第一次體會力量可以玩到這種程度，太不可思議了!」Reid 說。

就在洪懿祥出手的那一瞬間，一直在場邊冷靜觀戰的洪澤漢，幾乎在同一個時間就已經確認了今天訪談的結果。他心底明白，除非 BBC 的製作小組在其他四位候選人的訪談過程中，有見識到什

麼特別被刻意隱藏的功夫，否則依照這麼多年來他們三個兄弟一直
跟在洪懿祥身邊的閱歷和見聞，應該可以準確地支持他當下的直覺
和預測……

# 第九四章　BBC The Way of the Warrior 之五

述說往事和歷史的人總是志在述說。至於能被聽進多少？被理解多少？就不是那麼重要了！不是嗎？

**【場景】**：安西街、淡水河、希爾頓大飯店

　　又過了好長一段時間，BBC 終於來函正式邀請洪懿祥大師，擔任 The Way of the Warrior 系列專題報導之「中國武術內家拳法」的主題人物，並要求在正式拍攝作業啟動前，洪懿祥必須挪出兩週的時間，與製作小組就未來實際拍攝的內容和場景，做詳細的磋商和確認。同時還要同意 BBC 的編導人員參與主題人物的實際生活作息，以便就近捕捉最真實的畫面。BBC 堅持所有拍攝的內容，編導一定要親自貼近第一現場用專業客觀的態度來觀察和感受，才不會受二手資料和主觀的誤導。但要進入受訪人的真實生活就近觀察這件事，總難免會讓人擔心因此造成當事人和周遭親友的不便，還好這些工作人員的教養和專業完全化解了那些可能的疑慮。為幫助 BBC 深入了解這個武術系統形成的軌跡，並為那一個非凡的世代留下一些歷史的見證，洪懿祥特別引領 BBC 的製作小組到迪化街的老家拜訪洪烏番老先生，讓他們有機會直接與催生這位武術大師的幕後關鍵人物作面對面的對話。

　　那是一個冬天的早上，洪烏番老先生剛用過早餐，正獨自一人坐在店裡的烘爐邊烤火取暖。洪萬美商行經過半個世紀的歲月洗禮，蠟燭生意早已沒落，不若當年門庭若市的繁華盛況，但為了不破壞老人家始終如一的感覺，每天還是依照過去幾十年不變的時間開店和關店。自從喪偶之後，洪烏番老先生在兒孫的規勸下終止了四十

多年凌晨即起登山健行的習慣。每天早上在屋內完成餐後的千步走運動後，他習慣坐在櫃檯旁那張籐編的太師椅上，翻閱他早年攀登臺灣百岳時，從岩壁上的石刻所抄謄下來的經文。而他當下所坐的那個位子，原是他的老伴洪李麵老太太過去每天坐的位子。洪老夫人在世時，這個烘爐中的三腳鐵架上，總是文火燒煮著「黨蔘黃耆枸杞茶」，這是她的兒子洪懿祥得自一位百歲高齡老中醫的養生茶飲。壺口緩緩冒出的蒸氣，總是讓屋裡的這個角落多增添了一些溫暖濕潤的氣息。她習慣把兩隻佈滿皺紋和老人斑的手擱在木造的爐架上烘暖，腕上套疊在一起的金鐲子和玉鐲子經常被爐火烤得暖烘烘的，那一對帶有血色的玉鐲子曾因她在天井中滑跤而摔斷成三截。古人傳說好的玉鐲會保護它的主人，替它的主人承擔他的劫難。因此，洪李麵老太太始終相信是那只她最鍾愛的玉鐲子，在關鍵的時刻替她擔下了那個生命之中無可避免的劫難。因為心懷感激，她特別央請延平北路最老字號的金飾店──「金瑞山」的打金仔師傅幫忙，花了比新買一對玉鐲還要高的代價，硬是把這摔斷的玉鐲子用鏤空雕花的黃金套筒作接頭，改修成三段環接的款式，而這只劫後重生的玉鐲子，就這樣陪伴著她一直到走完人生的最後一刻。後來洪老夫人先走了，只留下洪烏番老先生一個人堅持住在這個老店、老家和老床過他熟悉的老生活。

洪烏番老先生在六十歲時，因為張峻峰的推薦而入教信了「一貫道」之後，就常年茹素。老夫人過世後，他每日的三餐都是由五個兒媳以七天為一個週期輪流烹煮提供，其他的生活起居作息，則全部由洪懿祥的大女兒洪淑貞負責打理。這個曾經叱吒商場的傳統大家族，在面對另一次大時代的蛻變時，因為原來掌舵而撐起一片天的洪老先生已經垂垂老矣，而依照傳統理應接棒的第二代卻因為鍾情於武術，而無法即時為家族所握有的傳統產業，和用一輩子所

建立的行銷通路作即時、有效的轉型，因此無可避免地走入沒落和凋零的命運！

在簡單引介之後，BBC 透過翻譯也作了一些簡單的問答和求證，洪老先生雖然已經年屆九十高齡，對他們所提出的往事均能清楚地交代應答。也許是因為 BBC 所提出的問題無意間觸動他老人家心底那一段段早已封存鎖碼的往事和記憶。於是在簡單的答問間，那個大時代的場景又一幕一幕地在寒冬的暖爐邊，依照時間的序列逐一映現出來，要不是礙於拍攝的主題被鎖定在武術傳承這個主題上，洪烏番老先生口述的那一段歷史，必將又是另一部感人肺腑的長篇史詩！老人家對那段往事記憶依然清晰，要言不煩精準地述說當年張峻峰大師第一次到洪家時的情境，當時他站哪，說了哪些話，身上又是什麼樣的裝扮，他都能繪聲繪影地描述，直像是昨天才剛發生過的事一般。最後他親自帶領 BBC 的工作人員用活動的木梯爬上店鋪上的閣樓倉庫，逐一翻閱那一大捆一大捆當年提供給鄉里青年一起練武用的長槍、長棍、單刀……以及各式各樣造型奇特的長短兵器。隨著飛揚而起的積塵，塵封了數十年的往事一一活靈活現地跳躍在眼前。只是有些畫面和情愫，對於並不具有相同文化和相同成長背景的西方人而言，恐怕難以完全體會這些事所牽連的意義和價值的！但述說歷史和往事的人總是志在述說，至於能被聽進去多少？能被理解多少？就不是那麼重要了，不是嗎？

又過了將近三個月後，BBC 的外景小組終於正式到臺灣進行記錄影片的拍攝，一切都按照原訂的計劃逐一展開。洪澤漢親眼看著自己心中所勾勒的藍圖，在 BBC 專業團隊的手中一個接著一個被兌現成真實的影像，心底有一種莫名的踏實感。雖然這些東西終將從別人的手中收成，並以他們的名向世界發表，但能夠看到自己的原始構想經由 BBC 強大的專業技術與媒體傳播的力量，將洪懿祥

大師一生在武術領域上的偉大成就送上世界的舞臺，就足以讓他感到心滿意足了！在實際拍攝作業正式展開的前三個月，為了忠實呈現套路的意念和肢體運作的美感，洪懿祥要求洪澤漢每天早上從九點操練到中午十二點鐘。經過短暫的午飯和午休之後，再從下午兩點操練到五點鐘。晚上七點到十點鐘則又是常態的授課時間，其中每天下午的自我操練，洪懿祥都會親自坐鎮監督並用最嚴格的尺度來檢視和修正，就這樣夜以繼日的持續操練，才勉強達到洪大師的標準。這段幕後不為人知的操練過程，讓他切身感受臺上一分鐘，臺下十年功的甘苦與艱辛。一趟形意拳的燕形套路在BBC所播出的影片中，所佔的時間應該不超過一分半鐘，但在呈現到影片中接受世界檢視之前，示範的人至少要經過千趟以上嚴格操練。有時候人為了一個短程的目標，會設定一些自我訓練計劃以達到那個目標的需求。在那個短暫的訓練過程中，只要功夫下得深，苦練過後，往往就會不自覺地進入到另一個嶄新的武術境界。這個意外的收穫，更讓洪澤漢深刻體會到人類潛在能力的無限可能，只要能夠勇於挑戰自己的惰性和慣性思維，人的能力一定會隨著他所遭遇到的訓練、挑戰和歷練，一層一層地向上提升……就如同其他類別的記錄影片一樣，有許多在現場花了心血所拍攝的精彩片斷，最後往往無法全都擠進這部不足一個小時的影片之中。形意拳的部份除了影片中出現的燕形拳和雞形拳之外，當時還拍攝了五行連環拳和八勢拳這兩套特別經典的套路。卻因為動作較多，佔用的時間太長而被整段刪除，殊為可惜。世間的事總是弔詭難料，在拍攝過程中，最受矚目和肯定的東西，在剪輯室裡頭，卻因為佔用的時間過長而被整段刪除，而在剪輯室裡千挑萬選出來的東西，最後播出去之後，觀眾就真的會買單嗎？這種無可奈何的遺憾，有時候連經驗豐富的導演都無法完全倖免！

BBC 在臺灣的外景拍攝作業如期在兩週內完成，但為了安全起見，整個外景隊繼續在臺灣多停留七天，主要是為了要補拍一些臺灣當地的風土民情和天然景觀，用以豐富整個影片的文化內涵。為了增添內家拳拳腳動作之外的意境，洪澤漢還特別安排因採訪而結識的世界級雕刻大師朱銘先生參與這個專輯的拍攝。朱銘先生所創作的「太極」系列是海內外藝術收藏家爭相典藏的標的。他那種粗獷不拘、渾然天成的塊面雕法充滿了道家順其自然的精神，完全契合影片最後洪懿祥大師所示範的太極九十九式的意境……

BBC 在臺灣拍攝外景期間，除了自備的攝影和收音的設備之外，舉凡周邊所必須使用到的電力供應、大型燈光照明系統以及各種專業器材和人力，全數由洪澤漢過去的製作班底一路包辦到底，完全免除他們在外地作業被當地協力廠商敲竹槓漫天要價的困擾。而且因為是影視同業，所以在拍攝過程中，製作單位與受訪者之間的溝通完全沒有任何的障礙和落差，幾乎都是在要求提出之前，就已經完成了前置的準備，而這些看似枝微末節的小事，只要是熟諳外景作業的人都知道，這些小事往往是影響整個製作品質和進度的大事。

最後一天，依循 BBC 的慣例，在希爾頓大飯店租用了一個最大的包廂，席開三桌宴請所有幕前和幕後的工作人員。當然還包含了幾位在之前從來沒有露臉的政府官員，顯然像 BBC 這樣的大咖遠渡重洋到臺灣來取材拍片，對當時的新聞局應該不是一件小事。只是在拍攝的過程中，除了李專員一路盡職地陪伴協助到底之外，真的不知道這些從來不曾露臉，為這件事盡過一點心力的長官們，到底曾經在這冗長的溝通、籌劃和拍攝的過程中，做了哪些不為人知的偉大功德，讓他們有資格坐在長官席上接受製作單位的感謝！也許吧！對 BBC 來說，當地政府的不干預、不介入就已經是幫了大忙

吧！

席中，大家都喝了好多開心的酒，因為導演說：「香檳，是一種開心的酒！因為沒有人在失意和絕望的時候，喝這種酒。」在這個殺青盛宴接近尾聲的時候，BBC 要求洪澤漢帶領他們全部的工作人員一起練了一趟形意拳的雞形拳，作為大家臨別的最後記憶。於是，一大票人中外參雜，就在希爾頓大飯店的包廂中，以這個別開生面的方式，為這一次跨國合作畫下完美的句點。

在臨別的最後時刻，Howard Reid 要求與洪家有一個二十分鐘的單獨溝通，因為他有另一個 Big plan 要請求洪家的全力協助。因為當時世界各地正如火如荼地推動「援助非洲難民」的慈善活動，他計劃以武術為主題，邀請 The Way of the Warrior 這個系列報導中所有的武術大師齊聚到英國倫敦，參與一個暫定為「援助非洲難民慈善募款的武術表演」。這是一個極富人道關懷的偉大計劃，但以洪家當年的財富實力，已經再也無法像洪烏番老先生當家時，可以無限支應這些龐大的旅費開支，Howard Reid 知道洪家的困境後表示，為了感激洪家父子無酬協助他們完成這次的拍攝作業，他只要求洪家確認是否有意願參與這個演出即可，無需費神張羅旅費的事。於是，就在這樣的期許與約定中，開啟了另外一個更偉大的計劃，而這個偉大的計劃，是否就是洪澤漢當初所期許的「沒有去做，就不會發生的可能」呢？沒有人知道。

只是後來這個偉大的計劃，並沒有因為 The Way of the Warrior 這個系列報導播出後的熱烈迴響，而得到更多預算和支持。面對這樣的結果，洪家父子除了無法為非洲難民所面對的苦難盡一份心力而覺得可惜之外，倒也沒有太多的失望和意外。因為搞電視和電影的人都知道，一個計劃，如果需要動用到太多的人力和物力來支持的話，不能實現是正常！能實現反而才是意外！Howard Reid 能夠

得到這些世界級武術大師的全力支持，而順利完成這一系列的報導，為這個世界留下一些珍貴的影像資料已經是非常難能可貴的事了！尤其是當它在世界各地播出之後，所得到的熱烈迴響，他應該已經是功德圓滿成就非凡了！唯一讓人覺得美中不足的是，這一系列的報導，最後卻因為臺灣沒有一家電視臺願意花錢購買播放的版權，而遲遲都沒有在本地的電視頻道播放過。洪家是收到 Howard Reid 從英國寄來的 3/4 吋專業用錄影帶後，再央託電視臺的朋友代轉拷為 1/2 吋家庭用錄影帶，才得以一窺當年參與拍攝的最終成果。但這已經是這個系列影片在世界各地播出後又過了兩年以後的事了！真不知道當年在希爾頓大飯店列席的長官們到底他們在位時，都在忙些什麼家國大事。

1982 年英國 BBC 來臺拍攝洪懿祥武術專輯，介紹中國內家拳法

1982 年英國 BBC 製作小組與易宗唐手關渡分館徒弟合影

# 第九五章　跨越赤道澳洲傳藝之一

*消滅敵人只需要一點勇氣和激情，而留下敵人卻需要更多的智慧和承擔！*

**【場景】：安西街**

　　雖然 BBC 所製作的 The Way of the Warrior 武術專輯並沒有在臺灣播出，但在其他國家播出後，果然如期地引起很多武術同好的興趣和熱烈的回響，紛紛擁到臺灣追求他們原本陌生的內家拳法，這裡頭包括：南非、德國、法國、英國、美國、澳洲、紐西蘭、以色列、日本、馬來西亞、香港等等。只可惜因為安西街的道館實在太小無法容納全部的學生，為了授課的品質，只好忍痛拒絕大部分只能短期停留在臺灣學習的年輕人，把機會集中在一些已經具有相當武術根基，同時不是盲目追求短暫流行的武術同好身上。只是遠在 BBC 到臺灣拍片之前，曾發生過一段不太愉快的塵封往事，這也是造成洪懿祥放棄大規模教拳的原因，為了讓這段歷史留下一些軌跡，還是得用最平靜的心境略作交代。以免不明就裡的人，始終不明白 C 先生的「唐手道」與洪懿祥所創立的「易宗唐手」到底有什麼淵源？

　　在功夫熱潮的全盛時期，洪懿祥所主持的道館每一個晚上平均約有兩三百位學生，在永樂國小的大道場接受易宗唐手的嚴格訓練。為了消化因場地限制而無法參與訓練的學生，洪懿祥便開始有計劃性地扶植部份已經具備教練資格的弟子在各地開設分館，協助推廣易宗唐手，像：「關渡唐手道館」的陳勳、「羅東唐手道館」的李春生、「南港唐手道館」的黃清祥、「東京興武唐手道館」的蘇東成以及後來的「苗栗唐手道館」的湯峰杞，都是在這個計劃下被培植出來的。但卻也因為這個顯在商機的誘引，讓原本在道館擔任英語翻

譯的 C 先生，在未經洪懿祥的檢定和核准下，私自以「唐手道」為名，在外設立道館，並慫恿部份尚未具有教練資格的中階幹部擔任該館的教練。其實在當時，如果 C 先生真要有心開設分館謀生，縱使他不具有正規的武術背景，只要他坦誠向洪懿祥提出申請，鑑於洪懿祥跟 C 父的交情，不但不會被拒絕，而且還會得到總館合格師資的全力支援。只是 C 先生選擇了一條一般人不會走的路，他的道館，不但從名稱、教材、服裝和設備，全面仿效總館一切，而且還對外宣稱是張峻峰老師父的關門弟子。於是，一個未曾接受過正規武術訓練的 C 先生，倚靠著在道館擔任翻譯期間累積的一些武術概念和話術，再加上一些商業化的宣傳包裝和表演天份，一夜之間，就可以由一個素人突變成一個武術大師，這確是只有在臺灣這個充滿寬容的社會才會發生的怪譚！而這個背叛師門的逆行立刻激怒了所有「黑帶會」的成員，並強烈建議應給予適當的教訓：

「師父！我們幾個去把公道給要回來！」

「什麼是公道？怎麼個要法？」

「至少要他把『唐手道』這三個字給拿掉！否則這個辛苦建立的名號會讓這傢伙給毀了！」

「我們是黑道嗎？都管不了他開館了，還在乎他用什麼名號嗎？別為難他們了！」

「師父！您都不生氣嗎？」

「當然氣！但我不想做這種恩斷義絕的事！」

「可是，這傢伙口口聲聲對外宣稱他是張峻峰的關門弟子，一下子就升格變成了您的師弟，那我們不全都要叫他師叔了嗎？」

「你們真的會叫他師叔嗎？」

「當然不會！他算什麼？」

「那你們什麼虧也都沒吃到啊！何必在乎他說什麼？」

「可是，如果我們都不處理，不就是非不分了嗎?」

「處理了，是非就會分明嗎?」

「……」

「是非和公道都通通不在人心! 否則他們也不敢這麼做! 一個人心中如果沒有了是非，對他說什麼都是白說!」

「難道就任由他們這樣為所欲為嗎?」

「冷靜想想，你們這樣一大票人怒氣沖沖地登門興師問罪，不明白就裡的街坊鄰居會怎麼看、怎麼想啊? 萬一一言不和打了起來，那些人是你們的對手嗎? 這麼一來社會大眾看到的，不就是我們以大欺小嗎?」

「這些忘恩負義的傢伙!」

「別再提恩情跟義理了，看起來這些東西，早已經不存在了! 這次我們就放手，看看老天爺怎麼處理吧! 反正就是不許你們自己動手! 知道嗎?」

「師父! 您太縱容這些畜牲了!」

「何必再造這個口業呢!」

這件背叛師門大逆不道的事，就在洪懿祥的強力抑制下，避免掉一場可能的血腥風暴。但卑鄙自私的人性卻徹底重創了他始終與人為善的心。然而明白真相的人都知道，傷他最重的，其實並不是那位 C 先生，而是隨著他背叛師門的幹部中，有幾位是洪懿祥著意培育的徒弟。雖然以他們當時的程度仍不足以獨當一面，但以他們的資質和後天的努力，只要假以時日一定會是令人刮目相看的。沒想到在生命的叉路上他們選擇了一條捷徑，一條讓愛他們的人心寒、心痛的捷徑! 除此，還有兩位具有武術天份的年輕人，當初因為家境清寒根本就繳不出學費，洪懿祥為了疼惜他們的天份，不但讓他們在道館裡免費學習多年，從來沒有收過他們一分錢、一份禮。在

逢年過節時，洪家經常會有太多而無法化去的禮物和禮餅，洪懿祥的太太洪王愛卿都會趁著新鮮，讓這幾個小孩帶回家與家人分享。但也許就如同孔老夫子所說的「君子固窮，小人窮斯濫」，貧窮真的會使某些人失節、失志和失智吧！這樣多年照顧的恩情竟然如此不堪！人吶，真的是複雜難以理解的物種啊！從那件事發生之後，洪懿祥對脆弱不經考驗的人性有了不同的體悟。他開始認真思索張峻峰老師曾經說過的話：「每一位大師，都免不了會教出一些叛徒和敗類！」他開始對這種大規模推展武術的作法產生了重度的懷疑，原本一廂情願以為人多比較容易從中挑選出好的人才來栽培，沒想到卻因此忽略了品德的問題。於是，他開始相信自己已經無可避免地教出了一些危害社會的敗類。而自己所傳授的武術，盡是一些可以瞬間斷人筋骨，甚至可能造成永久性傷害的技術，這樣毫不保留的教人好嗎？誰又真正知道這些學生在你眼睛看不到的地方，到底都做了些什麼造福人類？還是傷天害理的事呢？

於是，他毅然退掉永樂國小的場地租約，把大部份的學生遣散，堅持不走的人，則轉介到各地的分館去練習，總道館從那個時候起停止授課好長一段時間。一直到老家臨安西街的後段拆除翻蓋為新的樓房後，他從老二洪懿文的手中買下了二樓當住家，才把自己分得的四樓改建為道館，恢復小班制的訓練課程。這些課程主要是提供給部份在國內外已經擔任教練的老徒弟回來作進階訓練之用，當然偶爾還是會有一些無法拒絕的人情央託，除此之外，這個道館已經沒有任何正式對外的招生活動了。在這個時期，只要學生的品格略有疑慮，就會委婉勸離，不合意的人就是再多的人情關說，他不收就是不收。

在教材方面，對於部份殺傷力較大的手法，也總是輕描淡寫的帶過，而不像過去會要求學生再三苦練，直到他滿意為止，這段期

間應該是他授拳數十年來最大的一次低潮！雖然事隔多年之後，當初叛離師門的徒弟在良心的譴責下，請求道館的師兄帶他們回來向洪懿祥道歉，並在達摩祖師的神像前跪拜懺悔而得到了寬恕！但洪懿祥到底還是嚴拒了 C 先生多次請求回歸師門的要求！不單是因為澤洲、澤沛以及所有入門弟子們的強力反對，而是他當年熱心助人無怨無悔的熱情，似乎再也喚不回來了！要不是 BBC 的採訪再次喚起他對武術的熱情，這個門派在那個時期確實曾經經歷了無心繼續的危機。

※※※※※※※※※※※※※※※※※※※※※※※※※※※※

　　那一天，一個金髮碧眼的中年澳洲人帶著一個翻譯，到安西街 36 號的道館請求拜會洪懿祥。當時已經是雲淡風輕的洪懿祥，正在迪化街老友江開福所經營的棺材店裡喝茶聊天，這是家北臺灣規模最大的棺材店，店裡長年囤放著大量上好的原木材料，有近千年的肖楠、紅檜、樟木……在這裡喝茶品茗，滿室裊繞著原木特有的香氣和芬多精，讓人恍如置身在高山秘境之中，只是在棺材店裡喝茶聊天，乍聽起來確實是有些驚悚嚇人。這個外國客人來敲門拜訪時，道館裡只有長子洪澤洲在場。

　　「這位是 Dean Rainer 先生，是遠從澳洲專程來拜訪洪懿祥大師的！」

　　「我爸爸不在！請問有什麼事嗎？」

　　「Dean 博士曾經在一位 C 先生的門下學習唐手道多年，他希望可以跟洪大師學習更高深的內家拳法！」

　　「那個人的學生我們這裡不收！」

　　「為什麼？」

「他既然是那個人的學生，就應該繼續跟他學習才對!」

「C 先生已經過世多年了! 我們沒有別的辦法再……」

「如果是跟其他人學，我們還可以考慮，但跟那個人學，就是跟我們無緣!」

「能告訴我為什麼嗎?」

「我們不想跟那個人有任何的瓜葛!」

「您是洪大師的……?」

「我是他的大兒子，我可以代表我爸爸!」

「請你聽完我的說明之後再做決定! 好嗎?」

「當年，我在澳大利亞看了 BBC 的報導之後，對洪懿祥大師的內家拳法非常仰慕，所以，專程從澳洲飛到臺灣，希望可以拜他為師，可是依著地址找到那個地方時，卻發現你們已經不在那裡，後來又聽說洪懿祥大師已經不再收徒弟了，因此我才輾轉被引介到 C 先生那邊學唐手道。我完全不清楚在臺灣到底曾經發生過什麼事，為什麼洪懿祥大師突然不再教拳? 但一直以來，我以為我們所學的就是他的武術。我熱愛臺灣的文化和武術，尤其是令尊創立的唐手道和內家拳，這些東西在澳大利亞已經發展了好多年，現在已經擁有幾萬個會員，我們誠摯地希望可以得到洪懿祥大師的認可和指導……」

「我父親現在已經不教拳了! 而且我們現在也已經沒有設備完整的大型道場，你們的問題我愛莫能助，請自己想辦法解決吧!」

「我可以跟洪懿祥大師本人談談嗎? 我相信他一定會了解我們的誠意的!」

「我說過，我代表他! 我可以明確回答你的任何問題，我已經明白告訴你了，請不要浪費你的時間!」

「好! 那我只有一個誠懇的請求，這一個信封袋裡，裝的全都

是唐手道在澳大利亞發展的歷史資料，有我們多年來一起練習的照片和一張大家特別製作的卡片，請您務必轉呈給洪懿祥大師過目！很抱歉，打擾這麼長的時間!」

1983 年安西街道館落成典禮洪懿祥與筆者洪澤漢合影

# 第九六章　跨越赤道澳洲傳藝之二

溝通，不是「你聽我說！」而是「好！我聽你說！」

**【場景】：安西街、澳洲雪梨**

　　沙發前，紅木鑲大理石的矮桌上，散放著 Dean 博士送來的黃色牛皮紙袋，以及幾十張不同時間、不同場景所拍攝的照片。有些是在道場內拍的，有些是在野外練習時拍的照片，還有一張簽滿著幾百個人名的大卡片，洪澤漢正埋頭認真地用紅筆逐一在數過的名字上點上紅點作記號，以避免重複計算。

　　「別那麼無聊好不好！」澤洲說。

　　「不算算看，怎麼知道總共有幾個人簽名！」澤漢說。

　　「這東西你還當真！」澤洲說。

　　「有理由大老遠從南半球弄個假的來騙人嗎！」澤漢說。

　　「誰知道是不是來騙功夫的！」澤洲說。

　　「騙了又怎樣？蜜蜂吃了花的蜜，不也幫花傳播花粉嗎？」澤漢說。

　　「你這昆蟲腦袋！人像蜜蜂那麼單純嗎？」澤洲說。

　　「人有你想的那麼壞嗎？」澤漢問。

　　「光一個壞的，就夠抵上幾萬個像你一樣笨的！」澤洲說。

　　「亂講！這樣好人早死光了！」澤漢說。

　　「我吃的鹽巴，比你吃的米飯還多，你懂什麼！」澤洲說。

　　「對！所以你的血壓才會飆那麼高！」澤漢說。

　　「你……！」澤洲說。

　　「夠了！該想的應該是，如果不收的話！這些人會怎樣……」洪懿祥說。

　　「爸，那是他們的問題，在他們找上門之前，不也是活得好好

的嗎？不用費神替他們操心！」澤洲說。

「那位澳洲人說，是看了 BBC 的報導才找到臺灣來的？」洪懿祥問。

「對！他說有到永樂國小找我們，後來就陰錯陽差被引介到姓 C 的那邊！」澤洲說。

「爸，錯不在他們！我們沒有必要這樣牽連……」澤漢說。

「讓我自己一個人好好想想……」洪懿祥說。

於是，經過了將近三個月的沉澱與思考後，洪懿祥帶著驍勇善戰的洪澤洲應邀搭乘國泰航空的班機飛往澳大利亞的雪梨。這是 Dean 博士的建議，他邀請洪懿祥親自到澳洲走一趟，實地視察他親手所創立的唐手道在澳洲發展的狀況，再決定是否接受這個系統的認祖歸宗。在傳統的觀念中，出遠門總是件大事，尤其是要跨越赤道飛到南半球的一個陌生國度。為了這次的遠行洪澤洲在行前作了將近一個月的自主性訓練。身為武術大師的長子洪澤洲責無旁貸地擔任陪同父親一起開疆闢土的第一勇將。在宜蘭、在琉球、在東京、在北九州，以及未來的苗栗，這種面對未知的硬仗，總少不了他的身影，他的擅專不在套路的演練和用法的解析，而是近身格鬥，尤其是他當年擁有 110 公斤無限量級的超強體型，速度和重拳一直是他在道館中讓人膽顫的兩項殺人凶器。因為個性和責任心使然，在準備的訓練期間，還打破了一個拳擊用的沙袋，弄得滿地都是填充沙袋用的木屑。這次的征程算是洪懿祥走出被背叛陰霾的一趟復甦之行。

這一趟赴澳洲雪梨考察的行程，對洪家父子而言，是一個百感交集的奇特旅程，就像是千里跋涉要去探視一個被陌生家庭所收養的親生子女一樣。在尚未踏上這個遠在南半球的國度之前，他們完全不知道他將會以什麼樣貌出現在自己的眼前。可是當他們父子兩

人坐在貴賓席上，親眼看著幾百個澳洲人在寬敞的道場中，認真地操練自己所創始的唐手道時，那種既陌生又熟悉的微妙情愫，完全化解了他們先前的疑慮，更也重新點燃了洪懿祥對武術的熱情。

「在沒有親眼看到你們認真的表演之前，我不敢相信自己的心會有這樣強烈的感動！我要由衷感謝 Dean 博士多年來對唐手道在澳洲的推廣奉獻了這麼多的努力，造就了這麼豐碩的成果。還有，如果沒有他鍥而不捨的努力奔走，努力說服我們到這裡來，我一定會因為我的主觀和成見而錯過了大家。謝謝你們對唐手道的熱情，也謝謝 Dean 博士種種費心的安排，本人在此以唐手道創始人的身份由衷歡迎大家的參與，我會與 Dean 博士討論，將唐手道更高階的課程和技術，有計劃性地導引到這裡與大家分享，謝謝大家！」洪懿祥說。

這趟為期兩週的訪澳行程，在 Dean 博士的精心安排下，除了接受當地各家電視臺的採訪之外，也參觀了雪梨歌劇院、雪梨大橋以及鄰近的風景名勝，遍嚐了當地最好吃的特色美食和海鮮。還拜會了由當地華人創辦的中國武術會和幾家規模較大的華人武館，這些武館都是由早期廣東、香港等地移民到澳洲的武師所組成的華人組織，主要是以蔡李佛、洪拳和詠春拳系等外家拳系為主。這是先民為了在異地討生活而不得不然的自保組織，也許是因為移民社會不忘本的特質使然，他們保留了極為傳統的武館倫理和古風，拜會的儀式一切都遵從他們的前輩當年從祖居地移民時所帶來的傳統和禮數進行，讓到訪的洪家父子恍若進入時光隧道與一群僑社的古人進行跨越時空的聯誼。然而僑居外地的子民在異邦謀生所磨練出來的堅韌性格，總難免會帶有一些排他的特質。還好，洪懿祥與香港蔡李佛武德館黃命館長是至交好友，同時又收了香港 IKO 剛柔流空手道總教練陳繼枝和黃德明為徒，在香港武術界擁有舉足輕重的影

響力。又拜 BBC 影片在世界各國風靡之惠，一到雪梨中國武術總會
拜訪時，即受到他們最盛大熱情的歡迎。這個武術會的成員原以華
人為主體，對 Dean 博士以一個澳洲人的身份在當地推廣中國武術
原本並不是那麼友善，但因為衝著洪懿祥的柔軟身段和親自登門，
有效地化解了原本存在的一點隔閡。當然武館之間互動的一些潛規
則，洪懿祥已預先提點了 Dean 博士，因此也算是做足了面子給武
術總會的會長先生。江湖之中總存在著許多道義和豪情所關照不到
的陰暗角落，如何辨識那條大家打死不承認的界線和分寸，這原非
西方社會所熟悉的文化特質。還好 Dean 博士是一個 IQ 與 EQ 都很
高的聰明人，對於這些繁文縟節也都能快速上手。有這樣的能耐，
難怪他能在短短的幾年內將洪懿祥所創始的唐手道發展出那樣的規
模，堆砌出那樣的成績。一個武術家一生的成就，當然與他的武功
修為成正相關，但同是站在這樣的基礎上，可以成就到什麼樣的高
度，則跟他的情境智商有更高的關聯。洪懿祥和 Dean 博士兩人都
具有這種渾然天成的特質和魅力，就因為這種特質，讓他們可以跨
越 C 先生背叛師門的陰影，成就他們之間亦師亦友惺惺相惜的真摯
情誼。

1984年第二次澳洲傳藝與 Dean Rainer 和徒弟搭遊艇出海

1985年第三次澳洲傳藝參觀民俗表演應邀下場示範擒拿手

# 第九七章　跨越赤道澳洲傳藝之三

亡國的人，因為看不到未來，很容易就會向下沉淪。

## 【場景】：澳洲雪梨

　　經過雪梨的實地考察後，洪家澈底掃除了先前的疑慮，並接受 Dean 博士的要求，在臺北為他和他的助教連續開了好幾次為期 2 週的短期訓練課程，修正他們過去所學的一些誤差，並適度強化他們徒手格鬥的技術。在這段期間，洪家父子又第二次應邀到澳洲視察他們修正後的成果，並著手規劃進階的訓練課程。為了擴大在澳洲推廣唐手道，Dean 博士提議在雪梨舉辦一次為期兩週的儲備幹部訓練營，強化內家拳的進階課程，預計培訓的人數約在三十人，因為臺澳兩地路途相隔遙遠，人員移動的成本較高，為求技術移轉能達到最高的經濟效益，經過討論後決定這一次增加洪澤漢共三人一同赴澳傳授新的課程。臺灣總館的教務則由洪澤沛一人獨撐大局，完成了任務的分配和前置準備後，洪家父子一行三人就搭乘國泰航空先行飛往香港落地後，再轉飛澳洲雪梨。

　　為了回報洪家父子每次赴澳都是無酬的傳承，Dean 博士特別為他們訂了頭等艙的機位，希望體型壯碩的洪懿祥和洪澤洲，可以不用塞在經濟艙狹窄的座位中忍受那麼長的飛航時間。果然是一分錢一分貨，頭等艙寬敞舒適的座位和精緻的餐點，讓冗長的旅程平添了許多愉悅的情趣。只是老天爺似乎刻意跟他們開了一個小玩笑，當飛機自香港飛往澳洲後不到一個小時，空服人員才剛上完機上的晚餐沒多久，機上的廣播就響起，通知所有的乘客飛機因故必須即刻回航折返香港啟德機場。廣播一結束，就看到空服人員帶著僵硬的笑容，將才剛逐一依客人的需求派送好的餐點用很快的速度全數回收。眼巴巴看著那一整條已經去了殼的澳洲龍蝦，還沒來得及好

好品嚐一口，就被空服人員匆匆忙忙地收走，洪澤漢心疼得就好像在機上遇了持槍打劫一樣⋯⋯

「還好我跟爸吃得快！」澤洲說。

「等一下還會再送回來嗎?」澤漢問。

「別傻了！」澤洲說。

「為什麼會這樣?」澤漢問。

「肯定是飛機出了問題！」澤洲說。

「我是說老天爺為什麼會這樣?」澤漢說。

「你問祂吧！反正在機上離祂比較近！」澤洲說。

「你是說我們離天堂比較近啊?」澤漢說。

「你不怕全機的乘客扁你啊！」澤洲說。

「那我問問空中小姐好了！我有在餐盤上作了記號！」澤漢說。

「別丟人現眼了！不過是條小龍蝦，只要能活著飛到雪梨，我保證點隻五倍大的龍蝦，讓你吃到叫不敢！」澤洲說。

「好啊！說到做到喔！」澤漢說。

「先禱告飛機安全落地吧！」澤洲說。

於是，半夜三更一整機的乘客，枯坐在空無一人的啟德機場過境大廳，足足苦熬了三個多小時，其間航空公司的地勤服務人員只出現一次，分發了冷飲和不怎麼好吃的三明治後，就從此神隱再也不見蹤影。我們除了口袋裡的登機證可以證明自己是頭等艙的身份之外，基本上，就跟一般逃避戰亂的難民沒有兩樣！好不容易才等到了臨時調派過來支援的代班客機，但因為是半夜臨時支援的，所以一切從簡，除了能飛之外，機上什麼都沒有！就連一杯卑微的泡麵也沒有，洪家父子就這樣餓著肚子，抱憾完成了一次世上最陽春的頭等艙尊榮豪華之旅。當飛機抵達雪梨機場時，所有守候在機場，原本準備熱情歡迎的人員，早已經等到人仰馬翻熱情盡失不知如何

是好了！還好聰明體貼的 Dean 博士臨時作了一些行程的緊急調度，他指派一個曾到過臺灣受訓的學生 Mark，帶洪家父子先行開往位於新南威爾斯邦迪海灘的別墅梳洗和略作休息，他則分頭為這突來的變數重新佈署歡迎的盛會。

「我跟爸來了兩次，都是平平順順的，這次多虧你這號大人物的加持，才會變得這樣驚天動地啊！」澤洲說。

「對啊！所以別忘了那隻五倍大的龍蝦啊！」澤漢說。

「還在惦記那隻龍蝦啊！出息一點吧！」澤洲說。

「欸！路邊有家麥當勞，Mark 能不能先停一下車，讓我弟弟的肚子先填點東西！他還在為機上沒吃到的龍蝦傷心！」澤洲說。

「行！但是這裡可點不到龍蝦漢堡喔！」Mark 說。

「可以填滿他的胃就行！」澤洲說。

於是，車子就泊在公路旁的一家速食餐廳前，四個人領了餐點，才剛剛坐定準備享用時，就看到店裡的客人紛紛倉促地收拾自己隨身的物件奪門而出。

「又怎麼回事了？」澤洲問。

「不會又要折回香港吧！」澤漢說。

「我去了解看看！」Mark 一下子就折回來，帶著笑意說：

「沒事！兩幫高中生為了一些小事約在這裡談判，但其中一邊是『越青幫』的，雖然說是談判，但我想年輕氣盛，恐怕還是會打起來。」

「喔！那我們需要幫忙做什麼嗎？」澤洲問。

「不用了！我已經跟兩方的老大都招呼過了，以前面那排桌子為界，不要越界過來，否則這裡有三位臺灣來的武術大師在，誰惹了，誰就倒大霉！」Mark 說。

「好！就當實境秀看吧！」澤洲說。

於是，四個大人邊吃邊看一群亞澳混雜的年輕人在速食餐廳裡打了起來，還好都只是徒手打架，也沒什麼深仇大恨。最後，人少的一方畢竟寡不敵眾落荒而逃，人多的一方則趁勝追擊大聲吆喝著銜尾直追，走在最後頭的老大還朝著這邊鞠了一個躬，才得意洋洋地離開。

「他在幹嘛啊?」澤洲問。

「他在謝謝我們沒有主持正義!」Mark 說。

「喔! 那算是感激? 還是諷刺啊?」澤漢說。

「看你自己怎麼想了!」澤洲說。

「這裡的打架都是這樣嗎?」澤漢問。

「很難說! 這種事鬧到後來，總是免不了會動刀子，唉! 剛剛敗逃的那邊是越青幫的份子，後頭有幫會撐腰。唉! 當初收留這批越南難民，原本是出於人道關懷和愛心，沒想到現在反為澳洲帶來不少社會和治安上的問題，過去這些不良份子都只是限縮在華人社區活動，現在仗著人多，就往外擴張地盤，雪梨未來的治安真的讓人擔憂啊!」Mark 說。

「我在臺灣的澎湖也採訪過越南難民，他們被收容在一個叫講美的小島上，臺灣政府不敢讓他們進入本島，怕的就是衍生出這類問題，還好他們在臺灣只是過渡性的安置，目的是要讓美國 CIA 有充裕的時間過濾他們的背景，以避免北越的間諜混雜在難民裡面破壞社會的治安，最後這些人都會安排到美國、加拿大和澳洲就業和定居，當年為了幫助他們，臺灣政府還幫他們開辦了很多職訓課程，只要願意接受訓練就有薪水和獎金可以領，可是，即便是如此，還是有少數年輕人就是不願意認命地幹活，寧可每天醉生夢死、混日子、製造問題……」澤漢說。

「一個已經沒有國家的人，應該更要自愛自強才對!」洪懿祥

說。

「在異鄉討生活，如果不肯低頭認命，不願比別人更加倍努力，就永遠掙不開沉淪到社會底層的宿命！混黑幫也許就是這種人最後的出路吧！只是這條路，最後總是免不了要拿命來換！」澤漢說。

「亡國的人，因為看不到明天，很容易就會變成亡命之徒！」澤洲說。

「就因為這些緣故，很多澳洲的家長都希望自己的小孩，除了玩橄欖球之外，多少要學點防身的武術，至少要懂一點保護自己的東西！」Mark 說。

「武術是把銳利的刀，可以自保也可以傷人，但關鍵不在刀，在人！」洪懿祥說。

「了解！Dean 博士一直都很在意學生的品德，我們的系統裡頭沒有任何幫會的份子，請你們放心！」Mark 說。

當天晚上的歡迎晚宴上，先在飯店的大螢幕上播放 BBC 影片的精彩片段，再由 Dean Rainer 逐一介紹洪家父子，以及他第一次拜訪洪家的過程和心情，他用風趣的口吻描述當時被洪澤洲拒絕時，就好像自己是做了很多事對不起洪家的罪人一樣，

「我只記得這個強壯，但不友善的年輕人，像一座火藥庫，隨時都可能被我的話引爆。但是，我相信，我一定可以說服他，因為我已經錯了一次，我很清楚如果再錯過這次，上帝不會再給我第三次的機會。當一個人知道機會不再的時候，就會變得更務實積極，那個時候我只知道絕對不能使用形意拳那麼直接的力量，更不能用八卦掌那麼多轉彎的技巧，只能用太極拳柔軟的功夫，結果事實證明我用對了功夫，所以今天我們才有這個榮幸，同時把洪家兩代的三位武術大師請到雪梨來，跟大家分享他們的武術和智慧，我希望大家一定要珍惜這個機會好好向三位學習……」

　　那一晚，只吃飯喝酒聊天不練功，大家都帶著三分的微醺七分的清醒，用簡單的英文單字所組成的無限語彙開心地暢聊，沒有人在乎對方是否真的聽懂自己所要表達的意思，反正喝酒的時候，總是酒精跟酒精在對話，人只要負責開心就好！不是嗎？還有值得一提的是，那天晚宴的主餐是龍蝦，當餐廳的服務生端出一個上面堆疊著三隻澳洲特大號龍蝦的大銀盤時，全場賓客都為那誇張的場面發出驚呼聲，風趣幽默的 Dean 博士特別把那盤大龍蝦端到洪澤洲的面前說：

　　「這不是給你的！因為你太兇了！這一大盤龍蝦是專為某一個人準備的！那個人是第一次到澳洲，可是他在飛機上因為某種特別的原因，被空中小姐沒收了他的龍蝦。為了彌補他的巨大遺憾，同時，也為了避免因此影響到他教拳的心情，我們特別為他準備這三隻特大號的龍蝦送給他，希望他可以吃得開心，並且希望他在澳洲的這幾天可以用三倍的熱情，幫助我們學會更多的唐手道，好不好！」Dean 博士用南半球的海鮮特產和幽默，為這次的武術訓練營揭開了一個充滿歡笑的序幕。一個團隊的領袖可以莊嚴威武，可以聰穎睿智，也可以風趣幽默，而 Dean Rainer 顯然是兼具了後兩者的特質，難怪在他的手中，洪懿祥所創的易宗唐手可以在這國度如此迅速地拓展。

1988 年洪澤漢與兩名澳洲徒弟在安西街道館合影

# 第九八章　跨越赤道澳洲傳藝之四

何不把眼前的不公，當作是老天爺向你暫時調借的頭寸！時候一到，就會本利結清一併匯進你的存摺帳戶中。

## 【場景】：澳洲雪梨

當年，洪懿祥面對 C 先生的背叛選擇了寬容但不原諒的處理態度，這樣的決定，在大部份的幹部眼中似乎喪失了一個武術大師理應快意恩仇的霸氣。只是從來就沒有人會想到過了若干年後，這些歧岔出去的支流終究還是匯回了主流。尤其是當他聽到那位 C 先生過世的消息，他還是忍不住對自己當年選擇不原諒的堅持有幾分的懊悔。「唉！幹嘛跟他計較這些呢！」於是，就這樣在造化的巧意安排下，洪家父子把當年被背叛的往事，當作是無心插柳的開枝散葉，努力為這群被隔離在赤道另一端的支脈補充正統易宗唐手的血源和養分。

父子三人每天清晨五點鐘起床，在空曠的邦迪海灘上作晨練，六點半回別墅簡單梳洗，七點鐘 Mark 開車來接他們進市區與 Dean 博士一起吃早餐。邦迪海灘別墅是 Dean 博士特別向好友情商借用的，這裡每逢週六日整個海灘就會佈滿五顏六色的年輕男女在這裡沖浪、玩水、曬太陽和交朋友，是一個充滿歡樂能量的渡假聖地。但一到了週日的夜晚，一整個海灘的人就會隨著呼嘯而去的車聲全數撤離，只留下一個空空蕩蕩的沙灘，獨自面對闇黑的大海夜空的繁星。從禮拜一起到禮拜五的傍晚前，這整個海灘幾乎都是空無一人，全歸洪家父子三人使用。只是這父子三人一整天都在雪梨市區裡教拳，僅有每天清晨這短暫的一個多鐘頭，可以徜徉在海邊享受這裡的美景。這裡與雪梨市中心隔了一座橋，每次過橋時都需要向收費站的一個籃框投擲幾枚硬幣才能通過那個閘口，比臺灣過去高

速公路用人工收費的方式方便很多，同時也不用讓收費人員每天都得站在閘口呼吸汽車排放出來的廢氣。只是一旦啟用了機器代收，人就失業了！伴隨科技文明的進步所帶來的影響總是喜憂參半，人們必須在發展科技的同時，挹注更多的智慧來思考和解決這些可能的負面效應，只是在更好的解決方案被提出來之前，不想被科技和機器所取代或淘汰的人，可得先想辦法讓自己擠進前三分之一的領先群之中，這樣才可以分配到最多的資源，這樣你才會有足夠的餘力，來關照那些落後的弱勢族群。

　　這次訓練的場地是安排在雪梨市的奧林匹克中心，在這棟建築裡頭有附設餐飲中心。但為了避免每天都吃一樣的東西，Dean 博士幾乎每餐都為他們父子三人安排在附近不同的餐廳或飯店享用不同風味的豐盛早餐，然後再就當天訓練的重點，或所需要的設備作協調。每天的訓練課程是從上午九點鐘開始，每九十分鐘休息二十分鐘讓學生做筆記，因此中餐通常要忙到下午一點半過後才吃。為了不浪費大家的時間，每天的中飯就都固定在奧林匹克中心的附設餐廳吃希臘菜。因為當年在臺灣根本沒有希臘菜的餐廳，而這裡的菜單上也都沒有印上照片可以參考，為了避免像李小龍在《猛龍過江》中因為語文不通而誤點了一整系列的湯品，洪家父子三人的中飯幾乎都是由 Dean 博士全權處理。

　　因為餐桌上的禮儀，Dean 博士總是要看到洪家父子三人吃完第一口的表情，確認這些菜合乎他們的口味後，他才會放心用餐。於是每次用餐時，作一個又滿意又感激的表情，便成了洪家父子每餐必要的功課。又後來，這個表情更成為全桌賓客間莞爾逗趣的笑點。有趣的是，Dean 博士知道洪懿祥喜歡吃海鮮，因此幾乎每天的中、晚兩餐都要餐廳為他準備一打十二顆生蠔，好滿足他酷愛海鮮的味蕾。只是再珍稀的美味，一旦成了每餐必吃的菜餚，也會變得讓人

噁心反胃，更何況是生蠔。剛開始幾天他吃得還蠻開心的，可是連吃了一整個禮拜之後，任憑他擁有國際九段範士的武術修為，也無法消受這些昂貴的人間美味，最後只好忍痛懇求 Dean 博士 "no more oysters!" 在當時，吃生蠔要讓人吃到舉白旗投降，還真的是一件既不便宜又不可思議的事，然而，這事在赤道的另一端，卻活生生地在眼前上演，這應該也算是大師一生奇遇的外一章吧！

因為參與受訓的學生都是 Dean 博士特別遴選出來的種子教官，因此在學習的速度和成效上明顯優於一般。洪懿祥常說「只有問對問題，才能找到對的答案！」一個用心的老師一定可以從學生的課間提問中，清楚判斷學習的成果。因此在短短的兩個星期，就把形意拳的套路和用法全都教完一輪，包括：形意五行母拳、五禽七獸十二形、五虎拳、十二洪捶、安身炮、周侗棍等，為了方便複習和傳承，洪懿祥破例同意 Dean 博士安排專業攝影師為整個訓練課程作完整的錄影。在過去，武術的傳承絕對不會允許作拍照、錄影，更遑論這種無所遁形的全程錄影了。但因為考慮到異地的遠端傳承，不得不採行這種務實的作法和必要的妥協，在當年，這算得上是絕無僅有的創舉了！這是一場用意志力與時間賽跑的艱難賽程，不管是教的人、學的人還是負責拍攝的人，都像是持戒的僧人一樣。在那段時間內，大家都心無旁騖，只求能在兩個星期內，按照既定的計劃，完成所有的訓練課程。結果事實證明，只要能克服內心的軟弱和體能的撞牆期，人類的潛力真的是有無限可能的！只是挑戰極限過後的那一個人，其實已經不是原來的那一個人了！

於是，就這樣每天清晨摸黑起床，一直要忙到晚上接近十一點鐘，才能回到已經烏漆麻黑到根本看不見海景的海景別墅，再簡單清洗自己換洗的衣物後，往往要到晚上十二點半左右才能在自己的床鋪上昏倒不醒人事，然後，就維持著那個睡姿，一直昏睡到第二

天清晨，被盡忠職守的鬧鐘喚醒為止，睡眠的過程中，就連在床上翻身側躺的氣力都沒有！別墅的冰箱裡頭，始終冰鎮著兩桶香草和巧克力冰淇淋，這是我們入住這個濱海別墅的第一天，Mark 自掏腰包送的。可是一直到完成兩週的訓練課程，要離開這個別墅時，都還沒有機會打開品嚐，最後只好原封不動由 Mark 帶回家去與他的家人一起享用。

但辛苦歸辛苦，大家其實都忙得還蠻充實愉快的，一逢週末的下午和週日，當地的師生都會費心安排戶外的聯誼活動。第一次是在一個很漂亮的湖邊烤肉，掌廚的重責大任當然是由 Dean 博士親自擔綱，因為他擔心廚藝不精的人，會毀了那些上好的澳洲牛肉，會讓那隻牛犧牲後還得不到人類讚美的哀榮。於是除了喜歡做菜的洪懿祥陪同他一起料理之外，其他的人就全都在湖畔的草地上玩飛盤和迴力鏢。迴力鏢是澳洲原住民毛利人狩獵維生的工具，能夠透過氣流以弧形的曲線準確擊中二、三十公尺以內的獵物。但這個原是野地謀生最平常不過的技術，在文明的進化中，就如同傳統武術一樣，已經理所當然地被其他更具效率的武器和工具所取代了，不要說是年輕的澳洲人，甚至連年輕的毛利人也是一樣，頂多只能讓迴力鏢回到自己的手上來，要像他們的老祖先一樣，拿它來打移動中的獵物，那肯定是要讓大家減肥餓肚子的了！

在澳洲吃上好的牛肉，通常是不沾任何醬料的，頂多是灑一點點海鹽或岩鹽，這樣才能品嚐到肉品最原始的汁味。而燒烤時，也忌諱不斷翻面，要耐著性子烤到背火面的肉出汁後才能翻。只是我們的味蕾在臺灣早已經被黑胡椒醬和蘑菇醬給醃遲鈍了，總覺得在澳洲原產地吃牛排似乎少了一味。還有在這裡葉菜類的蔬菜很少，一般人用餐時，頂多是喝一杯柳橙汁充數，不像在臺灣吃西餐時，一定會先上一大盤生菜沙拉，然後再來一碗濃稠的南瓜湯或羅宋湯。

這裡的人，平常吃的都很簡單，但餐後的甜點可是每餐必有的。其中讓人印象最深刻的應該就是「米布丁」，顧名思義就是把米飯加到鮮奶與雞蛋混打的湯汁中，再放入烤箱烤成凍狀的布丁。真的從沒想過臺灣人的主食也可以加進西式的甜點中成為主角，而且還這麼香濃好吃！另有一種甜點是把起酥的千層浸漬在濃稠的蜂蜜中，聽說這是一種希臘或是中東的甜食，吃的時候是蘸著蜂蜜一起吃，吃起來就真的就像是北宜公路上賣蜂蜜的廣告詞：「夭壽甜，不甜砍頭！」

當天晚上，是在海邊一家「麥斯威爾屋海鮮餐廳」用餐。整個餐廳裡裡外外全都是用原木所打造而成的，看起來舊舊的，但卻處處透顯著一股原始粗獷的草原風格。餐廳的生意好得不得了，平時就算是打電話預約也不一定能訂得到位子。這家海鮮屋的老闆就叫麥斯威爾，餐廳是由他自己親自掌廚，他是 Dean 博士最早期的學生，在他們的組織中輩分不低。因為結了婚，再加上餐廳的生意火紅，就再也無法每天到道館練習，只能偶爾抽空回去練一下，持續跟道館維繫著濃郁的情感。這次知道洪家父子到雪梨授拳，特別要求 Dean 博士邀請他們到他的餐廳用餐，有個性的人對自己喜歡的人總是特別熱情，這位麥斯威爾先生跟他喜歡的人打招呼，向來不是用握手的，而是像熊一樣把人摟得緊緊的，摟完了洪懿祥和洪澤洲後，看到洪澤漢這麼小隻，忍不住打趣地說：「你們確定這位先生真的是 BBC 影片裡頭那個打拳的 Kung-Fu man 嗎？」為了這次的會面，麥斯威爾還特別準備了一本 Howard Reid 寫的 The Way of the Warrior 讓洪家父子三人簽名，看了書上的中文簽名後，他覺得中國字實在太漂亮了，就進廚房拿了一支特粗的簽名筆要洪家父子在餐廳裡最粗的一根原木大柱上簽字，他說有了武術大師的簽名，以後他的餐廳要對每一個來吃海鮮的客人多收一塊錢，因為他們免費分

享了大師送給他的福氣。那一餐，是洪家父子三人在澳洲兩週的行程中，吃得最愉快的一餐，不只是因為臺灣人本來就酷愛海鮮料理，更因為老闆的風趣友善和所有作陪學生的熱情款待，讓那一碗裝滿新鮮干貝和小墨魚的海鮮濃湯更加鮮甜美味，讓人魂縈夢牽。酒足飯飽之後，還是由 Mark 負責開車送洪家父子回海邊的別墅，臨走前，洪懿祥終於忍不住開口問：

「Mark，你是不是需要休息幾天？」

「我沒事！我只是腰受了一點傷！我可以完成我的任務，請放心！」Mark 說。

「前幾天我用斷層掃描幫他澈底檢查過，從檢驗報告上看不出有什麼毛病，可是他的腰就是直不起來！只能開些消炎止痛的和肌肉鬆弛劑給他，可是好像也沒什麼幫助。」Dean 博士說。

「是筋絡的問題，第一天我就發現了，可是我的小孩不希望我作武術以外的醫療行為！」洪懿祥說。

「您可以幫他嗎？」Dean 博士問。

「應該沒問題！但問題是你得先說服我的小孩！他們是他媽媽派來的 spy！」洪懿祥說。

「這應該沒問題吧！兩位年輕的洪先生？」Dean 博士問。

「我媽媽擔心爸爸總是熱心過度，所以臨行前特別交代我們不要讓他做任何武術以外的醫療行為，況且，中國傳統的療法，也未必適合你們！」澤洲說。

「怎麼會呢？我是醫生，我了解人體的構造！我們只是外表看起來不一樣而已！」Dean 博士說。

「不！我們說的是醫療的方法，我爸爸的手法，我們知道，會很痛的！」澤洲說。

「痛我可以忍耐！我願意試試看！」於是，Mark 就依洪懿祥的

指示仰躺在餐桌上，然後雙腳環上，點放在他自己頭部的兩側，就像是瑜珈動作的「蝦式」一樣。

「你們幫他扶住腳，不要讓他縮回去!」洪懿祥說。

「好!」澤洲、澤漢說。

「Dean 博士如果不排斥東方的傳統療法，無妨看看我怎麼處理!」洪懿祥說。

「好! 謝謝您!」Dean 博士說。

於是，洪懿祥就以中國傳統放筋絡的手法，幫 Mark 這位盡職客氣的年輕人處理困擾他多日的腰傷。Dean 博士則在一旁仔細觀察處理的步驟和推拿按壓的幾個關鍵穴位。整個療程前後大約進行了十分鐘左右，Mark 始終咬著牙強忍著一般人難以忍受的痛楚，沒有叫出一聲來! 當他的腳被平放回來時，才看到他已經滿臉脹紅，額頭不斷地沁出黃豆般大的汗珠……

「你還好嗎?」洪懿祥問。

「沒問題! 讓我休息一下就好!」Mark 說。

「好!」洪懿祥說。

「他需要吃藥嗎?」Dean 博士說。

「藥我就不給了! 如果痛的話，晚上可以吃一點消炎止痛的藥!」洪懿祥說。

「好! 這些藥我原本就已經開給他了!」Dean 博士說。

「這幾天盡可能多喝水，不要喝酒，尤其是啤酒! 還有油炸和燒烤也要忌口!」洪懿祥說。

「好! 我知道! 現在已經好多了!」Mark 說。

「正常的話，你明天應該可以恢復八成!」洪懿祥說。

洪懿祥在年輕學藝時，就已經具有傷科醫療的專業資格和能力，但因為醫療的變數，並不是單靠專業就可以完全掌控的，為了避免

人在國外孳生各種可能的變數，洪家兩兄弟就一再苦勸他們的父親不要熱心過了頭。尤其是 Dean 博士本身就是當地最著名的醫學博士，一定要尊重當地的醫療專業。因此之故，雖然眼尖的洪懿祥在第二天就已經發現 Mark 有明顯的腰傷症狀，但礙於父子間的約法三章，只好一直隱忍不敢出手。可是眼看著這位南非裔年輕人每天強忍著一天比一天嚴重的腰傷來接送他們時，他真的是於心不忍。他很清楚當時的西醫體系對這種筋絡和運動傷害的問題，除了冷敷、熱敷和吃大量的止痛藥外，基本上是束手無策的。再加上在當天下午烤肉時，無意間瞥見 Mark 獨自一個人躲在大樹後面揉腰休息，他才決定不顧一切出手解圍。當他看到 Mark 發了一身大汗之後，心底確信他的症狀應該已無大礙了，可是當他再回頭看到兩個兒子的表情後，他才發現這下子自己的問題可大囉!

1985 年洪懿祥澳洲傳藝假日偷閒與徒弟們到河邊烤肉留影

1985 年洪懿祥與 Dean Rainer 在澳洲雪梨完成第三梯次的幹部培訓

# 第九九章　跨越赤道澳洲傳藝之五

一個人可以不為五斗米折腰，每天專注於自己喜歡的工作，那麼工作就是一種無上的享受。

**【場景】：澳洲雪梨**

　　第二天早上七點鐘，當 Mark 再度出現在洪家父子面前時，再也不是前幾天那個為腰傷所苦的佝僂之人，完全恢復了年輕人神采奕奕的樣貌，一見到洪懿祥就上前來個真心感激的大擁抱。一個晚上能有這樣判若兩人的療效，讓洪家兩兄弟才完全放下一顆懸吊在半空中的心，看起來他們並沒有完全了解他們老爸的真正能耐，只是一味用世俗的尺寸在制約他的天份。還好見識過大江大海，歷練過大風大浪的他，似乎並不那麼介意這種親情的桎梏，畢竟在家人的眼中，他只是一個爸爸，一個平凡但愛家的爸爸而已。

　　第二個禮拜的訓練有了一點小變化，班上臨時加入了五名新來的學生，Dean 博士說是因為一個好友難以拒絕的要求。其實洪家父子一過手就知道應該是特勤組織派來培訓的幹部，但他們既然有任務在身就彼此心照不宣了。那一週除了既定的套路與用法之外，洪懿祥特別斟酌情況多教了一些擒拿手和摔的技巧。這些課程原應屬於八卦掌的範疇，按原訂的計劃，應該是在下一個階段的課程才教，顯見洪懿祥對這幾位特勤組學生的資質天份應該是頗為欣賞！傳藝的人總是這樣，對一點即通的人，總是忍禁不住會把一些種子播散出去，而不奢求任何的回報。再加上過去他與美國中情局 Robert Smith 亦師亦友的交情，以及先前在中央山脈傳授「制牛術」給他的隱士，在他避世隱居之前，也同樣是從事秘密工作的特殊背景。也許是出於愛屋及烏的移情作用，他對特勤人員忠於工作、忠於主人的特質，總是比對一般的學生多了一份莫名的關愛。他知道特勤

工作往往需要在情況不明的狀況下搏命，如果可以在事發的當下有效制服對手，就可以避免許多悲劇的發生，因此他就特別精選一些最直接有效的手法傳授給這些人。武術的傳承有時就如行船過水一般，當波平浪靜之後，將再也沒有人會去探究這些手法是出自何人？當年是如何傳入這個國度？雖然大家總是極力避免把技藝的傳承當作是作買賣來看待，但當收費的課程結束之後，學的人得藝，賣的人得錢。歸根究底來說，武術的傳承總還是脫離不了交易的事實！但不收錢、不計酬勞呢？真的就可以留下那份情誼和那份記憶嗎？誰知道？洪懿祥只是單純的認為既然有這麼多人喜歡我的武術，而自己也不缺那些錢，就拿武術來換交情吧！至於能換回多少真情和知交就隨緣了！

　　當原訂的課程都如期執行完成之後，在澳洲停留的最後那個週末，就成了洪家父子真正渡假旅遊的放鬆時刻了。在禮拜五的晚上Dean 博士特別預告將會給洪家父子一個大大的驚喜。果然，禮拜六一早就開車帶他們到雪梨近郊一個大型的馬術表演中心看馬術表演。表演中場，主持人還特別介紹這三位來自亞洲的武術大師，並接受所有表演工作人員的熱烈鼓掌和歡迎，足見 BBC 的影片在當地播出後的巨大影響力。中午大家就在馬術表演場附設的餐廳用飯，吃的是比餐盤還要大的烤牛排大餐。因為洪澤漢不敢吃太生的牛肉，負責點餐的服務人員皺著眉頭再三確認後，還是尊重他的決定，給了他一份開店以來第一份全熟的超大牛排，結果那份牛排只吃了一口後，就供在餐桌上讓所有人來瞻仰膜拜了。一個出外的旅人一定要有入境隨俗的智慧和適應能力，當地人牛排吃幾分熟，只要乖乖跟著做、跟著吃就對了！千萬別堅持己見、自以為是！

　　從馬術場出來，又參觀了一家純羊毛編織的個人工作室，跟麥斯威爾海鮮屋一樣都是用原木所蓋的房子，座落在一個環境清幽的

鄉間小路旁。房子離地約有五個臺階的高度，視野景觀非常好。屋子裡頭只有一位蓄著紅色虯髯大鬍的中年澳洲人，不太搭理客人，看起來蠻有個性。他的專長是把已經染成各種顏色的純羊毛毛線用傳統木造的織布機，混織成時裝專用的布料。因為是純手工織造，完全沒有固定的設計圖樣，愛怎麼編織，怎麼配色，全都看這位紅鬍子先生坐在織布機臺時的心情了。只是這個愛耍酷的傢伙，一遇上 EQ 超高的 Dean 博士，還是乖乖地坐上織布機破例為客人作了一小段的編織示範。他邊想邊織速度很慢，應該是極力在避免臨時新織的部份影響到前面已經織好的配色吧！從他的工作態度和節拍就可以看得出這傢伙應該是不太缺錢用吧！不然以他那種產出的速度，真的讓人懷疑這個人到底靠什麼來養家活口啊？待他做完簡單的示範後，Dean 博士還得帶領大家鼓掌感謝他的熱情演出，看他那副開心又靦腆的模樣，就知道是個活在掌聲中長大的老頑童！經進一步介紹，才知道這位傲慢的紡織先生，是專門幫世界各知名的時裝品牌和頂尖的設計師作新布料打樣的布料設計師，並非一般的紡織工人或裁縫師。所以嚴格來說，應該算是個藝術家吧！後來再經 Dean 博士介紹洪家父子給這位紡織先生之後，很明顯地看到這個人的態度有 180 度的大轉變。人在江湖走跳，江湖的名號果真比真才實學更容易博得對方的尊重！只是這位紡織先生僅接受 Dean 博士三分之一的要求，只同意破例為洪懿祥大師一個人量製一套獵裝的上衣外套。因為他認為年輕人少不經事，無法體會純手工作品的價值，就不要浪費彼此的資源了！一個人做生意可以做到這種境界，可以全憑自己的好惡來選擇客人，那可真的是在享受工作啊！既然人家不願意為五斗米折腰，洪家兄弟也不爽為了看他表演折腰的神技而枉付那五斗米×2 的昂貴代價了！

　　Dean 博士堅持為洪懿祥支付這筆可觀的費用。在澳洲只要是標

榜 handmade 的東西，就應該要保持距離以策安全。因為這些純手工製造的東西，全都是貴得嚇死人而不償命的，尤其是以藝術家之名加持過的東西，殺傷力就更加驚世駭俗了！Dean 博士說他希望洪懿祥大師以後穿上這件衣服的時候，就可以想到大家在澳洲相處的這段美好時光。這個體貼的贈與對洪懿祥是最實惠不過的事了，因為在臺灣很難買到這種大尺碼的成衣。更意想不到的是，在量完身和付完款之後，那位傲慢的紡織先生居然拿出了一本名人錄請洪懿祥簽名留念，原來這個酷酷的傢伙在冷冷的外表下還是有著一顆熱熱的心！待洪懿祥簽完名後，他又從庫房裡拿出另一塊布料，說是珍藏多年的作品，因為不想被大量複製成商品，所以就一直保存在自己的倉庫中。他說他感應到自己跟洪懿祥的磁場很接近，所以要將這塊布料免費送給洪懿祥，唯一的要求是要 Dean 博士同意讓他改用這塊布料來幫洪懿祥縫製獵裝。而先前已經買了單的那塊布料，就請洪先生帶回臺灣請最好的裁縫師傅代工。藝術家的作風果然不同於凡人，經常會有一些常人無法理解的舉措，但總不脫離對完美的追求。這位傲慢先生的作風雖然異於常人，但細心品味卻也頗耐人尋味！

次日，一大清早，Dean 所率領的車隊已經開上了高速公路。Mark 偷偷提醒洪家父子今天就是要兌現驚喜之旅的日子。車隊持續在高速公路馳騁了兩個多小時，沿途的房舍和人煙變得越來越稀少，一眼望去盡是起伏的曠野和草原。

「我覺得你快要完蛋了！」澤漢說。

「為什麼？」澤洲問。

「因為這應該是開往馬場的路！」澤漢說。

「那又怎樣？」澤洲問。

「我猜他們應該是帶我們去騎馬！」澤漢說。

「騎馬好啊！我就是喜歡騎馬！」澤洲說。

「對！肯定是你老愛在大家面前吹噓自己的騎術，才會有這樣的安排！」澤漢說。

「我是真的喜歡騎馬啊！」澤洲說。

「在臺灣，那只是在馬場裡慢跑，別忘了這裡是澳洲，騎馬是在曠野中狂飆的，我看你這次真的完蛋了！」澤漢說。

「……」澤洲。

「別嚇唬他了！」洪懿祥說。

「爸！你會騎嗎?」澤漢問。

「不會！」洪懿祥說。

「我也不會！哥，恭喜你了！這次就你自己一個人好好享受吧！」澤漢說。

「……」

洪澤漢猜得沒錯，此行果然是要讓他們父子體驗最原始和最真實的澳洲本色。Dean 博士和這次參與受訓的幹部決定陪洪家父子在曠野中享受騎馬奔馳的快感，所以暗中安排了這次的驚喜之旅。只是騎著駿馬在曠野中奔馳還是有一定的危險性，他們畢竟不敢貿然要從來沒騎過馬的洪懿祥和洪澤漢冒險騎乘。原本要讓 Mark 留下來陪他們兩人，但經溝通後 Mark 還是同意跟大家陪洪澤洲去馳騁澳洲的曠野了！然而，更大的驚喜是，澳洲草原的天氣說變就變，馬隊出發前的日麗風和，在半個小時後就風雲變色。先是平地揚起了遮天蔽日的沙塵，緊接著就雷電交加，驟然下起滂沱的超大豪雨，然後就這樣風狂雨驟持續惡狠狠地下了將近四十五分鐘後，一下子又恢復了原來的日麗風和，好像什麼事也沒發生過一樣。又過了十分鐘後，就看到一個濕漉漉的馬隊，像是才剛打了敗仗的殘兵敗將般地回來了！

「這就是我的澳洲驚喜之旅?」澤洲問。

「對！但不包括剛剛的大雷雨，那是澳洲的曠野之神特別為你加碼演出的，不另外收費!」Dean 博士的即時幽默，將那場突來的大雷雨轉化成老天爺的奇異恩典。洪懿祥父子澳洲傳藝的第三回合，就在這個驚喜之旅中畫下了一個濕漉漉的驚嘆號！

為了感謝洪家父子三人無酬、無私地分享他們在武術領域中的心得與成就，在機場臨別時，Dean 博士又製造了另一個驚喜。他暗中修改他們回臺的行程，特別招待他們到香港做五天的旅遊行程，希望洪家父子三人在回臺灣之前，可以在香港好好地享受渡假和購物的樂趣。總之這趟澳洲之行處處充滿溫馨和驚喜，令人終生難忘……

# 第一〇〇章　苗栗流民拳

一種武術，可以放到越戰中用生死來檢驗它的實用價值，又可以放到國際武壇中接受技術的挑戰，就應該可以傳承百代千年。

**【場景】：苗栗**

　　「戰場的格鬥是生死搏命，只有簡單、有效的招式，可以增加存活的機率，因此不得不拿掉一些太技術性的東西。而民間的武術卻因過度玩弄複雜和花俏的技術，而變成了不堪一擊的花拳繡腿。一種武術可以放到越戰的戰場拼死活，同時又可以放到國際武壇接受技術的檢驗，就證明這種武術，不只具有實戰的能力，還具有高度的技術性！能做到這一點的，只有一個人！」湯先生說。

　　「洪懿祥！」陳先生說。

　　「對！就是他！」湯先生說。

　　「為什麼？」陳先生問。

　　「因為工作和個人嗜好的關係，我私下留意這個人已經好多年了！」湯先生說。

　　「知道是誰寫的黑函嗎？怎麼會有這種人呢？」陳先生說。

　　「還不是武術界的同業！就是有人見不得別人好！」湯先生說。

　　「知道是誰嗎？」陳先生問。

　　「幹嘛問那麼清楚？」湯先生反問。

　　「洪先生是我爸爸的好友，要知道的話，總該提醒一下！」陳先生說。

　　「真名真姓不能說！只能告訴你，其中有一位也是個相當有名氣的內家拳大師，聽說是因為接受洪懿祥的外國學生 Kumar 挑戰，當場失了顏面，就此懷恨在心！」湯先生說。

　　「大師也幹這種齷齪的事啊！」陳先生說。

　　「德行和天份是分開的兩件事，有才無德的人比比皆是！政府
裡的官員和政客、學校裡的校長和教授、宗教裡的大師和上人，多
的是這種臺上光鮮臺下齷齪的卑鄙角色。」湯先生說。

　　「還持續在寫嗎?」陳先生問。

　　「那已經是很久以前的事了！應該沒了吧！」湯先生說。

　　「那就好!」陳先生說。

　　「陳兄！方便請你爸爸引介一下嗎?」湯先生問。

　　「你不是已經是流民拳和跆拳道的高手嗎?再說你那麼忙，哪
挪得出時間學啊?」陳先生問。

　　「再忙，還是可以想辦法挪出一點時間，做一些自己真正想做
的事，拜託了老弟!」湯先生說。

　　於是，經由好友之父陳駿的引薦下，當年在警總擔任要職的湯
先生與苗栗跆拳道協會主委廖老師就正式拜師投入在洪懿祥的門
下。同期還邀了幾位苗栗的同鄉好友一起到安西街的道館學習易宗
唐手。每週六一早他們從苗栗趕火車到臺北上課，訓練的課程是從
上午九點一直練到十二點，由洪懿祥和洪澤洲、洪澤沛三人合力傳
授。除了一位教畜牧學的留德養豬博士沒有武術根基外，湯先生原
本就是流民拳的高手，又因長年在軍警兩界服務，平日也都維持著
自我操練。而廖老師則是擁有跆拳道五、六段以上的資格，所以約
當學了半年之後就已經有相當不錯的功力。有了這樣的成效，湯先
生就大膽地向洪懿祥提出一個更大的計劃，他表示已經取得當地教
育主管單位的支持，計劃以易宗唐手取代當時國小國中高中體育課
裡頭的跆拳道課程。但為了配合大量的推廣，必須在當地培訓所有
任課的體育老師作為種子教練，因此，湯先生就特別要求洪懿祥指
派洪澤洲擔任這個專案的總教練。於是，從那個時候開始，洪澤洲
就反過來每週六搭火車到苗栗，再由他們接送到苗栗市體育館培訓

所有的種子教練。每個月洪懿祥都會定期到現場驗收該月份應有的進度和學習的成果。就以這樣的方式持續進行了半年後再進行資格的檢定，檢定合格的體育老師就開始在苗栗各級學校全面推廣唐手道。

為了配合地方民情和教育制度的考量，洪懿祥同意湯先生的建議，以「中華唐手道」之名將他用一生的精力所整合的中國傳統武術列入苗栗國小國中高中的體育課程，透過地方政府的大力協助以正式的教育課程在學校推廣唐手道。長期以來，臺灣的教育機構從來就未曾正視過傳統武術的推廣，充其量也只是開放學生在課餘自組社團練習而已。這次能夠以正規的課程，在各級學校大規模的推廣，主要歸功於湯先生的熱心奔走協調，以及他在當地所擁有的豐沛人脈和資源，再加上他具有軍警的特殊背景，在組織和動員的能力上確有常人難以企及的能耐。

在推廣的過程中，適逢臺灣推動治安史上最大規模的掃黑行動「一清專案」，湯先生一度奉命前往綠島擔任「職訓總隊」的要職，專責管理那些入監的黑幫頭目。在那個過去以囚禁政治犯聞名的孤島上，每天要和這些角頭大哥周旋並且取得和諧，除了必得要擁有絕對的權力之外，湯先生表示還要有得自於武術鍛鍊中所養成的那股正氣和魄力，沒那股「氣」，就是給你再大的權力和武力，也未必鎮得住那些長期在刀光槍聲中打滾的大哥們。管理者和被管理者之間存在著許多微妙的互動關係，除非身臨其境否則難以體會那種「老子連命都可以不要了，你又能奈我何?」的無力感。

那年的中秋，湯先生因勤務必須在綠島留守無法回臺過節，於是特別央託回臺渡假的同事從綠島帶了一對當天剛鋸下來的新鮮鹿茸和好幾隻長得像怪獸般的椰子蟹送給洪懿祥老師當秋節禮物。據說在那個隔離的小島上，除了關人和被關的人之外，還復育了許多

臺灣原生種的水鹿和梅花鹿，鹿茸是昂貴的中藥材料。一般在中藥行看到的鹿茸都是切成片狀後曬乾的模樣，然而送到洪家的卻是一整支完整的鹿茸，而且切口上還不時沁出鮮血。第一眼看到那個模樣很難不讓人直接聯想到在鋸鹿茸時的血腥畫面。平時很少使用補品的洪家還真的不知道要如何處置那兩支動物的角，後來還是請熟諳中醫的洪懿文幫忙配了一帖昂貴的中藥材，再央託迪化街的中藥行代工切成片狀，和著中藥材和半打的金門陳年高粱浸泡成延年益壽養精補氣返老還童的滋補藥酒。只是那一罈滋補養生的藥酒，從頭至尾就一直被視同動物實驗室裡的標本一樣供著，從來就沒有人想過要打開來試試傳說中的神奇療效。一直到若干年後的某一天，洪媽媽在抹地板時，不小心用拖把碰了一下，那罈封存了好多年的藥酒就原地自爆。自此那帖宮廷秘傳的養命處方，留下了滿室的酒香和傳說中振衰起敝無所不醫的不解之謎澈底從人間消失了！

至於那幾隻穿盔帶甲模樣猙獰的椰子蟹，洪媽媽本想拿到附近公園的椰子樹下放生，讓塵歸塵土歸土，可是到現場一看，才赫然發現，那些印象中的椰子樹，其實並非真正的椰子樹，而是它的近親檳榔樹是也，只見樹下一片光禿禿的黃土，這樣的放生無異是送死。在緊急召開家族會議後，最後決定由么兒子洪澤沛送牠們到淡水河畔的樹草叢中，讓牠們自謀生路了！沒有人知道這幾隻椰子蟹從綠島移民到不生產椰子的淡水河之後，是否順利地存活下來，如果是的話，今天應該已經子孫滿堂了吧！

唐手道在苗栗發展近三年後，湯先生在數萬個學生中發掘一位擂臺型的選手徐潤才，經過培訓後連續多年勇奪中華武術世界盃的冠軍。上擂臺與不同武術的選手較量高下，最在乎的是膽識，武術界有所謂「一膽二力三本事」的說法，一語點破「膽識」才是上擂臺決勝負的首要關鍵，少了膽識，不管你天生多大的氣力，又練就

了多高的本事，心若一慌，底氣一散，就什麼都全沒了！這種先天性的稟賦或缺陷，有時即使窮一生的努力也未必能夠改變。在洪懿祥的徒弟中就有一位姓鄒的學生，在道館練拳多年，每逢年度賽事總要搶先登記報名參賽，可是卻總是臨陣退縮不敢上臺比賽。有一次，甚至還在比賽的前一天把參賽的道服給燒了，終其一生未曾走出這個心魔障礙。其實，**參不參賽**，得不得冠，既不代表也不證明一個人的能力好壞，因為每個人天生的秉賦資質各有不同，怕的就是遇事逞強不知藏拙。徐潤才跟這個姓鄒的徒弟正好是兩種極端相反的典型，這種人在平常練習時，未必看得出有什麼特別不一樣的能耐，可是一旦上了擂臺，就活像是藍波重返越戰的叢林，回到他熟悉的戰場，完全換了另一個人似的。這全是天份使然，是否能夠從本事下手發心苦練，而逆轉先天變弱為強，這還是得看個人的造化了，即使遇上再好的老師，也同樣未必能化腐朽為神奇，勉強為之，對雙方都是無盡的折磨！

　　洪懿祥和他的武術，因為得助於湯先生的大力協助，在苗栗地區算是遍地開花桃李滿天下。只是在這個盛況的背後卻也透顯著一個無法否認的真相：在人類文明不斷進化的過程中，傳統武術雖然通過一波又一波的時代考驗而存活了下來，可是它已經再也無法單獨存在於未來的每一個世代了，如果沒有人脈和政策的支持，無可避免的是：一夜喧囂過後，滿地盡是落葉啊……。

# 第一〇一章　自然門萬籟聲大師

一個暫不兌現的優勢，就是一種牽制；一個有效的牽制，可以創造無限可能！

**【場景】：中國福州市**

　　那一年，洪懿祥應邀到中國福州擔任「兩岸中華武術觀摩賽」的裁判長，他帶領臺灣武術界老中青三代的好手前往福州參與這個賽事。這也是洪懿祥本人從年輕時跟隨張峻峰師父學習中國傳統武術後，第一次踏上中國大陸的土地，與大陸的武術同好為兩岸中國武術的交流和發展共同攜手合作。那時，臺灣武術界在各種競賽規則的發展方面，相對比較進步完整。為了縮短兩岸的落差，他提前一個星期抵達福州，協助培訓當地的裁判人員，並就比賽中所需要的相關支援作完整的交流。

　　萬籟聲師傅是湖北省鄂城縣葛仙鎮人，十三歲起就在北京拜師習武，曾練過少林六合拳、羅漢拳、猴拳、劈卦、形意、八卦、太極等內外家拳術，對各項傳統的刀劍棍棒器械也都有很深入的研究，並著有：《武術匯宗》、《原式太極拳圖解》、《國際技擊武術教範》等武術著作，曾在上海、河南、武漢、廣西等地以授拳和行醫為業。他所創立的「自然門」追求的是「動靜無始，變化無端，虛虛實實，自然而然」的武術境界。他同時也是福建省的政委和省武術協會的副主席。

　　「萬師傅在中國武術界的輩分很高，是我們尊敬的老前輩！」

　　「萬師傅年輕時英雄事蹟，我在臺灣也早有耳聞啊！」洪懿祥說。

　　「萬師傅一向對武學後進都很照顧和提攜，但他一生講究真才實學，對那些功夫始終練在兩片嘴皮上的冒牌武術家，他老人家從

不假以辭色!」

「這我認同! 那種人應該改行當體育臺的武術播報員或推銷員才對, 浸泡在武術界裡, 不但糟蹋了自己, 也作賤了武術! 萬師傅可是真性情啊!」洪懿祥說。

「洪師傅, 您是國際武壇的名人, 我們都知道您是內家拳的實戰高手! 雖然前幾天我們已經先把您的資歷背景向萬師傅報告了, 但他老人家好勝的個性不減當年, 所以特別冒昧提醒您一聲, 萬師傅與陌生人初見面時, 都忍不住會暗中試手, 測試對方是否真的有料, 這要請洪師傅您稍微留神, 也請您多擔待些!」

「了解! 謝謝您的提醒! 您費神了!」洪懿祥說。

在當天的歡迎晚宴上, 萬籟聲老師傅應邀親臨現場與臺灣來的武術界代表們一起聯歡, 萬師傅雖然高齡但看起來仍然步履輕盈神采奕奕。 經過簡單介紹後, 洪懿祥為了敬老尊賢就禮貌地趨前握手致意, 沒想到雙方才一搭手, 他的右手就立刻感受到一股強大的暗勁向手心裏捲而來。 因為洪懿祥的手掌厚實大於一般常人, 除非對方也是天生的大骨架, 否則很難在他的巨掌中施力發勁。 而萬籟聲師傅是屬於精瘦的體型, 手掌骨架與常人無異, 能夠在這樣懸殊的比例下發力, 顯見其功力非比尋常。 但在初次見面的場合就出手這麼重, 卻是洪懿祥所始料未及, 出於本能的反應, 洪懿祥在第一時間就以暗勁來阻抗, 以避免手掌關節被對方擠壓在一塊時, 就無法再發力反制了。 在兩勁相持的瞬間, 緊接著就感受到對方的手勁持續快速加大, 洪懿祥心底明白這一波才是真正的主力攻擊, 面對這樣的強力挑戰洪懿祥不但沒有不開心, 反而有一種重回年少時, 到處與人比武競技的竊幸。 他順著身體趨前招呼的動作再向前小進半步, 同時以左手掌蓋住兩人較勁中的雙手, 並以右手的中指扣鎖住萬籟聲的大拇指後, 略施三分的力道暗示對方要適可而止, 如果對

方再不停止用勁即有拇指關節斷折的可怕後果。果然萬籟聲師傅意識到這個潛在危機後手勁立刻就鬆放了下來，同樣也用他的左手掌蓋住洪懿祥的左手表示熱情的回禮。就在這四手交疊的熱情招呼中，完成了兩個世代兩位高手的暗中較勁。此刻洪懿祥心底暗自慶幸，還好有人事先提醒，否則如果全憑當下的自然反應還手，恐怕今天的這個場面就無法如此的平靜和諧了。

「洪師傅，好功夫！」

「萬老前輩，請多提攜指教！」

在一旁負責介紹雙方的那位先生，一直到這兩位傳奇人物放開雙手的瞬間，才完全卸下心中的隱憂。現場數百位賓客之中，除了當事者──兩位高手之外，就只有他一個人知道在剛剛那個剎那發生了什麼。根據洪懿祥事後回憶，萬籟聲師傅的內勁確實大於他的預期，雖然自忖硬拼未必會輸，但在那樣的場合，如果兩位高手真要在眾人面前動起手來，那真的是有損兩岸同胞的和諧了。再加上對方年歲已高，自己絕對不可以有僭越冒犯的舉措，因此他刻意藉由進前半步的同時，將對方的右腕下壓拗成無法施力的死角，這樣一方面可以避免對方繼續用力逼迫自己不得不出重手回擊，另一方面他以中指和大拇指扣鎖住對方的大拇指，又以左手蓋壓在對方的大拇指，如果對方仍然執意要分輸贏的話，只要握緊對方的右手往後回拉，中指和大拇指同時反向使力下拗，對方若想保住大拇指不斷折的話勢必得跪下去，才能化解這個微型擒拿手，如果對方再有大動作反抗的話，他只要再以左手向前搓壓，對方連逃離的一丁點機會也沒有。這就是擒拿手法中無解的「三鎖」。還好雙方都只是點到為止，真要硬鬥下去，他也不確定自己會不會在那個關頭對一位長者下得了手。

當天晚上，忙完了裁判人員的講習會後，幾位自臺灣隨行而來

的老徒弟陳勳、黃清祥、李春生以及同團的臺灣武術界同好，聚集在洪懿祥的套房中泡茶聊天。約莫到了晚上十點鐘左右，他才剛打發大家回房休息，就聽到門鈴聲，打開房門一看，兩位年約四十歲的壯年人提了一籃包裝得很精緻的水果來拜訪。

「洪師傅，我們是萬籟聲師父的徒弟，師父讓我們特地跟您送份山東梨讓您嚐嚐！表達我們對您的歡迎和景仰！」

「這怎麼擔得起，萬師傅是前輩，我還正準備明天去拜訪他呢！沒想到還是慢了一步，讓你們先來了！來來來，快裡面請！」

「洪師傅，您太客氣了，來這裡我們是主人，來看您是應該的！」

「唉！兩岸隔離了幾十年，能走到這一步真不容易啊！我幾位師父要能趕上今天的開放，不知道該會多開心啊！」

「其實看到洪師傅在世界武壇的成就，他們在天之靈應該也是同樣開心吧！」

「能不辱師門，就已是萬幸囉！兩位有萬師傅這樣的明師帶路，日後成就一定會比我們這些老頭子的更輝煌才是！」

「洪師傅，不瞞您說，師父對您白天所使的手法印象極為深刻，一整個下午，不知跟我們倆提了幾次，還直讚您不但手法細膩，更讚您心地寬厚慈悲，招式點到為止，蓄而不發，真不簡單！」

「唉！真的是造次了！我正想為這事負荊請罪呢！」

「不！洪師傅，在我們這兒，誰不知道我師傅眼界高，就看不慣那些全憑一張嘴巴練把式說功夫的冒牌行家。他真的是打從心底高興，能在他有生之年，看到中國武術跨越了大江大海的幾十年後，還能造就出像洪師傅這樣的高手，真的是不容易啊！」

「哪裡，剛剛在這兒，我還一直鼓勵臺灣同來的伙伴，要多向萬師傅這些耆老多多請益求教才是！才不辜負這個千載難逢的好機

會！對我們來說，萬師傅可是見證近代中國武術的鮮活字典啊！」

「洪師傅，您太客氣了！師父特別叮嚀我們兩人，未來定要找機會向洪師傅請益幾手關節控制術，才不會錯過向大師學習的機會！」

「好好好！沒問題！從現在開始我們應該一起跨越界線的限制，大家相互交流切磋，相互激勵成長啊！」

這一場與萬籟聲大師在福州相會的機緣，透過這一次彼此心照不宣的暗中較勁，更增添彼此惺惺相惜的情誼，也為兩岸武壇巨星的交會留下了一個璀璨的亮點和記憶。

1990年洪懿祥及關渡分館館長陳勳和南港分館館長黃清祥應邀參與中國福州武術觀摩會

1990年萬籟聲大師與洪懿祥大師在中國福州相見歡。

# 第一〇二章　強者的殞落

*大象無形，大音希聲，至哀無淚！王者的霸業，無法繼承，無法複製！*

【場景】：安西街

　　那一年，洪懿祥 66 歲，他的夫人洪王愛卿女士因膽結石，住進臺北馬偕醫院進行開刀取石的手術，因為主治醫師的疏忽，在手術時沒有將膽道清理乾淨，造成膽道阻塞而誘發黃疸病變。當再次進行手術時，主治醫師改採體外穿刺的療法，卻又不慎誤傷了胰臟而導致大量出血，經連夜搶救無效後，就在隔天凌晨辭世。當天留守在醫院照顧媽媽的洪澤漢就在手術室的外頭，整夜聽著手術室中不斷傳出每況愈下的消息，一直到最後醫生出來宣告手術失敗時，他還無法相信一個單純的手術，怎麼會變成天人永隔的劇變，而那個傷慟的日子，正是他三十六歲的生日。

　　洪懿祥因頓失生活和生命的依託，而日益落寞消沉，雖然子女們極力維持媽媽在世時，各種起居作息的氛圍和年俗傳統，以避免觸動他的傷懷，但老年喪偶的傷慟和孤寂，仍然一日復一日侵蝕他繼續存活下去的意志。

　　「我想把這個武館聯盟交給阿洲來領導，把那些秘傳的手法留給阿沛來繼承，讓他們兩個人分工合作共同管理，你覺得怎樣?」洪懿祥問。

　　「爸，做你想做的！我沒有意見！」澤漢說。

　　「阿漢，我這麼做，有我的盤算！管理一個武術系統和單純的教拳大不相同，組織內外往來的人和事很雜，你在金融界服務，最好避免與這些人有瓜葛。因為有些人為了私利，會假道義為名與你糾纏不清。一旦沾上了道義，就什麼都扯不清了！阿洲和阿沛就沒

有這層顧慮，而且他們的性格也比較果斷，像刀刃一樣能斬能斷，不會容留任何渾水摸魚的空間。你生性溫和，又不善於拒絕，就像是刀背雖然有厚度，但就不適合來擔當武館頭人的角色。所以我想讓你隱身刀鋒之後運籌帷幄，做他們的智囊和後盾，或是乾脆像阿公一樣續留商界發展，說不定還可以闖出個響亮的名堂。」洪懿祥說。

「爸！你高估我在商界發展的能耐了！我只是上班打工，那口飯是人家賞的，頭銜也是人家給的，哪能有什麼名堂！」澤漢說。

「那也沒關係！只要餓不著肚子就好，我就怕你硬撐蠟燭兩頭燒！」洪懿祥說。

「爸，工作和武術對我來說是相互調劑。道館的事你想怎麼安排，我都依你的意思做，沒有任何異議。」澤漢說。

「一直以來，這個系統都是我一個人當家作主，我要是走了，我很清楚它將會變成什麼樣子！雖然你對提昇它在國際武壇的地位盡了很大的心力，但你也知道有些東西是不可繼承的！除非你把自己變成跟他們一樣強悍。但值得嗎？」懿祥問。

「爸！你是對的！我不但改變不了自己，也改變不了我的對手和我的戰場。」澤漢說。

「我不是要你認命和放棄，而是要你把自己放對舞臺，只有這樣你的努力才會獲得應有的肯定和掌聲。」懿祥說。

「爸！你放心好了！我會始終如一努力扮演一個稱職的配角！從旁全力協助他們！」澤漢說。

「阿漢，雖然從小我就讓你跟著二伯和三伯學拳。但嚴格來說，你並不是一個典型的武術家。你喜歡的是那些隱藏在拳術背後的拳理，而不是拳術本身。雖然你總是練得很勤，但那是你的天性使然，你只是不想丟我的臉而已，不是嗎？阿漢，那是責任感，不是天

份！」洪懿祥說。

「爸，我不全是為了這個目的才這麼做的！我真的很享受那種潛心苦練和自我提昇的感覺！況且都已經練了幾十年，戒不掉的！至於商場上那些應變的技巧，只是臨場不自覺的反射，純粹只是工作上的需要而已，不是什麼特殊的能力！」澤漢說。

「不自覺的反射，就是天份！不要輕忽你在談判桌上的潛力！阿漢，你的戰場，不在這裡！留在商場我相信你這輩子一定可以活得更精采、出色！」洪懿祥說。

「爸，你有沒有想過，用商場上的資源來支持武術的發展，不一直都是我們洪家的傳統嗎？為什麼我們不繼續這麼做呢？也許有那麼一天，我可以把這些商場上的資源跟武術整合在一起！」澤漢說。

「其實這原本也是我的期望。只是這些年來商界和武界互無交集，要跨界整合談何容易！唉！要想在這個新的世代，找到一個企業家能像當年的洪烏番一樣，不求回報地支持武術的延續和發展，太難了！所以我寧可希望你好好聽從南懷瑾老師的忠告，善用與生俱來的商戰智慧，專心讓自己成為一個兼具文韜武略的商人吧！只是那個領域，我所熟悉的人脈網絡也都凋零殆盡，實在幫不上忙，我無法像阿公一樣，可以提供一個像樣的舞臺給你，讓你一展長才啊！」洪懿祥說。

「爸，幹嘛講這種洩氣話。我真要有能耐，就該像阿公一樣白手起家才對！」澤漢說。

「唉！要是能讓你們兄弟早一個世代出生，也許洪萬美就不會像今天這樣，只興旺了一個世代，就在迪化街銷聲匿跡！」洪懿祥說。

「爸，沒有你們那一代所創造的傳奇故事，洪萬美生意做得再

大，也不過是迪化街上一個平凡的商賈而已。你們父子所留下的每一個腳印，不管是對臺灣的武術界，還是對大稻埕迪化街的文化和歷史來說，遠遠勝過商場上的意義和價值！」澤漢說。

「是嗎？」洪懿祥問。

「爸，拜託你想一些可以讓自己開心的事好不好！不要再操煩那些莫名其妙的事了。」澤漢說。

「好！你讓我把整個計劃說完！我知道你雖然溫和反戰，但是你根底不喜歡別人放在你餐盤上的食物，你喜歡自己動手狩獵自己的食物，對不對？因為你總想在那些傳統的用法之外，創造一些新的可能。因此我想讓你在工作之餘，研究我們洪家在大撤退期間所蒐集到的一些資料。這些迄今封存未動的資料，在當時，都是阿公用金條一冊一條換進來的。只是記載這些奇門秘術的拳譜用字過於隱晦簡約，實在是艱澀難懂，又礙於無從諮詢和考證。就一直被鎖在阿公的老鐵櫃中，我擔心如果再這樣放下去，這些技術遲早就會從地球上消失。」洪懿祥說。

「爸！這期間你們兄弟都沒有嘗試練練看嗎？」澤漢問。

「有！像『龍蛇滾』和『散手』就是在彭老師和陳泮嶺老師的指導下，花了好長的一段時間才摸索出來的！兩位大師過世後，就再也無人能解了！我是唸日本書長大的，那些字跡潦草的中文手抄拳譜，對我來說，根本就是無字天書！」洪懿祥說。

「爸，這些老拳譜如果沒有你們那一代的高人來導讀，今天要破解恐怕是難上加難囉！」澤漢說。

「真要是這樣，那也是天意了！反正武館和傳承的事都已經做了安排，應該暫無斷脈失傳的隱憂了！現在我唯一的心願，就是希望可以透過你把這些古拳譜逐一破解出來，至於能做多少就算多少，一切都隨緣！當然，願不願意迎上去尋找答案，能不能找到答案，

就看你的意願了!」洪懿祥說。

「爸,連你都解不開的難題,我自己一個人怎麼可能解得了啊!」澤漢說。

「就當是我對你的回報或懲罰吧! 當年你要我接 BBC 的報導,把我逼上世界的大舞臺。現在我把這個任務留給你,算是禮尚往來吧!」洪懿祥說。

「爸! 你一生過關斬將,走過的每一個關卡,都有它的意義和價值。其實在過程中我們也跟著受惠很多。真的是值得了!」澤漢說。

「你們能夠這樣想就好! 現在我計劃把手上的資源拆分成『傳承推廣』和『潛修研究』兩個路線分頭來進行。你負責潛修研究的部份,恐怕得自食其力了。因為沒有人知道這些老拳譜是否經得起考驗,如果貿然尋求企業的贊助,萬一破解出來的東西不如預期,會讓人誤以為是刻意招搖撞騙。所以最好還是先斷了外援的念頭。總之,要你幹這事,不但需要長時間投入,而且還要忍受未來一無所獲的可能和打擊就是了! 這可是一條孤獨寂寞的長路啊!」洪懿祥說。

「爸! 這種不露臉,一直埋頭苦幹的事,我喜歡! 你放心好了!」澤漢說。

「那就好! 其實阿洲和阿沛負責傳承推廣的這個部份,同樣也不輕鬆! 他們就像是守門員一樣,一輩子都得守著那個門,確保滴水不漏! 就算是有得分的機會,也不能擅離崗位。而且還得老老實實地依它原來的樣貌忠實地傳承下去,不可以任意更動它的原貌。因為一旦改了,就再也沒有一個基準了,知道嗎? 這就是傳承正統的代價! 但我相信他們一定可以嚴守這個規定! 只要他們能夠攜手合作相互補位,就可以確保這些技術永遠不會變質或流失!」洪懿祥

說。

「爸，你說的沒錯！我不但不是一個好的守門員！恐怕連你傳給我的球，也未必能夠得分啊！」澤漢說。

「阿漢，水凝成冰，冰融成水之際，有個階段會呈現半冰半水的狀態，我相信在一般人普遍認為不可能的邊緣，一定存在著一個類似的模糊空間，只要用心探索，持之以恆，當知識、經驗和能量累積足夠了。那些東西自然就會被稀釋出來，而這些被釋放出來的知識和能量，不但會逼迫那條界線往後退縮，更也是再往前融冰的必要條件。如果一味承受別人眼中的禁忌和限制，而不做嘗試和反抗，那條界線就會不進反退，不斷限縮我們的生存空間！你未來要探索的領域，就是這條界線一來一回之間，所創造出來模糊的空間，知道嗎？沒有人知道這個疆域到底有多大，只要能盡力而為就好！」洪懿祥說。

「爸！你有沒有想過，如果我們把這個計劃倒反過來做呢？」澤漢問。

「我就知道你會這麼問！其實，那也沒有什麼不好，只要你們兄弟協調好就好！」洪懿祥說。

「爸！我只是好奇而已，沒有別的意思，你繼續說吧！」澤漢說。

「我希望將來你如果在那塊領域有所領悟或發現，還是要多花一點心思去過濾和判斷，到底那些東西適不適合公開。就像傳我制牛術的師父說過，有些東西根本就不應該存在這個世界。你一定要牢牢記住，過於凶殘惡毒的手法，寧可蓋住或讓它永遠消失，也不可以為了個人的名利而濫傳濫用，知道嗎？」洪懿祥說。

「爸，我會記住！你放心！」澤漢說。

「很好！不管最後是一無所獲，還是真的可以發現某些奇特的

東西，記得一定要用最冷靜、理性的態度來處理。彭老師說過，有些背陽、冷門的闇黑領域，就像是一個無底的黑洞，對人有一種磁吸的魔力，一陷進去，很容易就身不由己，越陷越深，像心念控制、內氣導引和內宇宙的探索，這些似有若無的灰色空間，都是難以用現代人體科技解讀和證實的東西。一步踩偏很容易就會變成邪魔歪道，不能不謹慎！」洪懿祥說。

「我知道！我會謹記在心！」澤漢說。

「這幾十年來，武術雖然成就了我個人的虛名，但為了維持這個虛名，卻讓你們一直過著白天上班晚上教拳這種蠟燭兩頭燒的生活。讓你們都受累了！」洪懿祥說。

「爸，我們都是吃這口飯長大的，從來就沒有人埋怨過！你別盡是往壞處想！」澤漢說。

「要不是因為醉心武術，而錯失轉型的時機，這個家族怎麼會就這樣沒落呢！想起來真的是對不起阿公，對不起你媽和你們兄弟姊妹啊！」洪懿祥說。

「爸，我們跟阿公一樣，一直都以你在武術上的成就為榮！你天生注定就是個武術大師，如果幹別的去，肯定會不倫不類啊！」澤漢說。

「說得也是！在生意場上，我是個澈底的失敗者，投資過的事業沒有一樣不是血本無歸！唉！除了武術外，真的是別無所長了！」洪懿祥說。

「爸，你太謙虛了！阿公說除了武術之外，把生意做垮，應該也算是你另一項不為人知的專長吧！」澤漢說。

「哈哈哈！這倒是真的！聽你這樣胡說八道，心情真的好多了！唉！要是你媽還在就好了。」洪懿祥說。

「爸！昨晚我作了一個奇怪的夢，我夢見媽在一個很大、很豪

華的機場在等待接機，她看起來很年輕、打扮得很漂亮！還穿著那件她最喜歡的棗紅色絲絨旗袍。我想她在那兒應該過的很愜意吧！爸，就當她是出遠門渡長假吧！我們一家人遲早都要再碰面的！」澤漢說。

「她是在等我啊！」洪懿祥說。

「爸，媽在那兒過得很好！拜託你就讓她多享幾年清福，我們就不要急著過去煩她吧！」澤漢說。

就在這段對話後的幾個月，一天上午，在洪懿祥準備前往中華國術會開例行會議之前，如同往常一樣，他不但刮了鬍子、修了鬢角、拍了鬍後古龍水，還把電動刮鬍刀裡的鬍渣清理得乾乾淨淨。然後，趁著接送的車子還沒來的空檔，他抱著洪澤沛的大兒子洪仲威在安西街二樓的客廳逗孫子玩了好一陣子，一切全都是他出門開會前的例行操作。預定的時間一到，他穿戴整齊就下樓搭著康姓徒弟的車前往國術會開會去了，就在那個比賽規則的修訂會議中，他走了⋯⋯

他選擇在他一生投入最多，付出最多的武術殿堂中走了，享壽68歲。他的死因絕對不是死亡證明書上所列載的病因，而是死於一個強人中年喪偶後無法走出傷痛的孤寂。而面對這種內心深沉的孤寂和閉鎖的至慟至哀，對於一個向以武術至尊而備受後輩敬仰的強人而言，是最致命無解的絕症！哪怕是他擁有再多愛他的子女和徒眾也是無濟於事⋯⋯

一位武術大師的生命何其強韌，也何其脆弱！他可以站在世界的武壇上，面對各種不同強敵的挑戰，而無懼於色，而屢屢輕騎過關，卻無法獨自一人走出喪偶的傷慟與陰霾，這不是什麼鐵漢柔情，這只是真心兌現老夫老妻間生死與共的婚約與誓言而已⋯⋯因而，沒有任何的遺憾和不捨，因為，活著對他是無盡的折磨，我們寧可

放手讓他去，去跟媽媽在一起，去那裡過他們相互擁有的快樂時光，我們願意承擔在短短兩年內失去雙親的至哀至慟……爸，媽，珍重，再見了……（全文完）

# 威斯康辛綿延 46 年的師徒緣

Robert Yu　2015/05/01

（翻譯：趙宗健／編譯：鄭雍兆、郭昌溢）

1969 年 9 月，我在臺北市延平北路，這個老舊斑駁但卻充滿臺灣活力的核心城區，走進了一間武道館。

在 1969-74 的年代裡，洪懿祥大師就在這裡培養了眾多的優秀選手，並率領他們參與了無數次地區性與國際性的擂臺格鬥競賽。

洪，這位土生土長的臺灣人，被公認為臺灣當代武術脈動掌控者。當時的各種城市搏擊賽事皆相當粗暴，以致無論是中國大陸來臺或是本土的武術家，大都偏好在自己的拳館中安全地演示技術。

那是一個既獨特又屬於洪老師的世代。在他指導我的三年中，我們每週見面六天。我們練習傳統的形意拳，鍛鍊經典的三體式。但在比賽前我們會練習格鬥實戰的技術。

洪老師認為「好的對戰，手法更勝於腳技」。為了充分保護我們的安全，洪老師親自動手研發製作各種訓練用的專業護具，以確保我們可以安全無虞地鍛鍊形意拳的發力。

尤其每逢賽季前，我們更會全面使用全接觸的防護裝備，以進行訓練。其中，護胸是以厚重的帆布包裹厚橡皮板縫製而成，同時採用具良好伸展性的 2 盎司輕量手套，以便在擂臺賽中，必要時可以抓控對手，並有效輔助出手的速度、控制和擊打力量提升。護脛則是採用棒球捕手專用的護具，但使用起來還是非常疼痛。所以，在長時間的對打練習中，我們私下都會有默契地放輕踢腿的力道。面罩也是採用棒球捕手用具，以防止鼻梁被打斷或是臉部的傷害。

洪老師喜歡從格鬥的實際接手中，演繹手法、步法和身法的運使，以及各種進階的變化。因此，非常重視對打訓練。訓練課程上，他採用與比賽規則相同的循環對抗方式,學生們在洪老師的指令下，

列隊兩兩交手練習，每回合時間終了，就循環替換對手。因訓練與實際比賽相近，所以在練習中，重拳擊倒的場面也屢見不鮮，而資深的學員們也會提出建議，協助師弟們成長。

我就是從這些對打練習中，習得唐手武藝。同我先前所言，這些比賽的參賽者都是些臺灣年輕硬漢，且打法相當粗暴。洪老師不讓我參加這些比賽，是因為怕我這位美籍華人在比賽中受到傷害，畢竟當時美國軍方和政府與蔣介石的關係相當的密切。

洪老師是以展示中國內家武學系統中形意拳的非凡格鬥威力而聞名，而非僅以內功養生的效益而聞名於臺灣的武術圈中。他轉化內家武學系統中高深意境的陳述，成為實際格鬥的操練應用場景。因此，洪老師所培養的格鬥選手，囊括了 1960 年晚期到 1970 年代所參與的各量級獎牌，而聲名大噪、蜚聲國際。洪懿祥不僅是無可比擬的格鬥大師，更是一位偉大的形意拳名師。

洪老師於 1993 年過世後，我們一直都在等待洪老師的三個兒子，到底會由誰來接班，但似乎其間的傳承連結，未盡如人意。

在中國，武術於父子的傳承，是神聖的；雖然這種父傳子的方式看來很自然，但實際上並不如一般人所想。更甚者，此傳承方式亦有其危險。傳統的中國武術或是書法、繪畫、詩作、醫學上的技術、精妙、深度，都需要學生花費數年以上的時間跟隨老師學習。許多武術的傳承都是因為不適任的後繼者而產生問題或導致失敗。

一開始，感覺應該是會由洪老師的長子洪澤洲來繼承父業，但結果並非如此。洪老師很聽他的建言，他有時會私下建議父親不要教「秘訣」。他曾告訴我「他不想公開教拳」，迄至今時，他始終選擇獨自練功。

而洪老師的三兒子洪澤沛，他的體型、外貌和長相和洪老師都很神似，乍見他時，會讓人覺得像是看到了洪懿祥本人。但洪澤沛

忙於經營早餐店的事業而無法接手父業。最後，洪老師的二兒子洪
澤漢在家人、同門師兄弟的鼓勵及其個人對傳承責任的自覺下，同
意挺身傳授其父之學。他向我說明，由於他們三兄弟跟隨父親學拳
的時期不同，所以所接觸到的內家系統，也是各有不同階段的傳承
和啟示。

　　在追尋其父的腳步，歷經此一難以弭平的斷層時，洪澤漢面臨
了一項艱鉅的挑戰，那就是如何重建其父親及伯父洪懿綿的一生所
學所教。

　　中國人是親土的民族，內家拳術中強調「根」的重要性。舉例
來說，在氣質上的「內斂」，就是一項極受重視的特質。洪澤漢是一
個內斂的人，且具有其他適合的人格特質來承接這個門派。洪澤漢
現於臺北市芝山岩山上授拳。到達山頂要爬上 125 個階梯，而在階
梯上的正是心無二致的學生們。洪澤漢告訴我他不想要被稱作大師。
他所傳授的課程是完全免費的，但他卻說：「我不收費，但我卻從中
獲益更多。」洪澤漢同時具有足以繼承父業的智慧、人格、開明心胸
和遠見。在傳承的道統上，洪澤漢是其父洪懿祥，其伯父洪懿綿以
及諸多形意、八卦、太極拳大師的傳人。

# 來自以色列的懷念與感恩

Abi Moriya　Israel.　2014

（翻譯：趙宗健／編譯：鄭雍兆）

　　1985 年，我還是一個正在學習中國武術和中醫的年輕人。以色列在當時只有一個黑白的電視頻道，只能透過臨時天線，才能收看到約旦的電視節目。有一次，我們剛好在約旦的電視頻道上，發現正播放著 BBC 的系列紀錄片 The Way of the Warrior（武士之道），該系列相當精彩，其中，介紹洪懿祥大師的那一集最讓我驚豔，於是我就下定決心要跟他學習。

　　但要怎麼做，才能達成這個願望呢？我從我手邊能找到有關臺灣的書籍開始，最後終於……Bingo！一本名為《透視臺灣》的旅遊書中有關於洪懿祥的報導。該文的作者是洪老師的學生 Daniel，我捎了封信給出版社後便收到來自 Reid 先生親切的回信答覆，而且還給了我洪老師的地址，讓我能繼續下一個步驟。

　　下一個階段是寫信給洪老師，以下是洪老師長子阿洲回信的內容：

　　　　親愛的 Moriya 先生，感謝您 11 月 10 日的來信；我是洪老師的長子，負責「國外事務」，亦即唐手道對各國的比賽以及展演等事宜。老師要求我向您解說收學生的程序。事實上，我們現在比較少收學生，因為以往有許多學生是衝著本門的光環而來，且抱持著學多少算多少的心態；因此在僅學到一些「套路」後就離開道館。我們希望有意願來學習的學生能展現出學習的決心，至少要能投身數年在此，我們才會考慮傳授技藝。我相信您能了解。從我們的觀點來看，人們僅學到皮毛的功夫且對武術一知半解就離開是一件令人沮喪的事。

事實上本館目前沒有公開收徒，因為我們目前的學生都還有很長的路要走，所以暫時沒有收學生。

不過，如果您來臺灣的話，我們仍將樂於與您見面，再視情況而定。但在我父親認可您在臺灣停留的時間足以學習前，我無法給您任何承諾。

因此，我懷揣此信，坐上了一班改變我命運的飛機，踏足臺灣。

我與洪老師第一次的會面是在他位於臺北的日式建築家中，我發現該會面其實是一個面試。他問了我許多有關我個人以及以色列的問題，但完全沒提及武術方面，他的兩位公子澤洲先生與澤漢先生則從旁協助翻譯。當時，洪老師雖然已不再年輕，但巨大的身軀外貌與引人注目的溫潤手指，仍令我印象深刻、記憶猶新。在談話結束後，我被邀請參觀他們下一次的課程，這令我非常興奮。

1986 年初，我正式進入道館學習，當時另有兩位外國人也加入學員行列。一開始，我們三人，並未與其他學生一起練習，而是於另一區塊，個別學練三體式與劈拳。或許另外兩位學員無法承受這種傳統的練習，也或者是與他們的理想有差距，一段時間後，他們放棄學習離開道館，而我則是堅持學習至下一階段，在 Marcus Brinkman（小馬克）、Chris Bates（白曉鷹）以及 Ashley Hines（阿西）等非華籍師兄弟的翻譯解說下，開始有機會與其他學員同堂學習。

由於武學的範圍之廣，要將其總結並非易事。我學習的基礎著重在形意拳，加上一些唐手、陳泮嶺太極及推手與其他武術。我想以站樁，特別是三體式為例，來說明從學於洪老師的心得體會。

站樁是建構唐手武道體系的堅實基礎。初學站樁，感覺是種長

時間折磨人的訓練方式，通常久站之後，手掌甚至整個身體都會因此而不由自主地顫抖。此時，洪老師要求學習者要特別注重身體的整合，藉由手把手的動作引導 (hands on) 方式，進行姿勢動作的溝通和調整，並能關注連結到諸如虎口等細微處，從而體現出自然、靜、鬆的武道意涵。三體式之後，我進入弓步劈拳的學習。洪老師著重於「螺旋勁覺」的體會與練習，整個操作過程，要求時時不離螺旋之體的感悟，這對人的意志力與體力極限來說是一大考驗。透過螺旋之勢，練習感受由「起鑽」至「落翻」過程的動作流動，從而達到劈拳真正的自然律動。

當我問學生「對你來說武術是什麼?」時，大多數人的回答都傾向於「生命之道」，但何為是生命之道? 其中與老師又有何關聯? 我個人的解讀是:「生命之道」並非每天課表上的練習，而是在生活環境與家庭運作中取得和諧的能力。毋庸置疑的，人際關係與扮演父母當屬人生中最大的難題，如果我們沒有辦法將武術方法套用在這些生命的階段，那我不認為這算是真正的道。對我而言，洪老師的教學就像是指南針一般指出基本方向，去哪邊、不要去哪; 有時候往另一邊、偶爾犯個錯誤、嘗試、感受、研究。一如 Stephen McCredide 所說的:「巨匠犯的錯誤，比初學者嘗試的次數還多。」

洪老師逝世已逾 20 年，他過世時我已經在以色列執教。有時或許你必須靠自己持續精進，但我認為有人引導或是給你回饋則是再好不過。但這五、六年來，我忙著精煉從臺灣習得的方法，與洪家人通信並取得建言。漸漸地我開始參加不同老師的研討會，大多數是 Fong Ha 師父，他是一位現居於 Berkley 專研形意拳和太極的老師。我每天努力修行，練習站樁、氣功以及形意拳。在學生的幫助下我進行了相當多的試驗，沒有他們的幫助我無法圓滿地學習。同時我也繼續學習，研究並教授中醫，特別是推拿和針灸。因為，對

一位武術家而言，同時身兼健康促進治療者，更有助於個人身心達到真的平衡與和諧。

大約 17 年前我開始在以色列的國家運動中心 Wingate 工作，我很有幸地從武術課程的學生晉升為老師，專業從事武術方法學的教授。這份教職，給了我機會向許多人介紹洪老師及形意拳學。下個月我們將會在特拉維夫舉辦 25 週年慶祝會。

謹向大家分享我這一份得自洪懿祥老師的傳承，獻上我的祝福。

# 師父師父，如師亦如父！

Dr. Mark Griffin　　2015/04/28

　　我此生認識最卓越的人——一代武學宗師「洪懿祥大師」。

　　在我的好兄弟洪澤漢出書之際，非常榮幸的受邀寫下一點跟隨洪老師練武的歲月及作為他學生的點點滴滴……

　　十二歲時，我在加州開始我這一生的習武之路，一開始我進入空手道學校，學習沖繩舊式的少林流空手道。因為當時武館的風氣既保守又封閉，我對武術的真義、運用有許多疑惑得不到解答，（諸如：如何及為何要練氣、打坐等等）在得不到完整且正確的解答下，我決定親自到沖繩尋找真正的答案！

　　我於 1976 年在聖地牙哥認識了從臺灣來美修工程碩士學位的陳清泉先生。他是洪懿祥大師的資深弟子，也是臺灣搏臺比賽拳擊的冠軍。他聽說我要去沖繩幾個月，便好心建議我也到臺灣去見見他的師父「易宗武術大師」洪懿祥，為此他還特地為我寫了一封正式的介紹信。

　　1978 年 4 月，我抵達臺灣，拜訪洪懿祥大師。當我站在他面前時，我直覺他就是一個不平凡的人物。洪老師是一個高大壯實的人，寬厚的肩膀似乎延伸到他的腕部。我從沒看過更有力的手。他的手指頭就像是鐵軌般的堅硬。他的眼神銳利無人能及。任何人都可以一眼就看出他是一個飽經風霜的老戰士。雖然有著發達的肌肉和強大的力量，但當他第一次握我的手的時候，卻是異常地溫柔。「哇噢！我可以強烈地感到他的手所散發出來的力量和熱度！」之後洪老師及他的二兒子阿漢邀我進入他的辦公室，在那兒我將陳的介紹信呈給老師。

　　老師及他的二兒子阿漢非常熱情地招待我。透過一些英文以及在沖繩學到的一點日文我們的溝通還算順利。我發現洪老師是一個

非常有天分的國畫大師，因他診所辦公室牆上掛的都是他的畫。他也是個傑出的推拿接骨專家，常常幫許多傷者治療各式各樣的骨折、骨裂的傷勢。

老師告訴我他收學生是很挑剔的，要我當晚再回來與他的大兒子阿洲作第二次的面談，並見一見他另一位美國籍的學生 Mr. Howard Brewer 白龍玉先生。那晚阿洲用流利的英語對我說他的父親不是一個生意人，因此不論人們付他多少錢，如果沒有優良的品行，他的父親絕不會收為學生的。很多人因此被拒門外！老師問我許多有關我的家庭、背景、教育，及之前所受的功夫訓練的問題。在場的白先生看起來就像是個退休的 007 龐德版本。他會說數國語言，從海軍退休前，曾多次授勳。我見到他時，他已另外開始事業的第二春。他告訴洪老師「我看起來像一個好青年」。幸運的是老師也喜歡我，所以他同意收我為學生（當時老師已不再收弟子，亦無拜師儀式）。老師聽說我為了學功夫，必須到處打工，以便存錢付旅費和學費時非常感動。

拜見老師的那一晚，在離開時，Mr. Brewer（白先生）告知我，洪老師已要求他收留我住到他家去！因為旅行社為我訂的旅社是在臺北最紅火的紅燈區……而洪老師已決定要我將「無限精力」用在未來的魔鬼訓練上啦！

住到白先生家真是太愉快了！因他那充滿古畫古董的家坐落在風景優美，且能俯瞰臺北市的山上！他的藏書更是豐富，舉凡佛、道、中國歷史、功夫書籍等等，真是不勝枚舉！

開始上課後，我發現前九年所學的空手道，在老師的課堂上幾乎完全無法派上用場。我從未經歷如此強而有力的功夫。老師的形意拳以幾何學，圓形，角度，旋轉及「全身發勁」等為基礎，那是我從沒見識過的不可思議功夫。

　　洪老師覺得承受及體驗不同程度的拳術對學生有好處，因為不同的拳法有完全不同的受力感。有些拳打在身上會有被力量貫穿和撕裂的感受，有時又像是在身體內部爆炸一樣。老師的形意崩拳帶有極強的螺旋勁，可以同時讓我的手臂和受拳的部位受到極大的疼痛和傷害，還好他總是手下留情，只是讓我們淺嘗即止，否則我的肋骨和內氣一定會留下永久性的傷害。

　　除此，他的劈拳也是讓人終生難忘。老師說很多人因為無知，很容易低估這個由上往下劈擊的威力。老師曾要我伸手感受此拳的威力，雖然他只是順勢輕輕給了我一下，但接觸的剎那，一股灼熱、撕裂的強勁電流，立刻隨著他那種沾黏的打法，貫穿我的手掌直攻我的心肺，這時我才真正體會痛徹心肺的感覺。我的手掌立刻紅腫瘀血痛不可當。老師不斷道歉並說：「現在你有機會試試我的草藥了！」

　　多年來，一直有許多來自琉球及日本的武術大師私下來向老師請益，希望老師能教他們那些瀕臨失傳的特殊技術！但我相信老師當然還是會把最好的，留給真心跟隨在他身邊認真勤練的弟子和家人，因為在他的心中：武術絕對不是一種可以用金錢購買的商品！

　　在追隨老師學習的過程中，老師總是對我特別仁慈慷慨，在他的特許下，我可以問他任何問題。並同意我加入他每天清晨的特殊訓練課程。在那兒，他傳授古老的「道家長壽養生術」，那是一種全方位的內功導引，是由特殊的吐納技巧，筋絡伸展和關竅按摩所組成。之前我亦曾接觸過數種瑜珈及氣功，但從沒見過如此深刻、奧妙且全面的功夫！洪老師是唯一得此道家秘傳養生術的弟子，他的老師（彭老師）是一位罕見的全才道家大師！舉凡內家拳、道家修息養氣、靜坐禪功、中醫草藥無不專精，據說他還是位愛國的特務人員！

　　在老師的諄諄教導下，我的人生產生了極大的轉變，我開始相信中國人自古以來所謂的「上醫治未病，下醫治已病」的預防勝於治療的觀念。本來計劃唸醫學院將來當西醫的我，決定轉而學習脊骨神經醫學，當一個不需給人打針、吃藥和開刀的脊骨神經醫生！

　　我這輩子能與洪老師及其家人如此親密有緣，真是前世修來的福氣！與老師相處的十五年歲月，那些美好時光和回憶用三本書也寫不完！礙於工作繁忙，時間有限，就利用此殊勝的機會將一般人會問的問題與大家分享：

　　在洪老師的道館中，「真」是最重要的一個原則和特質。因為內家拳樸實無華、沉穩內斂、不賣弄花俏。因此，我們的練習總是實事求是，要求每一個招式都要能運用到實際的格鬥和對打才可以。而且嚴格要求我們，要勇敢面對每一種不同的對手做實戰練習，因此當我們與外面其他的武術接觸時，總能無懼於面對各種不同的挑戰。

　　老師說，我們必須親自體會內家拳各種不同發勁的能量和威力，自己才可能正確的發揮使用！有趣的是，每當老師一面讓我們體會內家拳能量時，會一面說：「不要以為我恨你們，我這是疼你們！所以我教你們正確的步數。」然後一面繼續用他的拳頭招呼我們，讓我們了解他到底有多疼我們！

　　幾年後某日，我問老師如何練得真正的內家拳精髓。老師說：從你來上課的第一天我就已教你了！要把「意」放進每一個動作和招式之中，並用最優雅流暢的方式呈現出來，這樣就可以了。如果能持之以恆，幾年下來自然就會成就出無限能量和威力！

　　雖然老師已經離開我們將近 22 年了。但我每天仍然非常想念他，不論是他的教誨還是他的功夫。老師是安葬在觀音山，現在我有幸就住在淡水河對岸的大屯山上，每天早上起來後，我會遙望著

他的基地的方向，深深的向老師表示感激之情。

我會盡力的像他一樣努力、誠懇地活著，並永遠記得：受人點滴，湧泉以報！幫助弱勢及窮困的人、伸張正義！

以下為老師的經典教導：

* 你有兩隻眼睛，兩個耳朵，卻只有一張嘴。所以先想、看、聽後再張嘴說話。
* 身心方面都要堅強。
* 不要容忍謊言及假話！
* 要跟有理想，有道德及美德的人在一起。

與老師的師生盟約及與他家人的關係一直影響我，直到多年後的今天。雖然我永遠不可能像老師一樣成為一位受人尊敬的世界級武學大師，但是老師所擁有的一些特質及教導，將會持續影響我，並導引我成為一個更正直，更勇敢的人。

## 跨越兩代的武術拼圖

Chris Bates　2014

　　我踏入洪懿祥老師的大門是拐彎曲折的，但一旦入門卻是始終如一到今天。我在 1972 年秋天開始學習功夫。我很早就嚮往學一些功夫，因為我不常運動，而且又常常在學校受到欺侮。後來受了李小龍和功夫影集的影響，更激起我對武術的興趣。剛開始，我加入美國緬甸拳協會並和師父們練拳。

　　當時中美兩國的乒乓外交正流行，而我又喜歡打乒乓球，我意識到美國和中國的關係應該會越來越好（雖然那時中國還處在文化大革命的關頭）。為了顧及未來大學畢業後的出路和發展，再加上我父親精通國際貿易的影響，我決定主修亞洲關係，並加強我的中文溝通能力，希望以後可在亞洲服務，並按照學校的安排在大四時到臺灣東海大學修完最後的學分。

　　1973 年冬天，我主動向父親要求以 Robert Smith 所撰寫的 Chinese Boxing Master and Methods 這本書作為我的聖誕禮物。我非常欣賞他和 Donn Draeger 合寫的另一本書 Asian Fighting Arts，這本書在當時的美國幾乎是每一位功夫師傅們的必讀手冊，收到這本書後，我迫不及待地投入閱讀。但因為 Smith 在書中的一個章節提到：洪懿祥大師是一位技巧精湛、功力強大的武林高手，但好像也是一位煙酒不忌的率性之人。因為每當他帶著一點酒意教拳時，下手就特別的重，特別的痛！就因為這個緣故，在當時他並沒有引起我太多的好感和跟他學習的欲望。

　　在我從美國啟程來臺灣之前，我曾親自拜訪了 Robert Smith 幾次，誠心向他請教該如何在臺灣尋覓一位好的武術師父？

　　1976 年夏天，我終於來到又濕又熱的臺灣，並開始認真尋找好的老師練拳。去臺中東海大學報到之前，我先在臺灣師大語言中心

的夏季班上課。我父親特別通知他臺北的商界友人並請求他的協助。因為這位長輩本身也是練武的人。初次見面時，他邀我去辦公室見面。他說他認識當時最著名的電影明星「獨臂刀王」王羽。可以介紹給我認識。但不幸的是，在一星期後王羽卻因在酒樓和幫派打架，而變成「不方便」見面。

後來，透過臺北的國術家廖五常先生協助，輾轉把我介紹給在臺中授拳的高芳先老師（這兩位師父同樣在 Smith 書中有介紹過）。從此，我就追隨高老師練拳一直到他在 1980 年去世為止。在這期間，我完成商業碩士的學位並和我臺灣太太結婚。後來因為工作的需要我們就搬到新加坡開始我的職場生涯。

1982 年，我們搬回臺北。並開始和高道生老師練雙人對打的六合棍法，這也是高芳先老師傳承下來的棍法。那年秋天，一位從東京來的武界朋友 Ellis Amdur（經 Donn Draeger 介紹）來找我。Ellis 住在東京多年，他擅長日本古流武術，同時也向洪懿祥老師在日本的徒弟蘇東城學習中國內家拳法。他要求我幫他安排在臺北時可以和洪老師見一面。

透過臺灣國術會的協助，我直接打電話到洪老師的家，並約定時間帶我朋友去拜訪他。

第一次見面，他給我的印象非常深刻。雖然他外形看似魁梧強壯，但卻步履輕盈移動靈活，出手時更是紮實有力快如閃電。這種靈活俐落的格鬥技巧是我一輩子從未看過的武功，是我真心嚮往的武術型態。

在拜訪的尾聲，我向洪老師表示希望可以再次拜訪他並向他學習等。這次會面還有洪老師的大兒子洪澤洲在場（他喜歡別人稱呼他 Tiger，聽起來像「大哥」）。他直接了當地問我到底想要學什麼？我表示希望學習八卦掌。可是他卻明白告訴我，他們不輕易傳授八

卦掌法給不明來歷的人。如果我真的有心學習，必須先練五年形意拳打好根基之後才能練八卦掌。而且這期間也不能參雜學習其他門派的拳法。為了能學習這門特殊的功夫，我同意了他的限制和規定。當然，我自己也思考如何繼續練習我的緬甸刀法和棍法，以避免和他的門規有衝突。

練拳時，洪老師其實是一位高尚的性情中人。他總是坐在藤編的太師椅上仔細觀察我們在他兒子們訓練下的一舉一動。有時，他會來回走動調整我們的動作和姿勢，並為我們解釋修正的原因和好處。令我敬佩的時刻是我們和他交手時，無論是他在示範實用或測試我們散手的程度時，他總是可以在談笑間，輕鬆展現各種內家拳法奧妙、弔詭的技巧和陷阱，把我們耍得團團轉。而這些技巧從來就不是殘忍或惡毒的招數。雖然我們一再中招，但卻還是永遠都猜不出他那難以捉摸的神來之手。最讓人難忘的是，在散打時，他的手指、手掌以及手臂的配合，總是那麼靈活的，有感覺的，支配著你的感官和判斷。有時你會覺得它更像是美洲沙漠中，俗稱捕鳥蛛的大蘭多毒蛛一樣爬上你手臂，有時它更像潛進你的手臂裡一樣，只用一個手指就能讓你失去平衡或把你的力量導引到一個無法控制的方位或黑洞。他心情好的時候，或是發現我們有比較明顯的進步時，他會更大方的教導一些更高階、奧妙的手法。有時他也會透露一些他的絕招，例如：如何打破平放在桌上的磚頭。如何利用注意力在敵方的心膛上印上一致命拳。如何簡單的反制鎖喉的技巧。以及解降心火的內功吐納，幫助我們解決失眠和上火的問題等等。

每週我到洪老師的道場練拳三次（這個地方你可以在 BBC 的紀錄片中看到）。平常我們都是打赤腳在平滑、堅硬的磨石地板上練習。我是和幾位本地的學生同梯練拳，那時我是唯一的外國人。但不是第一人，因為幾個月前，Mark Griffin 已經先和洪老師學了一陣

子，又回來參加。在我練了 6 個月後，又有 Marcus Brinkman 加入。

每次練習時，洪老師的兒子們會先帶領大家作暖身，包括：十大天干、伏地挺身、單腳深蹲等等，目的是改造我們的先天體質和筋骨的強度。而套路的訓練，是從形意的五行拳開始入門。訓練的方式有兩種：一種是深蹲的低樁功法，這種練法可以延伸筋絡的長度和韌性，目的在培養我們的內氣和內勁。另一種比較高樁的練法，則是增強我們像水一般動態、連續的攻守能力。接著，我們練五行連環拳、八勢、十二洪捶和動物形拳，包括：五虎拳和五禽七獸的十二形拳。

前後整整練了五年，形意拳快學完時，洪老師開始教洪家的白鶴拳。這是絕好的想法，因為我們已經浸潤了形意拳。從最陽剛的內家拳再回頭學最柔軟的外家拳，讓內外家兩種拳系在這個階段作過渡和銜接。另外，老師加入一些外家拳套路，五虎下西山，大鵬展翼，還有他自家創始的基本功：八手、八步打。

經過六年多的鍛鍊後，因為公司準備調我離開臺灣。我坐下來和洪老師真心對談。我利用這個機會向他再次重申學八卦掌的本意。因為我已經練了五年的形意拳，而八卦掌卻始終不見蹤影。我問他是否可以跟他學習陳泮嶺的太極拳。他同意了，並要我每天清晨去一個附近的小學和資深的學生一起練習。

在我即將離開臺灣的最後幾個月，在晨間的訓練中，我有幸看到洪老師傳授大哥一種秘傳的道家養生術「青蛙功」，這是一種很特殊的功法。只可惜因為時間上的限制，我勉強只學會了陳泮嶺九九太極拳的皮毛後就離開了臺灣。從 1989 年起到他去世為止的那段時間，只要一有空我就迫不及待地飛回臺北和洪老師及師兄弟們切磋練拳。

其中受惠最大的應該就是，從洪老師的指導中，我體會出各種

招式在不同狀況下，可以視需要衍化出各種不同的變化和發力方式。就像五行拳一樣可以展現出五種互不相同的發力技巧，像：起落、開合、伸縮等等。以及接合十二形後，所產生的更高階、奧妙的變化。

追隨洪懿祥老師練拳期間所得到的這些領悟，在無形中，也對我以前在別的地方跟別的老師所練的武術，產生了連鎖的影響和提升。雖然我並沒刻意去展現這些功夫，但我以前的老師卻明顯地察覺到我全身的移動已非同日可語。我想這應該就是「觸類旁通」的效果吧！

從洪老師的中醫診斷中，讓我學到要很正面的尊重中醫及中藥。有一次我的內耳痛了好幾個禮拜，除了白天難過之外，有時甚至半夜都會被痛醒。我連續看了好幾個耳鼻喉科，但都診斷不出病因。就這樣持續折磨了幾個禮拜，有天晚上我忍不住向洪老師提起我的病痛。他立刻讓我坐在椅凳上，按摩我的肩頸、脖子和前額。他就坐在我前面，然後他一隻手按住我的頭，另一隻手抓著我下巴，輕輕的來回搖晃再搖晃，然後突然聽到喀嚓一聲！然後他又很快地再向左抖動一下，我又聽到我下巴再次發出一樣的聲音。然後，我的耳朵就再也不痛了。後來，我才知道這是因為日常工作太緊張，把壓力都放在下顎導致壓到神經而引起的問題。多年來，洪老師幫我治療過我的扭傷和著涼，我也從老師那裡學到要調整生活步調的觀念。

雖然洪懿祥老師已經不在人間，但他所傳授給我的一切，包括有形、無形的知識早已溶入到我的身上並持續不斷地在產生影響和作用。在美國，我有兩個朋友 Dave Lowry 和 Ellis Amdur，他們都很認真地跟我學習洪家的形意拳，他們原本都是在其他武術領域另有所長的教練級和大師級的人物。在教他們的過程中，因為彼此的

切磋討論，讓我也從中領悟到更多、更深入的武術境界。2005 年，我在新加坡的工作告一段落，我和我太太決定回臺北買屋定居。多年來，我和我的師兄弟們 Howard Brewer、Mark Griffin、Marcus Brinkman 也都一直保持連絡。回臺之後，我鼓勵洪老師的二兒子洪澤漢再出來指導練拳。

開始時，我們人數並不多，他鼓勵我教大家我已學會的孫式太極。然後，我們才開始溫習形意拳，經過好幾年的重新打底築基後，我們終於開始練習八卦掌，我們遵照洪家的方法，先練後天 64 手和用法，再練習繞圓轉圈的先天掌法。後來，我們再繼續練陳泮嶺的九九太極。直到這個時候，我前後總共花了將近 33 年的歲月，經歷了洪家的兩代，才終於如願學會了洪家的形意、八卦和太極三種內家拳法，完成武術大師洪懿祥一生所學的拼圖。

井深無量，我的水桶卻是有限。我天天從水井提一點，卻永遠提不完。

# 以武立道——不思量、自難忘

鄭雍兆

　　我接觸唐手道是在 1984 年就讀淡江大學時。當時，對於唐手道，我完全沒概念！或許是宿命的呼喚，我並未選擇國術、太極拳社團，而是在系上同學的呼引下，懵懂的走入唐手道社，並自此因著易宗唐手的牽引，30 年來，始終未嘗間歇追尋老師遺留的典範，力圖在以武衍道的宿願裡，尋找自我生命價值中最核心的寧靜與悸動。

　　什麼是唐手道？為何是易宗唐手道？我想在本書裡，可以找到非常多元的理解與詮釋。今天，一位體研所的校友來訪，在絮絮叨叨的思辨交流下，我恍然感悟，易宗唐手，捨拳派而就道，除適當地宣稱其肅殺剽悍之拳學功能徵象外，更大器的展現了老師面臨時代鼎革巨變下，身為執武之俠者，其胸懷天下大勢的文化期許與視野。正因唐手以易惟宗，以追尋天人合一、以武衍道之文化為其核心主體，所以，老師一生的唐手武道志業，恰如青原惟信禪師禪悟的三階段體現，在不同時期所教授的學生及技藝思想，因其所融匯的文化元素進程差異，而各顯其當代之風貌特色。其中，尤以老師在 1980 年代苦修體悟出小九天真諦前後，對其手創蘊養終生的唐手道內蘊再詮釋，更令我等後期追隨老師足跡典範的學生，敬佩莫名，苦參不輟。

　　我是在老師人生的最後 5 年裡，才有幸得以從旁追隨。1988年，因長期苦於瓶頸障礙，乃興起拜訪老師以求隻言片語指點的念頭，但因無人引薦，終不得其門而入，迄至當年 5 月，經女友的激勵推動，於安西街 36 號門前，數度來回徘徊後，方始鼓起勇氣敲門探詢，自此踏入易宗唐手武道總館的大門，並陸續引薦淡江社團好友李俊興、陳瑞樺、馮兆麟、沈大熙、鄧森隆、郭昌溢等第三期學

生同席修練，就近貼身追隨，共同見證了老師的偉大武學文化修為與崇高無私的人格修養。

「老師是一位為人寬厚、有氣度的長者。在跟從老師學習的日子裡，老師總是親身演示、講解，手把手毫無保留的傳授，就怕我們學不會，學不明白。」（郭昌溢，2015 年 7 月）記憶裡，老師教授的，不是招式套路動作，而是格局、道理、藉勢而行的策略布局，他專注地讓我們理解，在一動一靜、一息一式的軌跡演變裡，所有的可能與變因，從而建構出我們的武道認知，啟發我們的觀察力與因應智慧。老師重啟發，強調因材施教的教學法，對我影響至深。過去 10 幾年有限的學校課程教學過程中，我俇棄傳統國術課程只重套路記憶而無規矩內涵的動作式教學框架，藉由架構重內觀體悟、理解與經驗融匯再詮釋的互動學習歷程，與不同領域專長的學生，在課程裡，充分探討彼此在專業技術領域裡的共同成長經驗與感受，從而跨界連結借位，分享了彼此的學習心得與喜悅。從而，有效的協助學生，在其專業的運動競技領域裡，更上一層樓。

「老師 82 年 6 月 11 日離開，一晃 22 個年頭，每逢端午前夕心情備感複雜。」（馮兆麟，2015 年 6 月）我們對老師的無盡思念，誠如兆麟兄所言，並未因歲月時光的流逝而有稍減。每年總有師兄弟，會上山去探望老師與師母；在師兄弟的聚會中，每當提及共同的學習經歷時，總是有人無法避免激動，眼眶泛紅落淚者，反倒是與年俱增。

《模糊的疆界》一書的付梓問世，具現喚醒了我們唐手師兄弟心中深處的諸多共同記憶，這是一本跨世代的文化巨著，展現了一代武學巨擘——洪懿祥先生的精彩歷程，而我們有幸在不同的時光裡，參與其中。

2015 年洪澤洲、洪澤漢、洪澤沛與淡大唐手道社校友餐敘

2013 年洪澤洲、洪澤漢、洪澤沛三兄弟與道館師兄弟餐敘合影